westermann

Brigitte vom Wege, Mechthild Wessel

Spielen im Beruf

Spieltheoretische Grundlagen für pädagogische Berufe

6. Auflage

Bestellnummer 04556

Die in diesem Produkt gemachten Angaben zu Unternehmen (Namen, Internet- und E-Mail-Adressen, Handelsregistereintragungen, Bankverbindungen, Steuer-, Telefon- und Faxnummern und alle weiteren Angaben) sind i. d. R. fiktiv, d. h., sie stehen in keinem Zusammenhang mit einem real existierenden Unternehmen in der dargestellten oder einer ähnlichen Form. Dies gilt auch für alle Kunden, Lieferanten und sonstigen Geschäftspartner der Unternehmen wie z. B. Kreditinstitute, Versicherungsunternehmen und andere Dienstleistungsunternehmen. Ausschließlich zum Zwecke der Authentizität werden die Namen real existierender Unternehmen und z. B. im Fall von Kreditinstituten auch deren IBANs und BICs verwendet.

Materialien für Lehrerinnen und Lehrer

BiBox westermann

inkl. E-Book

BiBox für Lehrerinnen und Lehrer (Einzellizenz) 978-3-427-04558-8
BiBox für Lehrerinnen und Lehrer (Kollegiumslizenz) 978-3-427-04560-1

Materialien für Schülerinnen und Schüler

BiBox westermann

inkl. E-Book

BiBox (Laufzeit 1 Jahr) 978-3-427-04562-5

westermann GRUPPE

Druck und Bindung: Westermann Druck GmbH, Braunschweig

ISBN 978-3-427-**04556**-4

Inhaltsverzeichnis

Einführung

Spielpädagogik ist eine grundlegende und nachhaltige Tätigkeit pädagogisch ausgebildeter Fachkräfte in der Kindertagespflege, in Kindertageseinrichtungen und in betreuten Freizeiteinrichtungen für Schulkinder. Weitere Schwerpunkte der Spielpädagogik sind in der Jugend- und Erwachsenenarbeit zu finden. Aber auch in der außerschulischen Kinder- und Jugendarbeit gilt Spiel als wichtiges methodisches Erziehungsmittel.

Das vorliegende Buch „Spielen im Beruf“ wendet sich vorrangig an Studierende der Fachschule für Sozialpädagogik sowie an Auszubildende der Berufsfachschule für Kinderpflege. Es richtet sich aber auch an andere sozialpädagogische Fachkräfte, die das Spiel der Kinder beruflich begleiten, unterstützen und anleiten wollen.

Der konzeptionelle Ausgangspunkt dieses Buches orientiert sich an den Lernfeldern des aktuellen Bildungsplans von 2014 der Fachschulen des Sozialwesens, Fachrichtung Sozialpädagogik, der zu dem Berufsabschluss „Staatlich anerkannte Erzieherin“ und „Staatlich anerkannter Erzieher“ führt. Der Bildungsplan umfasst sechs Lernfelder (→ LF):

1. *Berufliche Identität und professionelle Perspektiven weiterentwickeln* (→ LF 1)
2. *Pädagogische Beziehungen gestalten und mit Gruppen pädagogisch arbeiten* (→ LF 2)
3. *Lebenswelten und Diversität wahrnehmen, verstehen und Inklusion fördern* (→ LF 3)
4. *Sozialpädagogische Bildungsarbeit in den Bildungsbereichen professionell gestalten* (→ LF 4)
5. *Erziehungs- und Bildungspartnerschaften mit Eltern und Bezugspersonen gestalten sowie Übergänge unterstützen* (→ LF 5)
6. *Institution und Team entwickeln sowie in Netzwerken kooperieren* (→ LF 6)

Das Lernen in Lernfeldern wird über Lernsituationen organisiert und strukturiert. In vielfältigen Lernsituationen, die sich didaktisch aus einem Lernfeld erschließen, werden gleichermaßen subjektive Spielerfahrungen berücksichtigt, relevante Aspekte kindlicher Spielentwicklung beachtet und spielpädagogisches Handeln eingeräumt, sodass die Umsetzung in sozialpädagogischen Handlungsfeldern erfolgen kann. Dazu dienen die systematischen Vertiefungstexte, die umfangreiche Informationen, Aussagen und Beispiele zur Spielpädagogik und den Spiel- und Lebensbereichen des Kindes bieten. Die am Ende der Fachtexte formulierten Vertiefungsaufgaben zielen auf den Erwerb beruflicher Handlungskompetenzen:

- **Fachkompetenz**, um berufliche Aufgaben selbstständig, sachgerecht und methodengeleitet zu bearbeiten und die Ergebnisse zu überprüfen
- **Human- und Sozialkompetenz**, um in gesellschaftlichen und beruflichen Situationen verantwortungsvoll zu handeln und im Team an Kooperationsprozessen mitzuwirken
- **Methodenkompetenz**, um komplexe Aufgaben zielgerichtet und planmäßig zu bearbeiten und Arbeitstechniken sowie Lösungsstrategien aufzugreifen und weiterzuentwickeln

- **Lernkompetenz**, um aktiv und eigenständig an den gesellschaftlichen und beruflichen Veränderungen teilnehmen zu können und bereit zu sein, auch über den Beruf hinaus Lerntechniken und Lernstrategien zu entwickeln

Die Vertiefungsaufgaben können der Vor- und Nachbereitung von Unterrichtsgegenständen sowie als Anregung für spielpädagogisches Handeln dienen.

Zur Annäherung an den Schwerpunkt: Spiel im Bildungsbereich veranschaulicht das erste Kapitel stichwortartig und subjektiv die Vielschichtigkeit von Spiel. Es folgen erlebte Spielgeschichten und Spiele, die zum Erzählen auffordern, Spielerinnerungen der eigenen Kindheit werden geweckt. Teile dieser Kindheitserinnerungen verdeutlichen die gesellschaftlich-historische Entwicklung des Spiels.

Unterschiedliche gedankliche Ansatzpunkte bieten mehrere Erklärungen des Begriffs „Spiel“ und verweisen auf differierende fachwissenschaftliche Definitionen des Phänomens „Spiel“. Die bildhaften Darstellungen der charakteristischen Bedingungen des Spiels zeigen die Spielumwelt des Kindes und verweisen auf die personalen, sozialen und ökologischen Spielaspekte.
Fachtheoretisches Basiswissen gibt einen Einblick in die Spieltheorien und die Spielentwicklung. Der projektorientierten Arbeit wird ein deutlicher Stellenwert eingeräumt. Eine systematisch vertiefende Erarbeitung muss in weiteren berufsbezogenen als auch berufsübergreifenden Lernbereichen erfolgen sowie im Selbststudium spieltheoretischer Fachliteratur.

Beispielhafte Lernsituationen und an der Spielpraxis orientierte Aufgabenstellungen erweitern fachpraktisches Basiswissen, wobei die unterschiedlichen Spielkonzepte verschiedener Berufsfelder vorgestellt werden. Didaktische und methodische Überlegungen verweisen dabei auf Voraussetzungen für die Analyse, Planung, Begleitung und Reflexion von Spielbedingungen, Spielsituationen, Spielprozessen und Spielprojekten in Tageseinrichtungen für Kinder.

Die Aufgliederung in zehn Bildungsbereiche in Kapitel 4 entspricht der Veröffentlichung der Bildungsgrundsätze zur Förderung für Kinder von 0–10 Jahren des Ministeriums für Familie, Kinder, Jugend, Kultur und Sport des Landes Nordrhein-Westfalen (Januar 2016). Sie werden zwar getrennt aufgeführt, aber als übergreifende Entwicklungsziele betrachtet. In der praktischen Gestaltung sind sie jedoch in vielfältiger Weise miteinander verzahnt. Wir fokussieren unsere Ausführungen hier auf die kindliche Spielentwicklung mit ihren typischen Spielformen und Spielmaterialien und formulieren Anregungen sowie Aufgabenstellungen zur spielpädagogischen Umsetzung.

Wir verwenden in diesem Buch den Begriff „Kita“ (anstelle von Kindergarten). Die Begriffe „Kindergarten“ oder „Kindergartenkind“ werden gezielt dann eingesetzt, wenn sich der Kontext konkret um das Alter ab 3 Jahren dreht.

Aus Gründen der besseren Lesbarkeit wird auf die gleichzeitige Verwendung der Sprachformen männlich, weiblich und divers (m/w/d) verzichtet. Sämtliche Personenbezeichnungen gelten gleichermaßen für alle Geschlechter.

Das vorliegende Buch findet eine praktische Ergänzung in den BuchPlusWeb-Materialien, die Folgendes beinhalten: Arbeitsblätter, einen Spieltypentest, Spielkartei-Vordrucke, Spielbeobachtungs-, Spielbewertungs- und Spielreflexionsbögen. Die Verbindung zwischen Buch und BuchPlusWeb-Arbeitsblättern wird durch das nebenstehende Symbol hergestellt.

Web

Spielaktionen jeglicher Art sollten immer mit einem Feedback, einer Reflexion und einem Erfahrungsaustausch abschließen. Für Anregungen, Verbesserungsvorschläge und konstruktive Kritik sind wir sehr dankbar.
Die Autorinnen

1 Berufliche Identität und professionelle Perspektiven weiterentwickeln

Lernsituation: Sebil und Björn unterhalten sich über ihre Berufswahl

Sebil: Hallo, Björn! Ich habe dich beim Tag der offenen Tür in der Berufsschule gesehen. Interessierst du dich für eine bestimmte Ausbildung?

Björn: Ja, ich hab' mich an der Fachschule für Sozialpädagogik angemeldet.

Sebil: Stell dir vor, ich auch! Hätte ich nicht gedacht, dass du als Mann Erzieher werden willst.

Björn: Wieso? Ich jobbe jeden Freitagabend als DJ im Jugendzentrum „Balou". Da ist dann Kinder-Disco. Das macht echt Spaß.

Sebil: Würdest Du denn später auch als Erzieher gerne im Jugendzentrum arbeiten?

Björn: Warum nicht? Vielleicht aber auch in einer Wohngruppe mit Kindern und Jugendlichen.

Sebil: Ich möchte später gern in einer Kindertageseinrichtung arbeiten, in dem auch ganz kleine Kinder sind. Ich hab in so einer U3-Gruppe schon einmal ein Praktikum gemacht.

Björn: Weißt Du eigentlich schon, welche Fächer wir so haben?

Sebil: Ja, so ungefähr. Meine Freundin Nilay hat auch die Ausbildung gemacht. Sie hat gesagt, dass es nur ganz wenige Fächer gibt, die man schon so kennt, z. B. Englisch und Mathe. Die anderen Fächer sind eher Bildungsbereiche, die alle etwas mit dem Beruf zu tun haben. Eins habe ich noch behalten: Sozialpädagogische Bildungsarbeit in den Bildungsbereichen professionell gestalten.

Björn: Und was soll das sein?

Sebil: Ich denke, das wird Musik, Kunst, Sport und Spiel sein, eben das, was man mit Kindern so alles machen kann.

Björn: Aber doch nicht „Spielen" als Unterrichtsfach! Ich mach doch da keine „Männekes" vor allen und spiel „Ringelpitz" mit Anfassen! Spielen kann doch jeder, das muss man doch nicht lernen!

Sebil: Ich kann mir aber schon vorstellen, wenn man mit Kindern arbeitet, dass man viele Spiele kennen muss.

Björn: Da hast du schon recht. Lassen wir uns überraschen. Ich muss jetzt los. Tschüss, bis bald!

Sebil: Ciao, wir sehen uns auf alle Fälle in der Schule wieder!

Impulse zur Bearbeitung der Lernsituation:

- *Stellen Sie den Dialog in einem Rollenspiel dar.*
- *Welche Erwartungen haben Björn und Sebil von der Ausbildung?*
- *Welche Erwartungen haben Björn und Sebil von dem Bildungsbereich Spiel?*
- *Diskutieren Sie Björns Aussage: „Spielen kann doch jeder, das muss man doch nicht lernen!"*

1.1 Spielen im Beruf

Lernsituation: Erikas Spielgeschichte aus der eigenen Kindheit

„Meine Kindheit verbrachte ich in einem nördlichen Stadtteil von Dortmund – mit vielen Mietshäusern, Straßen und Industriebrachen. Bei fast jedem Wetter spielte ich draußen. Um Spielkameraden anzutreffen, brauchte ich mich nicht sorgen, es waren immer Kinder auf der Straße. Wir fuhren mit unseren Rollschuhen um gefährliche Kurven, versteckten uns in Keller oder Hauseingängen oder spielten mit ‚Knickern' (farbige Tonkugeln) auf den unbefestigten, schmutzigen Gehwegstreifen. Autos kamen selten vorbei, sodass wir auch Hüpfkästchen auf die Verkehrsstraße malten.

Jedes Mietshaus hatte einen Hinterhof. Mittendrin stand die Teppichstange, die sich zum Klettern und Schaukeln wunderbar eignete. Seitlich standen die Mülltonnen aus Metall. Ein herrlicher Fundus, um Kaufladen zu spielen. Wir holten Blechbüchsen, Pappschachteln und manchmal auch Zigarrenkästchen heraus, füllten sie mit Unkraut, Steinen oder Erde und boten sie auf der Treppe zur Waschküche ‚zum Verkauf' an.

Gerne trieben wir uns auch auf dem Gelände einer alten Ziegelei herum. Das durften meine Eltern aber nicht wissen, denn es war verboten und gefährlich. Dort gab es eingestürzte Keller, kaputte Fließbänder und meterhohe Brennnesseln. Wir spielten ‚Räuber und Gendarm'. Manchmal hatte ich auch etwas Angst.

Bei Einbruch der Dunkelheit musste ich spätestens zu Hause sein. Hungrig und müde, meist mit kleinen Blessuren kehrte ich heim. Zum Trost gab es ein Pflaster auf das verletzte Knie, Milchsuppe für den Hunger und bei dem ‚Gutenachtkuss' murmelte ich nur noch: ‚Wir haben heute schön gespielt!'"

Impulse zur Bearbeitung der Lernsituation:

- *Von welchen Spielerlebnissen berichtet Erika?*
- *Wie sah Erikas „Spielwelt" aus?*
- *Vergleichen Sie Erikas Spielwelt mit der Spielwelt Ihrer eigenen Kindheit.*

Soziale und emotionale Erfahrungen prägen unsere Verhaltensweisen beim Spielen ebenso wie die Auswahl und Organisation von Spielen. Die individuelle Bereitschaft sowie die persönlichen Spielerfahrungen bestimmen dabei die Intensität eines Spielverlaufs.

Beobachtete oder erlebte Spielsituationen, wiedergefundenes Kinderspielzeug oder der Anblick von Kinderspielplätzen lösen Erinnerungen an eigene, fast vergessene Spielerlebnisse aus. Wenn derartige Spielerinnerungen sprachlich oder spielerisch hervorgekehrt werden, ergeben sich neue Spieleindrücke. Die subjektive Wahrnehmung erweitert sich, und gleichzeitig kann mit den eigenen, aktuellen Spielhandlungen während der sozialpädagogischen Ausbildung das Verständnis für das kindliche Spielverhalten wachsen.

Vertiefungsaufgaben

1. Spielen Sie in Ihrer Lerngruppe Spiele zum Kennenlernen.
2. Bringen Sie ein beliebiges Spielzeug aus Ihrer Kindheit mit und erzählen Sie dazu ein Ereignis. (Falls Sie kein Spielzeug mehr besitzen, malen Sie Ihr Lieblingsspielzeug oder bringen Sie etwas Stellvertretendes mit.)
3. Erinnern Sie sich an Ihr Lieblingsspiel? Spielen Sie es mit der Lerngruppe und schreiben Sie die Spielregeln auf (siehe nebenstehendes Formatbeispiel: Spielkartei für Ihre Spielesammlung).
4. „Wenn ich an Spielen denke, fällt mir dazu ... ein!" Stellen Sie Ihren Einfall pantomimisch der Lerngruppe vor.

Spielkartei:

- *Spieltitel:* ....
- *Mitspieler:* ....
- *Alter:* ....
- *Ort:* ....
- *Spielform:* ....
- *Spielzeit:* ....
- *Material:* ....
- *Spielverlauf:* ....
- *Spielfunktion:* ....
- *Variation:* ....

Web

Spielen gestern und heute

5. „Spielende Kinder stelle ich mir … vor!“ Platzieren Sie Ihre Mitspieler zu einem Standbild.
6. Malen Sie auf vorbereitete Karten (5 cm × 5 cm) jeweils sieben verschiedene Spielorte, Spielzeuge und Personen. Wie beim memory®-Spiel deckt nacheinander jeder Spieler drei Karten auf und erzählt dazu eine Spielgeschichte.
7. Wenn die Spielgruppe sich schon etwas kennt, bringt jeder von sich ein Kinderfoto in einer Spielsituation mit. Alle erraten, wer auf dem Foto abgelichtet ist und welches Spiel dort abgebildet ist.
8. Zeichnen, malen oder schreiben Sie eine „Ansichtskarte“ von Ihrer persönlichen Sichtweise zum Thema Spiel. Hängen Sie anschließend alle Karten auf und erklären Sie nacheinander Ihre Ansicht. Nachfragen von den anderen sind erwünscht.
9. Finden Sie zu dem nebenstehenden Gedicht „kinderspiel“ eine Melodie oder eine Spielanleitung.
10. Um die eigene Einstellung zum kindlichen Spiel bewusst zu erfassen und das eigene Spiel- und Erziehungsverhalten zu ermitteln, bearbeiten Sie bitte den Fragebogen aus den BuchPlusWeb-Materialien. Im Anschluss daran treten Sie mit anderen in einen Meinungsaustausch und setzen sich mit der Charakterisierung der Spieltypen auseinander.

Web

Welcher Spieltyp bin ich?

kinderspiel

ich dreh mich im kreise
und weiß nicht warum
ich bin noch nicht weise
ich bin nicht mehr dumm

ich flieg zu den sternen
da kenn ich mich aus
ich will nicht nur lernen
sondern denk gern mal kraus

ich will auch mal träumen
vom lehrer im mond
auf den höchsten bäumen
hab ich nie gewohnt

ich will tun was ich will
und nicht was ich soll
dann tu ich gern viel
und find es noch toll.

(Erhardt, 1980, S. 15)

1.2 Spiel und Spielzeug früher und heute

Lernsituation: Spiel als Zeitspiegel – „Meine Oma erzählt“

„Ich erinnere mich noch sehr gut daran, wie wir uns Anfang der 1950er-Jahre mit ‚Wer hat Angst vorm schwarzen Mann?‘ oder ‚Plumpsack‘ vergnügten. Unser Lieblingsspiel aber hieß: ‚Deutschland erklärt den Krieg gegen …‘ . Obwohl der 2. Weltkrieg schon längst vorbei war, spielten wir dieses Spiel, ohne überhaupt zu wissen, welche Bedeutung dem Spiel zugrunde lag. Stunden- und tagelang spielten wir das mit unerschöpflichem Vergnügen. Langweilig wurde es nie.

Zur Vorbereitung wurde dafür ein großer Kreis mit einem Kreidestein auf der Straße gezogen. Die Kreisfläche wurde für die Anzahl der Mitspieler gleichmäßig in Sektoren aufgeteilt und der Mittelpunkt deutlich hervorgehoben. Jeder Mitspieler wählte einen Ländernamen und stellte sich in sein Land. Ich war meistens Frankreich. Der erste Spieler stellte sich auf den Mittelpunkt und erklärte im Namen seines Landes den Krieg gegen eines der anderen Länder, die mitspielten, z. B. ‚Frankreich erklärt den Krieg gegen Deutschland!'. Währenddessen warteten die anderen Mitspieler auf der Kreislinie. Sobald der Krieg erklärt war, floh der Rufende schnell und möglichst weit aus dem Spielfeld heraus. Gleichzeitig spurtete der aufgerufene Spieler zum Mittelpunkt des Kreises, und sobald er den erreicht hatte, rief er ‚Stopp'. Bei Stopp musste der Fliehende unverzüglich anhalten und sich zum Kreis drehen. Er musste mit seinen Armen vor dem Körper einen Korb als Wurfziel bilden. Der Angegriffene nahm ein Steinchen und versuchte von seiner Position im Mittelpunkt durch einen gezielten Wurf in den Korb zu treffen. Gelang ihm das, dann hatte er den Krieg gewonnen. Gelang es nicht, dann hatte der Angreifer gewonnen.

Der Sieger durfte soviel Land vom Besiegten nehmen, wie er mit einem Kreisbogen anzeichnen konnte. Er bezog also Position in seinem Land, beide Füße voll innerhalb seiner Grenzen, und markierte mit Kreide einen möglichst großen Teil des gegnerischen Landes. Die markierte Fläche wurde dem eigenen Land einverleibt. Mit den Füßen wurden die alten Grenzen verwischt und die neuen Grenzen klar gezogen. Das war eine Runde. Der Sieger durfte den nächsten Krieg erklären.

Spieler, die ihr gesamtes Land verloren hatten, mussten ausscheiden. Das Spiel war zu Ende, sobald ein Spieler die ganze Kreisfläche hatte. Das Spiel dauerte oft lange und musste manches Mal mit der Dunkelheit unterbrochen werden. Der Kreis und die Ländergrenzen blieben auf der Straße zurück, und wenn es in der Nacht nicht regnete, konnte das Spiel am nächsten Tag nach der Schule fortgesetzt werden."

Impulse zur Bearbeitung der Lernsituation:

- *Was kennzeichnet das oben beschriebene Spiel „Deutschland erklärt den Krieg gegen ..."?*
- *Warum war es Ihrer Meinung nach bei den Kindern der damaligen Zeit so beliebt?*
- *Kennen Sie Spiele, die einen deutlichen Zeitbezug haben?*
- *Versuchen Sie, gesellschaftliche Hintergründe aufzuzeigen.*

Zu jeder Zeit und in allen Ländern der Welt wird und wurde gespielt. Jedes Volk verfügt über eigene Spiele und jedes Zeitalter bringt neue Spiele hervor.

Schon die Pharaonen im antiken Ägypten kannten das auch heute noch beliebte Murmelspiel, und Drachen stiegen im Orient bereits vor Beginn der christlichen Geschichtsschreibung in die Lüfte. Unter dem Motto „Brot und Spiele" führten die römischen Kaiser an Festtagen Schaukämpfe (z. B. Ringkämpfe) und Wettspiele (z. B. Wagenrennen) zur Belustigung des Volkes durch. Im Mittelalter wurden auf Jahrmärkten Volksschauspiele aufgeführt und zum Zeitvertreib spielten Erwachsene und Kinder, oft auch miteinander, Gesellschaftsspiele, z. B. *Blinde Kuh*, Fang-, Rauf-, Kreisel-, Würfelspiele, Stelzenlaufen.

Im Mittelalter wurden Kinder als kleine Erwachsene gesehen. Sie waren entsprechend gekleidet und wurden auch wie Erwachsene behandelt. Gehorsam war die oberste Pflicht, Rechte hatten sie keine. Kindheit im heutigen Sinne (Kinderspielzeug, spezielles Kinderessen) fand nicht statt. Das Schulwesen war erst im Anfangsstadium. Wie die Erwachsenen mussten Kinder für ihren Lebensunterhalt arbeiten. Entsprechend hoch war die Kindersterblichkeit.

Pieter Bruegel d. Ä., Kinderspiele (um 1560)

Im 16. Jahrhundert wurde von dem Belgier Pieter Bruegel dem Älteren das Bild mit dem Titel „Die Kinderspiele" gemalt. Das Originalbild (162 cm · 118 cm) befindet sich in Wien im Kunsthistorischen Museum. Auf dem Bild sind nahezu 200 Personen zu sehen, davon nur zwei Erwachsene. In der Szenerie sind ca. 80 Kinderspiele dargestellt (vgl. Huck-Schade, 1998, S. 19 ff.).

Die heutige Gesellschaft vollzieht eine klare Trennung zwischen Arbeit und Spiel: Arbeit dient dem Erwerb des notwendigen Lebensunterhalts und Spiel wird als ausgleichender Gegensatz zur Arbeit aufgefasst.

In früheren Zeiten waren Kinderspiel und Kinderspielzeug unbekannte Ausdrücke. Erst mit Beginn der Industrialisierung und nach der Abschaffung der Kinderarbeit konnte sich das erste ausgesprochene Spiel- und Beschäftigungsmaterial für die nicht wohlhabenden Kinder verbreiten, obwohl es schon viel früher für Kinder reicher Eltern Spielzeug, meist aus wertvollen Materialien, gab. Kinder sollten durch ihre zunächst als bedeutungslos angesehene Spieltätigkeit geregelte Umgangsformen und Tätigkeiten der Erwachsenen mittels gezielter Nachahmung erlernen. Aus der Sicht der Erwachsenen stand Lernen im Mittelpunkt: Kinder spielen, damit sie das für das spätere Erwachsensein notwendige Wissen erwerben.

Spiel nicht mit den Schmuddelkindern

Spiel nicht mit den Schmuddelkindern,
sing nicht ihre Lieder. Geh doch in die
Oberstadt,
mach's wie deine Brüder.

So sprach die Mutter, sprach der Vater,
lehrte der Pastor.
Er schlich aber immer wieder durch das
Gartentor
und in die Kaninchenställe,
wo sie Sechsundsechzig spielten
um Tabak und Rattenfelle.
Mädchen unter Röcke schielten,
wo auf alten Bretterkisten
Katzen in der Sonne dösten,
wo man, wenn der Regen rauschte,
Engelbert, dem Blöden, lauschte,
der auf einen Haarkamm biss,
Rattenfängerlieder blies.
Abends, am Familientisch, nach dem
Gebet zum Mahl,
hieß es dann: Du riechst schon wieder
nach Kaninchenstall.

Spiel nicht mit den Schmuddelkindern,
sing nicht ihre Lieder.
Geh doch in die Oberstadt,
mach's wie deine Brüder!

(Degenhardt, 1981, S. 15)

Spiele, in denen sich kindliche Erfahrungen und Lebensgeschichten widerspiegelten, die einen deutlichen Zeitbezug erkennen lassen, wie das beschriebene Spiel „Deutschland erklärt den Krieg gegen ...", entstanden bei den Kindern selbst. Ihre Spieltätigkeit erstreckte sich auf alles, was mit ihrer Lebenswelt in Beziehung stand und eine Bedeutung für sie hatte. Für sie gab es keine Trennung zwischen Spielen und Lernen. In ihren Spielen erforschten sie die Umwelt, lernten Zusammenhänge kennen, entwickelten in der Gemeinschaft mit Gleichaltrigen eigene Regeln, entdeckten Unbekanntes. Erwachsen geworden, gaben sie, z. B. als Eltern und Großeltern, ihre Spielerfahrungen sowie ihr Spielrepertoire an Kinder und Enkelkinder weiter. Noch heute werden beliebte Such- und Fangspiele, Kreisspiele, Finger-, Puppen- und Rollenspiele nach den gleichen Regeln der früheren Zeiten gespielt. Und auch heute erfinden Kinder in gleicher Weise Spiele, die den Zeitgeist widerspiegeln, z. B. das Lauf- und Fangspiel „McDonalds".

Altes Spielzeug erlebt heutzutage eine Renaissance[1]. Für Erwachsene sind es oftmals kostbare Sammlerstücke, die in Spielzeugausstellungen bewundert werden. Älteren Kindern

[1] Renaissance: Wiederaufleben, Wiedergeburt

bietet es spannende Vergleiche zwischen dem Spielen früherer Zeiten und heutigen Spielgewohnheiten. Jüngere Kinder können manchmal den Sinn oder die Funktion eines alten Spielzeugs nicht erkennen, auch wenn es als liebevoll nostalgische Reproduktion hergestellt wird (z. B. Postschalter, Tante-Emma-Verkaufsladen, Dampflokomotive u. Ä.).

Vertiefungsaufgaben

1. Betrachten Sie das Bild „Kinderspiele“ von Pieter Bruegel d. Ä.
   - Welche Jahreszeit ist dargestellt?
   - Wie sind Jungen und Mädchen gekleidet?
   - Konzentrieren Sie sich auf einige Spielsituationen. Welche Spiele erkennen Sie? Nennen Sie die Spielregeln.
   - Spielen Sie die Spiele in Ihrer Gruppe nach.
   - Welches Spielzeug können Sie entdecken?
   - Erfinden Sie Dialoge für einzelne Spielszenen.
   - Erfinden Sie Lebensgeschichten zu den abgebildeten Kindern.
   - Wählen Sie eine Spielszene aus und erfinden Sie dazu eine Spielgeschichte, schreiben Sie diese auf.
   - Vergleichen Sie die abgebildeten Spielsituationen mit heutigen „Straßenspielen“. Finden Sie wesentliche Übereinstimmungen sowie Unterschiede heraus, z. B. Spielorte, Spielmittel, Spielgelegenheiten, Spielpartner, Spielzeiten u. a. m.
2. Analysieren Sie den Liedtext von „Spiel nicht mit den Schmuddelkindern“ von F. J. Degenhardt.
   - Warum soll das Kind nicht mit den „Schmuddelkindern“ spielen?
   - Warum bevorzugt das Kind hingegen diesen Umgang?
   - Wie wird hier Spiel als Erziehungsmittel von den Eltern und der Kirche eingesetzt?
3. Überlegen Sie, warum altes Spielzeug häufig auf Kinder keinen großen Spielreiz ausübt. Fassen Sie Ihre Ergebnisse zusammen.
4. Untersuchen Sie Spielzeugkataloge. Wählen Sie einige Spielzeuge aus, die Ihrer Meinung nach bei Kindern zurzeit sehr beliebt sind. Stellen Sie anschließend Ihre Auswahl der Lerngruppe vor und versuchen Sie den Beliebtheitswert der Spielsachen zu ermitteln.
5. Erkundigen Sie sich beim örtlichen Verkehrsverein, ob es in Ihrer Nähe ein Spielzeugmuseum gibt. Planen Sie einen Besuch.
6. Befragen Sie ältere Familienangehörige oder andere ältere Menschen nach Spielgewohnheiten in der Kindheit. Fassen Sie die Ergebnisse zusammen.
7. Befragen Sie Kinder nach ihren Spielgewohnheiten. Fassen Sie die Ergebnisse zusammen.
8. Erkundigen Sie sich bei Eltern und Pädagogen nach wünschenswerten Spielgewohnheiten der Kinder. Fassen Sie die Ergebnisse zusammen.

1.3 Was ist Spiel?

Lernsituation: Im Sandkasten

Im Sandkasten der Kita soll der Sand ausgetauscht werden. Yvonne, die Erzieherin, erzählt den Kindern, dass am nächsten Tag neuer Sand für den Sandkasten gebracht werden soll und der alte Sand von den Bauarbeitern abgeholt wird. Finn und Lukas sind begeistert: „Dann können wir doch mithelfen! Mein Papa sagt, ich bin schon ein richtiger Bauarbeiter!".

Sie rennen nach draußen zur Gartenhütte und holen Schaufeln, Eimer, Lastwagen und Bagger. Yvonne stellt ihnen eine große Tonne hin, in die sie den alten Sand hineinschaufeln können. Die anderen Kinder sehen das eifrige Treiben der beiden Jungen. „Kann ich auch mitmachen?", fragt Paul. „Klar, das ist echt viel Arbeit!", antwortet Finn. Yvonne fordert auch die anderen Kinder auf mitzumachen. Louisa nimmt eine Schaufel und stochert lustlos im Sand: „Das ist doch doof!". Nach einer Weile geht sie zu der Schaukel und beobachtet von dort die Kinder im Sandkasten.

Am Nachmittag werden die Kinder von ihren Eltern aus der Kita abgeholt. Louisas Mutter ist entrüstet. Sie spricht Yvonne an: „Louisa hat mir erzählt, dass sie heute den alten Sand aus dem Sandkasten schaufeln musste. Ist das wahr?" – „Das war doch nur ein Spiel!", entgegnet Yvonne.

Impulse zur Bearbeitung der Lernsituation:

- *Worin unterscheidet sich das Verhalten von Finn, Lukas, Paul und Louisa?*
- *Wie verhält sich die Erzieherin Yvonne?*
- *Ist Ihrer Meinung nach die Entrüstung Louisas Mutter berechtigt?*
- *Handelt es sich bei der beschriebenen Situation um „Spiel" oder „Arbeit"?*
- *Diskutieren Sie: Kann Spiel Arbeit sein oder kann Arbeit Spiel sein?*

Das Spiel ist eine menschliche Handlung, die alleine oder mit anderen, von Kindern oder Erwachsenen, freiwillig durchgeführt wird. Die Spielhandlungen können sowohl selbstbestimmt sein als auch nach getroffenen Absprachen erfolgen. Häufig werden Gegenstände von den Spielern benutzt. Die Spieltätigkeit geschieht fiktiv oder real und ihr Verlauf sowie das Ende sind durch Überraschung, Spaß und Spannung gekennzeichnet. Ziel und Zweck liegen im Spiel selbst. Durch die Wiederholbarkeit der Spielhandlungen können positive Gefühle und Eindrücke reproduziert werden.

Das Phänomen Spiel in seinen vielfältigen Erscheinungsformen, sei es Erwachsenen- oder Kinderspiel, vereint mehrere charakteristische Merkmale:

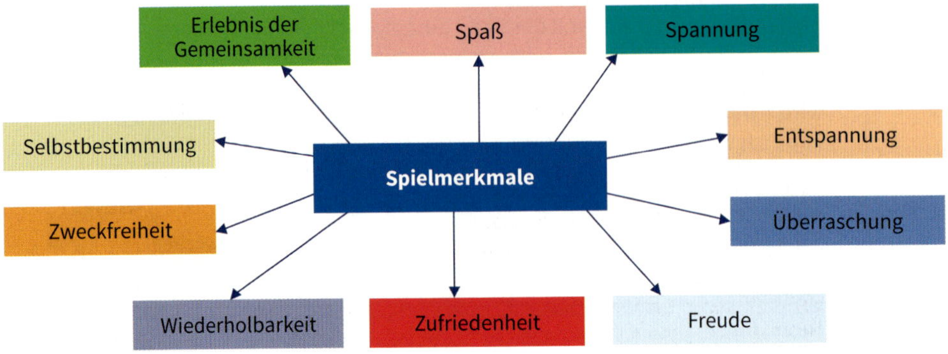

Die Eigenschaften zeigen unverkennbar den Gegensatz zwischen den Tätigkeiten Spiel und Arbeit. Arbeit ist immer auf einen Zweck bezogen und die Arbeitstätigkeit ist immer auf ein vorher bestimmtes, sinnvolles oder notwendiges Ergebnis ausgerichtet, meist um existenzielle Bedürfnisse zu befriedigen, z. B. Ernährung, Kleidung, Wohnung. Ein Spiel kann zwar ebenfalls zu Ergebnissen kommen, jedoch liegen diese in der Spielhandlung selbst, sie beziehen sich nicht auf die Bewältigung existenzieller Alltagsbedingungen, sondern tragen zur Entwicklung individueller Fähigkeiten bei.

Außerdem offenbart das Spiel eine aktive Form der Realitätsbewältigung, indem reale Erfahrungen nachgeahmt, fantasievoll umgewandelt und dadurch verarbeitet werden können.

Für Mädchen und Jungen zum Selbermachen (geeignet für jede Jahreszeit)

Hört zu!
Wir sammeln bei Müttern und Tanten
alte Gardinen möglichst mit Fransen,
lila Lumpen, rosa Bänder,
zu enge Röcke, vergessene Kleider
und glitzernden Firlefanz,
verziehen uns damit irgendwohin
und nähen und wirken und schneidern.
Wir probieren an, probieren aus,
bauschen hier, rüschen da, und langsam
entsteht für jedes Kind
ein wuchtig aufregendes Gewand.
Wir verabreden uns für den nächsten Tag
auf dem Platz, den jeder kennt,
und alle erscheinen verkleidet.
Von da aus gehen wir dann los
und schlendern lustvoll und ungehemmt
über Brücken, Plätze und Straßen.
Das bringt vielleicht Gaudi, sag ich euch
und verrückte gute Laune,
denn viele Leute bleiben stehn,
manche kriegen den Mund nicht mehr zu,
ein paar lachen auch und winken.
Anschließend wird ein Fest gefeiert
mit selbst gemachten Girlanden,
Limo und wilder Musik.
Wir singen und tanzen top non stop
und trocknen uns dabei königlich
mit handgestickten Tüchern den
Schweiß.
Ehrlich, diesen elefantösen Spaß,
den solltet ihr öfter mal reißen.

(Weitz, 1980, S. 129)

Vertiefungsaufgaben

1. Betrachten Sie das Foto auf S. 17. Erläutern Sie die o. g. Merkmale des Spiels anhand der dargestellten Spielsituation.
2. Lesen Sie das nebenstehende Gedicht „Für Mädchen und Jungen zum Selbermachen“.
   - Erfassen Sie Schritt für Schritt die imaginären Regieanweisungen.
   - Setzen Sie mit der Lerngruppe das Gedicht in eine eigene Spielaktion um.
   - Beraten Sie: Soll es sich um ein reales oder vorgestelltes Spiel handeln?
   - Verabreden Sie eine Spielgeschichte und einen Spielablauf.
   - Bedenken Sie die Kostümierung.
   - Besprechen Sie die Rollenverteilung.
   - Überlegen Sie einen Spielort.
   - Organisieren Sie Raumdekoration, Musik, Speisen und Getränke.
   - Reflektieren Sie die Spielaktion.
3. Überprüfen Sie, ob o. g. Merkmale des Spiels auf diese Spielaktion zutreffen.
4. Vergleichen Sie zu den Tätigkeiten Spiel und Arbeit Ihre Erfahrungen und Empfindungen.

1.4 Grundlagen des kindlichen Spiels

Lernsituation: Was brauchen Kinder zum Spielen?

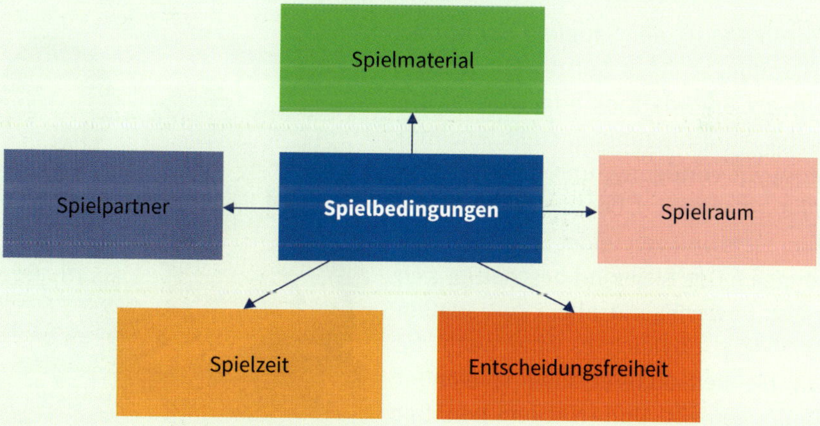

Impulse zur Bearbeitung der Lernsituation:

1. *Übertragen Sie die Grafik auf ein Plakat.*
2. *Interpretieren Sie die einzelnen Spielbegriffe und ergänzen Sie das Mindmap reihum, schriftlich oder bildlich. Beantworten Sie abschließend die eingangs gestellte Frage.*
3. *Lesen Sie die nachfolgenden Textseiten. Vergleichen und vervollständigen Sie Ihre Angaben.*

Spielen ist die Haupttätigkeit des Kindes und jede Altersstufe verfügt über individuelle Spielbedürfnisse und benötigt adäquate Spielbedingungen.

„Weil Spiel eine komplexe menschliche Tätigkeit ist, wird es von Umweltbedingungen und der persönlichen Situation des Spielers beeinflusst. Je nach Beschaffenheit dieser Bedingungen wird das Spiel eher behindert oder eher gefördert, kommen bestimmte Spiele zustande und andere werden erst gar nicht begonnen."

(Baer, 1981, S. 39)

Spielsituationen und Spielhandlungen sind stets an Partner, Raum, Material, Zeit und Entscheidungsfreiheit (personale, soziale, ökologische Aspekte) gebunden. Ausgesuchtes Spielmaterial, ausreichende Sozialkontakte und genügend Platz sind ebenso notwendig wie Ungestörtheit, Ruhe, ausgiebige Zeit und die Freiheit, sich zu entscheiden.

Insbesondere heute brauchen Kinder Förderung und Unterstützung in ihrer Spielentwicklung, da eine natürliche und intakte Spielumwelt meistens nicht vorhanden ist. Spontane Spielerlebnisse sind eher selten möglich und Spielaktionen müssen längerfristig geplant werden.

Spielpartner

Am Anfang ist der Säugling bei seinen Erkundungsspielen auf die Bezugsperson als Spielpartner angewiesen, sie bietet ihm Anregungen, stellt Spielmaterial zur Verfügung, unterstützt, wenn Hilfe verlangt wird, beobachtet, stört das Kind nicht und vermeidet Spielunterbrechungen. Das Kleinkind beschäftigt sich meist überwiegend allein mit seinem Spielzeug, obgleich es aber auch die Anwesenheit anderer allein spielender Kinder genießt. Und trotzdem benötigt es den Erwachsenen noch als Vermittler, z. B. bei der Kontaktaufnahme mit anderen Kindern. Diese Kontaktaufnahme erfolgt meist über das freiwillige oder unfreiwillige „Nehmen und Geben" des Spielzeugs der anderen. Ebenso entwicklungsbedingt können Kleinkinder Gefahrensituationen noch nicht abschätzen und Konfliktsituationen oftmals noch nicht alleine lösen.

Später entwickelt sich aus dem Einzelspiel *(Solospiel)* des Kleinkindes das Nebeneinanderspiel *(Parallelspiel)* mit Gleichaltrigen, bei dem zwei oder mehrere Kinder für einen kurzen Zeitraum mit Spielmaterial am gleichen Ort spielen. Die Kontaktaufnahme geschieht zunächst fast ausschließlich über das Spielmaterial. Besitzansprüche werden dabei manchmal laut geltend gemacht.

Das Kita-Kind entwickelt zunehmend die Fähigkeit zu Sozialbeziehungen, die Rolle des erwachsenen Mitspielers wird seltener gewünscht, und es wendet sich immer stärker gleichaltrigen Spielpartnern zu. Aus dem Parallelspiel entstehen Partnerspiele mit wechselnden Spielpartnern und auch erste kollektive Kleingruppenspiele. Sie verlaufen meist in Form von Rollenspielen, wobei Kleidungsstücke und Tücher aus der Verkleidungskiste oder Bausteine und Spielautos in der Bauecke die Kinder dazu verleiten.

Das Grundschulkind dagegen bevorzugt nicht selten gleichaltrige und gleichgeschlechtliche Spielpartner. Auf den erwachsenen Spielpartner will das Grundschulkind meist verzichten. In einer Gruppe mit Gleichgesinnten können Sport- und Mannschaftsspiele oder geplante Rollenspiele zu einem positiven Gemeinschaftserlebnis führen. Persönliche Erfolge, aber auch negative Gefühle bei Niederlagen werden in der Gemeinschaft mit anderen verarbeitet. Grundlagen für feste Kinderfreundschaften werden weiterentwickelt.

Spielraum

Je jünger das Kind ist, umso weniger Spielraum beansprucht es. Mit den steigenden Fortbewegungsmöglichkeiten des Kindes müssen die räumlichen Voraussetzungen für das Spiel neu gestaltet und Sicherheitsvorkehrungen getroffen werden. Bald bietet die Wohnung allein keinen ausreichenden Spielraum mehr. Das Kind will seine Umwelt kennenlernen, sein Aktionsradius vergrößert sich und seine räumliche Spielumgebung muss abwechslungsreicher und großzügiger gestaltet werden.

In den Spielräumen der Kita, auf nahe gelegenen Spielplätzen oder geeigneten Plätzen in der Natur erfüllen Kinder ihre Spielbedürfnisse. Hier erproben sie einerseits ihre Körpergeschicklichkeit an Spielgeräten wie Klettergerüsten, Baumstämmen u. a. m., leben aber auch in Rollenspielen ihre Fantasien aus. Grundschulkinder nutzen ihre freie Spielzeit am Nachmittag häufig selbstständig, ihren Bewegungsbedürfnissen entsprechend und meist mit gleichaltrigen Freunden. In Spielstraßen, auf Abenteuerspielplätzen und spielgerecht gestalteten Schulhöfen erleben sie sowohl Spannung als auch Entspannung.

Spielmaterial

Als Spielmaterialien reichen dem Säugling zunächst sein eigener Körper und eine Bezugsperson, die ihm positive Zuwendung gibt. Später regen einzelne Gegenstände seine Sinneswahrnehmungen an. Hat das Kind die Eigenschaften eines Gegenstandes oder Spielzeugs kennengelernt, z. B. dass ein Ball rund ist, glatt ist und rollt, so prägt es sich diese durch ständige Wiederholungen ein, es werden beispielsweise Wurf- und Fangspiele initiiert. Dadurch erhält das Spiel eine neue Funktion und Bedeutung.

Die Art und Beschaffenheit des Spielzeugs sind immer vom jeweiligen Entwicklungsstand des Kindes und seinen bevorzugten Spielformen abhängig. Wichtig ist, dass das Spielzeug die kindliche Spielentwicklung fördert, und weder hemmt noch verhindert.

In der Kita kann das Kind entsprechend seinen Spielbedürfnissen mit gleich gesinnten Spielpartnern viele verschiedenartige Spielmaterialien nutzen, z. B. Bausteine und Konstruktionsmaterialien, nach eigenen Vorstellungen bauen, draußen im Freien mit Sand/Sandspielzeug oder Dreirad und Roller Bewegungsspiele spielen, mit entsprechenden Utensilien Verkaufsspiele durchführen u. a. m. Grundschulkinder wenden sich zunehmend elektronischen Spielen wie Konsolen- und PC-Spielen zu, obwohl nach wie vor alte und neue Brett- und Kartenspiele ihr Spielinteresse wecken, z. B. in den Unterrichtspausen, bei Regenwetter oder beim gemeinsamen Besuch im Freibad.

Spielzeit

Im Leben des Kindes nimmt die Spieltätigkeit den Hauptanteil seiner Zeit in Anspruch. Ausgiebig und verschwenderisch kann das jüngere Kind noch mit seiner Spielzeit umgehen, das ältere Kind dagegen hat schon einige Pflichten und kleine Aufgaben zu erfüllen. Sobald das Kind zur Schule geht, unterliegt es festgelegten Zeitzwängen. Seine Freizeit benötigt es jetzt zur Regeneration von den geregelten Unterrichtszeiten.

Viele neue Spielerlebnisse und -eindrücke werden vom Kind nach und nach verarbeitet. Es nimmt sich Ruhepausen, indem es bewegungslos beobachtet. Dabei verhindert z. B. ein Kuscheltier, dass sich das Kind alleine fühlt. Bei Bewegungsspielen, Rollenspielen, Bilderbuchbetrachtungen und auch anderen Spielarten bleibt in der Vorstellung des Kindes manchmal die Zeit stehen oder sie vergeht im Nu, und es möchte immer weiter spielen.

Sport- und Bewegungsspiele haben für ältere Kinder einen hohen Stellenwert. Sie üben den Umgang mit Rollerblades, Skate-/Kickboard oder Fahrrad und der Erfolg bewirkt nachhaltige Freizeiterfahrungen. Die neue Mobilität erlaubt ihnen, unter Beachtung der Verkehrssicherheit längere Distanzen selbstständig zu überwinden.

Entscheidungsfreiheit

Nachdem das Kind laufen und sprechen kann, eröffnen sich ihm ganz neue Spielwelten. Alleine und unter Anleitung des Erwachsenen untersucht es neugierig und konzentriert die Dinge seiner Umgebung. Unendliche Male probiert es aus und zeigt stolz, wenn ihm etwas gelungen ist. Jüngere Kinder benötigen bei ihren Entscheidungen allerdings manchmal die Hilfestellung des Erwachsenen, wohingegen ältere Kinder ihre Entscheidungen lieber in Vereinbarung mit gleichaltrigen Spielpartnern treffen. Kinder probieren gerne aus, versuchen den Dingen auf den Grund zu gehen, dabei entwickeln sie eigene Regeln für ihr Spiel und geben ihren kreativen Spieltätigkeiten einen eigenen Sinn. Manchmal wollen Kinder auch nur beobachtend teilnehmen, bevor sie sich für ein Spiel entscheiden.

Ältere Schulkinder und erwachsene Spieler entscheiden selbst, ob sie spielen wollen oder nicht. Sie suchen sich ihre Spielpartner und ihr Material selbst aus. Nach vorgegebenen Regeln oder gemeinsam getroffenen Vereinbarungen bestimmen sie die Zeitdauer und Intensität ihrer Spielhandlung. Sie haben die Freiheit zu entscheiden, ob ihnen das Spiel Spannung oder Entspannung bringen soll.

Vertiefungsaufgaben

1. **Welche Spielbedingungen braucht ein Kleinkind, ein Kita-Kind, ein (jüngeres) Schulkind?**

   Stellen Sie Schwerpunkte zu jeder Altersgruppe tabellarisch dar.

Spielbedingungen	Säugling/Kleinkind ca. 0–3 Jahre	Kita-Kind ca. 3–6 Jahre	Schulkind ca. 6–10 Jahre
Partner: Raum: Spielmaterial: Entscheidungsfreiheit: Zeit:			

2. Vergleichen Sie heutige Spielbedingungen mit den Spielbedingungen in Ihrer Kindheit. Welche Übereinstimmungen bzw. Unterschiede stellen Sie fest?
3. Sind Sie der Meinung, dass Kindern in unserer heutigen Gesellschaft ausreichende Spielgelegenheiten zugestanden werden? Begründen Sie Ihre Haltung.
4. Diskutieren Sie folgende Aussage in Ihrer Lerngruppe: Fehlende bzw. mangelnde Spielbedingungen wirken sich entscheidend auf die kindliche Spielentwicklung aus!
5. Welche Rolle übernimmt der erwachsene Mitspieler beim Spiel mit Kindern? Stellen Sie einige Aspekte zusammen.
6. Erfinden Sie zu einigen der abgebildeten Spielsituationen eine Spielanleitung.
7. Beobachten Sie mit der Lerngruppe Spielsituationen in der Kita oder auf einem Spielplatz. Legen Sie vorher gemeinsam Beobachtungskriterien fest, vergleichen Sie anschließend Ihre Ergebnisse.

1.5 Spiel aus verschiedenen Blickwinkeln

Nach allgemeiner Auffassung ist Spiel eine angeborene menschliche Tätigkeit und unterscheidet sich durch bestimmte Merkmale (Zweckfreiheit, Freiwilligkeit, Spannung und Entspannung, vorgestellte Wirklichkeit) von den anderen Tätigkeiten des Menschen. Umgangssprachlich werden mit dem Spiel angenehme, aber für den erwachsenen Menschen eher nutzlose Beschäftigungen verbunden, die als Ausgleich zur anstrengenden Arbeit dienen. Spiel wird vorwiegend mit Kindern in Verbindung gebracht, toleriert und akzeptiert. Für Kinder werden spielende Tätigkeiten als Möglichkeit gesehen, sich selbst in ihrer Umwelt wahrzunehmen und sich diese anzueignen.

> „Spielen ist eine jedermann wohl bekannte Tätigkeit und bedarf im Alltag keiner weiteren Erklärung. Als spezifische Form menschlichen Verhaltens hat es die Menschen schon immer zum Nachdenken über sich selbst angeregt. Es gibt eine Fülle von Aussagen über das Phänomen Spiel im Allgemeinen und zum Kinderspiel im Besonderen."
>
> *(Retter, 1979, S. 11)*

Die Zitatesammlung auf den folgenden beiden Seiten verhilft zu einem kleinen Einblick in die verschiedenen Auffassungen des Begriffs Spiel.

Zitatesammlung zum Begriff „Spiel"

Das Kind probiere und versuche sich spielend ein künftiges Leben aus.
Jean Paul (1763–1825)

Spielen ist die frühe Form der geistigen Bildung. Durch Spiel wird die Welt entdeckt und erobert.
Friedrich Fröbel (1782–1852)

Das Kind ist Mitschöpfer seines Wissens. Das Kind verfügt über „100 Sprachen".
Konzeption einer ganzheitlichen Kleinkind-Pädagogik in Reggio Emilia (Italien)

Willst du des Kindes Sinn verstehen, musst du es mit anderen spielen sehen.
Friedrich Schiller (1759–1805)

Spielen ist Experimentieren mit dem Zufall.
Novalis (1772–1801)

Was Eltern (Erzieher) wirklich vom Spielen halten, spiegelt sich nicht in ihren Worten, sondern in ihrem Verhalten.
Bruno Bettelheim (1903–1990)

Spielen ist Handeln ohne ernste Folgen.

*Ulrich Baer (*1945)*

Kinder wissen beim Spiel aus allem etwas zu machen; ein Stab wird zur Flöte, ein Stückchen Holz zum Degen, jedes Bündelchen wird zur Puppe und jeder Winkel zur Hütte.

Johann Wolfgang von Goethe (1749–1832)

Wenn ich nur eine Spur Geschäftsgeist besäße, würde ich einen Spielzeugladen aufmachen.

Alexander Sutherland Neill (1883–1973)
Englischer Pädagoge, Gründer der Summerhill School

Denn Spiel, nichts sonst, ist die Wehmutter jeder Gewohnheit.

Walter Benjamin (1892–1940)

Wir sollten immer davon ausgehen, dass ein Kind für alles, was es tut, seine Gründe hat, auch wenn es dem oberflächlichen Betrachter noch so befremdend und töricht erscheinen mag.

Bruno Bettelheim (1903–1990)

Der Mensch ist nur Mensch, wenn er spielt, und er spielt nur, wo er in voller Bedeutung des Wortes Mensch ist.

Friedrich Schiller (1759–1805)

(…) so müssen wir, wenn wir ein gesundes Kind erziehen wollen, ihm geben, was es braucht: Erlebnisse, Erfahrungen und Wissen, Gelegenheit zur Entfaltung seiner Aktivität.

Maria Montessori (1870–1953)

Erwachsene spielen wie Kinder, wenn sie ihrem Hobby nachgehen.

*Rolf Oerter (*1931)*

Das Spiel ist zunächst und vor allem ein freies Handeln. Es hat seinen Verlauf und seinen Sinn in sich selbst.

Johan Huizinga (1872–1945)

Das Spiel ist der Weg der Kinder zur Erkenntnis der Welt, in der sie leben.

Maxim Gorki (1868–1936)

Kinder sollen mehr spielen, als viele es heutzutage tun. Denn wenn man genügend spielt, solange man klein ist, trägt man Schätze mit sich herum, aus denen man später sein ganzes Leben lang schöpfen kann.

Astrid Lindgren (1907–2002)

Auch im alltäglichen Sprachgebrauch wird der Begriff Spiel häufig verwendet, meist anschaulich verschlüsselt. Trotzdem gibt er gleichzeitig Einblick in die Sprechsituation und die eigentliche Botschaft:

- *„Du hast bei mir verspielt!“*
- *„Der hat alles aufs Spiel gesetzt!“*
- *„Das war doch alles Spielerei!“*
- *„Spiel mal wieder!“*
- *„Spielschulden sind Ehrenschulden!“*
- *„Spielende Kinder sind glückliche Kinder!“*
- *„Spiel mir das Lied vom Tod!“*
- *„Du spielst ständig Theater!“*

Vertiefungsaufgaben

1. **Betrachten Sie die vier Fotos auf S. 24. Ordnen Sie mögliche Zitate bzw. Redewendungen den abgebildeten Spielsituationen zu und begründen Sie Ihre Auswahl.**
2. **Wählen Sie Zitate aus und stellen Sie Zusammenhänge her.**
3. **Zu welcher Aussage neigen Sie? Begründen Sie Ihre Wahl.**
4. **Wählen Sie eine Redewendung und erfinden Sie dazu einen witzigen Dialog (Sketch).**
5. **Finden Sie weitere Redewendungen zum Begriff Spiel.**
6. **Welche Bedeutung hat Spiel für Sie?**
7. **Diskutieren Sie eine eigene Bestimmung des Begriffs Spiel.**
8. **Erörtern Sie die Beziehung der Begriffe Spiel und Arbeit.**

Spieltheorien

Das Phänomen Spiel wird in entsprechender Fachliteratur je nach wissenschaftlichem Standpunkt verschiedenartig definiert und seine Bedeutung sowie Aufgabe aus kulturphilosophischer, pädagogischer, psychologischer, soziologischer, materialistischer sowie mathematischer Sichtweise erklärt.

Diese Theorien schließen einander nicht aus, sondern tragen dazu bei, Spiel als ein komplexes Handlungsgefüge wahrzunehmen und zu beurteilen. Einige der einflussreichsten Spieltheorien sind im Folgenden kurz zusammengefasst.

Art der Spieltheorie (und ihre wichtigsten Vertreter)	**Zusammenfassung**
Kulturphilosophische Sichtweise (Hans Scheuerl, Johan Huizinga, Frederik Jacobus Johannes Buytendijk)	Das Spiel entspringt der Spontanität und Freiheit der spielenden Person, liegt also in ihr selbst begründet. Spiel ist ein personenunabhängiges Phänomen. Spiel umfasst (nach Scheuerl) sechs Wesensmerkmale: Freiheit, scheinhaftes Schweben, Geschlossenheit, Ambivalenz (Gleichgewicht), innere Unendlichkeit, zeitenthobene Gegenwart. Spiel enthält Jugendlichkeit und eine dynamische Verlaufsgestalt sowie die ständige Ambivalenz von Spannung und Lösung. Spiel besitzt eine Kultur schaffende Funktion. Spiel ist eine nicht weiter ableitbare Lebenserscheinung.
Entwicklungspsychologische, psychoanalytische Sichtweise (Sigmund Freud, Jean Piaget, Heinz Heckhausen, Rolf Oerter, Charlotte Bühler)	Spiel erfüllt lustvolle Spannungsbedürfnisse des Menschen, sie sind in Aktivierungszirkel gebunden (Heckhausen). Im Spiel spiegelt sich Vergangenes aus der Lebensgeschichte des Menschen. Im Spiel werden Erlebnisse und Eindrücke verarbeitet und neu inszeniert. Spielwiederholungen gestalten sich nach dem Lustprinzip – beinhalten aber auch Unangenehmes. Spielverhalten muss als autonomer Verhaltensbereich gesehen werden, der von Art und Umfang vorgängiger Spielerfahrungen abhängt. Die Spielhandlung dient dazu, real nicht erfüllbare Wunschvorstellungen symbolhaft in Erfüllung gehen zu lassen. Der Antrieb zur kindlichen Spieltätigkeit liegt in innerpsychischen Konflikten begründet. Kindliche Spieltätigkeit ist die reine Lust (Funktionslust) am Spiel.
Materialistische Sichtweise (Lew Wygotzki, Daniel Elkonin, Alexei Nikolajewitsch Leontjew)	Das Kind löst im Spiel den Widerspruch zwischen seinen rasch zunehmenden Bedürfnissen und Forderungen und der Begrenztheit seiner operativen Möglichkeiten. Im Spiel gestaltet das Kind die Welt der Erwachsenen und die Beziehungen nach (Konstruktionsspiele). Das Streben des Kindes nach selbstständiger Tätigkeit und nach Teilnahme am Leben der Erwachsenen wird im Spiel unmittelbar befriedigt (Rollenspiele). Spielhandlungen sind weder formal noch symbolisch, sie sind ein verallgemeinertes Bild gegenständlicher Handlungen.

Art der Spieltheorie (und ihre wichtigsten Vertreter)	**Zusammenfassung**
Soziologische Sichtweise (Roger Caillois, Brian Sutton-Smith)	Spielformen und Spielkombinationen werden nach Aspekten der gesamtgesellschaftlichen Wirklichkeit reflektiert. Spielhafte Bewältigungsformen erproben die Umgestaltung von der Leistungsgesellschaft zur Lerngesellschaft (Simulationsspiele). Vorherrschende Themen der jeweiligen Gesellschaft werden als Ausgangspunkt für die Neugestaltung von Lern- und Spielumwelten betrachtet (Gesellschaftsspiele). Die Spiele einer Gesellschaft spiegeln ihre Kultur und ihre Krisen. (Je offener die Erwachsenenrollen, die Wertorientierungen und kulturellen Beziehungen, umso reichhaltiger das Spiel der Kinder.)
Mathematische Sichtweise (Blaise Pascal, Hugo Steinhaus)	Spielstrukturen können mathematisch analysiert werden. Entscheidungen unterliegen dem Zufallsprinzip (Glücksspiele/Zufallsspiele). Gewinnchancen (Sieg/Niederlage) sind vorhersagbar. Optimale Strategien zur Erreichung eines Spielziels werden berechnet (Strategiespiele). Freie Willensentscheidungen und rationales Verhalten der Handelnden sind Voraussetzung. Anwendung bei Entscheidungsproblemen im sozialen, wirtschaftlichen, militärischen Bereich (Computerspiele).

(vgl. Retter, 1979, S. 13 ff. und Fritz, 1991, S. 13 ff.)

Vertiefungsaufgaben

1. **Ordnen Sie die aufgeführten Zitate und Redewendungen (auf S. 25–27) passenden Spieltheorien zu.**
2. **Erläutern Sie anhand der Fotos auf S. 24 die verschiedenen Spieltheorien. An welcher der skizzierten Spieltheorie sind Sie am meisten interessiert? Begründen Sie Ihre Auswahl mit konkreten Beobachtungen oder anderen Beispielen.**
3. **Wählen Sie eine der wissenschaftlichen Sichtweisen aus und ermitteln Sie im Internet oder in der nächstgelegenen Universitätsbibliothek passende Literatur der jeweiligen Vertreter.**
4. **Tauschen Sie in der Lerngruppe Ihre Erfahrungen aus.**
5. **Worin unterscheidet sich theoretisch das Spiel der Kinder vom Spiel der Erwachsenen? Welche Aussagen treffen dazu die verschiedenen Spieltheorien?**
6. **Welche der Spieltheorien fordert Sie zu einer kritischen Stellungnahme heraus? Warum?**
7. **Erklären Sie anhand einer Spieltheorie beobachtbare Spielphänomene wie z. B. Rollhockey, Monopoly®, Barbie® Puppe, Playstation® oder andere aktuelle Spieltätigkeiten.**
8. **Entwerfen Sie eine eigene Definition (Bestimmung) des Begriffs Spiel.**

1.6 Spielarten und Spielformen

Lernsituation: Freispiel im Kindergarten „Wirbelwind“

Im Gruppenraum sitzen zwei Mädchen am Tisch und spielen „Tempo, kleine Schnecke“®. Am gegenüberliegenden Tisch malen drei Kinder mit Wachsmalstiften. Im angrenzenden Nebenraum falten drei Jungen Flieger, die sie sofort ausprobieren. Auf dem Außengelände lassen zwei Kinder unermüdlich Wasser und Sand über die Rutsche rieseln. Im Bewegungsraum haben sich einige Kinder aus vielerlei Materialien eine Höhle errichtet. Drei Mädchen haben sich mit langen Röcken als Prinzessinnen verkleidet. Sie gehen hin und her, tragen Taschen und einen Koffer und fliegen in ein Land „ganz weit weg“. Ein Mädchen hält einen Zauberstab in der Hand und ruft „Kartoffelbrei“. Zwei Jungen mit selbst gebauten „Schwertern“ stürmen auf sie zu. Einer ruft: „Wir sind Ninjagos. Wir sind stärker als alle!“. Der anderer ruft: „Los mitkommen, wir beschützen euch vor dem gefährlichen Tier!“. Das Mädchen mit dem Zauberstab ruft: „Ich verzaubere das gefährliche Tier in einen Frosch!“ Sie läuft mit den Jungen in die Höhle und alle stellen sich „kampfbereit“ an den Eingang. Die beiden anderen Prinzessinnen verlassen den Bewegungsraum, während ein Junge neu hinzukommt und als „gefährliches Tier“ fauchend auf dem Boden hin und her krabbelt.

Impulse zur Bearbeitung der Lernsituation:

- ***Welche unterschiedlichen Spieltätigkeiten können Sie in der oben beschriebenen Freispielsituation erkennen?***
- ***Welche charakteristischen Merkmale kennzeichnen diese Spieltätigkeiten?***
- ***Wie könnten diese Spieltätigkeiten eingeteilt werden?***

Wenn Kinder miteinander oder mit Erwachsenen zusammenkommen, finden sie Spiele für alle erdenklichen Situationen und Gelegenheiten. Es stellt sich die Frage: Nach welchen Kriterien werden Spiele ausgewählt? Welche Spielformen eignen sich besonders? Welche Spielarten kommen in Betracht?

Kinder fällen spontane Entscheidungen und ihre Spieltätigkeiten entsprechen gewöhnlich ihrem aktuellen Spielbedürfnis. Erzieherinnen wählen dagegen überwiegend nach spielpädagogischen Überlegungen Spielarten und Spielformen aus. Die unermesslich vielen Erscheinungsweisen kindlicher Spieltätigkeiten, aber auch des Spielzeugs, können nach ausgesuchten Merkmalen zwar gegliedert, jedoch nur sehr schwer in ein allgemeingültiges Ordnungssystem gebracht werden. In der spielpädagogischen Fachliteratur sind verschiedene Einteilungen und Ausgangspunkte nachzulesen und werden hier im Überblick stichwortartig wiedergegeben:

Bezeichnung	Ausgangspunkt	Einteilung
Spielentwicklungs-Modell (entwicklungspsychologischer Spielansatz nach Charlotte Bühler)	Ausgangspunkt ist der spielende Mensch, der eine bestimmte geistige Entwicklungsstufe erreicht haben muss, um die Spiel form durchzuführen.	· Funktionsspiel · Konstruktionsspiel · Illusions- oder Fiktionsspiel · Rollenspiel · Regelspiel
Spiel-Modell (Spielansatz nach Roger Caillois)	Ausgangspunkt ist das Spiel selbst.	· Wettkampfspiele · Glücksspiele · Verkleidungsspiele · rauschhafte Spiele (Schaukel, Zirkus, Drehspiele, Akrobatik, Ski, Kirmesattraktionen)
Funktions-Modell	Ausgangspunkt ist neben der Spieltätigkeit oder spielenden Handlungsweise auch der Spielzweck.	· Bewegungsspiele · Wahrnehmungsspiele · Konzentrationsspiele · Geschicklichkeitsspiele · Kontaktspiele · Gestaltungsspiele · Lernspiele
Spielmaterial-Modell	Ausgangspunkt ist das Spielmaterial.	· Ballspiele · Kartenspiele · Brettspiele · Würfelspiele · Fotospiele
Spielinhalts-Modell	Ausgangspunkt ist der Spielinhalt und seine didaktische Bedeutung.	· ökologische Spiele · Antirassismus-Spiele · Emanzipations-Spiele · Suchtpräventions-Spiele
Sozialform-Modell	Ausgangspunkt ist die Art der Zusammenstellung der Spielteilnehmer.	· Solospiele · Paarspiele · Kreisspiele · Parallelspiele · Mannschaftsspiele · Großgruppenspiele
Spielort-Modell	Ausgangspunkt ist der Spielort.	· Spiele für drinnen · Spiele für draußen · Wald- und Wiesenspiele · Wasserspiele · Spiele für das Wartezimmer · Spiele unterwegs im Auto

Bei näherer Betrachtung einzelner Klassifizierungsmodelle werden zum Teil Unzulänglichkeiten deutlich, die aber durchaus zur weiterführenden Auseinandersetzung mit den unterschiedlichen Erscheinungs- und Wirkungsweisen von Spiel anregen.

Jeder, der Spiele in einer speziellen Situation oder für seine berufliche Praxis benötigt, hat bei der Spielplanung ein bestimmtes Ziel. So sucht das Kita-Team Spiele für ein Sommerfest mit Eltern, die Kinderpflegerin, die in einer Familie arbeitet, möchte Spiele für den Geburtstag eines Dreijährigen vorbereiten und die Erzieherin im Berufspraktikum plant Spiele für ihr Projekt, die das Gemeinschaftsgefühl in ihrer Hortgruppe stärken sollen.

Die dargestellten Klassifizierungsmodelle fordern dazu auf, ein eigenes System zu entwickeln, das den individuellen beruflichen Spielanforderungen entspricht, z. B. in Form einer Spielkartei.

Vertiefungsaufgaben

1. **Betrachten Sie die Fotos auf S. 24. Erläutern Sie eine ausgewählte Spielsituation anhand der unterschiedlichen Klassifizierungsmodelle.**
2. **Bilden Sie sich eine Meinung zu den genannten Einteilungskriterien für Spieltätigkeiten.**
3. **Überlegen Sie Vorgehensweisen, nach denen geeignete sowie gute Spiele rasch gefunden und beurteilt werden können. Wenden Sie die Methode an.**
4. **Welche Bedingungen berücksichtigt die folgende Fragestellung: Welches Spiel kann wann, mit wem, wo, wie, warum, mit welchen Materialien gespielt werden?**

Das Spielentwicklungs-Modell

Die Einteilung der Spiele in Funktionsspiel, Konstruktionsspiel, Rollenspiel und Regelspiel berücksichtigt in dieser Reihenfolge entwicklungspsychologische Aspekte kindlicher Entwicklungsphasen und bezieht kindliche Entwicklungsbedürfnisse ein (vgl. Schenk-Danzinger, 2013, S. 175 ff.). Deshalb eignet sich diese Spieleeinteilung besonders für die Auswahl und Verwendung von Spielarten und Spielformen in Kindertageseinrichtungen.

Funktionsspiel

Web

Funktionsspiel

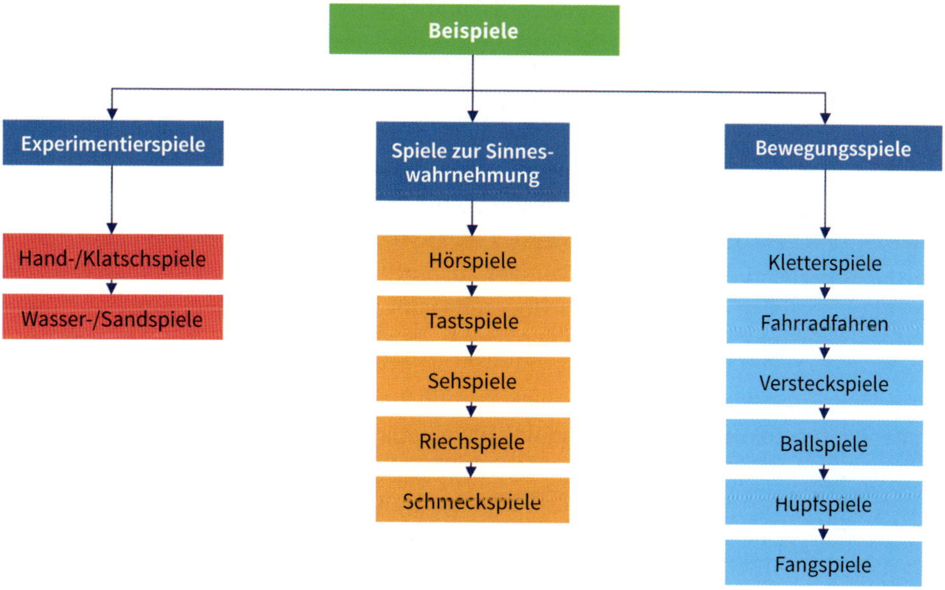

Nach Jean Piaget (2009) stehen Funktions- oder Übungsspiele am Anfang der Spielentwicklung des Kindes. Es sind einfache Handlungsweisen, die das Kind aus Freude an der Bewegung und den damit zufällig bewirkten Veränderungen mehrfach wiederholt. Diese Freude am Funktionieren geht von einem inneren Impuls des Kindes aus, den Karl Bühler als *Funktionslust* (Bühler, 1988, S. 117) bezeichnet.

Schon der Säugling zappelt lustvoll mit seinen Armen und Beinen, erforscht seine Hände und Zehen, das Gesicht der Bezugsperson, sein erstes Spielzeug. Mit Beginn des Greifens und durch die vielen Wiederholungen prägen sich spezifische Eigenheiten wie Aussehen, Oberflächenbeschaffenheit, Geruch und Geschmack der Objekte ein. Die Dinge und Gegenstände werden vom Kleinkind durch Schütteln, Aufschlagen, Reiben, Werfen, Schlagen, Ein- und Auspacken, Aufeinanderstellen u. a. m. in Bewegung gebracht. Im ersten Lebensjahr steht das Untersuchen und Ausprobieren unabhängig vom Material im Mittelpunkt der Funktionsspiele. Im zweiten Lebensjahr werden die Bewegungsformen auf viele Materialien übertragen.

Durch die spielerische Sinneswahrnehmung lernt das Kind unterschiedliche Materialbeschaffenheit und Verwendungsmöglichkeiten kennen. Zunächst geschieht das Erforschen und Ausprobieren noch ohne Absicht und Plan, erst das Kita-Kind experimentiert mit neugieriger Lust und versucht Dinge und Funktionen zu durchschauen. Sein Bewegungsdrang und die Freude an der Körperbewegung veranlassen es zu lustbetonten Bewegungsspielen, wodurch seine Geschicklichkeit ständig zunimmt.

Die Zunahme der Fähigkeit des Kindes zur Verknüpfung und Kombination führt dazu, dass im Funktionsspiel zufällig ein Produkt entsteht, das die charakteristischen Merkmale eines realen Gegenstands aufweist, z. B. aus dem Experimentieren mit LEGO® Steinen ist ein Fahrzeug entstanden. Positiver Zuspruch von den Bezugspersonen bestärkt das Kind in seinem Tun, sodass der Übergang vom funktionalen Spiel zum Konstruktionsspiel vollzogen ist.

Die weitere Entwicklung kognitiver Fähigkeiten führt dazu, dass das Funktionsspiel von darstellender Fantasie begleitet wird und sich zuweilen in ein Rollenspiel verwandelt. So steht z. B. das Erproben und Ausprobieren des Rollbretts für das Kind nicht mehr im Mittelpunkt, sondern die Verwandlung des Rollbretts in ein „Polizeiauto".

Aus diesem Grund lassen sich im eigentlichen Sinne nur die Spieltätigkeiten als reine Funktionsspiele bezeichnen, die in den ersten Lebensjahren ausgeübt werden. Bei späteren Spielen ist häufig der Erfolg wichtig, im Wettbewerb den Sieg zu erringen. Der Charakter des Funktionsspiels geht hierbei verloren. Ausgehend von der Funktionslust des Kindes, z. B. mit Rollerblades zu fahren, vollzieht sich eine Motivverschiebung von der Freude an der Bewegung zur Freude, sich mit anderen zu messen: *Wer ist der Schnellste? Wer hat gewonnen?*

Am längsten bleibt der Charakter des zweckfreien Funktionsspiels auch noch bei älteren Kindern, Jugendlichen und sogar Erwachsenen im Bewegungsspiel erhalten, indem sie die Möglichkeit haben, neue, ihnen unbekannte Spielmittel zu erproben, z. B. das Einrad, Rollerblades, Snowboard, das Jonglieren etc.

Vertiefungsaufgaben

1. **Ergänzen Sie die angegebenen Beispiele des Funktionsspiels mit eigenen Beobachtungen aus dem Praktikum.**
2. **Ermitteln Sie zu den Funktionsspielen konkrete Spieltitel. Probieren Sie Funktionsspiele aus. Sprechen Sie in der Lerngruppe über Ihre Erfahrungen und Empfindungen.**
3. **Diskutieren Sie in der Lerngruppe, warum Experimentierspiele, Spiele zur Sinneswahrnehmung sowie Bewegungsspiele für die kindliche Entwicklung so wichtig sind.**
4. **Überlegen Sie, mit welchen geeigneten Spielmaterialien Sie das Funktionsspiel in den drei Alters-/Entwicklungsstufen besonders fördern können. Fassen Sie Ihre Ideen anschaulich zusammen.**
5. **Stellen Sie die Spielbedingungen für Funktionsspiele dar.**

Konstruktionsspiel

Web

Konstruktionsspiel

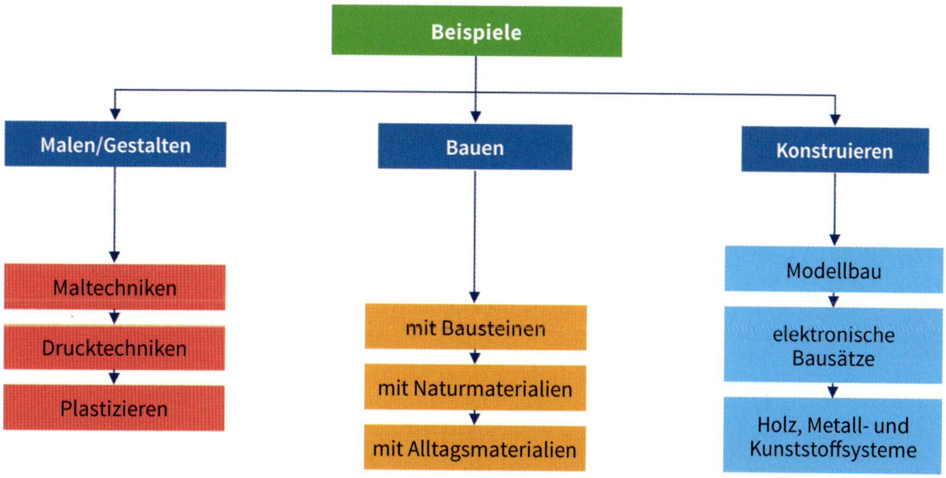

Aus dem Funktionsspiel entwickelt sich das *Konstruktionsspiel*, das auch als *Herstellspiel* oder *werkschaffendes Spiel* (Schenk-Danziger, 2013, S. 191f.) bezeichnet wird. Das Bedürfnis des Kindes, etwas herzustellen, die *Schaffenslust* (vgl. Bühler, 1988, S. 167), steht im Mittelpunkt des Spiels. Das Konstruktionsspiel ist immer an Materialien gebunden.

Nach dem ersten Ausprobieren, der *Experimentierphase*, entstehen Zufallsprodukte, die das Kind willkürlich benennt und erläutert. In dieser *Symbolphase* gibt es z. B. vor, ein Auto aus LEGO® Duplo-Steinen zu bauen, eine große rote Blume zu malen oder einen Kuchen aus Sand für die Oma zu backen. Die Produkte weisen jedoch keinen Zusammenhang mit der vorhergehenden Benennung auf, die sich sogar im Laufe der Herstellung ändern kann.

Indem Bezugspersonen die Ergebnisse begutachten, stärken sie das Kind in seinem Schaffensdrang. Je einfacher die Materialien zunächst sind, umso sicherer kommt das Kind zu seinem geplanten Ziel.

Mit wachsender Vorstellungskraft und Kreativität gelingen ihm immer kompliziertere Werke.

In dieser *Werkphase* ist das Kind in der Lage, alleine oder mit gleichaltrigen Spielpartnern sein Spielvorhaben zu planen, auch über einen längeren Zeitraum daran zu arbeiten, um das vorher benannte Werk oder Produkt zu erstellen, das anhand von charakteristischen Merkmalen erkennbar ist. Zum Beispiel nimmt sich eine Gruppe von Hortkindern in den Ferien vor, aus Brettern, Nägeln und anderen Materialien eine eigene „Bude“ zu bauen, an der sie tagelang hämmern, sägen und pinseln, um sie zum Schluss mit Möbeln aus dem Sperrmüll noch gemütlich einzurichten.

Im Kita-Alter bewirken Nachahmung und Fantasie, dass Konstruktionsspiele sich sehr häufig in Rollenspiele verwandeln. So haben drei fünfjährige Jungen auf dem Bauteppich mit Holzbausteinen eine Autobahn gebaut, auf der sie im weiteren Spielverlauf eine dramatische Verbrecherjagd mit Autos und Flugzeugen inszenieren.

Vertiefungsaufgaben

1. **Ergänzen Sie Bau-/Konstruktionsspiele mit beobachteten Beispielen aus Ihrem Praktikum.**
2. **Überlegen Sie, warum Malen/Gestalten und Bauen/Konstruieren für die kindliche Entwicklung so wichtig sind.**
3. **Ermitteln Sie typische Materialspiele für verschiedene Spielformen.**
4. **Finden Sie zu den Materialspielen/Konstruktionsspielen konkrete Spieltitel. Probieren Sie Spiele aus und sprechen Sie in der Lerngruppe über Ihre Erfahrungen und Empfindungen.**
5. **Überlegen Sie, mit welchen geeigneten Materialien Sie besonders Konstruktionsspiele in den drei Alters-/Entwicklungsstufen angemessen fördern können. Fassen Sie Ihre Ideen anschaulich zusammen.**
6. **Diskutieren Sie die Aussage: „Mit der Ausweitung der werkschaffenden Spielhaltung entwickeln sich die Arbeitstugenden.“**
7. **Informieren Sie sich mittels entsprechender Fachliteratur über Merkmale und Stationen kindlicher Malentwicklung.**
8. **Beschreiben Sie die Spielbedingungen für Malen, Gestalten, Bauen, Konstruieren.**

Rollenspiel

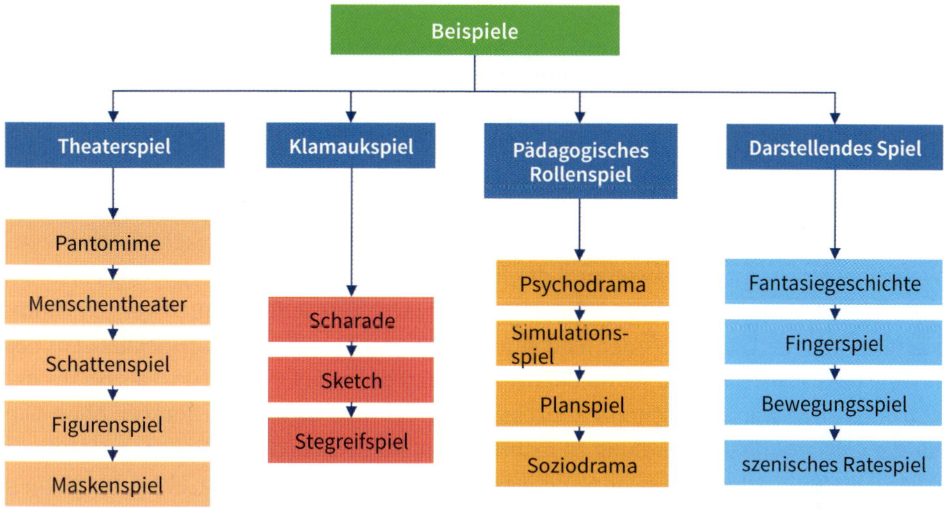

Web

Rollenspiel

Rollenspiele sind, wie das Schaubild verdeutlicht, in ihren Erscheinungsformen sehr vielfältig. Der Begriff Rollenspiel umfasst zum einen das Theaterspiel, das Klamaukspiel und das darstellende Spiel, das sich meist vor einem Publikum darstellt oder präsentiert, während das spontane und pädagogisch angeleitete Rollenspiel ohne fremde Zuschauer auskommt, da es der Erprobung eigener Verhaltensweisen, sozialer Kompetenzen oder der Bewältigung von Konfliktsituationen dient.

Das Rollenspiel als eine Spielform in der Entwicklung des Kindes wird auch als *Symbolspiel* oder *Fiktionsspiel* bezeichnet.

Mit Beginn des Spracherwerbs ahmen Kinder in ihren Spielen zunächst solche Geschehnisse nach, die sie beobachtet, gehört und erlebt haben. Bei ihren anfänglichen Simulations- und Nachahmungsspielen stellen sich die Kinder etwas vor, sie „tun so, als ob" das Spielgeschehen Wirklichkeit wäre. Dabei ahmen sie vorwiegend die Handlungsweisen der Erwachsenen nach, ohne eine direkte Rolle zu übernehmen. Sie kriechen z. B. mit einem Auto über den Boden und machen dabei Fahrgeräusche, rühren in einem Topf, um das Mittagessen zu kochen oder sprechen mit einer imaginären Person per Spielzeugtelefon.

Zwischen dem zweiten und dritten Lebensjahr ist das Kind in der Lage, sich ein nicht vorhandenes Objekt vorstellen zu können. Es entwickelt erste einfache Rollenspiele, wobei es zunächst spontan in eine Spielrolle schlüpft. Adäquate Rollenspielmaterialien wie Puppen, Stofftiere mit entsprechendem Zubehör, Küchenutensilien etc. helfen dem Kind, die Erwachsenenwelt nachzuspielen, aber auch Handlungen und Situationen der „Großen" zu bewältigen. Oftmals verwendet es im Rollenspiel aber auch Symbole, um den realen Gegenstand zu ersetzen, ein Stock wird z. B. zur Pistole, ein Sandklumpen zum Erdbeereis. Eigene Verhaltensweisen werden auf Puppen oder Stofftiere übertragen und im Rollenspiel lebendig: Die Puppe schreit, weil sie Hunger hat, oder der Teddy hat Angst, weil er zum Zahnarzt muss.

Zwischen dem dritten und vierten Lebensjahr ist das Kind in der Lage, sich zwischen zwei Welten zu bewegen: der realen und der fiktiven Spielwelt. Es ahmt nicht nur Personen oder Tiere aus seiner direkten Umgebung nach, sondern schlüpft auch gern in Fantasierollen aus der Literatur- oder Medienwelt. In dieser *Quasi-Realität* (Heckhausen) des Rollenspiels kann das Kind Verhaltensweisen ausprobieren. Es kann tun, „als ob" es der starke Batman wäre, die schöne Prinzessin oder der mächtige Power-Ranger, ohne sich für die spielerische Verwandlung zu rechtfertigen. Im und durch das Rollenspiel kann es seine Lebenssituation und seine Gefühle besser zum Ausdruck bringen, als es ihm seinem Alter entsprechend auf verbaler oder darstellender Ebene gelingen würde.

Zwischen dem fünften und sechsten Lebensjahr steht die Sozialisierung und Organisierung im Mittelpunkt des Rollenspiels: Spielorte werden inszeniert, Rollen verteilt und Regieanweisungen gegeben, Requisiten entsprechen mehr und mehr der Realität, Spielzeiten müssen eingehalten werden. Diese kollektiven bzw. sozialen Rollenspiele entwickeln sich sehr häufig aus gemeinsam durchgeführten Konstruktionsspielen, z. B. beim „Budenbau", nach der Konstruktion der Ritterburg aus LEGO® Steinen oder der Gestaltung eines Piratenschiffes.

Für Kinder, die weiterhin an Rollenspielen interessiert sind, wird mit zunehmendem Alter die formale Organisation wichtig. Sie präsentieren dann möglicherweise ihre Rollenspiele als Clownsnummer, Theaterstück, Sketch oder Ritterspiel vor Publikum. Das Theaterspiel bildet auch für Jugendliche und Erwachsene noch die Möglichkeit, die Realitätsebene zu verlassen, um sich im Spiel mit einer anderen Identität darzustellen.

Rollenspiel

Ein brüderlicher Vater,
eine schwesterliche Mutter,
bemutternde Geschwister,
versöhnliche Schwestern –
kurz: eine Familie, die sich nach
jedem Familienkrach wieder verbrüdert.

(Manz, 1974, S. 27)

Vertiefungsaufgaben

1. **Ergänzen Sie die angegebenen Rollenspielbeispiele mit Ihren Beobachtungen aus dem Praktikum. Sprechen Sie in der Lerngruppe über Ihre Eindrücke.**
2. **Probieren Sie selber einige Rollenspielarten aus.**
3. **Beobachten Sie Kinder bei Rollenspielen und überlegen Sie, warum Rollenspiele für die kindliche Entwicklung so wichtig sind.**
4. **Ermitteln Sie typische Rollenspielformen der Kinder und veranschaulichen Sie Ihre Ergebnisse.**
5. **Überlegen Sie, in welcher geeigneten Weise Sie in den drei Alters-/Entwicklungsstufen besonders Nachahmungs- und Rollenspiele angemessen fördern können. Fassen Sie Ihre Ideen anschaulich zusammen.**
6. **Beschreiben Sie die Spielbedingungen für Rollenspiele.**

Regelspiel

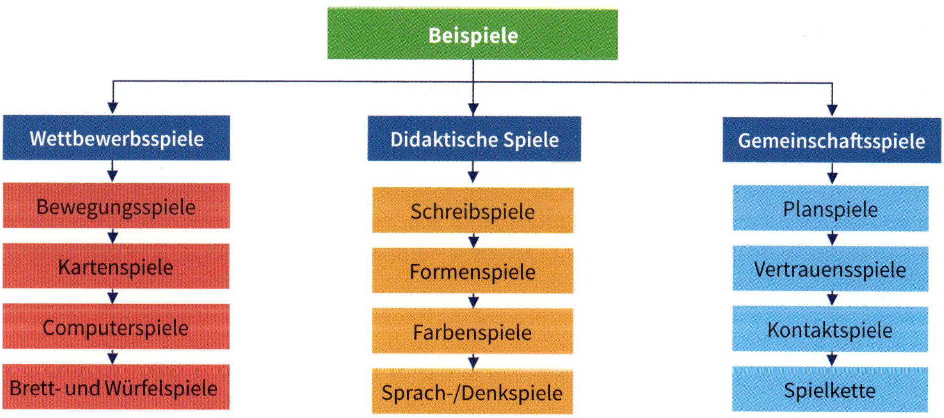

Bestandteile des Regelspiels

Alle regelgebundenen Spielformen weisen einen zirkulären Charakter auf, den Heckhausen mit dem Begriff *Aktivierungszirkel* umschreibt.

Wichtige Bestandteile des Regelspiels sind:

- **Spielgegenstände**, z. B. Ball, Schläger, Karten, Brett, Figuren, Computer etc.:
  Von den Spielgegenständen selbst geht zunächst eine motivierende Wirkung aus, die die Mitspieler dazu bewegt, sich auf das Spiel einzulassen, sei es nun Fußball zu spielen, Mau-Mau oder Monopoly®.

- **Mitspieler**, deren Hauptaugenmerk darauf gerichtet ist, zu gewinnen:
  Je mehr Geschicklichkeit, Kombinationsfähigkeit oder geistige Kreativität ein Regelspiel verlangt (z. B. bei Strategie-, Geschicklichkeits-, Ratespielen), desto stärker rücken die individuellen Fähigkeiten der Spieler in den Vordergrund. Ein geübter Spieler will nicht mit einem Anfänger spielen, sondern braucht einen gleichwertigen Gegenspieler. In diesem Fall steht das Messen der Fähigkeiten im Vordergrund des Spiels.

- **Spielregeln**, ohne die das Spiel nicht gespielt werden könnte:
  Viele Regelspiele werden durch einen Zufallsmechanismus gesteuert (z. B. alle Würfel- bzw. Glücksspiele), der das Spiel dynamisch macht und Überraschungen und plötzliche Wendungen herbeiführt.

Regelbewusstsein

Die Entwicklung des Regelbewusstseins ist ein lang währender Prozess, der sich beim Kind etwa über zehn Jahre erstreckt.

Regelspiele erwachsen aus den Funktionsspielen. Wenn die sensomotorischen Fähigkeiten des Kindes, auch im Umgang mit verschiedenen Materialien, fortgeschritten sind, entwickelt es eigene Regeln, an denen es sich zunächst selbst messen will. In der Kita nimmt es an regelgebundenen Gemeinschaftsspielen teil, von denen eine imitierende Wirkung ausgeht. Das Kind ahmt Bewegungen, Text und Melodie nach und verinnerlicht unbewusst die vorgegebene Spielregel.

Da Kinder im Kita-Alter noch sehr ichbezogen sind, gelingt eine abwechselnde Betätigung mit einem Spielpartner während eines Regelspiels meist erst im Alter zwischen 4 und 5 Jahren, unter der Voraussetzung, dass ein Erwachsener an dem Spiel teilnimmt.

Wettbewerbscharakter

Mit der gleichen entwicklungspsychologischen Begründung zeigen Regelspiele mit Wettbewerbscharakter bei Kita-Kindern eine sehr emotionale Wirkung: Bei Erfolg reagiert das Kind mit Stolz und Freude, bei Misserfolg jedoch mit Trauer, Aggressivität, Verweigerung oder subjektiver Schuldzuweisung. Bei Kita-Kindern ist zwar eine Leistungsmotivation bereits vorhanden, aber in Wettbewerbssituationen können Misserfolge noch nicht ertragen werden.

Erst im Schulalter werden kompetitive Regelspiele (siehe S. 117) bevorzugt, die konkurrenzorientiert sind und in der Beliebtheitsskala steigen. Risikoreiche oder geschickte Spielhandlungen, glückliche Zufälle sowie überraschende Momente intensivieren die Freude am gemeinsam erlebten Spiel. Kooperation und Solidarisierung können gleichzeitig hervorgerufen werden. Misserfolge, Niederlagen, Verlierer sein können aber auch Ansporn sein, das Spiel erneut zu spielen, mit der Hoffnung, als erfolgreicher Sieger hervorzugehen. Bei Spielwiederholung kann ein Wechsel der Spielparteien zu neuen Spannungsmomenten führen.

Vertiefungsaufgaben

1. Verdeutlichen Sie das Regelbewusstsein des Kindes am Beispiel Fangspiel.
2. Überlegen Sie, welche Regelspiele für welche der drei Alters-/Entwicklungsstufen sinnvoll sind. Fassen Sie Ihre Ideen anschaulich zusammen.
3. Verdeutlichen Sie den Aktivierungszirkel nach Heckhausen am Beispiel eines Regelspiels.
4. Beschreiben Sie die Spielbedingungen für Regelspiele.
5. Erfinden Sie ein einfaches Regelspiel für Kita-Kinder.
6. Erörtern Sie die Frage, ob Regelspiele für die kindliche Entwicklung wichtig sind.
7. Diskutieren Sie: „Konkurrenzorientierte Regelspiele in der Kita – ja oder nein?"
8. Wählen und probieren Sie einige traditionelle Regelspiele aus. Wie reagieren Sie heute auf das Siegen/Verlieren beim Spiel?
9. Ermitteln Sie konkurrenzarme Bewegungsspiele für Kindergartenkinder.

Web

Konkurrenzarme Bewegungsspiele

1.7 Spielmittel einteilen und beurteilen

Lernsituation: Instruktive Fragen zu Spielzeug

„Soll ich Mia (2;2 J.) den kleinen roten Traktor schenken oder lieber Shaun das Schaf?", „Warum darf ich hier kein Spielgewehr haben?", „Spielt Moritz (6;3 J.) immer noch mit Puppen?", „Das Spiel ist langweilig, können wir ohne Würfel spielen?", „Dürfen alle Kinder an alle Spielplatzgeräte?", „Welche Computerspiele sind für Kinder geeignet?", „Kann man Spielzeug auch selbst herstellen?", „Welche Jo-Jos sind die besten?", „Warum funktioniert der Kicker nicht?", „Könnt ihr euch mal mehr Fischer-Technik anschaffen?", „Wie viel und welches Spielzeug braucht welches Kind in welchem Alter?"

Impulse zur Bearbeitung der Lernsituation:

- *Welche Personen könnten die o. g. Fragen stellen?*
- *Welche möglichen Antworten scheinen Ihnen geeignet?*
- *Welche Fragen haben Sie bezüglich des Spielzeugs?*

Mit derart vielschichtigen Fragen werden die Mitarbeiterinnen in Kindertageseinrichtungen immer wieder konfrontiert. Viele Fragestellungen implizieren dabei Spielwünsche der Kinder und signalisieren die Orientierungslosigkeit mancher Erwachsener.

Ob das vom Kind gewünschte Spielzeug einem echten Spielbedürfnis oder einem initiierten Spielwunsch (Werbung, Statussymbol, Gruppendruck) entspricht und ob es sich dabei um geeignetes Spielzeug handelt, ist nicht leicht festzustellen. Fachkundige Antworten sowie einfühlsame Reaktionen deuten dabei auf die spielpädagogischen Kompetenzen der Mitarbeiterinnen. Aber alle Anfragen können auch sie nicht direkt aus ihrem pädagogischen Alltag heraus beantworten, sondern müssen sich mittels einschlägiger Fachliteratur sachkundig machen.

Spieleeinteilung

Nach welchen Kriterien kann Spielzeug eingeteilt und beurteilt werden? Zunächst einmal kann Spielzeug in fünf Kategorien gegliedert werden (vgl. Baer, 1996, S. 186):

Web

Einteilung des Spielmaterials

Kategorien	Beispiele
Spielmaterial zur Identifikation, zum Liebhaben	Puppe, Teddy, Bilderbuch etc.
Spielgeräte zum Bewegen	Roller, Ball, Inliner etc.
Spielsachen zum Werken, Konstruieren, Gestalten	Säge, Spielbausteine, Papier etc.
Spiele für Regelspiele	Brett-, Karten-, Würfelspiele etc.
Spielzeug für Rollen- und darstellende Spiele	Puppenküche, Spielauto, Verkleidung etc.

Spielzeugauswahl

Die Spielzeugherstellung und der Spielzeugvertrieb sind nicht in erster Linie an spielpädagogischen Haltungen ausgerichtet, sondern an marktwirtschaftlichen. Eine vom Hersteller vorgegebene Altersangabe sollte in der Regel als grobe Orientierung aufgefasst werden, eine verantwortliche Auswahl und Bewertung von Spielzeug stellt das berechtigte Anliegen des Kindes in den Mittelpunkt. Spiele und auch Spielzeug können daher auch nach ihrer Intention eingeteilt und beurteilt werden, wie die Zusammenstellung zeigt:

Web

Auswahl und Anwendungsbeispiele von Spielmaterial

Bestimmung	Bewertungsaspekte
Spielzeug für einzelne Entwicklungsstufen	Dauerspielzeug Billigspielzeug Qualitätsspielzeug
Spielzeug für Kinder mit Behinderungen	serienmäßig veränderbares Spielzeug für spezielle Spiel- und Bewegungsbedürfnisse
Computerspiele, Spielkonsolen	Typen der elektronischen Spiele inhaltliche Ausgestaltung Spannung und Attraktivität
Kriegsspielzeug	Was ist Kriegsspielzeug? Welche Faszination geht davon aus? Welche Strategien helfen dagegen?
Spielplatzgeräte	geprüfte Sicherheit Umweltaspekte Material
Geschlechtsspezifisches Spielzeug	Jungenspielzeug Mädchenspielzeug Wirkung und Bedeutung

Beurteilungskriterien

Allgemein anerkannte Beurteilungskriterien (siehe S. 88 f.) sind von dem unabhängigen *Arbeitsausschuss Gutes Spielzeug* erarbeitet und publiziert worden. Die folgende Auflistung vermittelt einen Überblick der wichtigsten Grundsätze und Kriterien für die Beurteilung und Auswahl von Spielzeug:

- Das Alter und der Entwicklungsstand des Kindes sind grundsätzlich zu beachten.
- Fantasie und Vorstellungsvermögen werden durch Spielzeug angeregt/verhindert.
- Spielzeug hilft Umwelterfahrungen zu vertiefen.
- Mehrere Spielvarianten ermöglichen vielfältiges Spiel.
- Gestaltung, Form und Farbe beeinflussen die Vorstellungswelt der Kinder.
- Größe und Gewicht des jeweiligen Spielzeugs hängen ab vom Spielzweck und vom Alter des Kindes.
- Die richtige Anzahl und Menge hängen ab von der Spielfreude und dem Spielerfolg.
- Konstruktion und Mechanik sollen unkompliziert und durchschaubar sein.
- Dem Spielzweck entsprechen die Haltbarkeit und Lebensdauer.
- Material und Verarbeitung sollten gängigen Sicherheitsnormen (GS, TÜV u. Ä.) und Qualitätsnormen entsprechen.
- Das Spielzeug sollte umweltverträglich sein.
- Gutes Spielzeug gibt es in jeder Preislage.

Erst wenn die Mitarbeiter in sozialpädagogischen Einrichtungen die Kinder bei Spieltätigkeiten ausgiebig beobachten (bezüglich der Spielmotivation, Spielgewohnheit, Spielfähigkeit) und die vorherrschenden räumlichen Spielbedingungen berücksichtigen, gelangen sie zu spielpädagogisch richtigen Entscheidungen bei der Auswahl und Anschaffung von Spielmaterial und Spielangeboten.

Vertiefungsaufgaben

1. **Erstellen Sie in Ihrer Lerngruppe eine Hitparade der beliebtesten Spiele.**
2. **Ihrer Lerngruppe wird ermöglicht, eine Kita mit geeignetem Spielzeug auszustatten (zwei altersgemischte Gruppen mit Kindern zwischen 2 und 10 Jahren). Erstellen Sie einen Auswahlkatalog und begründen Sie Ihre Entscheidungen.**
3. **Erörtern Sie in Ihrer Lerngruppe: Warum gibt es geschlechtsspezifisches Spielzeug?**
4. **Erfinden Sie in Ihrer Lerngruppe ein Gütesiegel für Kitaspielzeug.**
5. **Führen Sie bei Kindern eine Befragung durch: *Mein Lieblingsspielzeug*. Fassen Sie die Umfrageergebnisse in einem Überblick zusammen. Welche Schlussfolgerungen ziehen Sie?**
6. **Diskutieren Sie in Ihrer Lerngruppe die Auswirkungen von Spielzeugmangel und von Spielzeugüberfluss. Stellen Sie die erarbeiteten Thesen einander anschaulich gegenüber.**

Web
Befragung: Mein Lieblingsspielzeug

2 Pädagogische Beziehungen in Spielsituationen gestalten und mit Gruppen spielpädagogisch arbeiten

Lernsituation: Gemeinsam spielen macht Spaß

Impulse zur Bearbeitung der Lernsituation:

1. *Betrachten Sie die vier abgebildeten Spielsituationen:*
   - *Welche Personen sehen Sie auf den Fotos und was tun sie?*
   - *Machen Sie ungefähre Altersangaben zu den Personen.*
   - *Wo könnten die Spielsituationen stattfinden?*
   - *Welche Spielarten bzw. Spielformen können Sie erkennen?*
   - *Wie kommunizieren die Personen miteinander?*
   - *Was haben die Abbildungen gemeinsam, was unterscheidet sie?*
   - *Geben Sie jeder abgebildeten Spielsituation einen Untertitel.*
   - *Schreiben Sie zu jeder Spielsituation einen kurzen Gesprächsverlauf.*
2. *Beschreiben Sie, wie Sie in den jeweiligen Situationen Kontakt zu den Kindern aufnehmen würden.*

2.1 Bezugspersonen als Spielpartner

Lernsituation: Interaktion zwischen Mutter und Kind

Marlene ist sechs Monate alt. Sie ist begeistert von den Tönen, die sie schon produzieren kann. Besonderen Spaß findet sie daran, wenn Mama kleine Körperspiele mit ihr macht: „Da geht ein Mann die Treppe rauf. Klopft an, bim bam! Guten Tag, Frau Nasemann!“ Sie lacht, zeigt ihre Freude mit dem ganzen Körper und versucht Laute nachzuahmen.

Impulse zur Bearbeitung der Lernsituation:

- *Wie kommunizieren Mutter und Kind miteinander?*
- *Warum hat Marlene besondere Freude an Körperspielen?*
- *Welche Kompetenzen kann Marlene bei diesem Körperspiel erwerben?*

Jedes Kind braucht vom ersten Lebenstag an die verlässliche Zuwendung von mindestens einer Bezugsperson. Diese ist in der Lage, die Bedürfnisse des Kindes zu erkennen und darauf einzugehen. Schon nach wenigen Wochen können vokale Interaktionen zwischen Bezugsperson und Kind beobachtet werden. Es lächelt beim Anblick der Bezugsperson und bekundet durch Lautäußerungen wie z. B. „mammammam“ oder „babbabbab“ sein Wohlbefinden. Antwortet die Bezugsperson mit ähnlicher Lautgebung, so entsteht das erste vokale Interaktionsspiel (Papousek, H. & Papousek, M., 1987), d. h., Kind und Bezugsperson treten in einen ersten Dialog.

In den Wachphasen, bei pflegerischen Maßnahmen und während der Nahrungsaufnahme werden diese ersten Kommunikationsspiele durch Körperkontaktspiele unterstützt. Die Bezugsperson begleitet ihre Handlungen mit Worten oder mit rhythmisch-musikalischen Bewegungen, Reimen oder Liedern. Diese Körperkontaktspiele stimulieren das Kind, vermitteln ihm Sicherheit und ermutigen zur eigenen Aktivität.

In den länger werdenden Wachphasen spielt das Kind mit sich selbst oder möchte beschäftigt werden. Die Bezugsperson beobachtet das Kind aus einiger Entfernung, um zu erkennen, ob es allein spielen möchte oder Anregung braucht. Denn wird das Kind in seinem Spiel häufig unterbrochen, verlernt es, sich längere Zeit mit einer Sache zu befassen. Es wird dann leicht ablenkbar und verlangt nach ständiger Beschäftigung.

Nach ca. sechs Monaten unterscheidet das Kind deutlich seine engsten Bezugspersonen von Fremden. Als Reaktion zeigt es z. B., dass es sich nicht von Fremden anfassen lassen möchte oder das freundliche Anlachen nicht erwidert. Dieses „Fremdeln“ ist für das Kind eine wichtige Phase in seiner Entwicklung, da es durch die Unterscheidung von Fremden und Vertrauten seine emotionale und soziale Bindung aufbauen und festigen kann. Die Erwachsenen sollten in dieser Situation die Angstreaktion des Kindes respektieren, denn wenn es genügend Vertrauen entwickelt hat, wird es von selbst über eine mögliche Kontaktaufnahme entscheiden.

Mit zunehmendem Alter übernimmt das Kind im Spiel mit der Bezugsperson Eigeninitiative. Es lässt bewusst Spielzeug fallen oder wirft es weg, schaut interessiert hinterher und freut sich, wenn die Bezugsperson es wiederbringt, und wirft das Spielzeug sofort wieder weg.

Erstmalig erlebt das Kind eines der ältesten Kinderspiele: das Versteckspiel, das durch die regelhafte Wiederholung von Verschwinden und Auftauchen die Erwartung, Erregungssteigerung und Spannungslösung ermöglicht. Die Bezugsperson legt dabei dem Kind ein Tuch über das Gesicht, zieht es wieder weg und ruft: „Kuckuck!“ Nach wenigen Wiederholungen zieht sich das Kind selbst das Tuch vom Kopf, um eine Fortsetzung des Spiels zu fordern.

In der zweiten Hälfte des ersten Lebensjahres bevorzugen die Bezugspersonen ritualisierte, regelhafte Sequenzen, wie sie in Bewegungsreimen und Bewegungsliedern als kommunikatives Sprachspiel vorkommen. Alle Spiele, die einen ähnlichen Spannungsbogen wie das o. g. „Kuckuck-Spiel“ enthalten, sind bei den meisten Kindern sehr beliebt, wie z. B. das Hoppe-Reiter-Spiel. Die Sprache wird dabei schrittweise an eine äußere Handlung gekoppelt, sodass das Kind einen Zusammenhang zwischen der taktilen, kinästhetischen Erfahrung und den noch unverstandenen, rhythmisiert gesprochenen Worten herstellt. Finger- und Körperspiele sowie Kniereiterspiele fördern die Entwicklung dieser *motorischen Vorstellungsbilder* (Piaget).

Sobald das Kind krabbelt, muss die Bezugsperson vorbeugende Maßnahmen ergreifen, indem sie einerseits gefährliche und gesundheitsgefährdende Gegenstände außer Reichweite schafft, andererseits aber auch vielfältige Materialien bereitstellt, die dem Kind elementare Kenntnisse und Erfahrungen vermitteln. Das gemeinsame Spiel zwischen Kind und Bezugsperson wird insbesondere bei Gib- und Nimmspielen intensiviert, z. B. werden Gegenstände wechselseitig in die Hand gegeben und wieder genommen, verdeckt und wieder entdeckt, eingepackt und wieder ausgepackt.

Zu Beginn des zweiten Lebensjahres lernen die meisten Kinder laufen, wobei die Bezugsperson der wichtigste Begleiter ist. Sie fordert das Kind z. B. auf, in ihre Arme zu laufen, um es hochzunehmen und zu drehen. Sie lobt und bestärkt das Kind, wenn es mit ihrer Hilfe über eine Bank balanciert, beim Fangen-Spiel wegläuft oder sich versteckt. Den dabei erlebten Überraschungseffekt, im ständig gleichen Versteck von der Bezugsperson entdeckt zu werden, zu wiederholen, ist ein alterstypisches Spielverhalten. Bei diesen partnerzentrierten Lauf-, Fang- und Versteckspielen erfährt das Kind Körperkontakt, der ihm Vertrauen und Sicherheit vermittelt. Es gewinnt Zutrauen in seine eigenen körperlichen Fähigkeiten und sein selbstständiges Handeln wird gestärkt.

Im Vergleich zum ersten Lebensjahr ist das Kind jetzt ein deutlich aktiverer Spielpartner, der seine Spielwünsche immer besser auch verbal zum Ausdruck bringen kann. Durch das gemeinsame Betrachten und Benennen von elementaren Gegenständen in Bilderbüchern werden der Wortschatz, die Sprechfreude und das Vorstellungsvermögen des Kindes besonders gefördert. Auf dem Schoß der Bezugsperson können in angenehmer Atmosphäre Elementarbilderbücher betrachtet werden. Die Bezugsperson fragt oder nennt den Namen des abgebildeten Gegenstandes. Das Kind hört zu, antwortet oder spricht nach. Materialien oder Spielzeuge können als realistische Anschauung hinzugeholt werden. Durch solche Benennungen werden Gegenstände fixiert und begreifbarer gemacht, weil die Namen auch auf nicht sichtbare Objekte übertragen werden können.

Das Kind beobachtet sehr genau die Bezugspersonen, andere Menschen und Tiere in seiner näheren Umgebung und ahmt Gesten, Handlungsweisen sowie Laute, Geräusche und kurze Redewendungen im Spiel nach. Manchmal schlüpft das Kind dabei in die Rolle des Erwachsenen und die Bezugsperson übernimmt dann die Rolle des Kindes. Im Spiel findet ein kommunikativer Austausch statt. Das Kind muss dem erwachsenen Spielpartner seine eigenen Spielabsichten verdeutlichen und die Spielhandlung der Bezugsperson begreifen. Die Bezugsperson geht auf die Spielanregungen des Kindes ein, sodass ein sozialer Austausch stattfinden kann. Ein Miteinander im Rollenspiel mit Gleichaltrigen gelingt noch nicht.

Der erste Spielkontakt mit gleichaltrigen Kindern wird meist auf dem Spielplatz oder in der Krabbelgruppe aufgenommen. Das andere Kind wird intensiv beobachtet, angefasst, gestreichelt, aber auch geschubst, geknufft oder geschlagen. Das Kind gibt seine eigenen sozialen Erfahrungen wieder. Manchmal nimmt es den anderen Kindern Spielzeug weg. Es kommt zum Streit und die Bezugspersonen müssen helfend eingreifen. Das Kind ist in diesem Alter noch zu sehr auf sein eigenes Spiel konzentriert und kann sich noch nicht auf mehrere Personen gleichzeitig einstellen.

Web

Kommunikative Spiele für Kleinkinder

Vertiefungsaufgaben

1. **Sichten Sie in einschlägiger Spielliteratur kommunikative Spiele für Kinder von 0 bis 3 Jahren.**
2. **a) Entwickeln Sie eigene kommunikative Spiele für die Altersstufen:**
   - **0–1 Jahr**
   - **1–2 Jahre**
   - **2–3 Jahre**

   b) Begründen Sie Ihre Auswahl und stellen Sie die Spiele in Ihrer Lerngruppe vor.

2.2 Sozialpädagogische Fachkräfte als kompetente Spielpartner und Spielleiter

Auftrag der Spielleitung

Das Spiel des Kindes in der jeweiligen Spielentwicklungsstufe auf angemessene Weise zu fördern, ist die zentrale Aufgabe von Spielpädagoginnen, also auch von der Spielleitung. Die Bezeichnung *Spielleitung* umschreibt, dass pädagogisch ausgebildete Fachkräfte einzelne Kinder oder Spielgruppen aktiv beobachten, unterstützen und auch Spielprozesse initiieren. Dieses erfolgt einerseits durch die Bereitstellung und Gestaltung geeigneter Rahmenbedingungen (Raum, Material, Zeit, Partner, siehe S. 19f.), aber auch durch eine kompetente Persönlichkeit. Eine fachkundige Spielpädagogin beobachtet, begleitet und plant Spielprozesse, wobei sie in enger Beziehung zur Spielgruppe steht. Spielleiterinnen sind für die Kinder immer auch Modell und Vorbild, an denen sie sich bewusst und unbewusst orientieren.

Kompetenzen der Spielleitung

Die Basis bildet sicherlich die eigene Spielmotivation und ein sicheres Auftreten, um ohne Spielhemmungen agieren zu können. Entscheidend ist dabei aber auch, dass sich die Spielleitung nicht in den Vordergrund drängt. Hintergrundwissen über

- Merkmale des Spiels und Spieltheorien,
- Phasen der kindlichen Spielentwicklung,
- Spielarten/Spielformen,
- Spiel in der sozialen Entwicklung,
- institutionalisierte Spielkonzepte

ist eine weitere Voraussetzung. Weiterhin sind sowohl Kenntnisse über die räumlichen und zeitlichen Spielbedingungen und Spielregeln als auch über die Spielmaterialien notwendig, zu deren erfolgreicher Anwendung planerische und organisatorische Fähigkeiten erforderlich sind.

Für die erfolgreiche Leitung einer Spielgruppe ist es notwendig, bereits im Vorfeld didaktisch-methodische Überlegungen anzustellen. Eine qualifizierte Spielleitung verfügt über soziale und personale Kompetenzen und ist in der Lage, spielpädagogische Handlungsweisen anzuwenden, z. B. indem sie

- persönliche Spielfreude zeigt (durch Mimik/Gestik, Echtheit, Blickkontakt, verständliches Sprachverhalten, Mitspielen etc.);
- neue Spiele und Spielregeln anregend, kurz und klar erklärt und vormacht;
- Gruppenprozesse wahrnimmt (Motivation und Interesse; Über- bzw. Unterforderung Einzelner/der Gruppe; Cliquenbildung; Stimmung; Außenseiter/Randpositionen etc.);
- Hilfestellungen gibt (beruhigende und einfühlsame Reaktionen bei unsicherem Verhalten der Mitspieler), einzelne Spieler/die Gruppe positiv verstärkt, niemanden bloßstellt, schüchterne Spieler nicht bedrängt etc.;
- Problem-/Konfliktsituationen erkennt und Lösungsstrategien anwendet (wie: Ruhe bewahren, Spielablauf ändern oder ggf. abbrechen, getroffene Entscheidungen neu überdenkt, gemeinsam eine Lösung findet, eine konsequente Entscheidung trifft etc.) und
- spontan und flexibel auf unvorhersehbare Situationen reagiert.

Weiterhin verfügt sie über die Bereitschaft, Spielerfahrungen detailliert zu reflektieren sowie Schlussfolgerungen und Konsequenzen in weitere Spielprozesse einzubringen. Dies geschieht unter anderem durch eine sporadische oder regelmäßige Teamarbeit mit anderen Spielleitungen.

Vertiefungsaufgaben

1. Erstellen Sie Ihr eigenes Spielleitungs-Persönlichkeitsprofil, indem Sie die folgenden drei Aufgaben bearbeiten und für sich auswerten.

I. Als Teilnehmerin/Leiterin einer Spielgruppe bin ich gewöhnlich ein:

Typ	Eigenbeurteilung 1 2 3 4 5 6	1. Fremdbeurteilung 1 2 3 4 5 6	2. Fremdbeurteilung 1 2 3 4 5 6
Mitläufer			
Vermittler			
Ideenbringer			
Miesmacher			
Sachverständiger			
Organisator			
Humorist			
Optimist			
Außenseiter			
Sprecher			
Kritiker			
Liebling			
stiller Teilnehmer			

Erweitern Sie ggf. die Positionen und kreuzen Sie zunächst Ihre Haltung an. Lassen Sie sich anschließend von einigen Personen Ihrer Lerngruppe einschätzen.

II. Welche Fähigkeiten sollte eine Spielleitung besitzen?

Erweitern Sie die angegebenen Beispiele und erstellen Sie in der Lerngruppe eine Feedback-Liste (siehe Bsp.). Führen Sie in der Lerngruppe z. B. Kreisspiele durch und füllen Sie anschließend die Feedback-Liste aus.

	10 %	20 %	30 %	40 %	50 %	60 %	70 %	80 %	90 %	100 %
Begeisterungsfähigkeit										
Ich = Eigeneinschätzung										
1. Fremdeinschätzung										
2. Fremdeinschätzung										
Beobachtungsfähigkeit										
Ich = Eigeneinschätzung										
1. Fremdeinschätzung										
2. Fremdeinschätzung										
...										
Ich = Eigeneinschätzung										
1. Fremdeinschätzung										
2. Fremdeinschätzung										

III. Erstellen Sie Ihren Spiel-Stern.

Stellen Sie fest, wo Ihre Spielinteressen und Schwerpunkte liegen. (Die nachstehenden Spielbegriffe können Sie selbstverständlich ändern/ergänzen.) Anschließend fügen Sie auf den Linien eine Skala von 10 % innen bis 100 % außen ein und setzen jeweils auf jede Linie Ihren Wertungspunkt.

Verbinden Sie abschließend alle Wertungspunkte miteinander:

a) als Spielleitung

b) als Teilnehmerin

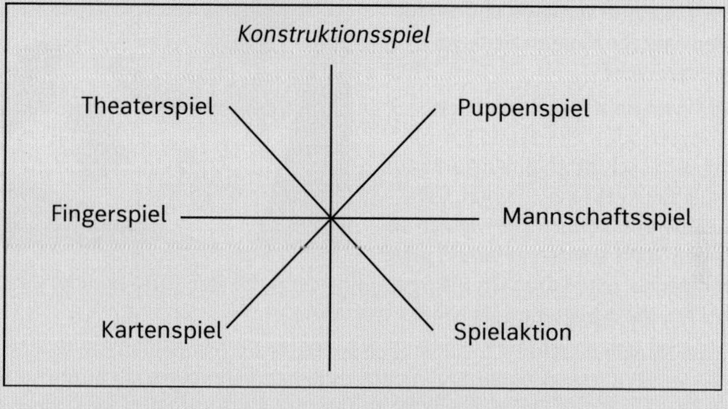

2. Entwerfen Sie in der Lerngruppe einige allgemeine Regeln für das richtige Verhalten der Spielleitung in einer Spielgruppe. Erstellen Sie eine Übersicht unter Beachtung der folgenden Bezugspunkte: Planung, Durchführung, Reflexion.
3. Diskutieren Sie in der Lerngruppe die Aussage von Ulrich Baer: „Das Wichtigste ist nicht die Bewertung mit subjektiven, individuellen Noten, sondern das Nachdenken über die verschiedenen spielpädagogischen Fähigkeiten!“
4. Stellen Sie Ihre Auslegung des Begriffs Animation bildlich dar.
5. Sammeln Sie in Ihrer Lerngruppe Fragen zum richtigen Verhalten einer Spielleitung. Wählen Sie aus Ihrer Lerngruppe „Experten“, die im anschließenden „Expertengespräch“ zu den Fragenkomplexen Antworten geben:
   - Soll ich als Spielleiterin mitspielen?
   - Was mache ich mit Spielvorschlägen, die gerade nicht in mein Konzept passen?
   - Was mache ich bei Lampenfieber?
   - Wie stelle ich eine gute Beziehung zur Spielgruppe her?
   - Wie komme ich zu guten Spielideen für Spielketten oder Spielaktionen?
6. Diskutieren Sie in Ihrer Lerngruppe, welche Aspekte eine Spielleitung im Anschluss an eine Spieleinheit mit der Spielgruppe reflektieren sollte.

2.3 Solo-, Partner- oder Gruppenspiel

Lernsituation: Allein oder gemeinsam – Spielen macht Spaß

Hamza (3;2 J.) besucht seit drei Wochen die Kita. Wenn er morgens kommt, geht er als Erstes zum Spielregal, holt sich ein Holzpuzzle und beschäftigt sich damit am Tisch alleine. Zwischendurch hört er auf zu sortieren und schaut den anderen Kindern zu, bevor er weitermacht.

Auf dem Bauteppich sind drei Jungen (4;9 J., 5;3 J. und 5;4 J.) damit beschäftigt, einen Turm aus Holzbausteinen zu stapeln. Vorsichtig und konzentriert setzen sie einen Stein auf den anderen, jeder wartet ab, bis er dran ist. Die Spannung steigt, bis der Turm mit viel Getöse einstürzt, dann beginnen sie wieder von vorne.

Zwei Mädchen (beide 6 J.) haben sich am Basteltisch Vogelmasken hergestellt. Sie setzen die Masken auf, holen sich aus der Verkleidungskiste bunte Stoffe und verkleiden sich als Papageien. Sie „flattern" in die Turnhalle, tanzen dort durch den Raum und vollführen kleine Kunststücke. Anwesende Kinder applaudieren ihnen. Durch dieses Verkleidungsspiel angeregt, fertigen sich nun andere Kinder auch Tiermasken an. Die zwei Mädchen bestimmen nun das Spielgeschehen in der Halle, und nacheinander stellen die Kinder ihre Verkleidungskünste vor. Die Gruppenleiterin greift in keine der Spielsituationen ein, sie beobachtet die Kinder.

Impulse zur Bearbeitung der Lernsituation:

- ***Um welche Spielformen handelt es sich in der beschriebenen Situation?***
- ***Welche kindlichen Spielbedürfnisse sind in der Situation erkennbar?***
- ***Nehmen Sie Stellung zum Verhalten der Gruppenleiterin. Wie würden Sie sich verhalten?***

Das Kita-Kind zeigt je nach Entwicklungsstand unterschiedliche soziale Spielverhaltensweisen:

Das Kind ist an dem sozialen Geschehen der anderen Kinder nicht interessiert bzw. beteiligt. Es zeigt kein Engagement und ist auf sich konzentriert. Gewöhnlich hält diese Haltung nur so lange an, bis das Kind sich an die fremde Umgebung oder die neue Situation gewöhnt hat, wie etwa in den ersten Tagen nach dem Kita-Eintritt. Die Bezugsperson wird dieses Verhalten sicher sorgfältig beobachten und ggf. dem Kind Anregung geben und eine Verhaltensalternative aufzeigen.

Das Kind beobachtet interessiert das soziale Geschehen der anderen Kinder. Das Zuschauen dient dabei als Mittel zur Orientierung und es bietet dem Kind eine Form der nonverbalen Kontaktaufnahme durch Blickkontakt sowie durch seine gesamte Mimik und Gestik. Jüngere oder zurückhaltende Kinder ahmen häufig das beobachtete Spielgeschehen und die Verhaltensweisen der anderen Kinder nach. Dabei bewältigen sie ihre Eindrücke und verinnerlichen Verhaltensweisen. Demgegenüber verlassen sichere und geübte Kinder bald die Zuschauerrolle und bringen sich handelnd in das Spielgeschehen ein, indem sie z. B. verbal das Rollenspielthema aufgreifen: „Das ist mein Ball und der kann jetzt der Ball für das Hundebaby sein!“ oder kommentierend die Spielidee erweitern: „Jetzt fällt der Turm gleich um und dann kommt der Bagger und hilft beim Aufräumen.“

Das Kind zeigt bereits nachahmendes Spielverhalten, ist aber von den Interaktionen der anderen Kinder noch losgelöst. Verschiedene Spielarten können beim Solospiel des Kindes beobachtet werden. So beschäftigt es sich ausgiebig mit einem Spielgegenstand, etwa einem Puzzle, es schaut sich ein Bilderbuch an oder es probiert eine kreative Gestaltungstechnik aus, ohne Spielkontaktwünsche zu äußern.

Obwohl älter werdende Kinder zunehmend mit Spielpartnern zusammen sein möchten, bleibt ihre Fähigkeit des Alleinspielens bestehen und wird häufig als Zeichen gesetzt, das den Wunsch nach „Alleinsein“ ausdrückt.

Gelegentlich übernehmen Puppe, Teddybär, Tiere oder andere Ersatzgegenstände die Rolle eines vorgestellten Spielpartners. Das Kind passt diese fiktiven Spielpartner seinen Spielbedürfnissen an und gestaltet die Spielhandlungen nach eigenen Wünschen. Dabei schlüpft es in die Rolle anderer Menschen und versetzt sich in deren Wünsche, Motive und Ziele hinein.

Das Kind spielt zwar noch viel allein, aber erste Interaktionen treten auf, die im Austausch von Spielzeug oder im Streit um Spielzeug bestehen, es ist die überwiegende Spielform des jüngeren Kita-Kindes. Erst wenn Kinder den Entwicklungsschritt vom Ich zum Du vollzogen haben, sind sie in der Lage, bisher eingeübte Grundlagen für soziale Verhaltensweisen im Spiel mit gleichaltrigen Spielpartnern erfolgreich einzubringen. Neugierde und Interesse an anderen Kindern wachsen. Sie befinden sich am gleichen Spielort und verfolgen das gleiche Spielthema, können sich aber in ihren Spielhandlungen noch nicht ergänzen, z. B.: Drei Kinder spielen im Sandkasten. Ein Kind buddelt einen Tunnel, ein anderes Kind formt eine Sandburg, ein drittes Kind füllt Sand in einen Eimer.

Das Kind spielt mit anderen Kindern, wobei Kontakte des Gebens und Nehmens, des Nachahmens und Nachfolgens sowie spontane Phasen der Zusammenarbeit beobachtet werden, aber noch keine Spielorganisation oder bestimmende Regeln aufgestellt werden. Der Übergang vom Parallelspiel zum assoziierten Spiel gestaltet sich fließend. In Anlehnung an die obige Spielsituation z. B. folgendermaßen: Das Kind schüttet den mit Sand gefüllten Eimer auf die Burg, das andere Kind schaufelt den Sand aus dem Tunnel in den Eimer, alle drei klopfen zusammen die höher gewordenen Burgmauern fest und freuen sich an dem Turm, bis er zusammenbricht; das Interesse erlischt und jedes Kind wendet sich einer anderen Spieltätigkeit zu. Gesteigertes Interesse an Spieltätigkeiten mit anderen Kindern kann in der Kita durch Kontakt- und Kennenlernspiele unterstützt werden.

Ein Kind oder mehrere Kinder leiten das Spiel, das auf ein Ziel gerichtet ist. Sie stellen gemeinsam Regeln auf und verteilen Rollen. Sie treffen zeitliche Verabredungen, bestimmen gemeinsam den Verlauf einer Spielhandlung, respektieren andere Spielideen, üben sich im Konfliktverhalten etc. In der oben entworfenen Situation könnte z. B. Folgendes passieren: Gemeinsam beschließen die Kinder, eine Burg mit unterirdischen Gängen zu bauen, damit die Burgbewohner bei einem Überfall durch die schwarzen Ritter fliehen und gleichzeitig die Gänge unter Wasser setzen können.

Die Kinder ergänzen sich nun in ihren Spielen, messen sich miteinander, lernen voneinander. Hierbei sind verschiedene Formen der Kontaktinitiative und sozialen Annäherung zu beobachten, etwa Unterordnung, Führerrolle (vgl. Rieder, 2013, S. 224).

Die häufigste Spielform ist aber das unabhängige Spiel, bei dem weder Anordnungen noch Spielaufforderungen gegeben werden. Manche Kinder sind je nach Spielsituation bereit, die Spielaufforderungen anderer auszuführen, aber auch in der Lage, selber Anordnungen zu geben, oder sie teilen die Führerrolle und übernehmen sie abwechselnd mit anderen Kindern.

Kollektive Spielerlebnisse

Im späten Kita-Alter sind gleichaltrige bzw. gleichberechtigte Spielpartner stärker erwünscht. Eltern oder andere erwachsene Bezugspersonen sind nun keine vorrangig gewählten Spielpartner mehr. Mit steigendem Alter zeigen die Kinder vermehrtes Interesse an selbst initiierten Rollenspielen oder Regelspielarten. Dazu gehören Zirkus-/Abenteuerspiele oder Kreis-/Fang-/Suchspiele. Meistens benötigen sie bei der Organisation dieser Spielarten allerdings noch die Hilfe eines Erwachsenen, vor allem wenn mehrere Kinder zu einer größeren Spielgruppe zusammenkommen.

Spiele mit größeren Gruppen (ab 15 Teilnehmer) sind meistens von Erwachsenen angeleitete Regelspiele, z. B. im Sitzkreis, bei einer Spielkette oder Bewegungsgeschichte. Geeignete Spiele für Kita-Kinder werden dabei abhängig vom Spielanlass in einer ausgewogenen Reihenfolge von einer einfühlsamen Spielleitung vorgegeben und ausgeführt.

Gruppenspiele und kollektive Spielerlebnisse stärken das Zusammengehörigkeitsgefühl (Solidarität) der Kinder und bieten unter anderem Gelegenheit, ihr Empathieverhalten zu entwickeln, d. h. Gefühle und Bedürfnisse anderer wahrzunehmen. Das einzelne Kind erfährt dabei ein zeitlich begrenztes Gefühl der Geborgenheit und Akzeptanz, aber auch der Anpassung und Distanzierung.

Gemeinschaftliche (kollektive) Spielerlebnisse bewirken mitunter, dass spontan gebildete Spielgruppen über einen längeren Zeitraum bei vielfältigen Spielaktivitäten bestehen bleiben. Meistens aber trennen sich die Kinder nach Spielschluss wieder und wenden sich entweder alleine oder mit einem Spielfreund den persönlichen Spielinteressen zu.

Vertiefungsaufgaben

1. **Beobachten Sie Kita-Kinder in der Freispielphase.**
   a) **Welche Spielverhaltensweisen zeigen die Kinder überwiegend?**
   b) **Welche sozialen Spielformen werden von welchen Kindern bevorzugt?**
   c) **Welche Konfliktsituationen entstehen bei den Spielformen?**
   d) **Wie werden Konfliktsituationen von den Kindern gelöst?**
2. **Protokollieren Sie eine Situation, in der ein Kind mit einem fiktiven Spielpartner spielt (Beobachtung des Spielverhaltens eines Kindes).**
3. **Zu welchen Gelegenheiten finden in der Kita Spiele mit einer großen Gruppe statt?**
   a) **Welche Spielarten werden gespielt?**
   b) **Welche Verhaltensweisen/Reaktionen zeigen die Kinder?**
   c) **Welche Verhaltensweisen/Reaktionen zeigt die Spielleitung?**
   d) **Welche Spielatmosphäre herrscht vor?**
4. **Welche Spielarten sind nach Ihrer Meinung für die Kita-Gesamtgruppe geeignet und welche ungeeignet? Begründen Sie Ihre Auswahl und erstellen Sie eine Übersicht.**
5. **Organisieren und spielen Sie in Ihrer Lerngruppe typische Solo-, Partner-, Gruppenspiele. Berichten Sie von Ihren Eindrücken. Erfassen Sie die Spieltitel in Ihrer Spielkartei.**

Web

Beobachtung des Spielverhaltens eines Kindes

Exkurs

Spielzeugtag in der Kita oder Anleitung zum Medienkonsum?

Fast jede Kindertageseinrichtung hat an einem bestimmten Tag im Monat (oder in einem anderen Zeitrhythmus) einen sogenannten Spielzeugtag eingerichtet, an dem jedes Kind sein eigenes Spielzeug mitbringen darf. An den anderen Tagen ist privates Spielzeug eher unerwünscht; Spielzeug zum Kuscheln kann eine Ausnahme sein.

- Jannis (3;4 J.) geht den ersten Tag in seine Kita und hat sein neues Polizeiauto mit Blaulicht und Sirene mitgenommen.
- Marie (5;0 J.) hat von der Oma zum Geburtstag ein Spieltablet geschenkt bekommen, sie zeigt es ihrer Kitafreundin Julia.
- Malik (4;9 J.) präsentiert stolz seine PAW Patrol® Sticker-Sammlung.
- Jasina (5;9 J.) packt vorsichtig ihren neuen Puppenkleiderschrank von Prinzessin Lillifee aus.
- Linus (4;7 J.) führt sein ferngesteuertes Auto vor.

Exkurs

- Sophia (4;11 J.) legt eine Pop-Musik-CD in ihren bunten CD-Player und singt dazu in ein angeschlossenes Mikrofon.
- Dejan (5;8 J.) trägt einen breiten Gürtel, an dem ein „Laser für Außerirdische" hängt.
- Noah (3;6 J.) legt seine „lebensechte" Babypuppe in den Puppenwagen der Kita.
- Elena (5;10 J.) hat ihre Lieblings-DVD aus der Serie „Bibi Blocksberg" mitgebracht, kann sie aber nicht vorführen, da es weder Fernseher noch DVD-Player gibt.
- Taio (6;2 J.) präsentiert sein vom Taschengeld gekauftes neues Comic-Heft.
- Samira (4;4 J.) blättert in ihrem Bilderbuch „Oh, wie schön ist Panama" und erzählt dazu Geschichten aus den Animationen der App, die ihre Mutter zu Hause auf dem Tablet installiert hat.

Die aufgeführten Beispiele lassen sich angesichts des grenzenlosen Spielzeugangebotes weiter fortsetzen. Sie veranschaulichen, welchen ausdrücklich subjektiven Stellenwert Spielmittel für das einzelne Kind einnehmen. Die Beispiele deuten aber auch auf Probleme und soziale Konflikte hin, die entstehen können, wenn Kinder in Tageseinrichtungen ihr eigenes Spielzeug mitbringen.

„Spielzeug ist ein wesentlicher Bestandteil der Kultur von Kindern" *(Gauly, 2000, S. 10)* und wenn Kinder ihr eigenes Spielzeug mit in die Tageseinrichtung bringen, bieten sich für sozialpädagogische Fachkräfte unschätzbare Möglichkeiten, um

- die Kinder zu beobachten,
- mit ihnen in einen Spieldialog zu kommen,
- ihre äußere und innere Erlebenswelt zu erfassen.

Wenn aber die Kita-Kinder nur zu einem willkürlich festgelegten Termin ihr privates Spielzeug mitbringen, womöglich in großem Ausmaß, dann kommt es fast zwangsläufig zu Unruhe und unangenehmen Streitigkeiten:

- Besitzanspruch wird geltend gemacht.
- Neidgefühle kommen auf.

Exkurs

- Rivalität und Konkurrenzverhalten brechen aus.
- Bei mangelnder Beachtung entsteht Enttäuschung oder Frustration.
- Teile des Spielzeugs gehen verloren oder kaputt.
- Die Eltern mischen sich ein u. Ä.

Für konstruktive Auseinandersetzungen und Spielinitiativen bleiben an einem Spielzeugtag kaum Zeit und Gelegenheit, obwohl sie für die Kinder sehr hilfreich wären. Dies könnte geschehen, wenn an jedem Tag Spielzeugtag wäre, oder (ähnlich dem Projektkonzept „spielzeugfreie Kita“ siehe S. 216 f.) alle Beteiligten – Kinder, Fachkräfte der Tageseinrichtungen und Eltern – gemeinsam in einen Spieldialog treten, um Wertvorstellungen zu erleben und Perspektiven zu entwickeln.

Mit seinem Spielzeug verknüpft das Kind etwas ganz Besonderes, Persönliches. Diesbezüglich spielt es keine Rolle, ob das Spielzeug pädagogischen Standards entspricht. Ausschlaggebend ist nur, mit welcher Funktion das Kind sein Spielzeug besetzt: In der Fantasie übernimmt das Kind z. B. die Kraft von Action-Figuren. Diese Vorstellung hilft ihm, mit den Risiken des Alltags fertig zu werden. Im Spiel mit Prinzessin Lillifee oder Luke Skywalker können sich geheime Träume und Wünsche erfüllen. Dabei benutzen Kita-Kinder die Spielfiguren und andere Spielgegenstände nicht ausschließlich im intendierten Spielsinn, sondern erfinden im selbstbestimmten Umgang eigene (Rollen-)Spielinhalte.

Das Spielzeug in Kindertageseinrichtungen gehört zum Eigentum der jeweiligen Einrichtung. Es ist zwar allgemein zugänglich und kann von allen Kindern gleichermaßen benutzt werden – insofern ist es „öffentlich“ – aber es kann nicht mit nach Hause genommen werden und es steht nicht zur beliebigen Verfügung. Eine Identifikation und emotionale Beziehung wie beim privaten Spielzeug kann hier kaum entstehen und ist auch nicht beabsichtigt; vielleicht trägt dieser Umstand auch zur Attraktivität dieses Spielmaterials bei. Das „öffentliche“ Spielzeug der Kindertageseinrichtung wird von Erwachsenen nach spielpädagogischen Intentionen ausgewählt und unter Berücksichtigung der jeweiligen pädagogischen Konzeption den Kindern methodisch durchdacht angeboten.

Erwachsene unterziehen das Spielzeug der Kinder oft einer subjektiven Bewertung und teilen es in „gut“ und „schlecht“ ein. Dadurch und stärker noch durch Spielzeugverbote werden Auseinandersetzungen umgangen, werden tatsächliche Spielbedürfnisse der Kinder nicht ernst genommen, wird die Begeisterung übersehen, die Kinder für dieses Spielzeug, z. B. Action-Figuren, Barbie® Puppen u. Ä., entwickeln.

„Kindern ist nicht geholfen, wenn sie mit ihren Gefühlswelten in Bezug auf dieses Spielzeug und die damit verbundenen Spielinhalte allein gelassen oder wenn

Exkurs

diese gar abgewertet werden. Notwendig ist eine Kultur des Ernst-Nehmens, der teilnehmenden Beobachtung und des Dialogs.“ *(Gauly, 2000, S. 12)*

Entgegen den Ansprüchen der Erwachsenen eröffnen alle Spielmittel die Möglichkeit, in der spielerischen Identifikation Fantasien und Wünsche wie auch Aggressionen auszuleben. Bezüglich des Spielzeugs scheinen die Kinderwünsche und Erziehungsvorstellungen manchmal unvereinbar. Brauchbare Hilfestellungen für die Auswahl von Spielzeug finden sich in vielen Ratgebern wie beispielsweise in Publikationen des Arbeitsausschusses Kinderspiel und Spielzeug (siehe S. 43).

Dass Kinder auch ohne Spielzeug wertvolle Erfahrungen im Spiel sammeln, beweisen u. a. die Erfahrungen mit dem pädagogischen Konzept „spielzeugfreie Kita“.

Die Werbung der Spielwarenindustrie und Merchandisingkonzepte (siehe S. 91) suggerieren ihren Konsumenten natürlich anderes, nämlich konsumorientierte Verhaltensmodelle und konsumfixierte Lebensziele. Aber auch Konsumerlebnisse gehören zur Lebenswirklichkeit der Kinder und die Fachkräfte in Kindertageseinrichtungen müssen sie bei ihren erzieherischen Bemühungen berücksichtigen.

Vertiefungsaufgaben

1. **Beobachten Sie in Ihrer Praktikumsstelle am Spielzeugtag die Kinder. Besprechen Sie in der Lerngruppe Ihre Eindrücke. Entwickeln Sie gemeinsam Alternativen.**
2. **Erörtern Sie in Ihrer Lerngruppe die nachfolgenden Fragestellungen und fassen Sie die Ergebnisse anschaulich zusammen:**
   - **Warum wünschen sich Kinder bestimmtes Spielzeug?**
   - **Was macht Spielzeug so attraktiv?**
   - **Welches Spielzeug ist für Kita-Kinder überflüssig oder gar schädlich?**
3. **Was verstehen Sie unter dem Begriff „Kriegsspielzeug“? Würden Sie in Ihrer Kitagruppe Kriegsspielzeug dulden? Begründen Sie Ihre Meinung. Zeigen Sie Alternativen auf.**
4. **Organisieren Sie in Ihrer Fachschule einen Spielzeugbasar.**
5. **Diskutieren Sie in Ihrer Lerngruppe die Aussage: „Mit der braven Holzeisenbahn lockt man heutzutage kein Computerkind hinter dem Ofen hervor!“**

Beobachtungen am Spielzeugtag:
- *Welches Kind bringt welches Spielzeug mit?*
- *Auf welche Weise beschäftigt sich das Kind damit? Wie lange? Lässt es andere Kinder mitspielen?*
- *Beachtet das Kind das Spielzeug der anderen Kinder? Auf welche Weise?*
- *Steht ein bestimmtes Spielzeug im Mittelpunkt? Wodurch?*
- *Wie reagieren die Erzieherinnen auf das mitgebrachte Spielzeug?*
- *Wird das private Spielzeug in den Gruppenalltag integriert? Auf welche Weise?*

2.4 Freunde, Cliquen oder Interessengruppen

Lernsituation: Ole und sein Gefolge

Sebil macht seit drei Wochen ihr Praktikum in einem Kinder- und Jugendzentrum. Sie berichtet von folgender Situation:

Ole (10 J.), ein schmächtiger Junge mit harten Gesichtszügen, die ihn älter wirken lassen, kommt im Gefolge von drei ungefähr gleichaltrigen Jungen zu uns ins Freizeitzentrum. Offensichtlich suchen sie jemanden, Ole immer voran und die anderen hinterher. Schon seit einigen Tagen ist mir aufgefallen, dass Ole wohl der „Anführer" der Gruppe sein muss, denn er kommandiert die anderen herum, lässt sie Cola für sich holen etc. Meistens kommen sie zusammen, spielen Kicker und gehen dann wieder. Durch das Geschrei im Tischtennisraum werde ich aufmerksam. Ole hat sich vor einem 12-jährigen Jungen, der auf einer Bank sitzt, aufgebaut. Er fuchtelt mit den Armen herum und schlägt auch hin und wieder zu. Ole droht, schimpft und schreit mit Ausdrücken und Gebärden, wie sie die älteren Jugendlichen haben. Auch die anderen drei pöbeln den Sitzenden an und treten ihn auf üble Weise. Ich greife ein. Sie sollen das lassen, vor allem nicht so unfair sein. Als sie nicht aufhören, werde ich lauter und drohe mit Rausschmiss, falls sie den Jungen nicht in Ruhe lassen. Ole beschimpft auch mich, tritt gegen den Kicker und verlässt mit den anderen drei das Haus. Ich weiß nicht, ob ich richtig gehandelt habe, denn seitdem habe ich Ole und die anderen drei im Freizeitzentrum nicht wieder gesehen.

Impulse zur Bearbeitung der Lernsituation:

- *Warum hat Ole sich so verhalten?*
- *Was wissen Sie über die soziale Entwicklung im Grundschulalter?*
- *Was würden Sie antworten, wenn eine Freundin Ihnen diese Situation erzählt hätte? Wie hätten Sie in dieser Situation gehandelt?*

Spätestens mit Beginn des Schulalters wird der Kontakt zu Gleichaltrigen (Peers)[1] intensiviert und feste Freundschaften werden geschlossen. Das Alter ist für Schulkinder ein wichtiges Statusmerkmal, deshalb grenzen sie sich besonders gegenüber den Jüngeren ab. Viele Kinder verbringen mehr Zeit mit ihren Freunden als mit der eigenen Familie.

Ebenso bevorzugen Kinder im Grundschulalter (ca. ab 8 Jahren) gleichgeschlechtliche Spielpartner. Sie können mit ihnen in einer Weise spielen, die ihren natürlichen Neigungen und Interessen entgegenkommt. Dieses Phänomen ist unabhängig von schlechten Erfahrungen mit dem anderen Geschlecht. Die Tendenz, lieber mit gleichgeschlecht-

[1] Von (engl.) peers = Altersgenossen.

lichen Spielpartnern zu spielen, tritt zuerst bei Mädchen auf. Jungenfreundschaften tendieren eher zu sportlichen Aktivitäten im Freien wie Fußballspielen, Fahrradfahren etc., während sich Mädchen eher gemeinsam mit reproduktiven, räumlich eingeschränkten Spielen beschäftigen, z. B. Stickertauschen, Rollenspiele mit Puppen etc. Das vorgelebte geschlechtstypische Verhalten der erwachsenen Bezugspersonen fließt dabei unbewusst in das Spielverhalten ein.

Im Spielverhalten 10- bis 11-jähriger Kinder sind bemerkenswerte Unterschiede zwischen Jungen und Mädchen festzustellen:

- Mädchen spielen mit Vorliebe in kleineren, altershomogenen Gruppen. Sie beschäftigen sich gerne mit feinmotorischen Aktivitäten (Kneten, Malen, Basteln), spielen mit Puppen oder machen Rollenspiele. Sie spielen lieber „drinnen" (raumsparender), mehr zu zweit. Mädchen zögern eher bei Riskantem und ziehen sich schneller zurück.
- Jungen bevorzugen größere, häufig altersheterogene Gruppen. Sie bevorzugen körperliche Spiele mit Wettkampfcharakter, raufen und toben gerne, machen gerne Lärm, lieben Bewegung und spielen lieber „draußen" (raumgreifender). Sie experimentieren gerne, sind explorativer, aber auch übermütiger. Sie begeben sich in Situationen mit Abenteuercharakter und haben eine hohe Risikobereitschaft.
- Die Spiele von Mädchen sind weniger auf Wettstreit ausgerichtet als die der Jungen.

Im Grundschulalter festigt sich die individuelle Persönlichkeit des Kindes, sodass es häufiger den Erwachsenen widerspricht. Das Kind kann und will sich die abstrakte Erfahrungs- und Wertevermittlung der Erwachsenen nicht zu eigen machen und lehnt sie meist als mächtige Überlegenheit oder Besserwisserei ab. Schulkinder müssen eigene Erfahrungen sammeln und sie mit ihren selbst gewählten Freunden verarbeiten. Den Erwachsenen durch freche Bemerkungen oder ungehöriges Verhalten herauszufordern wird z. B. im Fangspiel deutlich: So bringen sich Kinder nicht mehr nur in Sicherheit, sondern „befreien" auch die anderen Kinder und necken den Fänger. Interessant an diesen Spielveränderungen ist, dass der zentralen Figur jetzt von den übrigen Mitspielern zugesetzt wird. Dies drückt den Wunsch nach einer Unabhängigkeit von Machtfiguren aus, den die Kinder einige Jahre später zu verwirklichen versuchen. Im Spielraum des Fangspiels haben sie jetzt schon die Möglichkeit, mit diesen Verhaltenswünschen in begrenzter Weise zu „spielen" (vgl. Fritz, 1991, S. 44).

Mit wachsendem Grundschulalter werden die Spielfreundschaften bzw. Spielgruppen immer stabiler und bleiben häufig über Monate bestehen. Bereits in den ersten Schuljahren bilden sich Ansätze einer sozialen Rangordnung, die durch gesellschaftliche Werte und Normen beeinflusst werden, sodass „Spielverderber", aggressive, hässliche, kontaktscheue oder hochintelligente Kinder zu Außenseitern werden können. Diese Rollenzuweisungen sind jedoch noch veränderbar, während sich hierarchische Positionen in einer Gruppe bereits herauskristallisieren, z. B. der Anführer, der Clown, der Prügelknabe.

Im Zusammenspiel der bisherigen und von jedem Kind etwas anders gemachten Sozialisationserfahrungen bilden sich in den Spielgruppen eigene Regeln und Werte heraus. Um in eine Spielgruppe aufgenommen zu werden, sind Kinder im Grundschulalter bereits in der Lage, taktische Strategien zu entwickeln. Dazu gehören freundliche Mimik oder Gestik, Argumentation oder Ablenkung anderer Mitspieler, aber auch Machtmechanismen wie Bestechung und Erpressung („Wenn ich nicht mitspielen darf, bin ich auch nicht mehr deine Freundin!“). Manchmal wird auch vor der Anwendung von verbaler oder körperlicher Gewalt nicht zurückgeschreckt. Mitunter verwenden die Spieler genauso viel Zeit, um das Spiel zu organisieren und die Spielregeln zu diskutieren, wie für das Spiel selbst. Es wird entschieden, wer mitmachen darf und wer nicht, welche Regeln befolgt werden müssen, wer an der Reihe ist, wer „gemogelt“ hat, was bei Regelverletzungen oder Regelüberschreitungen geschieht und wer letztlich ausgeschlossen wird. Dabei neigen Mädchen eher dazu, Mitspieler auszuschließen, während Jungen ihre Mitspieler eher verbal oder körperlich attackieren oder ihnen mit Folgestrafen drohen.

Eigene Spielregeln werden nicht willkürlich aufgestellt, sondern entsprechen dem Entwicklungsstand der Gruppenstruktur und sind jederzeit veränderbar. Spielerische Auseinandersetzungen auf der „Regie-Ebene“ sind nicht nur für die Entwicklung des eigenen Sozialverhaltens von großer Bedeutung, sondern auch zur Einübung gesellschaftlicher Regeln.

Auch wenn 6- bis 8-Jährige in einer Gruppe von fünf bis sechs Mitspielern bereits selbst auf die Einhaltung ihrer Spielregeln achten, brauchen sie hin und wieder einen Erwachsenen oder Jugendlichen, der als neutraler Spielleiter oder Schiedsrichter fungiert und Konflikte ausgleicht.

Je ausgeprägter das Gruppengefühl wird, desto stärker wächst der Wunsch nach Gruppenzugehörigkeit. Viele Kinder bilden in diesem Alter Banden oder Cliquen, deren Mitglieder meist in enger Nachbarschaft wohnen, allerdings häufig wechseln. Sie stellen eigene Gesetze auf und erfinden eigene Rituale wie Schwüre, Losungswörter und Aufnahmerituale, die aber auch sehr schnell wieder verändert oder aufgehoben werden. Hauptsächlich führen sie gemeinsame (Spiel-)Aktivitäten durch, Streiche gegenüber Erwachsenen oder Verfolgungsspiele sind sehr beliebt. Das Spielthema und die Bandenstruktur stehen dabei in einem engen Zusammenhang und werden situationsbedingt verändert, z. B.: „Die Bande baut sich auf einem Brachgelände eine Bude. Christian bestimmt, wie die Bude gebaut werden muss. Plötzlich wird die Bude von zwei fremden Jungen angegriffen. Die Bande verteidigt ihre Bude, wobei Max als Anführer die Verfolgungsjagd übernimmt.“

Neben diesen frei gewählten Spielgruppen hat das Schulkind mit ca. 9 bis 10 Jahren auch Interesse an formellen Gruppen wie Sportvereinen oder kirchlichen Freizeitgruppen. Obwohl Bindungen zu diesen Interessengruppen mitunter jahrelang bestehen, sind enge Freundschaften eher selten.

Darüber hinaus ist die Schulklasse eine wichtige Sozialisationsinstanz, die dem Kind die Möglichkeit der Beobachtung von sozialen Verhaltensweisen und des Experimentierens und Handelns mit gesellschaftlichen Regeln ermöglicht. Der Wunsch, so zu sein wie die anderen, ist gerade im Grundschulalter für alle Kinder ein wichtiger Motor des sozialen Lernens.

Vertiefungsaufgaben

Web

Fragebogen zur Spielorganisation

Web

3-K-Spiele

1. **Führen Sie eine Befragung zur Spielorganisation von Grundschulkindern durch.**
   Benutzen Sie dafür den Fragenbogen und ergänzen Sie ihn ggf.
   Werten Sie Ihre Befragung in der Lerngruppe aus.
   Welche Konsequenzen ziehen Sie für Ihre pädagogische Arbeit als Spielleiterin?
2. **Sichten Sie in einschlägiger Spielliteratur Kontaktspiele, Kennenlernspiele und Kommunikationsspiele für Kinder im Grundschulalter.**
   Stellen Sie ausgewählte Spiele in Ihrer Lerngruppe vor.
   Übertragen Sie die Spiele in Ihre Spielkartei.
3. **Sie beobachten eine Gruppe von Schulkindern in Ihrer Einrichtung. Sie möchten ein Mannschaftsspiel organisieren, können sich aber nicht einigen, wer mit wem spielt und wer beginnt.**
   Geben Sie spielerische (objektive) Hilfestellungen zum Spielstart und zur Bildung von Mannschaften/Spielgruppen, z. B. durch den unten stehenden Abzählreim.

Zapp

Zippe zapp
Knopp is ab.
So ein Dreck –
Du bist weg.

(Janosch, 1971, S. 101)

Exkurs

Aggressivität/Gewalt im Spiel

Drei Facetten als Versuch einer Beschreibung des Zusammenhangs von Aggressivität und Spiel:

Als Herr B. die Toilette betritt, weil er Aufsicht hat, findet er den Schüler David (8 Jahre) vor, der gerade dabei ist, seinen Mitschüler Robin mit dem Kopf in die Kloschüssel zu drücken: „Weil er mir nicht sein Handy geliehen hat!"

Wie fast jeden Nachmittag sitzt Nico (7 Jahre) vor dem DVD-Player und verfolgt gespannt eine Folge der Serie „Planeten-Krieger". Heute soll *Yowa* in den Kampf der *Hypochondrier* eingreifen, um *Pandora*, die Königin des Planeten *Rudera*, zu befreien. Nico hat bereits jede Menge Sammelbilder am Kiosk gekauft. Nico ist sauer. Sein Album ist aber immer noch nicht vollständig. Paul hat mehr Glitzerbilder. Doch Nicos Mutter gibt ihm kein Geld.

Leon (10 Jahre) erzählt in der Schule von seinem Wochenendbesuch in einem Paintball-Center: „Das war geil! Wir hatten alle graue Anzüge an und Pistolen, die sahen aus wie MGs. Wenn du von denen getroffen wurdest, hatteste 'nen roten Fleck. Dann warste tot und du musstest dich sofort fallen lassen. Ich hatte nur drei Flecken, aber meine Mutter acht ... Gefährlich war das nich, denn da waren so ‚Marshalls', die haben immer aufgepasst, dass nichts passiert."

Action- und Horrorspiele, Gewalt-Videos, Vandalismus und eine zunehmende Brutalisierung in den Umgangsformen mit einem nicht mehr vorhandenen Schuld- und Grenzbewusstsein rufen heute bei vielen Eltern, Erzieherinnen und Lehrerinnen eine große Besorgnis hervor.

Kann aggressives Verhalten bei Kindern vermieden werden?

Wut und Angst sind Gefühle, die sich hinter aggressivem Verhalten verbergen. Aggression bezeichnet ein gezielt schädigendes Verhalten, das sich in verbalen oder tätlichen Angriffen äußert. Es richtet sich gegen Sachen, andere Personen oder die eigene Person in offener oder versteckter Weise. Die meisten Erklärungsansätze gehen davon aus, dass Aggression als ein affektbedingtes Angriffsbedürfnis1 eines jeden Menschen zu verstehen ist, aber durch unterdrückende und frustrierende Erfahrungen gelernt und gefördert wird. Dennoch lassen viele Erwachsene diese Gefühle bei Kindern nicht zu. Sie begehen immer noch den Fehler, aggressionsauslösendes Verhalten geschlechterrollenspezifisch zu kritisieren: Jungen werden kritisiert, wenn sie Angst haben, und Mädchen getadelt, wenn sie aggressiv werden. Jedes Kind sollte jedoch das

[1] Das heißt, im Zustand starker Gefühlserregung diese Gefühle durch Angriffe zu entladen.

Recht haben, Aggressionen auf nicht verletzende Art in offener Konfrontation ausdrücken zu können und sich der dahinter stehenden Gefühle nicht schämen zu müssen.

Kann aggressives Verhalten durch Spiel verhindert werden?

Kinder spielen, um Erlebnisse und Erfahrungen zu verarbeiten, um sich die Umwelt im Spiel begreifbar zu machen und um Neues im Spiel ungefährdet auszuprobieren. Spiel im Allgemeinen kann sicher die Ursachen für aggressives Verhalten bei Kindern nicht verändern, aber geeignete Spielformen und -methoden können dazu beitragen, Aggressionen und Gewaltbereitschaft zu mindern und soziale Kompetenzen zu erwerben. Zum Beispiel sollte bei allen geplanten Spielaktivitäten mit aggressionsbereiten Kindern die Spielpädagogin zunächst für eine ausgeglichene Spielatmosphäre sorgen, die frei ist von Spannungen und Zeitdruck. Zur Steigerung der Spielbereitschaft und Spielmotivation ist es sinnvoll, den Spielraum von den Spielteilnehmern nach eigenen Vorstellungen gestalten zu lassen. Petermann und Petermann (2012), die sich intensiv mit aggressivem Verhalten bei Schulkindern auseinander gesetzthaben, setzen z. B. vor jeder Spielstunde Entspannungsmethoden ein, die dem autogenen Training entsprechen, z. B. meditative Musik, Fantasiereisen, Entspannungsspiele. Als weitere Spielformen können Kontakt-, Körpererfahrungs-, Bewegungs- und Reaktionsspiele, auch aus dem Abenteuer- und Erlebnissport, dazu beitragen, Hemmungen und Spannungen abzubauen, die Selbst- und Fremdwahrnehmung zu verbessern sowie Selbstwertgefühle zu entwickeln. Bei allen Spielen ist darauf zu achten, dass Gewinnen und Verlieren nicht als Ziel herausgestellt werden, sondern der Spaß am gemeinsamen Tun. Bei der Einführung von neuen Spielen müssen klare Regeln oder Strukturen, evtl. in Zusammenarbeit mit den Spielteilnehmern, definiert werden.

Nur so können auch wilde, körperbetonte Action- und Kampfspiele gefahrlos und fair verlaufen. Allerdings haben diese Spiele lediglich eine Ventilfunktion und müssen durch weitere aggressionsmindernde Maßnahmen aufgearbeitet werden.

Exkurs 3

Darüber hinaus bieten angeleitete pädagogische Rollenspiele die Möglichkeit, situationsbezogene Probleme oder Konflikte der Adressaten zu thematisieren, in den Mittelpunkt jeder Spielstunde zu stellen und z. B. mit Foto- oder Filmmaterial zu modifizieren.

Kann Spiel auch aggressives Verhalten bei Kindern fördern?

Ein weiteres Beispiel:

Auf dem Spielplatz: Justin (5 Jahre) spielt im Sandkasten. Seine Mutter sitzt auf der Bank und ist mit ihrem Handy beschäftigt. Nach einer Weile kommt Justin weinend zu ihr, weil ein anderer Junge mit seinem Auto spielt. „Sag, bitte, gib mir mein Auto wieder", empfiehlt die Mutter. Doch nach kurzer Zeit kehrt Justin, immer noch weinend, zurück. „Du musst sagen, ich will sofort mein Auto wieder haben!" sagt die Mutter. Doch auch dieser Hinweis hilft nicht. Justin weint. In einem lauten Ton spricht die Mutter: „Hol dir endlich dein Auto! Es gehört dir!" Justin geht und entreißt dem anderen Jungen das Auto mit Gewalt.

Spielzeugstreit, Frustrationen wegen Ausscheidens im Spiel, weil ein Spiel verloren wurde, Ärger über Spielregelverletzungen, diskriminierende Kommentare durch andere Mitspieler oder den Spielleiter können dazu führen, dass Aggressivität gegen Sachen oder Personen offen oder versteckt ausgetragen wird. Ebenso gibt es kommerzielle Spiele und Spielzeuge, die aggressives Verhalten herausfordern. Dazu gehören Spielmaterialien, mit denen aggressives Verhalten gegenüber anderen Menschen nachgeahmt werden kann, z. B. Kriegsspielzeuge wie Star-Wars-Fahrzeuge, Transformers-Figuren mit Vernichtungswaffen, Aufziehpanzer, Ninja-Sterne, Messer, Pistolen, Computerspiele mit Kriegs- und Kampfsimulationen u. a. m. Der Vorwurf, aggressionsbezogene Spiele würden die Aggressivität bei Kindern steigern, ist eine einseitige Behauptung und kann so nicht bestätigt werden. Hingegen können aggressionsbezogene Spiele die Aggressions- und Gewaltbereitschaft fördern, wenn das persönliche Umfeld des Kindes ebenso Aggressivität und Gewalt als Mittel der sozialen Auseinandersetzung vorlebt und verstärkt. Spiele, Spielmaterialien und Spielmethoden können nur im Zusammenwirken mit einer allgemeinen, gewaltreduzierten Gesellschaft das Lernziel Friedfertigkeit erreichen.[1]

[1] Trainingsmaterialien, Praxis- und Methodenbände & Medien, siehe www.gewaltakademie.de.

Vertiefungsaufgaben

1. Spiele zum Einstieg in die Thematik:
   - Jeder liegt auf einer Decke. Erinnern Sie sich an Ihre Kindheit. Wie sahen Sie aus? Was, wo und mit wem haben Sie besonders gerne gespielt? Malen Sie anschließend ein Bild davon und hängen Sie es auf.
   - Überlegen Sie, wo Sie Gewalt erlebt haben oder selbst Gewalt ausgeübt haben und schreiben Sie Ihre Erlebnisse z. B. auf ein orangefarbenes Blatt Papier.
   - Erinnern Sie sich in diesem Zusammenhang an einen bestimmten Satz. Schreiben Sie ihn z. B. auf ein gelbes Blatt Papier.
   - Setzen Sie sich zu dritt zusammen und tauschen Sie Ihre Erinnerungen aus. Lassen Sie die Sätze im Kreis herumgehen. Sagen Sie die Sätze laut zu einer Mitspielerin.
   - Einigen Sie sich auf einen Satz. Stellen Sie diesen Satz in drei Standbildern dar und sprechen Sie ihn laut aus. (Die Spiele können auch in anderer Weise wiederholt werden.)
2. Inszenieren Sie auf einer belebten Straße, z. B. in der Fußgängerzone, ein gewaltbezogenes Rollenspiel. Beschreiben Sie anschließend die Reaktionen der Passanten.
3. Sichten Sie in Spielzeuggeschäften und Spielzeugkatalogen Spielmaterialien, die Kindern den Eindruck vermitteln, dass Gewalt sinnvoll, notwendig oder etwas ganz Normales sei. Tauschen Sie Ihre Beobachtungen und Erfahrungen aus. Erstellen Sie gemeinsam mit Ihrer Lerngruppe eine Dokumentation.
4. Stellen Sie das nachstehende Lied „Im Warenhaus" von Reinhard Mey in einem szenischen Rollenspiel dar.
5. Veranstalten Sie in Ihrer Fachschule oder in einer sozialpädagogischen Freizeiteinrichtung in Zusammenarbeit mit dem Jugendamt oder einem anderen Träger eine Spielzeugtauschbörse: Gewaltspielzeug für Kinderspielzeug.
6. Erstellen Sie eine Liste mit Bedingungen, die Aggressionen im Spiel hervorrufen. Erstellen Sie gleichzeitig eine Liste mit Bedingungen, die helfen, Aggressionen im Spiel abzubauen oder zu vermeiden.

Im Warenhaus im dritten Stock

Abscheuliches Lied

„Im Warenhaus im dritten Stock
stehn Dracula und Frankenstein.
Laden zu Kauf und Nervenschock
zur Spielwarenausstellung ein.
Da ist alles aufgereiht,
was ein Kinderherz erfreut,
Nagelbrett und Daumenschrauben
lehrt das Kind ans Christkind glauben.
Folterwerkzeug, Messer sind
Lohn nur für ein braves Kind.

Alle Vögel sind schon da,
Superstar, Starfighter,
Micmirage, jucheirassa,
zeigt voll Stolz der Abteilungsleiter.
Kleine Bomben und Granaten
wirft er auf die Zinnsoldaten.
Raus Aladins Wunderlampe,
rein Raketenabschussrampe.
Panzerfaust und Zimmerflak
trägt der Nikolaus in seinem Sack.

Seht am Tischlein-deck-dich dort,
verkauft ein ausgedienter Legionär.
Zeigt Vater, Mutter, Kinder Mord
mit Katapult und Schießgewehr.
Starkstromtod, Elektrofalle,
aus dem Baukasten für alle.
Schreibt, wollt ihr noch mehr davon,
der Warenhausdirektion.
Eierchen mit Napalmgas
legt euch dann der Osterhas.

Im Warenhaus im dritten Stock
rolln D-Mark, Dollar, Franc im Überfluss.
Endlich kommt die Bilanz heraus,
vom Reingewinn der Überschuss
fließt, wie der Präsident beteuert,
laut Aktiengesetz, unversteuert,
dem Bau von Knastanstalten zu.
Der Rest fließt für die Seelenruh,
dass jeder sich vor Rührung schneuzt,
als Spende an das Rote Kreuz.

Im Warenhaus fiel drauf ein Schuss.
Da ward unschuldig Blut vergossen.
Da ward laut Aufsichtsratsbeschluss
der Weihnachtsmann erschossen."

3 Vielfältige Spiel- und Lebenswelten der Kinder wahrnehmen, verstehen und Inklusion fördern

Lernsituation: Maja hat eine Idee

Maja besucht die Fachschule für Sozialpädagogik und macht zurzeit ein Praktikum auf dem Spielmobil (siehe S. 258 ff.). Sie berichtet: In unserem Spielmobil befinden sich, neben anderen Spielmaterialien zurzeit ein neues Longboard, zwei Skateboards, vier Roller sowie Laufräder und Bobbycars für die Kleinen. Gestern standen wir, also Hannes (Sozialpädagoge) und ich, mit dem Spielmobil auf dem großen Parkplatz in der Nähe der Unterkunft für Asylsuchende. Kaum waren wir ausgestiegen, da war Lisa (8 Jahre) schon im Bus und griff sich das Longboard. Sie kommt damit schon ganz gut klar. Ihre kleine Schwester (4 Jahre) verlangte nach einem Laufrad. Als Hannes den Parcours aufbaute, kamen Tarik (6 Jahre) und Amir (7 Jahre) und beanspruchten ebenfalls das Longboard. Sie versuchten mit Lisa zu verhandeln. Plötzlich stand dann der 14-jährige Jan neben ihnen und forderte auch noch das Longboard. Er sagte, dass sein Bruder Mattes (9 Jahre, er trägt beidseitig ein Hörgerät) es auch haben wolle. „Nein!", rief Lisa genervt, „Ihr seid doch voll behindert!", und gab das Board nicht ab. Jan schüttelte den Kopf, schaute mich an und fragte: „Was jetzt?“ – „Und wir?“, fragten Tarik und Amir. Zuerst war ich auch ratlos, sollte ich auf die Beschimpfung direkt eingehen oder mich in den Konflikt einmischen? Da hatte ich zum Glück eine Idee.

Impulse zur Bearbeitung der Lernsituation:

1. *Beschreiben Sie die vorhandenen Spielbedingungen.*
2. *Welche Spielbedürfnisse treffen in der beschriebenen Situation aufeinander?*
3. *Was weiß Maja über die Lebenssituation der Kinder?*
4. *Wie könnte Maja auf diese Konfliktsituation reagieren? Diskutieren Sie verschiedene Lösungsansätze.*
5. *Beschreiben Sie die Problemstellung. Welche weiteren Informationen benötigen Sie, um die beschriebene Situation besser einschätzen zu können?*

3.1 Lebenssituationen beeinflussen das Spiel des Kindes

Die Lebenssituationen von Kindern werden maßgeblich durch die Familien- und Wohnsituation bestimmt. Aber auch Umwelt- und Medieneinflüsse bewirken die Lebensqualität des Kindes und haben Folgen für die gesamte Entwicklung. Der regelmäßige Besuch einer Kindertageseinrichtung kann sich positiv auf das Leben des Kindes, und auch der Eltern, auswirken.

Familiensituation

Unter Familie versteht man im Allgemeinen die gemeinsame Lebens- und Wohnform von Eltern und Kindern, mit ihren unterschiedlichen Strukturen, z. B. die

- Einelternfamilie (ein Elternteil mit Kind),
- Patchworkfamilie (zwei Elternteile leben mit jeweils leiblichen Kindern zusammen),
- Regenbogenfamilie (gleichgeschlechtliches Paar lebt mit einem oder mehreren [eigenen oder adoptierten] Kindern zusammen),
- Mehrgenerationenfamilie (Eltern und Kinder leben mit Großeltern in einem Familienhaushalt).

Jede Familie prägt das Kind in seiner Entwicklung. Die Familie ist eine soziale Gemeinschaft, in der Kinder ebenso Erwachsene angemessen und sicher aufwachsen können. Eltern tragen dabei nicht nur die materielle Fürsorge für ihre Kinder, sie vermitteln ihnen auch Werthaltungen. Im Familienverbund können Kinder Geborgenheit, Vertrauen, Nähe und Intimität erfahren. Diese Grunderfahrungen bilden elementare Voraussetzungen für die Teilhabe am gesellschaftlichen Leben.

Durch wiederkehrende Tätigkeiten und Handlungen in der Familie, wie gemeinsame Mahlzeiten, Wochenendunternehmungen, das Vorlesen vor dem Schlafengehen und andere Rituale, geben Eltern ihren Kindern eine Struktur, Sicherheit und Orientierung. So können sich Kinder sicher sein und sich auch in Krisenzeiten auf etwas verlassen. Allerdings leben nicht alle Familien diese Idealvorstellungen von Gemeinschaft.

Viele unterschiedliche Faktoren haben Einfluss darauf, ob das Familienleben harmonisch oder konfliktreich verläuft. Ein Beispiel dafür ist die Berufszufriedenheit der Eltern. Ebenso können belastende Situationen, wie Trennung der Eltern, Krankheit eines Familienmitglieds oder Arbeitslosigkeit eines Elternteils, ein familiäres Zusammenleben einschneidend stören.

Früher wie heute nehmen gesellschaftliche Veränderungen und gelebte Familienstrukturen Einfluss auf die Entwicklung der Kinder. Immer häufiger gehen beide Elternteile einer Erwerbstätigkeit nach, um bspw. den Unterhalt ihrer Familien zu sichern. Aus diesem Grunde ist in den letzten Jahren eine deutliche Zunahme von Betreuungsplätzen für Kleinkinder in der Tagespflege, für Kindergartenkinder in der Tagesstätte und für Schulkinder in der OGS zu verzeichnen.

Wohnsituation

Die Größe des Wohnraumes, einer Familie sowie die Anzahl und Aufteilung der Zimmer können sehr unterschiedlich sein, ebenso wie die individuelle Ausstattung und Gestaltung. Ausreichender Platz für alle Mitbewohner begünstigt dabei ein harmonisches Zusammenleben. Jüngere Kinder halten sich in der Regel dort auf, wo sich auch ihre Bezugspersonen befinden. Im Laufe ihrer Entwicklung verändern Kinder ihre Wohnbedürfnisse und streben eigene, individuelle Wohnbereiche an.

Je nach Einkommenslage, Familiengröße und individuellen Vorstellungen leben die Familien in unterschiedlichen Wohnumgebungen, zumeist in Ein- oder Mehrfamilienhäusern. Die Wohnumgebung kann verkehrsreich oder-beruhigt, innerstädtisch oder ländlich strukturiert sein. Je nach Ortslage gibt es in der näheren Umgebung Freiflächen wie Parks, Gärten, Innenhöfe, Spielplätze, Spielstraßen und gefahrenarme Plätze auf denen die Kinder unbeaufsichtigt oder beaufsichtigt draußen spielen können. Gelegentlich sind auch Naturerfahrungen möglich, z. B. im naheliegenden Wald, auf der Wiese, am See oder Fluss.

Die Infrastruktur in der Wohnumgebung einer Familie beeinflusst die Teilhabe am sozialen Umfeld. Die Kindertageseinrichtungen mit altersgemischten Gruppen, die OGS, die Offene Tür, private Spielgruppen oder Vereine erleichtern dabei die notwendige Kontaktaufnahme. Die Mobilität der Familie spielt für die Selbstständigkeit der Kinder eine große Rolle, denn es stellt sich täglich die Frage: Erreiche ich z. B. die Kita oder Schule zu Fuß, per Auto oder mit öffentlichen Verkehrsmitteln? Nur im sozialen Kontakt und aktiven Erleben mit anderen Menschen können Kinder gesund aufwachsen und ihre Kompetenzen entwickeln.

Umwelt- und Medieneinflüsse

In unserer heutigen Zeit ist es vielen Kindern nicht mehr möglich, die Natur in ihrer Umgebung spielend zu entdecken und zu erleben. In der Stadt haben Straßen, Autos, Parkplätze und Gebäude Vorrang und sind vorwiegend an den Bedürfnissen der motorisierten Berufstätigen orientiert. Kinder verlieren immer mehr Orte, an denen sie sich aufhalten können.

Aufgrund der hohen Verkehrsgefährdung werden zwar „Naturinseln" angeboten in Form von Parks, Grünanlagen oder Kinderspielplätzen. Aber auch diese werden von Kindern meist nicht genutzt, da ihr Spiel dort häufig durch Verbotsschilder eingeschränkt wird oder nur wenige echte Spielanreize bietet. Das Spiel des Stadtkindes verlagert sich meist in die eigene Wohnung, wo es mangels Erlebnis- und Bewegungsmöglichkeiten oder uninteressant gewordenen Spielzeugen zu den Unterhaltungsmedien greift. So verbringen Kinder häufig viel Zeit alleine vor dem Fernseher oder beschäftigen sich alleine lange mit der Spielkonsole oder mobilen Spielcomputern.

Kita als soziales Umfeld

Das soziale Umfeld der Kindertageseinrichtungen sowie die Infrastruktur im Einzugsbereich (z. B. Verkehrsanbindung, Einkaufsmöglichkeiten) beeinflussen auch die pädagogischen Konzeptionen. Kontakte zu anderen sozialpädagogischen Einrichtungen wie Kindertagespflegestellen, Schulen, offenen Grundschulbetreuungen, betreuten Spielgruppen oder Spielplätzen, Musikschulen, Sportvereinen erleichtern Kindern und ihren Familien die Kontaktaufnahme und Kontaktpflege außerhalb der Institutionen.

Vertiefungsaufgaben

1. **Ermitteln Sie im Umfeld Ihrer Praktikumsstelle Spielmöglichkeiten und Spielplätze, die für Kleinkinder, Kindergartenkinder und Grundschulkinder geeignet sind. Markieren Sie die Spielflächen auf einem Lageplan. Welche Änderungsvorschläge haben Sie?**
2. **Beobachten Sie das Spielverhalten von Kindern im näheren Umfeld. Führen Sie eine Zufallsbefragung durch. Stellen Sie vor Beginn eine Liste mit Fragen zusammen. Fragen Sie z. B.: Wo spielst du gerne? Wo ist dein Lieblingsspielplatz? Was wünschst du dir für einen Spielplatz.**
3. **Welche Informationen haben Sie über die private Spielsituation der Kinder Ihrer Praktikumsgruppe? In welcher Weise beeinflussen die Hinweise ihre spielpädagogischen Handlungen?**

3.1.1 Spielen und interkulturelle Verständigung

Spielformen und Spielzeug in anderen Kulturen

Spielzeug und Kinderspiele zeigen, wie unterschiedlich Menschen leben – und wie ähnlich sie spielen.[1] In vielen Kulturen ist es nicht üblich, speziell angefertigtes Spielzeug zu kaufen. Doch auf allen Kontinenten basteln sich gerade Kinder aus armen Familien das Spielzeug, das sie brauchen, aus Verpackungs- und Alltagsmaterialien selbst. Die Kreativität der Kinder scheint dabei grenzenlos zu sein. Sie stellen beispielsweise aus Alltags – und Naturmaterialien, etwa aus Draht, Holz, Stroh oder Plastik Fahrzeuge, Puppen, Kopfhörer oder Spielzeugwaffen selbst her. Besonders interessant sind kostengünstige, aus Müll recycelte Materialien wie Blechdosen, Plastikfolien und Fahrradschläuche.

Dabei entwickeln die Kinder neben Fantasie und Kreativität auch ein enormes technisches Verständnis und handwerkliches Geschick. Diese Spielzeuge spiegeln ihre Träume und Wünsche, erzählen eine Geschichte aus ihrer Lebenswirklichkeit, berichten von ihren Ängsten, aber auch vom Bürgerkrieg, der Umweltzerstörung, dem Eindringen des Massentourismus oder den Realitäten der Slums. Spiel dient der Verarbeitung ihrer realen Lebensbedingungen.
Das Spiel ist ein Mittel, sich den Lebensumständen anzupassen oder sie zu meistern. Kinder lieben es, bestimmte Personen darzustellen, z. B. Mutter, Vater, Baby oder Doktor. Auch Figuren, die nicht aus ihrem Umfeld stammen, wie Könige und Prinzessinnen, Tiere, Wesen aus dem Weltraum, werden gerne gespielt. Beliebte Spiele verbreiten sich oft von Kind zu Kind und sind häufig mit Wortspielen, Reimen oder Zählversen verbunden (wie bei Hüpf- oder Kreisspielen). Sie können von Kultur zu Kultur sehr unterschiedlich sein. Zu den Spielen, die auf der ganzen Welt bekannt sind, zählen Fangen und Verstecken.

Kinder mögen aktive und passive Spiele, Geschicklichkeits- und Zufallsspiele, Spiele für drinnen und für draußen, Spiele, die man alleine oder zu mehreren machen kann. Manche Spiele sind strukturiert, d. h., sie werden nach formalen Regeln und meistens mit

[1] Vgl. Kap.1.2: Spiel und Spielzeug früher und heute S. 12 ff.

vorgeschriebenen Materialien gespielt. Andere sind unstrukturiert, einfach spontan beim Spielen ausgedacht. Sie beginnen meist mit dem Vorschlag „Wir tun so, als ob ...". Auch Wort- und Ratespiele wie Scharaden sind sehr beliebt. Und in einigen Ländern kennen Kinder die gleichen Spiele, die auch in Deutschland bekannt sind, z. B. „Plumpsack": Yag satarim (Türkei), Gnilo jajce (Slowenien), Le facteur (Frankreich) oder Duck, duck, goose (England).

Archäologische Funde belegen die Existenz von Spielzeug – unabhängig von Kultur und geschichtlicher Epoche – überall auf der Welt. Auch die Arten des Spielzeugs (Bälle, Rasseln, Tier- und Menschenpuppen, Kreisel und Spielzeugwagen) sind selbst in räumlich oder zeitlich entfernten Kulturen ähnlich. Dies unterstreicht die grundlegende Bedeutung von Spiel und Spielzeug.

Interkulturelles Lernen

Interkulturelles Lernen kann nur durch den in der Elementarerziehung favorisierten ganzheitlichen Situationsansatz erfolgen, mit folgenden Aufgabenstellungen bzw. Zielsetzungen:

- **Die Persönlichkeit jedes einzelnen Kindes fördern**
  Zur Entfaltung der eigenen Persönlichkeit gehört, zunächst andere Werte, Normen und Sprachen wahrzunehmen, um dann zu entscheiden, welche Denk- und Handlungsmuster jeder für sich selbst übernehmen möchte. Nur so besteht die Möglichkeit, alle Kinder zu Selbstständigkeit und Toleranz zu erziehen und gleichzeitig ihre kulturelle Eigenständigkeit zu bewahren.

- **Kinder in die fremde Gesellschaft, Kultur einführen**
  Erzieherinnen und Kinderpflegerinnen bieten allen Kindern eine Atmosphäre, in der sie sich angenommen und verstanden fühlen. Auf dieser Grundlage werden Unterschiede und Gemeinsamkeiten deutlich und Verständnis für multikulturelles Zusammenleben vermittelt. Unterschiede können nur bei fehlender Toleranz das Zusammenleben beeinträchtigen, bei gegenseitiger Akzeptanz jedoch das gesellschaftliche Leben bereichern. Die praktische Arbeit bietet dafür vielfältige Möglichkeiten: Lieder, Spiele, Märchen, Geschichten, Speisen zubereiten, Feste: Geburtstage, Feiertage aus den verschiedenen Herkunftsländern der Kinder.

- **Kinder mit dem Leben in der Gemeinschaft und den damit verbundenen Verhaltensweisen vertraut machen**
  Achtung des Anderen, Empathiefähigkeit, Kooperations- und Konfliktfähigkeit, Offenheit und die Fähigkeit, Normen situativ anzuwenden, sind bedeutsame Qualifikationen des sozialen Lernens. Daher ist es wichtig, dass die Erzieherinnen und Kinderpflegerinnen auf gute Beziehungen achten, Sozialbeziehungen durch Rollenspiele altersgemäß reflektierbar machen, Konflikte aufgreifen und zur gemeinsamen Konfliktregelung anleiten.

- **Kindern lebenspraktische Kenntnisse und Techniken vermitteln, die die Kommunikation mit anderen Menschen und die selbstständige Erschließung ihrer Umwelt ermöglichen**
  Kinder kommunizieren innerhalb des Gruppengeschehens sowohl mit Gleichaltrigen als auch mit Erwachsenen auf verbaler bzw. nonverbaler Ebene, z. B. durch Erzählen, Fragen, Rufen, Bitten, aber auch durch gesamtkörperliche Bewegung, Mimik, Gestik, Malen und Singen. Beide Ebenen des Ausdrucks geben Anknüpfungspunkte für interkulturelles Lernen.
  Für die Förderung der Migrantenkinder ist es von großer Bedeutung, gerade diese Möglichkeit des nonverbalen Kontaktes und der Verständigung zu nutzen, ohne dabei die Zweisprachigkeit zu vernachlässigen.

Spiele aus den Herkunftsländern

Durch Spiele aus den jeweiligen Herkunftsländern der Kinder lernen auch die Eltern Lieder, Reime oder Theaterspiele neu kennen. Möglicherweise engagieren sie sich im Kindergarten, um z. B. ein „Karagöz-Schattenspiel" in deutsch-türkischer Sprache aufzuführen oder mit der Gruppe ein italienisches Kreisspiel-Lied (siehe S. 163) zu singen und zu spielen. Zugleich wird den Eltern die Bedeutung kindlicher Spiel- und Ausdruckformen für eine ganzheitliche Entwicklung ihrer Kinder verdeutlicht.

Aus solchen Situationen können Kontakte zu Migrantenfamilien auf eine natürliche Weise entstehen, gleichzeitig erfahren sie eine Anerkennung ihrer jeweiligen Herkunftssprache. Durch einen regelmäßigen Austausch, der durch Wertschätzung und Akzeptanz geprägt ist, werden Eltern motiviert ihre speziellen kulturellen und sprachlichen Kompetenzen im Alltag der Kita einzubringen.

Viele Migrantenkinder haben häufig Sprachprobleme. Sprachtrainingsprogramme beschränken sich jedoch meist nur auf den instrumentellen, zweckorientierten Sprachgebrauch, ohne dabei entwicklungsbedingte Spielformen von Kindern zu berücksichtigen. Gerade Spiellieder, Fingerreime, Rätsel und Rollenspiele sind wesentliche Mittel der Sprachförderung, die zudem noch Lust an Sprache und Spiel vermitteln, auch bei mehrsprachigen Kindern.

Die meisten Kinder haben Spaß an Lautmalereien, witzigen Wortverbindungen und fremdsprachigen Texten. Insbesondere jüngere Kinder experimentieren gerne mit Vokalen und Konsonanten und plappern, ohne den Sinn zu verstehen, alles nach. Sie nehmen den Klang der Worte stärker wahr, während Erwachsene eher an dem Sinngehalt interessiert sind.

Interkulturelles Spielen

Gerade in der aktiven Begegnung mit ritualisierten Spiel- und Ausdrucksformen, wie Kreisspiele, Zungenbrecher oder Auszählreime, erleben Kinder, dass Begriffe nicht nur reale Gegenstände oder Situationen bezeichnen, sondern auch fiktive Vorstellungen und Zusammenhänge.

„Kulturelle Identität heißt immer auch Vertrautheit mit der Bild- und Symbolwelt des betreffenden Kulturkreises.“

(Ulich/Oberhuemer/Reidelhuber, 2005, S. 18)

So vermitteln insbesondere Volkslieder, Reime und Märchen, Rituale, Symbole und Bräuche, die wiederum die Fantasie anregen und Symbolverständnis und Vorstellungen fördern.

Ein breit gefächertes Angebot in der Kita ermöglicht es allen Kindern sich entweder aktiv zu beteiligen oder eher in der Rolle des Beobachters am Kita-Alltag teilzunehmen. Lieder, Fingerspiele oder Abzählreime sind als sprachliche Einheiten zu verstehen, die im Zusammenhang mit Spielaktionen stehen oder in das Bildungskonzept der Kita eingebunden sind. So werden z. B. an einem Morgen alle Kinder mit einem türkischen Lied begrüßt und an einem anderen Morgen mit einem portugiesischen Fingerreim. Oft werden auch Gemeinsamkeiten in verschiedenen Kulturen entdeckt, z. B. bei dem Lauf- und Fangspiel „Ochs, am Berge eins, zwei, drei“, dem Kreisspiel „Ringel, Ringel, Reihe“ oder bei Spielzeugen wie Ball, Puppe und Auto. Auch Gefühle – sich freuen, traurig sein, wütend sein – sind gleich, egal ob ein Kind in Afrika zuhause ist oder in Sibirien, ob es aus Syrien kommt oder in Deutschland lebt.

Bei interkulturellen Spielen sind Eltern und pädagogische Fachkräfte ebenso in der Rolle der Lernenden wie die Kinder. Für die Kinder kann dies ein interessantes Erlebnis sein, wenn sie erleben wie Erwachsene und Kinder sich in einer fremden Sprache ausprobieren. Umgekehrt erfahren diese, wie sie sich bemühen müssen, um die Sprache zu lernen. Migrantenkinder wie auch binationale Kinder stärken auf diese Weise ihr Selbstwertgefühl und deutsche Kinder entwickeln Einfühlungsvermögen, beides trägt zum Verständnis der anderen Kultur bei.

Auf diese Weise bietet das Spielen Kindern und Erwachsenen die Möglichkeit, die Mehrsprachigkeit kreativ zu nutzen. Ein spielerischer und experimentierfreudiger Umgang mit anderen Sprachen und vielfältigen Kulturen bietet immer die Chance für interkulturelle Kontakte, sei es in der Familie, im Kindergarten, in der Schule oder einer anderen Institution.

Vertiefungsaufgaben

1. **Leihen Sie sich aus der Kinderbücherei ein zweisprachiges Spielbuch aus. Wählen Sie zwei bis drei Spiele aus verschiedenen Spielarten aus und spielen Sie diese in Ihrer Lerngruppe.**
2. **Stellen Sie fest, welche Fremdsprache in Ihrer Praktikumsgruppe von einigen Kindern gesprochen wird. Lernen Sie einen Spielreim in dieser Sprache.**
3. **Erkundigen Sie sich in Ihrer Praktikumsstelle nach einem Sprachlernprogramm für fremdsprachige Kinder und machen Sie sich damit vertraut. Referieren Sie in der Lerngruppe.**
4. **Recherchieren Sie im Internet eine Spielanleitung für ein Spiel aus einem anderen Land. Spielen Sie es. Vervollständigen Sie damit Ihre Spielkartei.**
5. **Bitten Sie interessierte Mütter oder Väter aus anderen Ländern, die Kinder der Kitagruppe mit landestypischen Kinderspielen bekannt zu machen.**

3.1.2 Inklusion ist mehr als Integration

Kinder mit einer Behinderung haben die gleichen Bedürfnisse wie Kinder ohne eine Behinderung. Sie reagieren meist unbelastet auf ihr Gegenüber. Durch die Einbeziehung aller Kinder ergeben sich neue spielpädagogische Möglichkeiten. Die Kinder erleben sich gegenseitig in ihrer Einmaligkeit und Unverwechselbarkeit.

Ein Rückblick

Bis etwa Anfang 1970 gab es in Deutschland fast ausschließlich separate Fördereinrichtungen für Kinder mit einer körperlichen, geistigen Behinderung oder einer Mehrfachbehinderung. Entsprechend den verschiedenen Behinderungsarten wie auch dem Grad der Behinderung umfassten die Aufgabenbereiche der sonderpädagogischen Tageseinrichtungen die

- sozialpädagogische Betreuung,
- körperlich-pflegerische Versorgung und
- therapeutische Förderung der Kinder.

Die Einzugsgebiete waren häufig sehr großräumig, sodass die meisten Kinder sehr lange Fahrwege zurücklegen mussten. Die notwendige Zusammenarbeit mit den Eltern gestaltete sich dadurch schwierig.

Nicht zuletzt aus der Erkenntnis, dass diese getrennten Lebenswelten Isolation und bei Begegnungen Verhaltensunsicherheit, Mitleid, Angst oder Abwehr bewirken, wurden in mehreren Bundesländern verschiedene Modellversuche zur gemeinsamen Erziehung von Kindern mit und ohne Behinderung in Kindertageseinrichtungen durchgeführt.

Die positiven Ergebnisse führten bundesweit zur Öffnung sowohl der Regel- als auch der Sonderkindergärten (vgl. Deutsches Jugendinstitut, 1984, S. 5 f.). Vorreiter war sicherlich das sogenannte Cuxhavener-Modell-Projekt, in dem konzeptionelle Aspekte gemeinsamer Erziehung erprobt wurden (vgl. Büchsenschütz/Regel, 1991, S. 13 ff.).

Mit der Unterzeichnung der UN-Konvention für die Rechte von Kindern mit Behinderungen hat sich Deutschland 2009 verpflichtet, ein inklusives Bildungssystem mit dem Ziel einzurichten, allen Kindern die gleichberechtigte Teilhabe an institutioneller Bildung, Erziehung und Betreuung zu ermöglichen. Inklusion ist daher mehr als ein pädagogisches Konzept. Sie umfasst die ganzheitliche Förderung von Kindern, gleich welcher sozialer, kultureller oder ethnischer Herkunft, mit und ohne Behinderungen. In einem geeigneten Umfeld und im wechselseitigen Kontakt lernen sie miteinander und voneinander.

Spiel in der inklusiven Kindertageseinrichtung

Inklusion ist ein ganzheitlicher Prozess, bei dem Kinder im wechselseitigen Kontakt miteinander und voneinander lernen. Kinder mit und ohne Behinderungen spielen, lernen und sammeln Erfahrungen gemeinsam in einer Gruppe, wobei jedes einzelne Kind zu seinem Recht kommen muss.

„Behinderte und nichtbehinderte Kinder haben emotionale, kognitive und motorische Bedürfnisse. Sie fordern gleichermaßen eine vielfältige, anregende Umwelt, in der sie gemeinsam mit anderen Kindern sich und ihre Kräfte ausprobieren können. [...] Im Mittelpunkt stehen die Beziehungen, die die behinderten und nicht behinderten Kinder miteinander eingehen. Sie sind Spielpartner, die sich mit ihren unterschiedlichen Interessen gegenseitig öffnen und mitteilen, die miteinander wetteifern und sich gegenseitig vielfältige Lernimpulse geben. Gemeinsame Spielprozesse nehmen einen zentralen Stellenwert in der Entwicklungsförderung der behinderten Kinder ein. Hier sind sie gefordert, ihre Fähigkeiten gleichberechtigt einzubringen, ihre Grenzen zu erkennen, zu akzeptieren und Misserfolge zu ertragen. Wie anderen Kindern fällt es ihnen leichter, Anforderungen an ihr Verhalten zu akzeptieren, wenn Kinder sie stellen."

(Landschaftsverband Westfalen-Lippe, 2006, S. 9–10)

Der § 8 des Kinderbildungsgesetzes (KiBiz) NRW, vom 01.08.2020 sieht eine gemeinsame Förderung aller Kinder vor: „Kinder mit Behinderungen und Kinder, die von Behinderungen bedroht sind, sollen gemeinsam mit Kindern ohne Behinderungen gefördert werden. Die besonderen Bedürfnisse von Kindern mit Behinderungen und von Kinder, die von Behinderungen bedroht sind, sind bei der pädagogischen Arbeit zu berücksichtigen."

Eine gemeinsame Erziehung benötigt deshalb besondere Rahmenbedingungen, wie ausreichende Räumlichkeiten, Spiel- und Beschäftigungsmaterialien, welche für Kinder ohne und mit besonderem Förderbedarf geeignet sind. Die kooperative Zusammenarbeit – zwischen Eltern, sozialpädagogischen und therapeutischen Fachkräften sowie pädagogischen Fachkräften mit spezieller Qualifikation – setzt die Bereitschaft voraus, sich mit der gemeinsamen Erziehung konzeptionell auseinanderzusetzen. Regelmäßige Maßnahmen zur Fortbildung sowie fachliche Beratungen unterstützen weiterhin das gemeinsame Spielen, Lernen und Leben in inklusiven Kindertageseinrichtungen (vgl. Bundesvereinigung Lebenshilfe e. V./www.lebenshilfe.de).

Bedeutung der Spielmittel in inklusiven Einrichtungen

Spielmittel und Spieltätigkeiten in inklusiven Einrichtungen sind an der kindlichen Gesamtentwicklung ausgerichtet und unterscheiden sich damit grundsätzlich nicht von den Spielmitteln der Regel-Kita. Ausnahmen finden sich bei der therapeutischen Einzelförderung im Wahrnehmungs-, Sprach- und Bewegungsbereich.

Im Spiel der Kinder, ob mit oder ohne eine Beeinträchtigung, werden so nach und nach Einfühlungsvermögen, gegenseitige Rücksichtnahme und Toleranz unbemerkt zu wichtigen Alltagskompetenzen herausgebildet. Die Bedeutung der Spielmittel liegt dabei nicht nur in der Therapie oder Rehabilitation klar umrissener körperlicher oder geistiger Behinderungen, sondern in ihrer Rolle als Erziehungs- und Kommunikationsmittel.

„Viel grundlegender ist die Aufgabe, die Kinder mit Behinderungen durch das Spielen zu einer lustvoll erlebten Form der aktiven Auseinandersetzung mit der Umwelt zu führen. Dieser spielpädagogische Grundgedanke, der die allgemeine Persönlichkeitsförderung vor die spezielle Therapie stellt, wird die besonderen therapeutischen Möglichkeiten einzelner Spielmittel dennoch nicht unbeachtet lassen."

(Retter, 1979, S. 364)

Vereinzelt verfügen einige Kitaeinrichtungen über sogenannte Snoezelen-Räume mit Snoezelen-Materialien.

„Snoezelen ist eine ausgewogen gestaltete Räumlichkeit, in der durch harmonisch aufeinander abgestimmte multisensorische Reize Wohlbefinden und Selbstregulationsprozesse bei den Anwesenden ausgelöst werden. [...] Das ursprünglich für schwerstbehinderte Menschen entstandene Konzept wurde in den letzten Jahren auf andere Adressatenkreise ausgedehnt. […] Snoezelen wird als Freizeitangebot, multisensorische Reizeinwirkung, Anregung der Sinne, gezielte Förderung, strukturierte Therapie, pädagogische Intervention oder als Milieu für verschiedene Methoden der Physio- bzw. Psychotherapie genutzt."

(Deutsche Snoezelen Stiftung: Eine Einführung in das Konzept. In: www.snoezelen-stiftung.de. Online verfügbar unter: http://www.snoezelen-stiftung.de/index.html [26.08.2020].)

Vertiefungsaufgaben

1. **Betrachten Sie das Foto auf S. 76. Diskutieren Sie die Forderung: „Inklusion – Eine Kindertageseinrichtung für alle."**
2. **Welche Personen aus welchen Berufsgruppen könnten Ihnen Antworten geben auf die Frage: Brauchen Kinder mit einer Behinderung spezielles Spielmaterial?**
3. **Veranschaulichen Sie Ihre Recherche.**
4. **Nehmen Sie zu einer inklusiven Kindertageseinrichtung Kontakt auf und führen Sie dort eine Hospitation durch. Vergleichen Sie Ihre Eindrücke. Erfassen Sie Merkmale des Spielmaterials, der angeleiteten und freien Spielsituationen**
5. **Wo befindet sich in Ihrer Nähe eine Frühförderstelle? Informieren Sie sich:**
   - **Mit welcher personellen Besetzung arbeitet die Frühförderstelle?**
   - **Welche Kinder werden betreut?**
   - **Wie erfolgt eine Kontaktaufnahme?**
   - **Welche Förderungsangebote werden gegeben?**
   - **Welche Spielgruppen gibt es?**
6. **Erkunden Sie, wo es in Ihrer Nähe eine Einrichtung mit einem Snoezelen-Raum gibt und vereinbaren Sie einen Hospitationstermin. Werten Sie nach der Hospitation Ihre Eindrücke aus.**
7. **Erörtern Sie in Ihrer Lerngruppe die Aussage: „Waldorf- und Montessori-Kitas eignen sich besonders für die integrative/inklusive Arbeit."**

3.1.3 Spielsituationen wahrnehmen und beobachten

Die Spielbeobachtung ist eine aktive und intensive Auseinandersetzung mit einer Spielsituation und den Spielpartnern. Diese Wahrnehmung von Spielsituationen und Spielprozessen ist eine grundlegende spielpädagogische Kompetenz.

„Spielpädagogen benötigen Einfühlungsvermögen und Nähe zum Geschehen, müssen sogar teilweise an der Spielsituation beteiligt sein, um das Wahrgenommene in seinem Spielcharakter interpretieren zu können.“

(Heimlich, 1993, S. 122 f.)

In der Kita können Äußerungen und Erzählungen der Kinder sowie wiederkehrende oder spontane (Rollen-) Spielhandlungen zum Anlass genommen werden, sich mit Eltern und Kindern über besondere Ereignisse innerhalb oder außerhalb der Familie auszutauschen. Ebenso lassen ungewöhnliche Verhaltensweisen, Gefühlsäußerungen, Zeichnungen und Bilder besondere Erlebnisse der Kinder erkennen.

Vielfach greifen die pädagogischen Fachkräfte solche Gegebenheiten auf, die möglichst für alle Kinder beispielhaft oder bedeutsam sind, um themenbezogene Spiel- und Bildungsangebote mit den Kindern zu planen und durchzuführen. Meist umfassen die gewählten Situationen ein großes Inhaltsspektrum, sodass sich möglichst viele Kinder angesprochen fühlen. Durch das Aufgreifen der Inhalte und Themen können die Kinder ihre Selbstständigkeit und ihr Selbstbewusstsein weiterentwickeln und sie erfahren, dass gemeinsames Handeln, z. B. alle helfen beim Aufräumen des Rollenspielraums, eine Situation verändern kann. Kinder entwickeln Kompetenzen zur Bewältigung ihrer aktuellen und zukünftigen Lebenssituation. Um die für die Kinder bedeutsamen Situationen und Erfahrungen für weiterführende Spiel- und Lernprozesse einschätzen zu können, sind daher gezielte und kontinuierliche Beobachtungen einzelner Kinder und der Gruppe notwendig.

Intentionen einer Spielbeobachtung

In der Kita ergeben sich bei den alltäglichen, zufälligen Beobachtungen der spielenden Kinder vielfältige Fragestellungen. Die Fragen zum Spielgeschehen bilden mögliche Anlässe für eine methodische Spielbeobachtung mit folgenden Intentionen:

- Spieltätigkeiten zu erfassen
- Spielsituationen zu unterscheiden

- Spielbedürfnisse/Spielinteressen wahrzunehmen
- Spielverhalten zu verstehen
- Defizite/Stärken zu erkennen
- Spielimpulse/Spielmittel anzubieten
- Spielkreise/Spielaktionen zu planen
- Spielräume zu gestalten/zu benutzen

Ergebnisse und Konsequenzen einer Spielbeobachtung

Eine Spielbeobachtung kann infolgedessen nie vorurteilslos und distanziert sein, sie enthält große Anteile an subjektiven Einschätzungen und Bewertungen. Bei allen Spielbeobachtungen müssen bezüglich der Ergebnisse und möglicher Konsequenzen folgende wichtige Faktoren berücksichtigt werden:

- Die Wahrnehmung eines Beobachters ist nie objektiv.
- Eigenwahrnehmung und Fremdwahrnehmung können stark differieren.
- Der Beobachter steht immer in einer Beziehung zu dem/den Spielenden.
- Spielende fühlen sich beobachtet und können deswegen ein anderes Verhalten zeigen.
- Spielende entwickeln sich während des Beobachtungszeitraums weiter.
- Aussagen müssen immer mit einem Beispiel belegt werden.
- Interpretationen der Beobachtungsergebnisse sollten höchst sorgfältig vorgenommen werden.

Methoden

Es werden unterschiedliche Methoden zur Spielbeobachtung benutzt:

- **Standardisierte Spielbeobachtungen** arbeiten mit vorgegebenen Rating-Skalen oder Kategoriesystemen, um etwa Lern- und Entwicklungsschwierigkeiten zu erfassen. Sie sollen hier nur erwähnt werden, da der Umgang mit ihnen eine hohe Sachkenntnis und in der Regel eine umfangreiche Vorbereitung sowie intensive Schulung der Beobachter erfordert (vgl. Heimlich, 1993, S. 122 f.).

In der alltäglichen Spielpraxis werden überwiegend die zwei folgenden Methoden angewandt:

- **Unsystematische Zufalls- und Alltagsbeobachtungen**, die überall sowie zu jedem Zeitpunkt erfolgen können, wobei Beobachtungstätigkeit und Beobachtungsdauer variabel sind. Wenn sich die Spielleitung ihrer Beobachterrolle bewusst wird, hält sie den Verlauf der beobachteten Spielsituation in Form eines Gedächtnisprotokolls schriftlich fest.
- **Systematische Beobachtungen**, die den genauen Verlauf (Zeitraum, Ort, Beteiligte, Spieltätigkeit, Probleme, Dialoge u. a. m.) einer Spielsituation wiedergeben. Bei systematischen Beobachtungen wird die Intention vorab festgelegt. Die Beobachtungen und ihre

Ergebnisse werden in Form von Verlaufsprotokollen, auf Hörkassette oder als Videoaufnahme festgehalten.

Werden zufällige oder systematische Spielbeobachtungen direkt im Anschluss sorgfältig reflektiert, ergeben sich veränderte oder gar neue Ansatzpunkte für spielpädagogisches Handeln. (Beispielsweise könnte die wiederholte Beobachtung und Analyse des Spielkreises ergeben, dass die Kinder mehr Konzentration, Rücksichtnahme und Spielfreude zeigen, wenn sie ihrem Körpergefühl entsprechend gemütlich sitzen dürfen, statt im starren Stuhlkreis.)

Mediale Protokolle

Der Einsatz technischer Medien kann durch eine Wiederholung der Ton- oder Bildaufnahmen für die Auswertung der Beobachtungsergebnisse im Team sehr effektiv sein. Der Aufwand ist allerdings beträchtlich und immer an ein engagiertes Team gebunden.

Schriftliche Beobachtungsprotokolle dagegen können fast zu jeder Zeit von pädagogisch qualifizierten Fachkräften angefertigt und als Gedächtnis- bzw. Verlaufsprotokolle systematisch in einem pädagogischen Tagebuch festgehalten werden. Sie können bei Reflexion oder Fallbesprechung hinzugezogen werden.

Mögliche Beobachtungskriterien für das Erfassen des geleiteten Spielkreises:

- *Wo findet der Spielkreis statt?*
- *Welche/wie viele Kinder/Erwachsene sind beteiligt?*
- *Welche Spielatmosphäre herrscht zu Beginn/am Ende?*
- *Gibt es einen thematischen Schwerpunkt?*
- *Wie reagieren die Kinder auf die Lied-/Spielvorschläge?*
- *Welche Spiele wecken besonders ihre Spielfreude?*
- *Wie/wann zeigen sie Unsicherheiten/Unlust/Ängste?*
- *Welche Hilfen bekommen sie? Von wem?*
- *Sind alle Kinder gleichmäßig am Geschehen beteiligt?*
- *Welche Verhaltensweisen zeigt die Spielleitung überwiegend?*
- *Mit welchen spielpädagogischen Mitteln leitet sie den Verlauf?*
- *Wie beeinflusst ihr Verhalten das Verhalten der Kinder?*

Web

Erfassen eines Spielkreises

Mögliche Beobachtungskriterien für das Erfassen des Spielverhaltens eines Kindes:

- *Angaben zu Geschlecht, Alter, Nationalität u. Ä.*
- *kurze Beschreibung des äußeren Erscheinungsbildes*
- *Warum wurde das Kind ausgewählt?*
- *Welche Gefühle haben Sie gegenüber diesem Kind?*
- *Womit spielt das Kind? (Material)*
- *Was spielt es? (Spielinhalt, Spielform)*
- *Wie verhält sich das Kind bezüglich des Tempos, der Ausdauer, der Aufmerksamkeit, Körperbewegungen, Gefühlsäußerungen, Sprache u. a. m.?*

Web

Spielverh… eines Ki…

Mögliche Beobachtungskriterien für das Erfassen einer Spielsituation:

- *Wer ist an der Spielsituation beteiligt? (codierte Namen der Kinder, Angaben zu Geschlecht, Alter, Nationalität u. Ä.)*
- *Begründung für die Wahl dieser Situation.*
- *Beschreibung des Situationsverlaufs, Wiedergabe der Dialoge*
- *Welche Auswirkungen hat das Spielverhalten?*
- *Welche Konsequenzen ziehen die Beteiligten?*

Web

Erfassen der Spielsituation

Mögliche Beobachtungskriterien für das Erfassen des Spielverhaltens während der Freispielphase:

- *In welchen Spielzonen befinden sich die Kinder?*
- *Wer spielt mit wem? (Solo-, Parallel-, Kollektivspiel?)*
- *Was/womit spielen die Kinder?*
- *Welche Rollenspielthemen sind erkennbar?*
- *Werden auch andere Kinder zum Mitspielen zugelassen?*
- *Welche Bedürfnisse äußern die Kinder? Wie äußern sie sie?*

Web

Spielverhalten im Freispiel

Vertiefungsaufgaben

1. Ermitteln Sie gezielte Fragestellungen, zu denen Sie Spielbeobachtungen in der Kita oder anderen Einrichtungen durchführen können, wie z. B.:
   - Welche Spielbereiche bevorzugen Kinder während der freien Spielphasen?
   - Welche Spielformen überwiegen in der Spielgruppe?
   - Welche Spielbedürfnisse sind aktuell erkennbar?
2. Führen Sie in Ihrer Lerngruppe eine Spielaktion durch. Legen Sie Beobachtungskriterien fest und wählen Sie ein Beobachtungsteam. Werten Sie die Spielaktion aus. Welche Schlussfolgerungen ziehen Sie?
3. Führen Sie in Ihrer Lerngruppe eine Videobeobachtung zu einer Spielsituation durch. Legen Sie Beobachtungskriterien fest. Welche technischen und rechtlichen Aspekte müssen Sie beachten? Welche Schlussfolgerungen ziehen Sie nach erfolgter Videoaufnahme?
4. Beobachten Sie in Ihrer Praktikumsstelle ein spielendes Kind während der Freispielphase, im angeleiteten Spielkreis und in einer besonderen Spielsituation. Erstellen Sie jeweils ein Protokoll und besprechen Sie Ihre Erkenntnisse mit der Gruppenleitung.

3.2 Das Spiel des Kleinkindes (0–3 Jahre)

3.2.1 Das Funktionsspiel

Lernsituation: Moritz spielt mit dem Wasser

Moritz ist zwei Jahre alt. Er spielt sehr gerne draußen, auch wenn das Wetter nicht so gut ist. Heute hilft er seiner Oma im Garten: in der Erde graben, Unkraut zupfen und Blumen gießen. Ganz besonders interessiert ihn der Wasserschlauch. Er hält ihn in seinen Spielzeugeimer und beobachtet, wie das Wasser überläuft. Es plätschert über die Gehwegplatten und bildet in den Ritzen kleine Rinnsale.

Moritz sieht, dass das Wasser schon bis zur Gartenbank fließt.

Impulse zur Bearbeitung der Lernsituation:

- ***Welche möglichen Kompetenzen zeigt Moritz in der geschilderten Situation?***
- ***Diskutieren Sie die unterschiedlichen Ergebnisse.***
- ***Welche Konsequenzen würden Sie aus dieser Beobachtung ziehen?***

Das Übungs- und Funktionsspiel ist eine kennzeichnende, typische Spielform des Kleinkindes, die in engem Zusammenhang mit Materialien und Gegenständen auftritt, die mit allen Sinnen wahrgenommen und erprobt werden.

Schon der Säugling zappelt lustvoll mit seinen Armen und Beinen, erforscht seine Hände und Zehen, betrachtet das Gesicht der Bezugsperson, beobachtet sich bewegende Gegenstände, z. B. Mobiles, und hört konzentriert auf Klänge und Geräusche.

Gleichzeitig mit der Fähigkeit des Greifens fängt das Kind an, gezielt Gegenstände in Bewegung zu versetzen. Auch Gegenstände aus dem Haushalt werden zu Spielzeugen. Sie werden gedrückt, geschüttelt, aneinandergeschlagen und gerissen. Materialien werden ausgepackt, in den Mund gesteckt, geworfen und gestoßen, und Gegenstände werden bewusst fallen gelassen und das Herunterfallen beobachtet. Auf diese Weise wird das Zusammenspiel von Sinneswahrnehmung und Bewegung eingeübt, es werden räumliche Beziehungen wie oben und unten, innen und außen, nah und fern erfasst. Durch die vielen Wiederholungen prägen sich spezifische Eigenheiten wie Aussehen, Oberflächenbeschaffenheit, Geruch und Geschmack der Objekte ein. Durch das Heranziehen eines Spielzeugs, das an einer Schnur befestigt ist, wird deutlich, dass das Kind durch eigene Beobachtungen erste Zusammenhänge herstellen kann und selbstständig Schlüsse für sein Tun zieht.

Die fortschreitende Mobilität bei der Fortbewegung, etwa beim Kriechen, Klettern, Laufen, Hüpfen, Springen, und der damit verbundene Krafteinsatz helfen dem Kind, den eigenen

Körper mit seinen unterschiedlichen Bewegungsfunktionen spielerisch kennenzulernen und zu trainieren.

Im zweiten Lebensjahr bezieht sich das kindliche Funktionsspiel immer mehr auf Gegenstände. Die Beschaffenheit der Materialien und Gegenstände wird erforscht, Ursachen und Wirkungszusammenhänge hergestellt, z. B. werden nun Klötze aufeinandergestapelt und wieder umgestoßen, Sand eingefüllt und ausgeschüttet oder mit dem Malstift gekritzelt. Diese materialspezifischen Funktionsspiele verlaufen immer noch ohne Plan und Gestaltungsabsicht. Sie vermitteln grundlegende Kenntnisse und Erfahrungen für spätere komplexe und zielorientierte Tätigkeiten.

Im dritten Lebensjahr ist das Kind in der Lage, einzelne sensomotorische Fähigkeiten miteinander zu verbinden. Das ermöglicht ihm beziehungsreichere Funktionsspiele, z. B. Roller zu fahren, aus einer Sandform einen „Kuchen zu backen“ oder einen Ball zielgerichtet zu rollen. Die Funktionslust, das eigene erfolgreiche Handeln, aber auch die Bestätigung der Bezugspersonen motiviert das Kind, die neu erworbenen Fähigkeiten zu wiederholen und sie in noch unbekannten Situationen anzuwenden oder zu verändern.

Vertiefungsaufgaben

1. **Nehmen Sie Stellung zu der Aussage: „Greifen ist Begreifen!“**
2. **Überlegen Sie, wie und womit Sie das Funktionsspiel im Kleinkindalter angemessen fördern können. Fassen Sie Ihre Ideen anschaulich zusammen.**
3. **Für das Kleinkind ist das Funktionsspiel eine aktive Lernform. Zeigen Sie mögliche Kompetenzen auf, die das Kind in der Situation erwerben kann.**

Web

Funktionsspiel des Kleinkindes

3.2.2 Das erste Spielzeug

Lernsituation: Finn und der Fußball

Finn ist ein Jahr alt geworden. Zum Geburtstag hat er von seinem Onkel einen echten Fußball geschenkt bekommen, denn Finn soll schon so früh wie möglich zu den Mini-Kickers. Finns Onkel ist ganz begeistert: „Super! Finn kann den Ball schon richtig halten!“

Impulse zur Bearbeitung der Lernsituation:

- ***Ist Ihrer Meinung nach ein Fußball für ein einjähriges Kind als Spielzeug geeignet? Wenn ja, warum? Wenn nein, nennen Sie Spielzeuge, die Sie einem Einjährigen schenken würden.***
- ***Worauf müssen Sie beim Spielzeugkauf achten?***

Am Anfang der Spielerfahrung stehen die ersten Seh- und Hörerlebnisse des Kindes. Mobiles, Windräder und Luftballons, die z. B. durch Spiegeleffekte oder Beweglichkeit besondere Faszination ausüben, fesseln die Aufmerksamkeit. Die Farbe Rot wird dabei zuerst wahrgenommen, dann die Farben Blau, Gelb und Grün. Alle Farben können im Kontrast mit Weiß besonders gut erkannt werden. Leise Klänge der Spieluhr, Glöckchen an einer Schnur oder Windspiele aus Holz oder Metall nimmt das Kind aufmerksam wahr. Diese Seh- und Hörspielzeuge sollten nicht zu nahe am Bett des Kindes befestigt werden. Das Kind lernt, mit den Augen zu fixieren und mit den Ohren zu lokalisieren. Auf diese Weise verbindet es seine ersten Eindrücke mit seiner Umgebung, die durch Betasten und Greifen langsam erweitert werden.

Für die ersten Greifversuche sind einfache, farbig eindrucksvolle Gegenstände wie Greifring, Rassel und Stofftier am geeignetsten. Da Babys alles in den Mund stecken, sollte darauf geachtet werden, dass diese Spielmaterialien frei von gesundheitsschädlichen Weichmachern (meist Phthalate) sind.

Krabbelkinder suchen sich ihr Spielzeug selbst aus. Im Umgang mit Haushaltsgegenständen wie Topf, Schneebesen, Kochlöffel, Garnrollen oder Dosen lernt das Kind unterschiedliche Materialien und deren Eigenschaften kennen.

Spielzeuge, die sich bewegen lassen oder sich durch Bewegungen verändern, haben für das Kind einen hohen Aufforderungscharakter. Das Rutschauto, Figuren zum Hinterherziehen oder ein Ball bewirken, dass das Kind selbst in Bewegung kommt und immer sicherer, zielgerichteter und geschickter in seiner Motorik wird.

Neben den Spielzeugen zur Bewegung und Fortbewegung sind für das zweite und dritte Lebensjahr Spielmaterialien wichtig, die speziell die Wahrnehmung, die Feinmotorik und die Koordination von Auge und Hand fördern. Dazu gehören Materialien zum Malen, Steckbecher, Hohlwürfel, Kugelbahn und Hampelmann oder Hampelfrau.

Elementarbilderbücher, die angeschaut und mit denen auch gespielt werden kann, tragen ebenso zur Wahrnehmungsförderung bei. Insbesondere erweitern sie die Sprachentwicklung und die Umweltkenntnisse.

Ein Spielzeug zum Liebhaben, sei es ein Stofftier oder eine Puppe, ist für die emotionale Entwicklung des Kindes von großer Bedeutung. Durch die Übertragung eigener oder beobachteter Gefühlszustände und Verhaltensweisen auf ein Spielobjekt können Eindrücke besser verarbeitet und verinnerlicht werden. Erste Rollenspielmaterialien wie Arztkoffer, hauswirtschaftliche Utensilien oder Puppenzubehör tragen zusätzlich dazu bei, seelische Spannungen und Konflikte individuell zum Ausdruck zu bringen.

Tipps für den (sicheren) Spielzeugkauf

Wie Spielzeug beschaffen sein muss

Zu den wesentlichen Sicherheitsanforderungen an Kinderspielzeug gehören nach der europäischen Norm „Sicherheit von Spielzeug" (DIN EN 71):

- Spielzeug muss die erforderliche Stärke und Festigkeit besitzen, um den Beanspruchungen beim Spielen standzuhalten.
- Ecken, vorstehende Stellen, Seile, Kabel und Befestigungen eines Spielzeugs sollten so sein, dass eine Verletzungsgefahr so gering wie möglich ist.
- Spielzeug für Kinder unter drei Jahren muss so groß sein, dass es nicht verschluckt und/oder eingeatmet werden kann. Dies gilt auch für einzelne Bestandteile eines Spielzeugs und ablösbare Teile.
- Von dem Spielzeug wie auch von dessen Verpackung darf keine Gefahr der Einschnürung oder des Erstickens ausgehen.
- Elektrisch betriebenes Spielzeug darf eine Spannung von maximal 24 Volt haben.
- Spielzeug darf bei direkter Einwirkung einer Flamme nicht Feuer fangen oder muss schwer entflammbar sein.
- Spielzeug muss so beschaffen und hergestellt sein, dass beim Gebrauch, beim Verschlucken oder Einatmen wie auch bei Berührung mit der Haut, keine gesundheitlichen Schäden von seinen Inhaltsstoffen ausgehen können.
- Spielzeug muss so beschaffen sein, dass Krankheits- und Ansteckungsgefahren vermieden weren.

Spielzeugkauf – aber sicher!

- Kaufen Sie nur Produkte, die den gesetzlichen Sicherheitsanforderungen entsprechen und entsprechend gekennzeichnet sind (GS-Zeichen für „Geprüfte Sicherheit", TÜV-Siegel).
- Informieren Sie sich möglichst schon vor dem Einkauf, etwa über die Verbraucherzentralen, die Stiftung Warentest oder Öko-Test.
- Verlassen Sie sich beim Spielzeugkauf auch auf Ihre Sinne: Schauen Sie genau hin und nehmen Sie das Produkt in die Hand; zupfen Sie an Kleinteilen und prüfen Sie, ob sich durch Reiben Farbe löst. Und schnuppern Sie ruhig auch einmal an dem Produkt – wenn es stark „chemisch" riecht, lieber im Regal lassen.
- Halten Sie Spielzeug, das Geräusche oder Musik macht, direkt an Ihr Ohr. Wenn es Ihnen dort zu laut erscheint, ist es für Kinderohren nicht geeignet. Auf „lärmendes" Spielzeug wie Knackfrösche, Spielzeugtrompeten, Trillerpfeifen und Kinderpistolen verzichten.
- Achten Sie bei Kunststoffspielzeug auf den Hinweis „PVC-frei" oder „Phthalatfrei". Denn PVC enthält oft große Mengen von gesundheitsschädlichen Weichmachern. Bessere Kunststoffalternativen erkennen Sie entweder an den Großbuchstaben PP (Polypropylen) oder PE (Polyethylen) oder an den Zahlen 1, 2 bzw. 4 bis 6 in einem Dreieck.
- Bevorzugen Sie bei Holzspielzeug unlakkiertes, gewachstes Holz.
- Plüschtiere sollten waschbar sein und vor dem ersten Gebrauch gewaschen werden. Entfernen Sie gegebenenfalls Schleifchen und Bändchen.
- Nehmen Sie den Hinweis „Nicht für Kinder unter drei Jahren geeignet" ernst.
- Verzichten Sie auf Billigspielzeug. Bei Stichproben werden darin am häufigsten gesundheitsschädliche Stoffe und Überschreitungen von Grenzwerten festgestellt.
- Schauen Sie sich ruhig öfter mal nach gutem Secondhand-Spielzeug um – schädliche Stoffe wie Formaldehyd oder gesundheitsschädliche Lösungsmittel sind darin schon verdampft. Aber Vorsicht bei älteren Spielzeugen aus weichem Plastik: Hier ist ein erhöhter Gehalt an Weichmachern wahrscheinlich.

https://www.kindergesundheit-info.de/themen/spielen/alltagstipps/hauptsache-spielen/spielzeugkauf/ [30.10.2020]

Das erhöhte Bewegungsbedürfnis und die Neugier, unbekannte Spielräume zu erschließen, verlagern das Spiel des Kleinkindes immer mehr nach draußen. Sand- und Wasserspielzeug, Schubkarre, Roller und Bälle vermitteln neue motorische Erfahrungen und ermöglichen gleichzeitig erste soziale Kontakte zu Gleichaltrigen.

Welches Spielzeug ein Kind braucht, ist immer abhängig von seiner individuellen Entwicklung und seinen Neigungen. Weniger ist oft mehr! Ein Kind kann inmitten eines Spielzeugberges sitzen und sich langweilen, weil es überfordert oder unterfordert ist oder nichts seinen Interessen entspricht.

Kriterien für die Beurteilung von Spielzeug

„Spielzeug soll die **Fantasie** anregen und nicht einengen, wie es z. B. Sprechpuppen mit ihren dürftigen Redewendungen tun. Jedes Kind erfindet mühelos mehr und bessere Worte für alles, was seine Puppe sagen soll.

- Je vielfältiger die **Spielmöglichkeiten**, desto anregender ist das Spielzeug und desto länger bleibt es interessant, z. B. ein Nachziehwagen für das Kleinkind.
- Das Spiel folgt den täglichen **Umwelterfahrungen** und den besonders eindrucksvollen **Erlebnissen** des Kindes (auch beim Fernsehen!). So regt z. B. die Baustelle vor dem Haus zum Nachspielen an [...].
- Die **Größe** des Spielzeugs: Kleinkinder bauen besser mit großen Bausteinen, aber ein riesiger Teddybär eignet sich nicht gut zum überallhin begleitenden Freund.
- Die **Menge**: Für jedes Spielzeug ist das richtige Maß zu finden; mehr Bausteine fördern das Bauen, mehr Schienen machen die Eisenbahn interessanter – aber eine Puppe mit Zubehör ist besser als viele Puppen ohne Zubehör.
- **Material und Haltbarkeit** müssen dem Spielzweck entsprechen. Aus jedem Material lässt sich gutes oder schlechtes Spielzeug herstellen. Kleinkindspielzeug muss besonders viel aushalten (aber nicht alles!). [...]
- **Konstruktion und Mechanik** müssen für das Kleinkind besonders einfach sein und – auch beim Spielzeug für ältere Kinder – immer verständlich. [...]
- **Form und Farbe** beeinflussen auch die Spielmöglichkeiten und die Vorstellungswelt des Kindes: zu buntes Baumaterial stört beim Gestalten, „drollige" Spieltiere verleiten zu einer sentimental verkitschten Einstellung zur Tierwelt. [...]
- **[Die] Sicherheit** nach den EU-Normen [...] muss vor der spiel gut Prüfung durch das CE bestätigt sein. Absolute Sicherheit gibt es aber nicht. Die Sicherheitsvorschriften können nicht Anleitung und Beaufsichtigung durch die verantwort-

lichen aufsichtspflichtigen Personen ersetzen. Jedes Kind muss auch allmählich lernen, mit alltäglichen Gefahren umzugehen. Sicherheit bedeutet für jedes Spielzeug und für jedes Kind etwas anderes.

- **Umweltverträglichkeit** eines Spielzeuges hängt von verschiedenen Faktoren ab und muss bei den verschiedenen Spielmaterialien unterschiedlich bewertet werden. [...] Langlebiges wird nicht zu Müll, sondern ‚vererbt'. Oder man tauscht, kauft, verkauft auf dem Flohmarkt. Kein Wegwerfspielzeug kaufen und unnötig große Verpackungen zurückweisen [...].
- Der **Preis** des Spielzeugs sollte immer im Verhältnis zu den Spielmöglichkeiten und zur Lebensdauer beurteilt werden. Lieber weniger und besseres Spielzeug kaufen. ..."

(spiel gut e. V.: Kriterien für die Beurteilung von Spielzeug. Online verfügbar unter: www.kaufdirwas.eu/images/spiel-gut-beiblatt.pdf [28.08.2020])

Ein guter Hinweis auf empfehlenswertes Spielzeug ist die Plakette „spiel gut", die vom Arbeitsausschuss Kinderspiel und Spielzeug e. V. verliehen wird. Sie wird von unabhängigen Experten vergeben, die das Spielzeug auf Aspekte wie Spielwert, Haltbarkeit, Sicherheit und Umweltkriterien überprüft haben.

Weitere Hinweise zum sicheren Kinderspielzeug finden Sie im Internet z. B. bei der Verbraucherzentrale Nordrhein-Westfalen unter https://www.verbraucherzentrale.nrw/en/node/6910.

Vertiefungsaufgaben

1. a) Ist Rousseaus Konsumschelte berechtigt?
b) Kommen Kleinkinder ohne Spielzeug aus?
c) Welches Spielzeug ist Ihrer Meinung nach unentbehrlich?
d) Welches Spielzeug könnte gekauft und welches selbst hergestellt werden?

2. Wie viele Kuscheltiere braucht Ihrer Meinung nach ein Kleinkind? Erläutern Sie Ihre Meinung.

3. Erstellen Sie eine Liste von Spielmaterialien zur sinnlichen Wahrnehmung für das Kleinkind. Unterscheiden Sie nach den Wahrnehmungsbereichen auditiv/visuell/taktil.

4. Entwickeln und gestalten Sie ein Spielzeug für Kleinkinder (evtl. unter Verwendung von Gegenständen aus dem Haushalt). Worauf müssen Sie achten?

„Schellen aus Silber, Gold oder Korallen, geschliffenes Kristall, Klappern jeden Preises und jeder Art: Was für ein unnützer und schädlicher Tand! Nichts davon! Keine Schellen, keine Klappern! Kleine Zweige mit ihren Blättern und Früchten; ein Mohnkopf, in dem man den Samen rasseln hört, eine Stange Süßholz zum Lutschen und Kauen unterhalten es genauso wie der prächtigste Firlefanz."

(Jean Jacques Rousseau, 1712–1778)

5. **Sie arbeiten demnächst in einer U3-Gruppe und können das neue Spielmaterial einkaufen.**
   Wie achten Sie bei den Spielzeugmaterialien auf Schadstofffreiheit und Sicherheit? Stellen Sie eine Grundausstattung von Spielmaterialien zusammen, die speziell für Kinder unter drei Jahren geeignet ist. Bewerten Sie entsprechend den Kriterien ca. zehn verschiedene Spielzeuge.
   Fügen Sie Abbildungen (Spielzeugkatalog, Zeichnung, Internet etc.) der Spielzeuge bei. Begründen Sie Ihre Auswahl.

Exkurs

Phänomen „Babyfernsehen“

Anfang der 1970er-Jahre entstand mit der Sesamstraße das erste Fernsehprogramm für Vorschulkinder. Bis heute sind unzählige Zeichentrickserien, Kinderfilme und Kindersendungen speziell für 3- bis 6-Jährige hinzugekommen. Viele Kindersendungen verbinden anschauliche Wissensvermittlung mit lustiger, spannender Unterhaltung und gewinnen auf diese Weise begeisterte Kinder und befürwortende Erwachsene als Zuschauer.

1999 begann im deutschen Fernsehen mit den „Teletubbies“ (Tele = Fernseher, Tubbies = Bäuche) das Zeitalter des Kleinkinderfernsehens. Als „Fernsehen schon für Zweijährige“ wurde die Serie angepriesen, weil, so behaupteten die Produzenten, die Teletubbies all das verkörpern und erleben, was die Kleinsten mögen. Zwangsläufig stellt sich die Frage, ab welchem Alter Kinder eigentlich fernsehen sollen und wie sinnvoll Fernsehen für Kinder unter drei Jahren überhaupt ist.

Eine Untersuchung der University of Washington hat ergeben, dass knapp 90 % der Kinder unter zwei Jahren sowie 40 % der Kleinkinder unter drei Monaten regelmäßig fernsehen, DVDs oder Videos betrachten. Langzeitstudien zeigen, dass Kinder unter drei Jahren, die über drei Stunden täglich fernsehen, dauerhafte Defizite aufweisen. Zu den häufigsten dieser Verhaltensstörungen zählt die ADHS (Aufmerksamkeits-Defizit/Hyperaktivitäts-Störung). Die Studie der Experten hat ergeben, dass jede Stunde TV-Konsum in diesem Alter die Rate an Verhaltensstörungen um fast 10 % ansteigen lässt, somit die Hirnentwicklung offensichtlich wesentlich beeinflusst. Maya Götz vom internationalen Zentralinstitut für Jugend- und Bildungsfernsehen in München hat untersucht, dass bereits Embryos die Töne des Fernsehgerätes wahrnehmen. Babys, deren Müt-

Exkurs

ter regelmäßig eine Daily Soap gesehen haben, können sich nach der Geburt sogar an die Anfangsmusik erinnern und lassen sich später durch sie mitunter beruhigen.

Schon sehr früh schauen Kleinstkinder zum Fernseher, weil sich dort etwas Buntes bewegt. Sie können jedoch noch keine bewegten Fernsehbilder als Ganzes erfassen, sondern erkennen lediglich Bekanntes aus ihrer Umwelt, z. B. einen Ball, eine Banane, einen Hund. Was sie aber von Anfang an mitbekommen, ist die Geräuschkulisse, die mitunter laut und bedrohlich ist. Ebenso erkennen sie bestimmte Wörter oder Sätze wieder.

Ab zwölf Monaten verstehen sie grundlegende Emotionen einem Gegenstand gegenüber, etwa Marken und Werbung. Geschichten zu folgen, ist ihnen dann aber noch immer nicht möglich. Mit einundeinhalb Jahren können Kinder oftmals vorgeführte Verhaltensweisen nachahmen, sowohl Positives wie „Bitte“ sagen, als auch Negatives wie Zuschlagen. Erst ab dem Alter von vier Jahren erkennen Kinder einen Unterschied zwischen Werbung und Sendung. Die Absicht, dass ihnen etwas verkauft werden soll, verstehen sie erst im frühen Grundschulalter.

An dieser Stelle setzt die vorrangige Intention der Produzenten an, die Kinder schon so früh wie möglich für ihr bis ins Detail durchdachtes Vermarktungskonzept gewinnen zu wollen.

Merchandising[1] hat ein klar funktionierendes System:

- Der Mensch (das Kind) begeistert sich für eine besondere, wiederkehrende Fernsehfilmserie.
- Zu der Fernsehserie werden verschiedene Artikel angeboten, die der neu gewonnene „Fan“ unbedingt haben möchte.
- Der gekaufte Artikel wird von anderen gesehen, die ihn ebenfalls besitzen möchten.

Forschungsergebnisse weisen darauf hin, dass Menschen, die bis zum 16. Lebensjahr an bestimmte Markenprodukte gebunden sind, sich immer schlechter davon lösen können.

Bedeutet das, dass die fröhlich wirkenden Teletubbies, das neugierige Schaf Shaun, der kooperative Baumeister Bob oder der tapsige Winnie Puuh schon Kleinkinder konsum- und fernsehsüchtig machen können? Es gibt keine eindeutigen Anzeichen für den Beginn eines Suchtverhaltens. Dies geschieht immer

[1] (engl.) Werbestrategie: Produktgestaltung und Warendarbietung in Harmonie mit den erforschten Verbrauchsgewohnheiten zur Erzielung eines möglichst großen Absatzes.

Exkurs

unterschwellig und subtil. Wenn aber Krippenkinder dem batteriebetriebenen, singenden Winnie Puuh hinterher krabbeln, Missgeschicke nur noch mit „Oh, oh!“ kommentieren, die einjährige Lina nur mit dem Plüschschaf Shaun einschläft oder der zweijährige Max stolz seinen sprechenden Werkzeuggürtel von Bob, dem Baumeister, präsentiert, dann werden Suchtexperten bereits hellhörig.

Wie Erwachsene Zigaretten oder Alkohol konsumieren, um sich in einen Spannungs- oder Entspannungszustand zu versetzen, tun Kinder dies im Spiel mit ihrem Spielzeug. Inzwischen gibt es Initiativen, die eine „spielzeugfreie Kita“ propagieren, um dieser möglichen Konsumsucht vorzubeugen (siehe S. 216).

Bildschirmzeit beeinträchtigt Hirnentwicklung von Kindern

Besonders die sprachlichen Fähigkeiten leiden laut einer Studie. Ob die beobachteten Schäden dauerhaft sind, ist noch unklar.

Cincinnati. Dass zu viel Zeit vor Bildschirmen gerade für kleinere Kinder schädlich sein kann, ist bekannt. Nun gibt eine Studie weitere Hinweise darauf, wie sich der Medienkonsum auf das junge Gehirn auswirkt. Mediziner berichten im Fachmagazin „JAMA Pediatrics“ von strukturellen Unterschieden in bestimmten Hirnregionen bei Kindern, die besonders viel Zeit vor Bildschirmen verbringen. Das wirke sich auf ihre sprachlichen Fähigkeiten aus.

Für ihre Studie hatten die Wissenschaftler des Cincinnati Children’s Hospital Medical Center 47 Kinder im Alter von drei bis fünf Jahren untersucht. Zunächst wurde erfasst, wie viel Zeit sie vor Bildschirmen verbrachten. Anschließend wurden die Kinder kognitiven Tests unterzogen, zudem wurden Aufnahmen ihrer Gehirne gemacht. Bei den Kindern mit mehr Bildschirmzeit war die sog. weiße Substanz im Hirn verändert. Sie besteht aus Nervenfasern, die einzelne Hirnregionen verbinden und deren kommunikativen Austausch regeln. Die Mediziner beobachteten vor allem eine Wirkung auf jene Areale, die die Entwicklung von Sprache unterstützen. Damit verbunden sind bildliche und kognitive Fähigkeiten, mentale Kontrolle und Selbstbestimmung. [...]

Passend dazu schnitten die betroffenen Kinder schlechter in sprachlichen Tests ab. [...]

„Das Hauptproblem ist in meinen Augen, dass Kinder, die viel Zeit vor Bildschirmen verbringen, weniger sprechen und weniger dem Sprechen anderer lauschen“, sagt der Neurobiologe Martin Korte von der TU Braunschweig, der nicht an der Studie beteiligt war. [...] Korte unterstreicht: „Die Ergebnisse sollten sehr ernst genommen werden – auch wenn noch unklar ist, ob die beobachteten Schäden bleibend sind.“

(wgr/© dpa, 2019)

Kinder, die nicht spielen können

Pädagogen helfen betroffenen Familien

So wie Blumen blühen können und Hunde bellen, können Kinder spielen. Sollte man meinen. Doch: „Nicht alle Kinder können spielen“, sagt [die Pädagogin aus der Frühförderstelle im Kreis Unna]. Die Diplom-Pädagogin beobachtet immer häufiger Kinder, die keine Freude am Spiel entwickeln können. Da staunen viele Erwachsene Bauklötze.

[Aus ihrer langjährigen Tätigkeit in der Frühförderung weiß sie] Verhaltensauffälligkeiten genau einzuordnen. Ihr entgeht nicht, wenn ein kleiner Junge [in der Kita] nur teilnahmslos herumsteht oder ein kleines Mädchen rastlos von einer Spielsituation in die nächste hastet – vom Maltisch auf den Spielteppich, aus der Puppenecke aufs Laufrad. „Diese Kinder sind unglücklich“, weiß [die Pädagogin]. Und dass sie nicht spielen können, hat ganz vielfältige Ursachen.

Erkenntnisse aus der Bindungsforschung belegen, dass Kinder aus schwierigen Familienverhältnissen Probleme haben, unbefangen zu spielen. „Wenn es Stress oder Gewalt in der Familie gibt, sind die Kinder wie blockiert“, zeigt die Pädagogin [...] Zusammenhänge auf. Ihnen fehle die Sicherheit, sich unbeschwert in dem Wissen auszuprobieren, „da ist jemand, der mich beschützt und begleitet“. Anders formuliert: Wenn ein Vierjähriger zu Hause immer auf der Hut vor dem nächsten Gewalt-Exzess ist, kann er diese ständige Hab-Acht-Haltung nicht einfach im Kindergarten wie eine Jacke abstreifen, am Garderobenhaken mit seinem Vornamen und seinem Foto zurücklassen und erst wieder mitnehmen, wenn er nach Hause geht.

Unterforderung im Elternhaus ist ein weiterer Faktor, der dazu führen kann, dass Kinder alles sind, aber keine Spielkinder. „Sie werden zu Hause überschüttet mit quietschbunten Plüschtieren, bekommen immer wieder etwas Neues“, sagt [die Pädagogin]. Nur eben nichts Vernünftiges. Keine Regelspiele, keine Spiele, mit denen Kinder bauen und konstruieren können, nichts, was die Fantasie beflügelt. Dafür glitzernde Plüschtiere und Bionicle-Figuren, mit denen sie nicht viel anderes anstellen können als zu schießen. [...] „Kommen diese Kinder in den Kindergarten, sind sie überwältigt von den Spielmöglichkeiten und springen hin und her.“ Ohne aber zu wissen, was man mit Bauklötzen oder Buntstiften anfangen kann.

Aus dem Zahlenland ins Ballettstudio, von der Sprachförderung in den Musikgarten – auch Kinder, die immer machen müssen, was andere ihnen vorgeben, können eine Spielblockade entwickeln. Darüber hinaus, so [die Pädagogin], gebe es auch medizinische Ursachen, dass Kinder sich nicht richtig ins Spiel vertiefen können. Einem Mädchen mit Aufmerksamkeits-Defizit-Syndrom kann das Spielen genauso schwer fallen wie einem Jungen, der aufgrund einer Wahrnehmungsstörung nicht Herr über seinen Körper ist.

In jedem Fall versucht [die Pädagogin in der Frühförderstelle] zu ergründen, woran es liegt, dass ein Kind nicht spielen kann. Warum ihr und vielen Erzieherinnen in letzter Zeit immer mehr Kinder auffallen, die nicht unbeschwert Kind sein können, weiß sie allerdings nicht genau zu begründen. Sind es die Lebensumstände in den Familien, oder ist es der geschulte Blick der immer besser ausgebildeten Erzieherinnen, dass das kindliche Verhalten häufiger hinterfragt wird als früher, als diese Kinder „einfach nur genervt haben“? Die Pädagogin weiß nur, dass diesen Kindern wertvolle Erfahrungen entgehen.

Deshalb versucht sie, die Spielfreude wieder zu wecken. Manchmal genügt es, die Eltern zu sensibilisieren, das den Kleinen aufgebürdete Programm zu reduzieren. Oder den Fernseher nicht rund um die Uhr laufen zu lassen. Verspricht ein Gespräch mit den Eltern überhaupt keinen Erfolg, geht die erfahrene Pädagogin, die selbst Mutter ist, über das Kind. „Dann muss ich ihm mehr Lust aufs Spielen machen als beispielsweise aufs Fernsehen." Anregen zum Malen, Klettern, Ausprobieren. Wie viel Spaß das bereiten kann – da staunen diese Kinder dann Bauklötze.

(Helmers, 2011, verändert)

Vertiefungsaufgaben

1. **Lesen Sie den Text „Phänomen Babyfernsehen" und den Zeitungsartikel „Bildschirmzeit beeinflusst Hirnentwicklung von Kindern". Führen Sie anschließend eine Pro-und-Kontra-Diskussion zum Thema: „Fernsehen für Kleinkinder: Ja oder Nein?"**
   Stellen Sie Ihre Argumente gegenüber.
2. **Analysieren Sie eine beliebige Folge einer Fernsehserie für Kinder unter drei Jahren anhand der Kriterien Sprache/Ausdruck, Bildsprache, Musik/Geräusche.**
   Fassen Sie Ihre Ergebnisse zusammen.
3. **Nennen Sie weitere Medienbeispiele, die das Merchandising-Konzept anwenden.**
4. **Lesen Sie den Artikel „Kinder, die nicht spielen können". Worin sehen Sie einen Zusammenhang zwischen dem Fernsehkonsum und den Auffälligkeiten im Spielverhalten bei Kleinkindern?**
5. **Tauschen Sie Ihre Beobachtungen mit Medienerlebnissen und Medienspielzeugen in Ihren sozialpädagogischen Einrichtungen für Kinder aus.**
   Welche Konsequenzen ziehen Sie für Ihre eigene spielpädagogische Arbeit?

3.2.3 Spielraum bringt Erlebnisse und Überraschungen

Lernsituation: Liam im Laufstall

Liam (1;2 J.) sitzt schon eine ganze Weile im Laufstall. Seine Mutter ist im Garten beschäftigt. Sie möchte heute unbedingt das Blumenbeet von Unkraut befreien. Dabei stört Liam, denn er würde sicher die falschen Pflanzen herausrupfen, sich unnötig schmutzig machen oder sogar die Erde in den Mund nehmen. Liam schreit und schreit. Offensichtlich möchte er gerne zu seiner Mama. Hoffentlich kommt sie bald.

Impulse zur Bearbeitung der Lernsituation Stellen Sie sich vor, Sie würden die Situation als Gartennachbarin beobachten:

- *Welchen Eindruck haben Sie?*
- *Wie würden Sie sich verhalten?*
- *Welche Handlungsalternativen fallen Ihnen ein?*

Viele Erwachsene widmen den Spielräumen der Kinder keine große Aufmerksamkeit. In vielen Neubauwohnungen werden den Kindern nur wenige Quadratmeter Wohnfläche zugebilligt, nur etwa ein Drittel aller Kinderzimmer ist größer als 15 m^2. Diese kleinen Räume, die sich manchmal sogar mehrere Kinder teilen müssen, sind häufig vollgestellt mit abgenutzten Möbeln der Erwachsenen. In so einer Umgebung kann sich ein Kind gewiss nicht gesund entwickeln. Dabei gibt es die Möglichkeit, auch mit einfachen Mitteln die Spielräume in der Wohnung anregend zu gestalten, sodass sich das Kind in jeder Entwicklungsphase wohlfühlen kann.

Das Kinderbett ist der erste Spielraum, in dem das Kind in den ersten Monaten die meiste Zeit verbringt. Neben einer zweckmäßigen Ausstattung kann bereits durch die Auswahl von farbiger Bettwäsche, das Aufhängen einer mobilen, klingenden Spielkette oder das Anbringen eines Spiegels die visuelle und auditive Wahrnehmung des Kindes angeregt werden. Zimmerpflanzen, Licht und Farben im Kinderzimmer ergänzen die stimulierende Wirkung. Farben und Farbkombinationen können beruhigen (rot-grün/blau-ocker) und Sicherheit und Geborgenheit vermitteln, aber auch beunruhigen (rosa-orange/gelb-schwarz) und aggressiv machen. Fenster ermöglichen das Eindringen von Tageslicht und den Blick nach draußen. Künstliche Lichtquellen sollten nur dort angebracht werden, wo sie funktionell gebraucht werden, etwa am Wickelplatz.

In der zweiten Hälfte des ersten Lebensjahres werden die meisten Kinder mobiler. Das Kind erkundet alles, was in seiner Reichweite liegt, daher muss die Wohnung gegen Unfälle gesichert sein. Am besten erkennt der Erwachsene die Unfallgefahren aus der Perspektive des Kindes, indem er selbst wie ein Kind durch die Wohnung krabbelt und dort möglicherweise auf gefährliche Steckdosen, steile Treppen oder scharfkantige Möbelstücke stößt, die unbedingt gesichert werden müssen.

Durch die angeborene kindliche Neugier, unbekannte Dinge zu entdecken und auszuprobieren, gleichzeitig aber in sicherer Nähe der Bezugsperson zu bleiben, ist eine entwicklungsbedingte Umgestaltung der Wohnung in dieser Zeit erforderlich. In jedem Raum kann eine Spielzone mit Materialien und Spielgegenständen eingerichtet werden, die die Fähigkeiten unterstützen und grundlegende Lernerfahrungen des Kindes fördern. In der Küche kann die unterste Schublade mit ungefährlichen Haushaltsgegenständen gefüllt werden, im Wohnzimmer steht ein großer Korb mit Spielmaterialien, auf dem untersten Brett des Bücherregals befinden sich ausrangierte Bücher, Zeitschriften und die ersten Bilderbücher des Kindes. Die Polstermöbel und die Betten im Schlafzimmer haben waschbare Bezüge oder Decken, sodass sie als Bewegungs- und Kletterlandschaft genutzt werden können.

Im Badezimmer darf das Kind nur unter Aufsicht eines Erwachsenen spielen, da das Hantieren mit Wasser lebensgefährlich werden kann.

Ein Laufstall ist für Kleinkinder als Spielraum ungeeignet und kommt nur als kurzfristiger Aufenthalt in Frage, wenn die Aufsicht des Kindes in besonderen Situationen nicht gewährleistet werden kann.

Das Kinderzimmer als separater Spielraum wird in diesem Alter nur dann aufgesucht, wenn das Kind eine Rückzugsmöglichkeit braucht, z. B. von den Geschwistern im Spiel nicht gestört werden will.

Spielplätze für Kleinkinder

Sobald das Kind laufen kann, wird sein Bewegungsbedürfnis immer größer. Nach den ersten Bewegungserfahrungen in der Wohnung erweitert sich der Spielraum mehr und mehr nach draußen, da die meist zu kleinen Wohnungen bzw. Kinderzimmer ein körperliches Austoben des Kindes stark einschränken. Doch die Spielräume im Freien wie Hof, Wiese oder nahe gelegene Spielplätze befinden sich oft in einem schlechten Zustand, der es Kleinkindern nicht erlaubt, vielfältige Spiel- und Bewegungsmöglichkeiten auszuprobieren.

Spielplätze sind immer nur als Ersatz für fehlende natürliche und ursprüngliche Spielräume der Kinder zu sehen. Bei der Planung und Gestaltung von Spielplätzen muss deshalb darauf geachtet werden, diese „künstlichen“ Spiel- und Erfahrungsräume möglichst den grundlegenden Entwicklungsbedürfnissen von Kindern jeder Altersgruppe anzupassen.

Dazu gehören Bedürfnisse nach

- Bewegung,
- sinnlicher Wahrnehmung,
- Kreativität,
- Erprobung,
- sozialen Kontakten.

Vertiefungsaufgaben

Web

Spielplätze für Kleinkinder

1. **Besuchen Sie Spielplätze in Ihrer Nähe.**
   Stellen Sie fest, ob sie für Kleinkinder geeignet sind.
2. a) **Entwickeln Sie Kriterien zur Gestaltung von Spielplätzen für Kleinkinder.**
   b) **Planen und entwerfen Sie einen Spielplatz für Kleinkinder.**
   Berücksichtigen Sie dabei deren Bedürfnisse.

3.3 Das Spiel des Kindergartenkindes (3–6 Jahre)

3.3.1 Rollenspiel: Ausdruck und Kommunikation

Lernsituation: Vater, Mutter, Kind und die Modenschau

Es ist Montagmorgen und im Gruppenraum der „Flöhe" sind erst vier Kinder anwesend. Sie malen, schauen sich Bilderbücher an. Als Mia (3;6 J.) in den Raum kommt, geht sie direkt in die Puppenecke, nimmt die Babypuppe aus dem Puppenbett, setzt sie in den Puppenwagen und schiebt ihn in den Flur. Hier trifft sie auf Anna (5;6 J.): „Mia, du gehst mit dem Baby spazieren und ich koche das Mittagessen", sagt Anna. Mia nickt und folgt ihr zurück in die Puppenecke. Anna öffnet die Truhe mit den Verkleidungsstücken, holt sich eine Schürze heraus, bindet sie um und hantiert anschließend geräuschvoll mit Töpfen und Geschirr in der Puppenküche. Mia setzt sich derweil auf eine Bank, wiegt die Babypuppe im Arm und schaut zu. Als etwas später Annas Freundin Sara (5;11 J.) den Gruppenraum betritt, geht sie sofort zur Puppenecke und fragt Anna: „Spielen wir Vater, Mutter, Kind, ja? Ich bin dann der Vater und decke schon mal den Tisch fürs Essen. Mia, du bist die Tochter und sollst mir dabei helfen." Mia nickt und schaut Anna an: „Wir sind jetzt eine Familie", sagt sie und lächelt.

Inzwischen sind die meisten Kinder angekommen und der Gruppenraum hat sich gefüllt. Auf Wunsch der Kinder ist seit heute im Flurbereich auch wieder die Schminkecke eingerichtet. Einige Kinder haben von zu Hause Utensilien zum Schminken und Frisieren mitgebracht. Die Gruppenleiterin hat schöne

Spitzen- und Glitzerstoffe besorgt. Die älteren, aber auch einige jüngere Mädchen und Jungen, nutzen das Angebot schon und spielen Modeschau. Ein Mädchen und ein Junge (beide 6;5 J.) haben sich aus Schachteln einen Fotoapparat gebastelt, sie sind nun die Modefotografen und wollen die geschminkten Kinder fotografieren. Sie holen aus der Abstellkammer einen Teppichläufer, auf dem die Modelle nun gehen und posieren sollen. Das wiederum bringt Anna, Sara und Mia dazu, sich als „Familie“ die Modenschau anzuschauen. „Gibt es denn hier keine Musik?“, fragt Anna schließlich und die Gruppenleiterin überlegt, ob sie den Kindern ihr Smartphone zur Verfügung stellen soll, um Fotos zu machen.

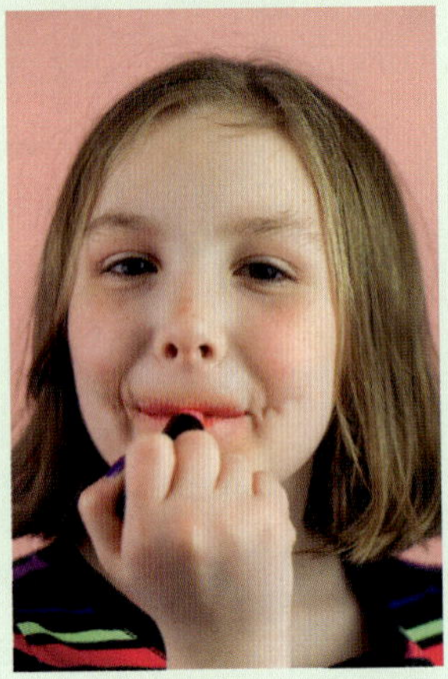

Impulse zur Bearbeitung der Lernsituation:

- *Welche Rollenspielformen sind in der beschriebenen Situation erkennbar?*
- *Welche unterschiedlichen kindlichen Spielbedürfnisse werden in der Situation deutlich?*
- *Nehmen Sie Stellung zu der Überlegung der Gruppenleiterin. Wie würden Sie sich entscheiden?*

Das Rollenspiel des Kita-Kindes entwickelt sich aus den einfachen Imitationsspielen des Kleinkindes.

Für die Spielentwicklung des Kindes ist das Rollenspiel charakteristisch. Die einfachen Rollenspiele bzw. Symbolspiele der jüngeren Kinder werden später von sozialen und kollektiven Rollenspielen abgelöst. Einfache Rollen- und Symbolspiele sind beispielsweise das Füttern einer Puppe oder das Hin- und Herfahren eines Spielzeugautos mit nachgeahmtem Motorengeräusch. Diese Spiele werden meistens ohne Spielpartner gespielt.

Alle Rollenspiele in dieser Entwicklungsphase entstehen spontan. Das Kind spielt intuitiv häufig zuerst noch alleine, doch überall, wo Kita-Kinder zusammenkommen, entwickeln sich unwillkürlich gemeinsame Spielszenen. In spontanen Rollenspielen können Kinder unmittelbar individuelle Bedürfnisse, Vorstellungen und Erlebtes in Spielhandlungen umsetzen und so oft wiederholen, wie sie möchten. Zuschauer wirken hier eher spielhemmend. Im Gegensatz dazu haben bereitgestellte Requisiten eine spielunterstützende Funktion.

Kollektive Rollenspiele entstehen aus den gemeinsamen Bau- oder Konstruktionsspielen, bei denen die Kinder parallel zu einem gemeinsamen Thema spielen, z. B.

- aus Teilen eines Steckspiels Möbel für das Puppenhaus fertigen,
- einen Zaun aus Holzbausteinen für einen Zoo bauen,
- mit Feuerwehrspielautos über den Straßenteppich fahren und einen Brand löschen.

Unter Einbeziehung von Requisiten versuchen die Kinder, der Wirklichkeit nahezukommen. Vorrangige Spielthemen stammen meist aus dem Wohnbereich oder der Wohnumgebung und spiegeln Erfahrungen bzw. Vorstellungen wider.

Entwicklungsbedingt erweitert sich die verbale und nonverbale Ausdrucksfähigkeit des Kindes, sein ichbezogenes Denken nimmt ab und das Interesse an anderen Kindern wächst. Das soziale Rollenspiel kann entstehen. Im Rollenspiel erwirbt das Kind elementare soziale Fähigkeiten:

- Kooperation (durch gemeinsames Planen und Spielen)
- Empathie (sich in andere Rollen einfühlen)
- Toleranz (anderes Rollenverhalten/Spielideen akzeptieren)
- Kompromissbereitschaft (sich an gemeinsam aufgestellte Spielregeln halten)

Soziale Rollenspiele sind immer interaktive Partnerspiele. Gemeinsam schaffen die Kinder passende Spielsituationen zu der angenommenen Rolle und führen die jeweiligen Verhaltensweisen genau aus: „Ich wäre jetzt mal das Baby und könnte nicht alleine auf die Rutsche und du bist die Mutter und dann sagt die Mutter, das Kind muss keine Angst haben."

Bei kollektiven Rollenspielen werden die Rollen selten frei gewählt. In der Regel bestimmt ein Kind, welche Rollen die anderen Kinder spielen sollen. Meist vergibt der Anführer der Gruppe die Rollen. Manchmal beobachten Kinder die agierenden Spieler erst, bevor sie eine passende Rolle übernehmen und sich in eine bereits laufende Spielszene einklinken, z. B.: „Der Vater kann doch jetzt Verkäuferbesuch kriegen und ich bin der Verkäufer und verkaufe ihm dann eine neue Sonnenbrille."

Kinder schlüpfen bevorzugt in die Rolle erwachsener Personen, gelegentlich übernehmen sie dabei deren Verhaltensweisen und tun so, als ob sie jetzt der starke Erwachsene wären, sie spielen beobachtete oder erlebte Situationen nach, durchleben sie jedoch auf neue Weise.

Da eine Spielhandlung meist nur in groben Zügen vor Spielbeginn festgelegt wird, ändern sich Ablauf oder Inhalt, wenn ein Kind eine neue Spielidee einbringt, etwa wenn das Baby plötzlich Bauchschmerzen bekommt und von der Mutter ins Krankenhaus gebracht wird. Schnell wird aus der vorherigen Wohnung ein Operationsraum und die anfänglichen Familienmitglieder verwandeln sich in Krankenschwestern und Ärzte. Ein Rollenwechsel während des Spielablaufs ist durchaus üblich und die Übernahme einer Doppelrolle bereitet den Kindern auch keine Schwierigkeiten.

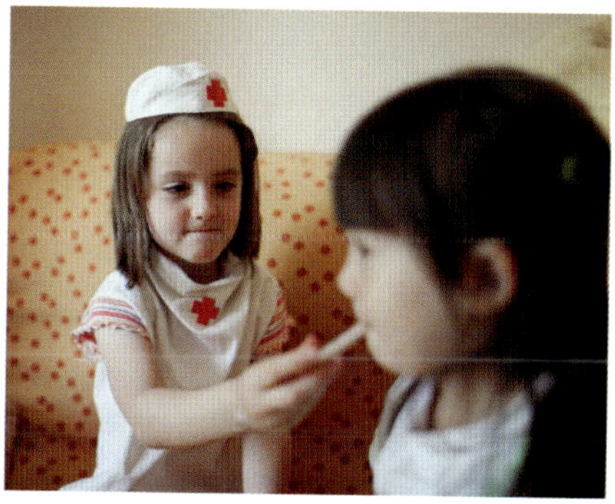

Kita-Kinder zeigen im Rollenspiel viel Spontaneität, Vorstellungskraft und Fantasie. Während des Spiels versinken die Kinder in ihre Spielhandlungen, gewissenhaft führen sie die ausgewählte Rolle aus, übernehmen dabei auch ungewohnte Verhaltensweisen und zeigen im Spielverlauf durchaus Verantwortungsbewusstsein.

In der Welt des Rollenspiels trauen sich die Kinder etwas zu, wovon sie in der realen Welt nur träumen. Manchmal identifiziert sich ein Kind so sehr mit seiner Rolle, dass es die entsprechenden Gefühle nachempfindet. Solche Rollenspielszenen verdeutlichen dem Beobachter die besondere Gefühlslage eines Kindes. In Rollenspielen können Kinder alle Gefahren unbeschadet überstehen, Eindrücke besser verarbeiten, seelische Spannungen, erlebte Ungerechtigkeiten oder Ablehnungen ausdrücken.

Beliebte Themen für Rollenspiele stammen häufig aus dem alltäglichen Zusammenleben der Familien: ein Elternteil kommt von der Arbeit; das Kind hat Bauchschmerzen; ein Elternteil kocht das Mittagessen; der Hund muss Gassi gehen; Einkaufen im Supermarkt u. a. m.

Die Kinder verteilen untereinander Rollen, reihen aktuelle Situationen aus dem Familienleben aneinander und spielen diese, beziehungsweise verändern sie nach ihren Vorstellungen. Unter Einbeziehung typischer oder symbolischer Gegenstände werden überwiegend Handlungsweisen der Erwachsenen aus der Arbeitswelt oder dem Supermarkt nachgespielt. Nicht nur real Erlebtes, auch Filmhelden oder vorgestellte Fantasiewelten fließen in die Rollenspielhandlungen ein. Themen und Inhalte der Rollenspiele entstehen auch aufgrund aktueller Anlässe:

- vor oder nach einem Zirkus-, Zoo-, Freizeitparkbesuch
- vor oder nach einem Arzt- oder einem Krankenhausbesuch
- vor oder nach besonderen familiären Ereignissen
- vor oder nach spektakulären Verkehrsereignissen
- wenn die Verkleidungsecke neu eingerichtet wurde
- subjektive Wünsche und Bedürfnisse werden geäußert
- gewöhnliche wie außergewöhnliche Ereignisse werden aufbereitet

Kinder nehmen in ihre Rollenspiele immer solche Situationen auf, die sie besonders beeindruckt haben. Das können auch Filmerlebnisse, Bilderbuchgeschichten oder andere Medieneindrücke sein.

Spielräume in Kindertageseinrichtungen verfügen meistens über flexibel eingerichtete Rollenspielbereiche, in denen sich Requisiten und spezielle, nicht alltägliche Materialien für soziale Rollenspiele befinden, z. B.

- Verkleidungstruhen (Röcke, Kleider, Hüte, Tücher);
- Schminkkoffer und Spiegel;
- Puppen und allerlei Puppenspielzubehör;
- Puppenhäuser;
- Handspielpuppen sowie evtl. eine kleine Puppenspielbühne, die auch mit Kindern selbst hergestellt werden kann;
- typisches Berufszubehör (Kaufladen, Bürogegenstände, Arztkoffer, Friseurutensilien).

Derart ausgestaltete Rollenspielbereiche liegen meist an eher ruhigen Orten der Tageseinrichtung, um ungestörtes Spiel zu ermöglichen. Mittels leicht beweglichen Mobiliars, außerdem durch eine Sichtschutzwand abgeschirmt, entstehen zusätzliche Spielecken, die gerne angenommen werden. Angeregt durch die passende Raumgestaltung, können Kinder alleine, mit gleich gesinntem Spielpartner oder mit einer kleinen Gruppe ihre Spiele verwirklichen. Natürlich finden kollektive, soziale, spontane oder angeleitete Rollenspiele bei entsprechender Ausstattung auch im Freien statt. Gelegentlich inspirieren Naturspielplätze zu neuen Spielthemen oder bewegungsreichen Darstellungsspielen. Für ihre Rollenspiele benötigen Kinder eigentlich keinen besonderen Raum, denn sie können überall stattfinden – auch außerhalb der vorgesehenen Spielbereiche.

Andere Rollenspielformen wie Darstellungsspiele, Spielketten, pantomimische Ratespiele u. a. m. sind meist an bestimmte Regeln gebunden. Sie sind bei Kindern durchaus beliebt und werden bevorzugt in der Gemeinschaft singend wie spielend durchgeführt. Diese Spiele

- unterstützen soziales Rollenspiel,
- regen spontane Rollenspiele an,
- wecken Kreativität und Vorstellungskraft,
- lassen Gefühle und Stimmungen zum Ausdruck kommen,
- regen Bewegungsfreude an.

Ein sparsames Angebot von Requisiten hilft den Kindern bei der Rollenfindung und steigert ihre Spielfreude.

Angeleitete Rollenspiele werden von Spielleitern geplant und begleitet, Ort, Thema und Zeit der Spielhandlung werden vorgegeben. Die Spielleitung übernimmt eine geeignete Nebenrolle. Die teilnehmenden Kinder verteilen ihre Rollen und beteiligen sich an der weiteren Planung, wobei Spielverlauf und Ausgang vorher nicht festgelegt werden. Pädagogisch angeleitete Rollenspiele kommen immer ohne Zuschauer aus, können therapeutische Intentionen verfolgen oder eine Hilfestellung im Sozialisationsprozess darstellen.

Vertiefungsaufgaben

1. **Beobachten Sie in Ihrer Praktikumsstelle spielende Kinder im Rollenspielbereich. Erstellen Sie ein Beobachtungsprotokoll.**
2. **Welche Gegenstände und Requisiten gibt es in Ihrer Praktikumsstelle für den Rollenspielbereich? Auf welche Weise werden diese von den Kindern in die Spielhandlungen einbezogen?**
3. **Filmen Sie Spielszenen mit einer Videokamera oder einem Smartphone und werten Sie diese mit Ihrer Gruppenleitung aus.**
4. **Überlegen Sie, mit welchen Methoden Sie bei Kindern Rollenspiele einleiten oder anregen können.**
5. **Wählen Sie ein Bilderbuch, eine Geschichte oder ein Gedicht aus, das sich zum Nachspielen eignet. Stellen Sie es in der Lerngruppe vor. Planen Sie gemeinsam eine szenische Darstellung und lassen Sie diese von einer Kindergruppe spielen. Berichten Sie in Ihrer Lerngruppe von Ihren Erfahrungen.**

Web

Beobachtung im Rollenspielbereich

3.3.2 Konstruktions-, Bau- und Materialspiele

Lernsituation: Mehr Platz zum Bauen

Aus dem Nebenraum des Gruppenraumes, der zurzeit als Bauzimmer eingerichtet ist, ertönt plötzlich ein lautes Geschrei und Rufen: „Achtung, die Feuerdrachen kommen, sie wollen jetzt die Ritterburg überfallen!“, dann ist lautes Gepolter zu hören und viel Gelächter. Die drei ältesten Jungen der Gruppe, die im Sommer in die Schule kommen, sind wieder mit ihrem aktuellen Lieblingsspiel „Feuerdrachen überfallen die Ritterburg“ beschäftigt. Dabei errichten sie zunächst aus Schuhkartons (eine Mutter arbeitet in einem Schuhgeschäft und hat der Kita 40 Schuhkartons mitgebracht) eine große Burg mit Türmen, Brücken und Mauern. Ist die Burganlage fertig, holen sie ihre „Feuerdrachen“ aus der benachbarten Drachenhöhle und lassen diese mit viel Getöse über die Burg herfallen, die dann natürlich auch einstürzt. Dieses Spiel beansprucht sehr viel Platz, und es haben sich schon einige Kinder beschwert. Sie fühlten sich gestört, da sie im gleichen Raum mit Steckbausteinen und anderen Materialien eine Zoostadt bauen wollen. Außerdem möchten zwei jüngere Kinder (4 Jahre) die Schienen der Holzeisenbahn zusammensetzen, und zwei weitere Kinder haben gestern versucht, aus umgedrehten Stühlen und einem Stück Wasserschlauch eine Kugelbahn zu konstruieren. Die Gruppenleitung plant nun, mit den Kindern ein Gespräch über die Aufteilung und Gestaltung des Gruppenraumes und des Bauzimmers zu führen, da sie die diversen Spielbedürfnisse der Kinder erkannt hat und berücksichtigen will. Wahrscheinlich haben die Kinder eigene Ideen zur Gestaltung und Nutzung des Baubereichs.

Impulse zur Bearbeitung der Lernsituation:

- ***Um welche Spielformen handelt es sich in der beschriebenen Situation?***
- ***Welche kindlichen Spielbedürfnisse sind in der Situation erkennbar?***
- ***Nehmen Sie Stellung zu der Überlegung der Gruppenleiterin. Wie würden Sie sich entscheiden?***

Aus dem Funktionsspiel des Kleinkindes (siehe S. 86 f.) entwickeln sich weitere typische Beschäftigungs- und Spielformen des Kita-Kindes, wie Experimentieren, Bauen, Gestalten und Konstruieren. Diese Spielformen gehen häufig in die überwiegende Spielart Rollenspiel (siehe S. 104 f.) über.

Beim Konstruktionsspiel wird etwas hergestellt, montiert, verändert oder etwas Neues geschaffen, das eine bestimmte Bedeutung und Funktion hat, z. B.

- ein Turm aus Holzbausteinen,
- ein Auto aus Pappkartons,
- ein Haus aus LEGO® Steinen.

Für diese Konstruktionsspiele sind Vorstellungskraft, Organisations- und feinmotorische Koordinationsfähigkeit notwendig. Entwicklungsbedingt findet erst das Schulkind zum richtigen Konstruktionsspiel (siehe S. 130 f.). Deshalb ist beim Kita-Kind die Bezeichnung Bau- und Materialspiel genauer.

Alle Kinder sind neugierig. Wissbegierig und mit wachsender Sachkenntnis und Experimentierfreude wollen sie die Dinge um sich herum begreifen, selbst ausprobieren, verstehen, wie etwas funktioniert, sich Wissen aneignen und eigenhändig etwas schaffen. Eine erhebliche Anziehungskraft und Spielaufforderung geht von Materialien aus, die

- einfache Grundformen besitzen und aus dem Alltag bekannt sind (Verpackungskartons, Pappröhren etc.),
- mehrere Spielmöglichkeiten enthalten (Luftballons, Gummibänder etc.),
- veränderbar sind (Einkaufstüten aus Papier, Schuhkartons etc.),
- verformbar, umgestaltbar, zusammenfügbar sind (Ton/Lehm, Knetmasse, Zeitungs- und anderes Papier etc.) (vgl. Heimlich, 1993, S. 51).

Wenn Erwachsene es zulassen, verleiten Spieldrang und Ideenreichtum Kita-Kinder immer wieder zu Experimentier-, Nachahmungs- und Fantasiespielen. Bald verwandeln sich ihre kreativen Materialspiele in Rollenspiele, denn diese scheinen für sie attraktiver zu sein, als ein Produkt für einen bestimmten Zweck fertigzustellen. Später spielen Kinder nicht mehr mit Materialien, um deren Eigenschaften und Handhabungen auszuprobieren, sondern um neue Spielgegenstände entstehen zu lassen, aus Materialspielen entwickeln sich Gestaltungsspiele.

„In allen Entwicklungs- und Altersstufen ist Bauen die häufigste und beliebteste Spielform. Dabei ist es gleichgültig, ob nur zwei Bausteine aufeinander gesetzt werden oder aus vielen Bausteinen ein hoher Turm entsteht. Das Ergebnis ist immer ein Produkt und das Kind hat fast immer ein Erfolgserlebnis. Außerdem wird durch zufälliges oder absichtliches Umstoßen eines Bauwerkes Spannung erzeugt, die das Kind dazu anregt, immer höher und komplizierter zu bauen."

(Krenz, 2010, S. 150)

Baukastenlied

Kommt herbei und sehet an,
was ich alles bauen kann!
Ohne Winkelmaß und Kelle
bau ich Häuser, Scheunen, Ställe.
Türm und Schlösser groß und klein,
brauche weder Kalk noch Stein.
Kommt herbei und sehet an,
was ich alles bauen kann!
Und an jeglichem Gebäude
hab ich meine große Freude.
Doch, wenn meine Freud ist aus,
reiß ich nieder jedes Haus.

(Hoffmann von Fallersleben)

Dabei probiert es neue Bautechniken aus, erlernt erste statische Grundlagen und Gesetzmäßigkeiten, intensiviert seine Vorstellungskraft und entwickelt eine Konstruktionsfähigkeit.

Wenn Kinder bauen, setzen sie sich intensiv mit dem Raum und seinen Gegebenheiten auseinander. Im Bauspiel erfahren Kinder die drei Raumdimensionen:

- *Länge*, indem Spielbausteine oder andere Gegenstände aneinander gereiht zu Linien werden
- *Höhe*, indem Spielbausteine oder andere geeignete Gegenstände aufeinander gestellt zu Türmen werden
- *Tiefe*, indem Spielbausteine oder andere Materialien um einen Gegenstand herum gelegt werden und so eine Umzäunung entsteht

Wenn zusätzlich Fahrzeuge, Tiere, Figuren oder Naturmaterialien verwendet werden, regen Bauspiele in hohem Maße die Fantasie des Kindes an. In der Gemeinschaft Gleichgesinnter entstehen dann erfindungsreiche Rollenspiele (vgl. Krenz, 2010, S. 150).

Das sogenannte Konstruktionsspielzeug etwa LEGO® Produkte, Constri, Nopper oder Fischertechnik erfordert von Kindern feinmotorisches Geschick, Geduld und Vorstellungsvermögen. Das Material unterscheidet sich von Spielbausteinen durch vorgefertigte Steckverbindungen, die zwar einen raschen Bauerfolg bringen, für jüngere Kinder allerdings oft nicht durchschaubar sind. Erst den älteren Kita-Kindern bietet das Konstruktionsspielzeug einen länger anhaltenden Spielreiz. Einige Kinder nutzen die Möglichkeit, um aus dem meist kleinteiligen Material funktionierende Spielmodelle oder maßstabsgetreue Bauwerke anzufertigen. Auf Bau-/Gestaltungsvorlagen sollte zunächst noch verzichtet werden, da die Kinder sich erst einmal im freien Experimentieren mit diesem Konstruktionsspielzeug vertraut machen.

Ähnlich wie beim Bauen und Konstruieren können Kinder bei Mal- und Gestaltungsspielen durch Ausprobieren und Experimentieren Fantasie, Kreativität, Ausdrucks- und Konstruktionsfähigkeiten entwickeln. Geeignete Materialien sind:

- Malgeräte: Farb- und Pinselsortimente, Kreide, Bunt-, Filz-, Wachsstifte etc.
- Maltechniken: Schwamm-/Korkdruck, Spritz-/Pustetechnik, Wasser-/Fingerfarben etc.
- Papiersorten und Papiertechniken: Falten, Schneiden, Reißen, Knüllen etc.
- Formbare Materialien: Knete, Lehm etc.
- Alltagsmaterialien, die verändert werden: Dosen, Watte, Verpackungsmaterialien etc.
- Naturmaterialien: Muscheln, Blätter, Steine, Moos etc.

Gestaltungsspiele führt das Kind häufig alleine aus. Manchmal braucht es die Zuwendung oder den Zuspruch des Erwachsenen, den Vergleich oder die konstruktive Wertung eines vertrauten Spielpartners.

Während des Spielprozesses zeigt das Kind seine Gefühle und drückt seine Emotionen in seinen Werken aus. Je älter die Kinder sind, desto freier und selbstkritischer gehen sie bei Gestaltungsspielen vor. Erste ästhetische Empfindungen bilden sich heraus.

In den meisten Kindertageseinrichtungen befinden sich draußen wie drinnen eigens ausgestattete Baubereiche mit etlichen frei gestaltbaren, teilweise zweckbestimmten Bauspielzeugen:

- verschiedene, vorgeformte Spielzeugbausteine aus Kunststoff
- Holzbausteine in verschiedenen Formen und Ausführungen
- Konstruktionsspielzeug
- Eisenbahnen/-waggons, Schienen und diverses Zubehör
- Straßenteppiche mit Autos in unterschiedlichen Größen und Funktionen
- Belebungsmaterial: Tiere, Bäume, Figuren aus Holz oder Kunststoff
- Decken, Tücher, Kissen
- Verpackungskartons und andere gestaltbare Werkstoffe
- Naturmaterialien
- Sand und Sandspielzeug

Im Baubereich verwirklichen Kita-Kinder alleine oder mit Spielpartnern kreative Spielideen. Hier können aus den Materialien unterschiedlichste Produkte entstehen. Die Materialien können aber auch zu Rollenspielen anregen. Neben dem zufälligen oder geplanten Bauen und Konstruieren zeigen Bauspiele dann typische Rollenspielmerkmale, wenn etwa Ritterburgen von Außerirdischen überfallen werden oder Unfallopfer aus Fahrzeugen oder Tiergärten gerettet werden müssen.

Manchmal befindet sich in Kindertageseinrichtungen auch eine kindgerecht ausgestattete Werkstatt, in der Kinder unter der Aufsicht eines Erwachsenen erste technische Erfahrungen im Umgang mit echtem Werkzeug wie Säge, Hammer oder Zange sammeln können, z. B. wenn sie ein riesen Mikadospiel aus Holz bauen.

Vertiefungsaufgaben

Web

Spielbeobachtung im Bau- und Gestaltungsbereich

1. Beobachten Sie in Ihrer Praktikumsstelle spielende Kinder im Baubereich. Notieren Sie Beispiele für Konstruktionsspiele, Bauspiele und Materialspiele.
2. Erfassen Sie in Ihrer Praktikumsstelle das Spielmaterial im Bauspielbereich in einer Tabelle.
3. Auf welche Weise können Sie die Bau-/Materialspiele der Kinder anregen?
4. Erstellen Sie eine Spielkartei für Materialspiele. Wählen Sie ein Konstruktionsspielzeug aus. Planen Sie in der Lerngruppe, auf welche Weise dieses in einer Kitagruppe eingeführt werden kann. Besprechen Sie in der Gruppe Ihre Erfahrungen.
5. Führen Sie in Ihrer Lerngruppe eine Pro-und-Kontra-Diskussion zu der Problemstellung: „Sollen Kinder bei ihren Mal- und Gestaltungsspielen Schablonen benutzen?“

3.3.3 Natur als Spiel- und Erfahrungsraum

Lernsituation: Ein Zelt aus Feuerbohnen

Konstantin (5;4 J.) kommt morgens ganz aufgeregt in die Kita-Gruppe: „Heute gehe ich mit Opa wieder in den Garten. Da krieg ich dann ein eigenes Beet und da pflanze ich dann Feuerbohnen und dann wächst da ein Feuerbohnenzelt. Gestern habe ich mit Opa schon die Stangen für das Zelt gesetzt.“

Die anwesenden Kinder hören ihm interessiert zu. „Bei uns im Garten wachsen sogar Tomaten an den Stangen“, sagt Selim. Die Gruppenleiterin fragt Konstantin, ob er sich vorstellen kann, dass sein Opa auch mal in die Kita kommen könnte, dann könnten sie auch im Kita-Garten ein Feuerbohnenzelt anlegen.

Konstantin will seinen Opa mal fragen. „Wenn ich mit meinem Opa in den Wald gehe, dann darf ich immer über die Bäume balancieren und am Bach spielen. Wir haben sogar schon mal eine Brücke gebaut, über die man richtig gehen konnte“, berichtet Johann. „Da muss man aber erst die Försterin fragen,“ sagt Sine. Nun erzählen noch einige Kinder von ihren verschiedenen Spielerlebnissen im Wald. Die Gruppenleitung beschließt, beim nächsten Teamgespräch vorzuschlagen, mit den Kindern mal wieder eine Waldwoche durchzuführen.

Impulse zur Bearbeitung der Lernsituation:

- *Von welchen Spielformen berichten die Kinder?*
- *Welche kindlichen Spielbedürfnisse sind erkennbar?*
- *Nehmen Sie Stellung zu der Überlegung der Gruppenleiterin. Wie würden Sie sich entscheiden?*

Die Entwicklung einer positiven Einstellung zu Natur und Umwelt hängt ganz entscheidend davon ab, wie Eltern und pädagogische Fachkräfte vorbildhaft handeln. Durch eine konsequente umweltbewusste Führung der Kita können bereits Grundlagen geschaffen werden. Zum Beispiel bei Reinigungsarbeiten, beim Einkauf, bei der Verarbeitung von Nahrungsmitteln, beim gemeinsamen Spielen und Gestalten und bei Ausflügen lernen Kinder den Umgang mit Nahrungsmitteln, Natur- und Verpackungsmaterialien kennen und werden dazu angehalten, umweltbewusst damit umzugehen. Durch die Pflege von Pflanzen im Haus oder Garten oder durch die Versorgung von Haustieren üben Kinder schon früh, Verantwortung zu übernehmen.

Kinder sind neugierig und zeigen Interesse an ihrer natürlichen Umgebung. Der Erwachsene sollte Kinder nicht auf drohende Umweltgefahren mit weitreichenden Folgen hinweisen oder Katastrophenstimmung verbreiten. Das würde Kinder nur verunsichern. Besser ist es, durch beispielhaftes Handeln dem Kind Umgangsweisen des Umweltschutzes aufzuzeigen.

Um weitere positive Einstellungen zu Natur und Umwelt zu entwickeln, müssen dem Kind Möglichkeiten geschaffen werden, seine natürliche Umwelt zu entdecken. Dafür sollten der Aufenthalt und das Spiel draußen so interessant wie möglich gemacht werden, vorhandene Naturspielräume aufgesucht oder neu geschaffen werden, und das bei jeder Wetterlage:

- Naturspielräume ermöglichen Entdeckungen, die Sinne und die Fantasie werden angeregt, z. B. durch verschlungene Schleichwege oder Hecken, in denen „Schätze“ gefunden werden können.
- Naturspielräume bieten unterschiedliche Bewegungsmöglichkeiten (z. B. durch einen Tunnel kriechen, über einen Baumstamm balancieren oder die körperlichen Kräfte beim Transport eines Steines erproben). Diese Erfahrungen mit dem eigenen Körper vermitteln Erfolgserlebnisse und stärken das Selbstwertgefühl.

- Naturspielräume können verändert werden und die Kreativität fördern, z. B. eine Kuhle graben und einen Teich entstehen lassen, mithilfe von Ästen eine Brücke bauen oder aus Halmen ein Gefäß herstellen.
- Naturspielräume bieten Lernanregungen. Durch Wahrnehmungen und Beobachtungen lernt das Kind Lebens- und Wachstumsprozesse kennen, z. B. entdeckt es, wie viel Leben in einer Handvoll Erde steckt.
- Naturspielräume sprechen Gefühle an, um so Beziehungen zu Pflanzen und Tieren zu entwickeln, z. B. Rücksichtnahme bei einer Ameisenstraße, Freude und Erfolg bei der Anlage eines eigenen Teiches, aber auch Trauer, etwa um einen toten Vogel.

- Naturspielräume schaffen Atmosphäre, z. B. Geborgenheit in einer selbst errichteten Hütte aus Zweigen oder wohlige Wärme in einer Heumulde.
- Naturspielräume ermöglichen soziales Lernen. Das gemeinsame Spiel mit anderen Kindern bietet Gelegenheit, eigene soziale Verhaltensweisen zu erproben. Beim Bau einer Baumbude z. B. müssen partnerschaftliches Verhalten (Kooperation) geübt und Konflikte bewältigt werden, um zusammen das Ziel zu erreichen.

In der Auseinandersetzung mit den Naturelementen wie Sonne, Mond, Luft, Wasser, Erde, Pflanzen und Tieren erfährt das Kind sich selbst als einen Teil dieser lebendigen Welt. Diese Eindrücke werden aufgenommen und verarbeitet. Sie prägen im weiteren Leben seine Einstellung zur und sein Verhalten in der Natur.

Naturnaher, kindgerechter Spielraum bietet nachdrücklich Gelegenheiten für

- Wahrnehmungsspiele, um mit allen Sinnen in Kontakt mit der Natur zu kommen;
- Bewegungsspiele, um dem Bedürfnis nach Bewegung nachzukommen und die Natur mit dem ganzen Körper zu begreifen;
- Gestaltungsspiele, um im Umgang mit Naturmaterialien fantasievoll und kreativ tätig zu werden;
- Forscherspiele, um selbst auszuprobieren und um Funktionsweisen der Natur zu erkennen (vgl. auch Kap. „Spiel in der Wald-Kita“, S. 219).

Durch die unterschiedliche Topografie[1] sowie abwechslungsreiche Balancier- und Klettermöglichkeiten entwickeln und trainieren Kinder ihre motorischen Fähigkeiten. Standortgerechte, einheimische und robuste Pflanzen (Holunder, Weiden, Hainbuchen, Haselnuss, Sommerflieder u. a. m.) bieten Kindern direkte Naturerfahrungen, z. B. den

[1] Anordnung und Lage des Geländes: Erhebung, Ebene, Gefälle

Wechsel der Jahreszeiten, die Blüten- und Fruchtbildung, das Wachsen von Sämlingen. Für Spielabläufe und Rollenspiele ist ein naturnahes Spielgelände ein idealer Rahmen, die Natur wird von den Kindern gleichsam in das Spiel integriert.

Naturerfahrungen in der Kita

- Pflege der Pflanzen bzw. Tiere im Gruppenraum durch die Kinder. Vorschriften zum Schutz der Tiere und Kinder beachten!
- Naturprodukte zum Spielen und Gestalten, wie Steine, Tannenzapfen, Kastanien, Schafswolle, Obstkerne. Kenntnisse und bereits gemachte Erfahrungen anhand von Bilderbüchern, Geschichten, Liedern, Reimen und Gesellschaftsspielen vertiefen
- einheimische Sträucher und Hecken anpflanzen, als Verstecke, Geheimgänge, zum Hüttenbau
- Hänge, die bespielt werden können
- Spielgruben mit unterschiedlichen Naturmaterialien für kleine Spielgruppen, z. B.
  - Werkgrube mit Hämmern, Nägeln, Ästen, Brettern;
  - Lehmgrube mit Ton, Wasser, Sand;
  - Wohngrube mit Rindenmulch und Baumstümpfen;
  - Kuschelgrube mit Moos, Heu, Hobelspänen;
  - Holzhaufen zum Bauen.
- Spielhäuschen aus Naturmaterialien
- Bäume zum Klettern, Schaukeln, Balancieren
- Waldblumenwiese, Teichanlage
- Blumen-, Kräuter- und Gemüsebeete als „Kinder-Garten“
- geflochtene Weidenzäune als Begrenzung, Tunnel aus gebogenen Weidenzweigen
- „Sinnes-Weg“ mit unterschiedlichen Naturmaterialien als Gehweg
- Spaziergänge und Ausflüge in die nähere Umgebung: In der Stadt bieten besonders Parks und Friedhöfe vielfältige Möglichkeiten, um Tiere, Pflanzen und Vorgänge in der Natur zu beobachten, Früchte oder andere Naturmaterialien zu sammeln, richtiges Verhalten im Straßenverkehr zu üben, sich umweltbewusst zu verhalten (nichts abreißen oder wegwerfen).
- Die Anlage eines Gemüsegartens, einer Wiese oder eines Teiches auf dem Kitagelände darf kein Anschauungsobjekt sein, sondern sollte Kindern die Möglichkeit geben, Vorgänge in der Natur im Spiel zu erleben.
- kleine Experimente, die Funktionsweisen in der Natur anschaulich vermitteln

Vertiefungsaufgaben

1. Auf dem Außengelände einer Kita in einer deutschen Großstadt steht ein bei den Kindern sehr beliebter Kletterbaum. Auch Theo und Leonie würden gerne mit ihren Freunden auf den Ästen des Baumes wippen, jedoch haben ihnen ihre Eltern dies verboten. Der Vater von Leonie droht nun, die Kita zu verklagen, sollte sein Sohn vom Baum fallen. Vorbeugend beschloss die Kita-Leitung daraufhin, den Baum fällen zu lassen.

   Stellen Sie diesen Fall mit verteilten Rollen nach: Vater des Mädchens Leonie, Mutter des Jungen Theo, Elternvertreter der Kita, Leitung der Kita.
2. Sie haben die Möglichkeit, das Außengelände Ihrer Kita kindgerecht mitzugestalten. Gehen Sie von dem vorhandenen Gelände mit seinen Spielgeräten aus und entwerfen Sie einen Naturspielraum.
3. Mit welchen unterschiedlichen Spielangeboten können Sie mit einer Kindergruppe im Alter von 4 bis 6 Jahren ein Thema aus der Natur, z. B. „Wasser“, erarbeiten?
4. Erfinden Sie in Ihrer Lerngruppe ein Natur- und Umwelt-Regelspiel. Stellen Sie es im Unterricht vor.

3.3.4 Haushaltsgegenstände und Nahrungsmittel als Spielmaterial

Lernsituation: Wir machen Obstsalat

Während des Morgenkreises erklärt die Gruppenleiterin, dass einige Kinder für das spätere gemeinsame Frühstück den Obstsalat herstellen können. Tim (4;4 J.), Elli (5;9 J.) und Franca (5;2 J.) melden sich, sie helfen gerne bei der Zubereitung von Mahlzeiten. Aber auch die kleine Marlene (2;1 J.) möchte schon mitmachen. Dabei können sie manchmal lustige Ratespiele mit den Nahrungsmitteln spielen. Anschließend verkündet die Gruppenleitung noch, dass zwei Kinder einen Geburtstagskuchen backen können, weil Kim am nächsten Tag Geburtstag hat, sie wird 4 Jahre. Yussuf (6;2 J.) fragt: „Und wann gibt es wieder Quarkgesichter?“, „Oder Suppenkaspersuppe?“, ruft Mesuth (6;4 J.) dazwischen. Alle Kinder lachen, sie können sich noch gut an die lustige Handpuppe erinnern, die ihnen das Rezept für die Gemüsesuppe erklärt hat. Bevor die Gruppenleiterin antworten kann, beginnen plötzlich einige Kinder zu singen: „Wir haben Hunger, Hunger, Hunger ...“. Gemeinsam singen alle das Lied zu Ende und klatschen dazu im Rhythmus.

Impulse zur Bearbeitung der Lernsituation:

- ***Welche spielerischen Tätigkeiten und Spielarten werden in der beschriebenen Situation erwähnt?***
- ***Welche kindlichen Spielbedürfnisse sind in der Situation erkennbar?***
- ***Nehmen Sie Stellung zum Verhalten der Gruppenleiterin. Wie würden Sie sich entscheiden?***

Die Ernährung und eng damit verbunden die Mahlzeiten haben in der Entwicklung der Kinder eine zentrale Stellung und die Küche ist in der Familie ein geeigneter sozialer Ort, wo geredet, gelacht, geweint und getröstet wird. Gerüche und Geräusche aus der Küche kündigen von guten Speisen. Für fast alle Kinder ist die Küche ein spannender „Spielplatz“. Schon das jüngere Kind ist besonders an Gegenständen und Tätigkeiten interessiert, die es beim Erwachsenen beobachten kann. Der Familienhaushalt bietet dafür eine Menge Möglichkeiten, das Tun der Bezugspersonen nachzuahmen und neue Erfahrungen zu sammeln.

In Kindertagesstätten nutzen Kinder die Küche eher selten als Spielort. Mögliche Gefahrenquellen werden von Kindern noch nicht wahrgenommen und Gefährdungen, die bei unsachgemäßem Gebrauch beispielsweise von elektrischen Steckdosen, Handrührgeräten, Backöfen und Elektroherden ausgehen, erkennt das Kind nicht. Trotzdem möchte das Kind in der Küche vieles allein ausprobieren und selbstständig die Küchentätigkeiten entdecken, auch wenn es sich dabei noch ungeschickt anstellt. Dabei sollten die hauswirtschaftlichen und pädagogischen Fachkräfte geduldig und tolerant die Bemühungen des Kindes nach Selbstständigkeit unterstützen und ihm genügend Freiraum und Zeit lassen.

Bei der Herstellung von Mahlzeiten kann auch das jüngere Kind schon sehr häufig mitwirken. Da Kochen und Backen auch bei älteren Kindern sehr beliebt sind, werden sie in entsprechende Aktionen einbezogen. Das gemeinsame Tun trainiert den Umgang mit unterschiedlichen Küchengeräten und Nahrungsmitteln, fördert die Handgeschicklichkeit (Feinmotorik) und regt die Sinne an. Es gilt jedoch zu beachten, dass der spielerisch stattfindende Herstellungsprozess von Speisen für Kinder wichtiger ist als das perfekte Ergebnis.

Gezielte Spielaktionen fördern darüber hinaus den Entdeckungsdrang des Kindes und aus den rollenspielerischen Haushaltstätigkeiten entwickeln sich unter Anleitung bald sachgerechte Handlungsweisen. Darüber hinaus bilden Mahlzeiten ein soziales und kulturelles Ereignis im Erleben der Kinder, wenn sie aktiv bei der Zubereitung einbezogen sind.

Entwicklungsbedingt fällt es jüngeren Kindern noch schwer, sich an Spielregeln und auch Essensregeln zu halten. In Ess- und Trinkgewohnheiten, gute wie schlechte, wachsen Kinder sozusagen spielerisch hinein, und diese Gewohnheiten sind für ihr ganzes Leben richtungsweisend. Kinder sind naturgemäß neugierig, wissbegierig und an allem interessiert, was um sie herum passiert. Sie sind voller Tatendrang, sie erforschen und entdecken mit all ihren Sinnen ihre Lebensumwelt, auch wenn sie beispielsweise mit dem Löffel einen Tunnel durch den Kartoffelbrei graben und die Soße dadurch balancieren oder für Lieblingsspeisen eigene Bezeichnungen finden. In ihren Spielen und Tätigkeiten verarbeiten sie Erlebnisse und Eindrücke, erleben in ihrer Fantasie, z. B. bei ihren Rollenspielen, spannende Geschichten. Durch die gesammelten Erfahrungen, auch im Ernährungsbereich, werden sie immer gewandter und selbstständiger. Das gilt auch gerade dann, wenn Kinder die Leitgedanken und Ziele der Ernährungserziehung in ihre Spielinhalte und Spielformen aufnehmen.

Dabei eignen sich für die typischen Funktions-, Rollen-, Material- und Regelspiele des Kita-Kindes ausgewählte Nahrungsmittel wie Obst, Nüsse, Gemüse sowie deren Abbildungen, manuelle Küchengeräte und Verpackungsmaterialien.

So können z. B. auch Regelspiele aus der eigenen Herstellung und in der Spielführung so einfach gehalten sein, dass sie auch für jüngere Kinder einen Spielreiz besitzen:

- Gartenlotto
- Obst-Nuss-Quartett
- Getreide-Memory®
- Obstkerne-Kim
- Hampelfrau aus Obst-/Gemüsebildern
- Gemüse oder Obst aus Pappmaschee
- Gemüse-Puppen-Theater (die Spielfiguren werden später zu Salat, Suppe oder Süßspeise verarbeitet)
- Kehrschaufel-, Bürsten-, Holzlöffelpuppen (z. B.: Kehrschaufel und Handfeger bekommen ein Gesicht aufgemalt oder aufgeklebt und fegen als „Herr Schaufel" und „Frau Feger" alle Schnipsel vom Fußboden.)

Unter Umweltaspekten betrachtet, sollten Verpackungsmaterialien im Haushalt wie in Kindertagesstätten möglichst vermieden werden. Aber trotzdem fallen immer noch reichlich Dinge an, die gesammelt vielfältige Spielmöglichkeiten bieten:

- Stapelspiele mit Dosen, Schachteln, Plastikflaschen oder als Kaufladen-Requisiten
- Ein-/Auspackspiele, Ein-/Umfüllspiele, Sortierspiele mit Joghurtbechern, Eierkartons
- Rasseln, Hör-Dose aus Filmdosen oder Schachteln, die mit Obstkernen, Nussschalen oder Knöpfen gefüllt sind
- Tastkasten aus Schuhkarton, durch Eingrifflöcher werden Dinge getastet
- größere Kartons als Transportmittel für den Teddy, für das Kind selbst, als Bett für die Puppe, als Haus oder Wohnung
- leere Toilettenpapier- und Haushaltspapierrollen für eine Kullerbahn oder ein Fernrohr
- leere Milchtüten, die als Schiff umgestaltet im Waschbecken schwimmen
- Küchengeräte als Musikinstrumente: Trichter zum Blasen, Kochtöpfe mit Kochlöffel und Schneebesen als Schlagzeug
- Handquirl, Trichter und Gefäße zum Planschen in der Spüle oder im Handwaschbecken
- ein leerer Wäscheständer mit einer übergehängten Decke als Wohnung
- ein Wäschekorb als Auto, Schiff, Flugzeug oder mit mehreren Körben als Eisenbahn
- eine bunt bemalte Sprühflasche und ein Ledertuch als Anreize, beim Fensterputzen mitzuhelfen (Bitte keine chemischen Mittel verwenden! Das Kleinkind nimmt das Tuch evtl. noch in den Mund. Besser ist Essig oder Zitrone im Putzwasser.)

Vertiefungsaufgaben

1. Erfassen Sie in der Lerngruppe Speisen, die Sie gemeinsam mit den Kindern herstellen können. Überlegen Sie, welche Tätigkeiten Kinder selbstständig ausführen und welche spielerischen Elemente Sie während der Durchführung einfügen können.
2. Finden Sie Beispiele für hauswirtschaftlich-spielerische Angebote, die Sie mit Kindern in der Kindertageseinrichtung durchführen können, aus den Bereichen Nahrungszubereitung, Reinigung, Pflege. Welche Arbeitsschritte sind erforderlich? Wie erfolgt der Arbeitsablauf? Welche Sicherheitsmaßnahmen sind zu beachten? Erstellen Sie eine anschauliche Übersicht.
3. Sammeln Sie mit den Kindern Verpackungsmaterial. Überlegen und planen Sie anschließend gemeinsam Spiele und Aktionen, z. B. für ein „Müllfest".
4. Erfinden Sie zu Nahrungsmitteln und Essgewohnheiten einfache Bewegungs- und Ratespiele.

Web

Mit Kindern kochen und spielen

3.3.5 Spielraum ist Bewegungsraum

Lernsituation: Wir kriechen durch den Geistertunnel

„Wir brauchen noch mehr Decken", bestimmt Jan (6;6 J.). Er hat mit seinem Freund Mirko (5;2 J.) im Flur einen Tunnel aus Tischen und Stühlen gebaut. Mirko bringt Tücher aus der Puppenecke. Jan legt die Tücher über weitere Stühle. „So, wer mutig ist, kriecht jetzt durch den Geistertunnel. Ich fange an.", sagt er in die Runde und verschwindet unter einer Decke. Mirko krabbelt ihm hinterher und aus dem Tunnel hört man sie beide lachen.

Marie und Bea (beide 5;2 J.) kommen aus der Puppenecke gelaufen, sie wollen eigentlich die Tücher wiederholen, aber als sie den Tunnel sehen, fragen sie, ob sie mitmachen können und auch in den Geistertunnel kriechen können. „Wir können ja auch noch Luftballongeister da rein tun", schlagen sie vor, „das macht noch mehr Spaß." Sie bitten die Gruppenleitung um Luftballons, blasen sie auf und legen sie in den Tunnel.

Mittlerweile haben sich viele Kinder im Flur versammelt, alle möchten durch den Geistertunnel kriechen. Später schlägt die Gruppenleitung den Kindern vor, am nächsten Tag in der Turnhalle zusammen eine Bewegungslandschaft aufzubauen, die dann auch eine Zeit lang bestehen bleiben kann. Der Flur muss nämlich wieder freigeräumt werden, wenn die Kinder nach Hause gehen.

Impulse zur Bearbeitung der Lernsituation:

- *Um welche Spielformen handelt es sich in der beschriebenen Situation?*
- *Welche kindlichen Spielbedürfnisse sind in der Situation erkennbar?*
- *Nehmen Sie Stellung zu der Überlegung der Gruppenleiterin. Wie würden Sie sich entscheiden?*

Die Wohnung sowie das nähere und weitere Wohnumfeld geben die räumlichen Bedingungen vor, in denen Kinder ihre Spiel und Bewegungsbedürfnisse verwirklichen. Entwicklungsbedingt wollen Kinder selbstständig ihren Aktionsradius ausdehnen und ihre Interaktionsmöglichkeiten stetig weiterentwickeln, z. B. mit Kindern aus der Nachbarschaft gemeinsam Ball spielen, Roller fahren oder Sandburgen bauen. Dafür muss ihnen ausreichender Spiel- und Bewegungsraum zur Verfügung stehen.

Von Kindern häufig genutzte Spielorte oder Spielplätze entsprechen meist nicht den notwendigen Erfordernissen:

- Wohnungen sind zu klein und hellhörig.
- (Früher beliebte) Spielorte wie Dachboden oder Kellerraum gibt es in vielen Wohnungen nicht mehr.
- Vorgärten, Hinterhöfe, Toreingänge und Rasenflächen sind in der Regel verbotene Spielflächen.
- Plätze, Straßen und Fußwege sind zu gefährlich.
- Öffentliche Spielplätze sind verdreckt und langweilig und oft weit von der eigenen Wohnung entfernt.
- Parkanlagen und Wälder sind ohne Verkehrsmittel meist nicht erreichbar.
- Schulhöfe, oft als öffentlicher Spielplatz ausgewiesen, sind für Kita-Kinder in der Regel ungeeignet.

Vor allem in städtischen Lebensräumen nehmen die natürlichen Spielräume der Kinder weiter ab. Kinder haben aber einen berechtigten Anspruch auf geeignete, stets verfügbare Spielorte sowie Spielplätze, um

- Spielpartner und Spielgruppen zu treffen,
- ihre Spiel- und Bewegungsbedürfnisse ausleben zu können,
- im spielerischen Handeln Umwelterfahrungen zu sammeln.

Es müssen also Spiellebensräume geschaffen werden, die Kindern adäquate Gelegenheiten für persönliche Aktivitäts- und Erfahrungsmöglichkeiten eröffnen, wo sie, möglichst unabhängig von Erwachsenen, eigene Spielwelten aufbauen können.

Spielraumgestaltung in Kindertageseinrichtungen

Kinder brauchen Bewegung, denn ohne Bewegung findet keine Entwicklung statt. Körperliche wie geistige Entwicklung wird wesentlich bestimmt durch körperlich-sinnliche Erfahrungen. Für eine gesunde Entwicklung sind deshalb ausreichende Spielmöglichkeiten unverzichtbar.

Je älter und selbstständiger Kinder werden, umso mehr erweitert sich ihr Wirkungs- und Erlebnisbereich. Tageseinrichtungen für Kinder erfüllen diese besonderen Erwartungen, indem sie in ihren Räumlichkeiten Kindern den Weg ebnen, ihren individuellen Spielinteressen nachzukommen. Dazu sind die (Gruppen-)Räume, Flure und andere Nutzungsräume meist in speziell eingerichtete Spielbereiche und Bewegungszonen aufgeteilt. Diese Differenzierung

- erleichtert den Kindern eine Raumorientierung,
- unterstützt sie bei ihrer individuellen Spielplanung,
- erhöht die Spielkonzentration durch geringere Ablenkungen oder Störungen.

Spielräume müssen variabel eingerichtet sein. Wenn Kita-Kinder ihre Spielräume nach ihren jeweiligen Spielinteressen umgestalten können, bleibt die Spielqualität erhalten. Manchmal ergeben sich auch besondere Spielaktionen oder aktuelle Ereignisse sorgen dafür, dass den Räumlichkeiten neue Funktionen zugewiesen werden, etwa wenn

- eine Kindergruppe ein Puppenspiel aufführen will,
- Bewegungsspiele wetterbedingt nicht im Freien, sondern im Gruppenraum stattfinden,
- spontane Spielbedürfnisse auftreten u. a. m.

Kinder wollen sie selbst sein, in den Spielräumen der Tageseinrichtungen auf Erkundungen gehen und ihre Spuren hinterlassen. Zusammenfassend können allgemeine Kriterien für die Gestaltung institutionalisierter Spiel- und Bewegungsräume aufgestellt werden (vgl. Heimlich, 1993, S. 63 f.):

- Eine Offenheit der Raumkonzeption ermöglicht die Verwirklichung von vielfältigen Spielinteressen.
- Eine Gestaltbarkeit der Räume macht Veränderungen erlebbar.
- Multifunktionalität ermöglicht ganzheitlich-sinnliche Erfahrungen.
- Gute Spielräume begünstigen Kooperation und Sozialbeziehungen.
- Spielräume orientieren sich an kindlichen Handlungs-/Bewegungsbedürfnissen.
- Spielräume verhelfen zu emotionaler Nähe und Distanz.
- Spielräume berücksichtigen die Altersmischung und Entwicklungsphasen.

Kindertageseinrichtungen verfügen meist über spezielle Bereiche, in denen Kinder draußen wie drinnen ungefährdet ihrem Bewegungsdrang nachgehen. Bewegungszonen sind abwechslungsreich eingerichtet, entsprechen aktuellen Sicherheitsstandards, entwicklungsgemäßen Bewegungsbedürfnissen und sind den kindlichen Spielwünschen angepasst, wie z. B.

- mit Bällen, Seilen, Reifen, Decken, Luftballons;
- Roller, Schubkarren, Sandspielzeug, Schlitten;
- mit Schaukeln, Kletter- und Balanciergeräten;
- durch Sandhügel, Weidentunnel, Wasserpumpen.

In Bewegungszonen können zu jeder Zeit Tobespiele sowie kooperative Bewegungsspiele mit und ohne Spielgeräte stattfinden, ebenso Rollen-, Experimentier- und Sinnesspiele.

Vertiefungsaufgaben

1. **Erstellen Sie mit Ihrer Lerngruppe eine Fotodokumentation über öffentliche Spielplätze Ihrer Stadt. Welches Amt/welche Person ist in Ihrer Stadt für öffentliche Spielplätze zuständig? Präsentieren Sie Ihre Ergebnisse.**
2. **Erfassen Sie anschaulich die verschiedenen Spielbereiche und Bewegungszonen in Ihrer Praktikumsstelle. Vergleichen Sie Ihre eigenen Ergebnisse mit den anderen Ergebnissen in Ihrer Lerngruppe.**
3. **Überprüfen Sie Ihre Praktikumsstelle auf die o. g. Kriterien für Spielraumgestaltung. Welche Gemeinsamkeiten und welche Unterschiede gibt es?**

3.4 Das Spiel des Grundschulkindes (6–10 Jahre)

3.4.1 Regelspiele: Frustration oder Erfolg

Lernsituation: „Das ist ein doofes Spiel!"

Der Praktikant Lars spielt mit Pauline (7;8 J.) und Aylin (7;6 J.) am Tisch Mensch ärgere Dich nicht®. Sie würfeln und setzen zunächst zügig die Spielfiguren, bis Pauline ruft: „Aylin, du schummelst. Das war eine Vier, und du bist zu weit gegangen." Aylin protestiert erst einmal, geht dann aber ein Feld zurück. In der nächsten Runde wird Paulines Spielfigur von Aylin rausgeworfen. Aylin lacht. Pauline sagt nur: „Nicht schlimm" und setzt ihre Figur irgendwo aufs Spielfeld. „So geht das nicht, du musst zurückgehen", sagt Lars und stellt die Figur auf Paulines Spielecke. In der nächsten Runde kegelt er Paulines letzte Spielfigur vom Spielfeld. Pauline springt auf, wischt mit dem Arm über das Spielfeld und schreit: „Ihr seid blöd. Das ist ein doofes Spiel."

Impulse zur Bearbeitung der Lernsituation:

- *Wie verhält sich Aylin?*
- *Wie verhält sich Pauline?*
- *Warum will Pauline nicht weiterspielen?*
- *Wie verhält sich der Praktikant Lars?*
- *Wie hätten Sie in dieser Situation gehandelt?*

Bei den älteren Kita-Kindern gewinnt das Regelspiel an Bedeutung und wird bei den Schulkindern neben Konstruktions- und Rollenspielen immer beliebter. Kompetitive Regelspiele (= mit konkurrierenden Spielpartnern und einem festgelegten Spielziel) werden interessant. Typische Regelspiele in dieser Altersgruppe sind Wettbewerbsspiele wie Kartenspiele, Brett- und Würfelspiele, Computerspiele und Bewegungsspiele. Daneben sind aber auch didaktische Spiele wie Schreibspiele, Sprach-/Denkspiele von Interesse.

Bei der Entwicklung des Regelverständnisses im Schulalter sind aber gleichzeitig drei Entwicklungsphasen zu beobachten.

Gorilla ärgere dich nicht!

Ich warf mal einen Gorilla
beim Spiel vor dem Loch hinaus.
Ich sagte: „Das Spiel heißt
Mensch-ärgere-dich-nicht!"
Er aber rief: „Das betrifft mich nicht!"
Und schmiss mir die Kegel ins Gesicht.

(Guggenmos, 1990, S. 152)

Entwicklungsprozesse des Regelverständnisses (nach Piaget)

1. Phase
Das Kind entwickelt eigene Regeln für seine Handlungen, die jedoch keine Verpflichtung haben, z. B. geht es die Treppe herauf, benutzt dabei aber nur jede dritte Stufe, oder es passiert den Fußweg, ohne auf die Striche der Gehwegplatten zu treten.

2. Phase
Das Kind ahmt vorgemachte Regeln nach und unterwirft sich ihnen, z. B. die Spielgruppe führt simultan ein Bewegungs-, Kreis- oder Tanzspiel aus. Durch nachahmendes Verhalten im Spiel wechselt das Kind sich mit anderen ab, hält Reihenfolgen ein und übernimmt Einzelaufgaben im geregelten Gemeinsamkeitsspiel.

Ein weiterer Schritt in dieser Phase ist das Einhalten der Spielregel mit gleichzeitiger Unterdrückung eines Handlungsimpulses. Beispiel: Die Spielgruppe hat in Abwesenheit eines weiteren Mitspielers einen Gegenstand im Raum versteckt, der gesucht werden soll. Für eine kurze Zeit dürfen alle ihr verabredetes Versteck nicht verraten, um das Ratespiel zu ermöglichen. Der Sieg der Spielregel über den Handlungsimpuls gelingt meist erst mit ca. fünf bis sechs Jahren und führt dazu, dass die äußere Spielregel zu einer verinnerlichten Verhaltensregel werden kann. Das ist dann zu beobachten, wenn die Kinder ohne Spielleiter ein Spiel nach vereinbarten Spielregeln fortsetzen.

3. Phase
Hierbei handelt es sich um sozial kontrollierte Regelspiele, die in der Gemeinschaft gespielt werden und durch gemeinsam getroffene Absprachen den Spielverlauf bestimmen. Die Spielgemeinschaft wacht über die Einhaltung der aufgestellten Regeln, kann sie aber auch nach Belieben verändern. Das Demonstrieren eigener Fähigkeiten weicht zugunsten der sozialen Spielstruktur. Regelverstöße werden meist durch abwertende Äußerungen oder Spielausschluss geahndet („Du kapierst auch gar nichts!“, „Du Spielverderber! Du hast schon wieder geschummelt! Jetzt spielste nicht mehr mit!“). Da dem Kind die Gruppenzugehörigkeit aber sehr wichtig ist, versucht es Regelwidrigkeiten zu vermeiden.

Erst im späteren Grundschulalter begeben sich Kinder gerne in kompetitive Spielsituationen, die durch Wettbewerb, konkurrierende Gegenspieler (personell oder virtuell) und abwechselnden Spielvollzug gekennzeichnet sind. Nur eine Spielpartei kann das Spiel gewinnen, die andere Spielpartei erlebt einen Misserfolg. Beide Situationen werden kognitiv erfasst und emotional erlebt, z. B. bei Gesellschaftsspielen, Computerspielen oder Bewegungsspielen in einer Mannschaft.

Der kritische Vorwurf, kompetitive Regelspiele förderten Konflikte und Frustrationen und verhinderten die Entwicklung des Sozialverhaltens, ist im Schulalter nicht immer berechtigt, da auch in Wettbewerbsspielen Kooperation möglich ist. Zum anderen unterwerfen sich Schulkinder offensichtlich gerne den im Spiel aufgestellten Regeln, weil sie die Spannung steigern, während Spiele ohne Regeln als langweilig und uninteressant empfunden werden.

Brett-, Karten- und Würfelspiele

Alle kompetitiven Regelspiele, die das 5- bis 6-jährige Kita-Kind bevorzugt, sind auch weiterhin für das Grundschulkind von Interesse, allerdings mit steigendem Niveau: vom Puzzle bis hin zu bekannten Gesellschaftsspielen wie memory® und Malefiz® (Ravensburger), UNO® (Amigo) oder Kniffel® etc.

Der Begriff Gesellschaftsspiele umfasst alle Brett-, Karten- und Würfelspiele, die im Zusammenwirken von Spielregeln, Spielmaterialien und Mitspielern eine Spielstruktur und Spieldynamik schaffen.

Mühle

„Mühle ist ein Spiel.
Dazu braucht man nicht viel.
Doch braucht man ihn, den Dings
da oben
– wie heißt er gleich? –,
den Kopf.

Der Kopf,
das wär das eine.
Auch braucht ein jeder neun Steine
Neun schwarze Steine,
neun weiße –
ging ein Stein auf die Reise,
tut's dafür ein Knopf."

(Guggenmos, 1990, S. 170)

Besonders in Brettspielen spiegeln sich gesellschaftliche und kulturelle Weltbilder im Miniformat wieder, die deutlich machen, dass Menschen zu allen Zeiten das Bedürfnis hatten, reale Situationen im Spiel zu simulieren und zu verarbeiten.

Jürgen Fritz (vgl. Fritz, 1991, S. 78) macht deutlich, dass alle bekannten Gesellschaftsspiele sich auf Grundmuster menschlicher Bedürfnisse zurückführen lassen, die wiederum zu einer Einteilung in fünf verschiedene Spielarten führen (siehe Tabelle auf S. 120).

Viele Gesellschaftsspiele sind sicher nicht einer speziellen Spielart zuzuordnen, sondern kombinieren eine oder mehrere miteinander.

Web

Beurteilungsbogen: Brettspiel

In der sozialpädagogischen Arbeit mit Kindern ist es jedoch von Vorteil, Brettspiele analysieren zu können, um grundlegende (Spiel-)Bedürfnisse, Tendenzen oder Vorlieben zu erkennen und gezielt darauf einzuwirken (Beurteilungsbogen: Brettspiel).

Spielart	Menschliches Bedürfnis	Spielbeispiel	Charakteristik
Strategiespiele Kriegsspiele kriegerische Verbreitungsspiele Positionsspiele Mühle-Spiele strategische Wettläufe	 Kampf Verbreitung, Besetzung Ordnung Ordnung, Kampf Ziellauf	 Schach Think fun Rush hour (Ravensburger), Vier gewinnt® Mühle Halma	Zwei Spielgegner messen sich in ihren strategischen Fähigkeiten, die den eigenen Sieg bzw. die Niederlage des Spielgegners zum Ziel hat. Spannung und Freude am Spiel entstehen durch die Unberechenbarkeit der Spielzüge des Gegenspielers, wobei eine Gleichwertigkeit der Spieler Voraussetzung ist.
Zielläufe	ein Ziel zu erreichen	Mensch ärgere Dich nicht® (Schmidt), Backgammon, Malefiz® (Ravensburger), Verflixxt! (Ravensburger)	[…] die eigene Spielfigur setzen, um als Erster das Ziel zu erreichen, wobei eine Wegstrecke mit Hindernissen oder Ereignissen überwunden werden muss. Der Spielausgang ist vom Zufall abhängig, aber auch von eigenen Fähigkeiten bestimmt. Die Spielregeln hierbei sind klar strukturiert und besonders für jüngere Kinder einfach und leicht verständlich.
Bereicherungsspiele	Besitz zu haben und zu vermehren	Monopoly® (Parker), Wari-Bohnenspiel, Ohne Moos nix los? (Hasbro), Catan Junior (Kosmos)	[…] am Ende des Spiels möglichst viel Geld, Immobilien, Figuren, Steine oder Karten zu besitzen; Wirtschaftsspiele, die Prozesse und Strukturen des heutigen Wirtschaftslebens simulieren
Prüfungsspiele Gedächtnisspiele		memory®, (Ravensburger), Dobble (Asmodee)	Ratespiele, die von den Spielern Sachkenntnisse, logisches Denken und Gedächtnisleistungen fordern
Logikspiele	sich zu bewähren, seine Fähigkeiten unter Beweis zu stellen	Qwirkle (Schmidt Spiele), Take it easy (Ravensburger),	Die Fülle der verschiedenen Quiz-Spiele auf dem heutigen Spielemarkt hängt mit den erhöhten Leistungsanforderungen in unserer Gesellschaft zusammen. Auch in der Freizeit findet man Spaß daran, sein Wissen zu präsentieren.
Quizspiele		Gefragt Gejagt (Goliath Toys), Bezzerwizzer Deluxe (Mattel)	
Ordnungsspiele Legespiele	eigene Ordnungsvorstellungen auch gegen widrige Umstände zu verwirklichen	Domino, Triominos (Goliath Toys)	Das Spielmaterial muss nach einem bestimmten Ordnungsprinzip gelegt oder zusammengesetzt werden. Der Zufall, aber auch Kombinationsfähigkeit und taktisches Vorgehen bestimmen den Ausgang des Spiels.
Buchstabenspiele		Scrabble®, Kreuzworträtsel	
Puzzle-Spiele		Puzzle, Tangram (Dumont), Zauber-(/Rubik-) Würfel	

Die meisten Brettspiele orientieren sich an kompetitiven Prinzipien, die am Ende die Spieler zu Gewinnern und Verlierern machen. Über den Wert dieser Spiele sind Pädagogen geteilter Auffassung. Befürworter sehen in den Konkurrenzspielen die Anstrengungsbereitschaft der Spieler, die Spaß, Abwechslung und Spannung in der Gemeinschaft erleben wollen, während Kritiker behaupten, dass Verlieren zu Frustrationen, Versagensängsten und Mangel an Selbstwertgefühl führen kann. Aus psychoanalytischer Sicht haben jedoch gerade Kinder die Möglichkeit, im Spiel und durch das Spiel seelische Konflikte zu verarbeiten und Wunschvorstellungen von Macht, Erfolg und Anerkennung, die durch die Konfrontation mit den Erwachsenen entstehen, zu kompensieren. Wettbewerbsspiele können hingegen auf einer Transformationsebene (vgl. Fritz, 1989, S. 149) kooperative Elemente enthalten, d. h., es geht nicht nur um das Gewinnen und Verlieren, sondern auch um ein anregendes Spiel, das allen Mitspielern Spaß macht, sodass auch partnerschaftliche Ziele erreicht werden können.

Demgegenüber stehen die sogenannten kooperativen Brettspiele, bei denen alle gemeinsam zum Ziel kommen und es keinen Einzelsieger und Einzelverlierer gibt. Für den Kitabereich sind eine Reihe von kooperativen Brettspielen entwickelt worden, die ohne einen personengebundenen Gegner auskommen, allerdings eine sehr geringe Komplexität und Spieldynamik entwickeln.

Für den Grundschulbereich stellen koalitive Brettspiele eine Alternative dar, bei denen alle Spieler gemeinsam ein Ziel erreichen sollen. Zum Beispiel müssen bei dem Spiel „Just One“ (Asmodee – Spiel des Jahres 2019) möglichst viele der 13 geheimen Wörter erraten werden. Bei anderen Spielen spielt eine Gruppe gegen eine andere, innerhalb der Gruppe wird kooperiert, gegen die andere Gruppe kompetitiv vorgegangen. Koalitive Spiele sind im eigentlichen Sinne Mannschaftsspiele, z. B. das Spiel Scotland Yard® (Ravensburger), in dem nur durch Kooperation der Detektive der Täter gestellt werden kann. Bei einigen bekannten Gesellschaftsspielen bieten sich koalitive Spielweisen an, wenn gemeinsam der stärkste Mitspieler besiegt werden soll, z. B. bei Malefiz® oder Monopoly®.

Hilfen bei der Auswahl guter Brettspiele:

- „Spiel des Jahres“, verliehene Auszeichnung von Spielkritikern, Informationen unter: www.spiel-des-jahres.de
- Zeitschrift Spielbox, www.spielbox.de
- Deutsches Spiele Archiv – Beratung und Information zu Brettspielen, http://museen.nuernberg.de/spielearchiv/

Weitere Informationen zur Auswahl von Spielen finden Sie im Internet unter www.spielbox.de.

Web

Entwicklung Regelverständnis im Grundschulalter

Web

Spieltestkarte

Vertiefungsaufgaben

1. Lesen Sie den Text von S. 118 und dokumentieren Sie die drei *Entwicklungsphasen des Regelverständnisses* an Beispielsituationen.
2. Ordnen Sie folgende Brettspiele einer oder mehreren Spielarten zu:
   - Spinderella® (Zoch Verlag)
   - Geister, Geister, Schatzsuchmeister® (Mattel Games)
   - Ice Cool (Amigo)
   - Tal der Wikinger (Haba)
   - Funkelschatz (Haba)
   - Stone Age Junior (Hans im Glück)
3. Entleihen Sie ein Brettspiel, das Ihnen unbekannt ist. Schreiben Sie eine Beurteilung zu diesem Brettspiel. Stellen Sie es Ihrer Lerngruppe vor und lassen Sie dazu *Spieltest-Karten* ausfüllen. Vergleichen Sie Ihre eigene Beurteilung mit den Spieltest-Karten in Ihrer Lerngruppe.
4. Spielen Sie ein Brettspiel, das nach Ihrer Meinung für Grundschulkinder geeignet ist. Formulieren Sie in Partnerarbeit die dazu erforderlichen Spielregeln. Stellen Sie Ihre Spielregeln der Lerngruppe vor und stellen Sie fest, welche der aufgestellten Spielregeln am besten verstanden werden.
5. Gestalten Sie in Teamarbeit ein Brettspiel für Kinder im Grundschulalter. Erstellen Sie die Spielregeln und fertigen Sie einen festen Spielplan an.
6. Richten Sie in Ihrer Fachschule eine Spielothek (Ausleihe für Gesellschaftsspiele) ein. Überlegen Sie, welche Spiele zu einem Grundbestand gehören sollten. Fertigen Sie zu jedem Spiel eine Spieltest-Karte an.

3.4.2 Digitale Spiele

Die Frage, ob digitale Spiele für Kinder geeignet sind, stellt sich in der heutigen Zeit nicht mehr, da sie schon längst von Kindern entdeckt wurden. Die Frage heißt also nicht *ob*, sondern *ab wann, wie* und *was* oder *womit?*

Das breite Angebot an digitalen Spielen wird immer vielfältiger und technisch perfektionierter. Viele Eltern und Erzieherinnen fühlen sich unsicher und überfordert, wenn es um den Umgang mit Computerspielen im erzieherischen Alltag geht. Denn etliche dieser Spiele beinhalten massive Gewaltszenen und demonstrieren Brutalität.

Um gezielt fördern zu können, sind zunächst verlässliche und gesicherte Daten über den Umgang von Kindern mit Computerspielen notwendig.

„Digitale Spielgeräte (mobil/stationär) sind ein fester und wichtiger Bestandteil im Medienensemble der 6- 13-Jährigen. Nicht nur zu stationären (Computer, stationäre Spielkonsole), sondern auch mobilen Spielgeräten (mobile Spielkonsole, Handy, Smartphone, Multimediaplayer und Tablet) haben fast alle Kinder von 6 bis 13 Jahren Zugang. Im Hinblick auf die digitalen Spielgeräte herrscht unter den befragten Kindern von 6 bis 13 Jahren Vollversorgung. In den Kinderzimmern, also im Besitz der Kinder selbst, sind vor allem mobile Spielgeräte zu finden. Die mobile Spielkonsole ist dabei das am weitesten verbreitete digitale Gerät unter den befragten Kindern."

(Hugger u. a., 2013, S. 214)

Nach dem Fernsehen und Musikhören steht das mobile Spielen auf Platz 3 der beliebtesten medialen Aktivitäten (vgl. Hugger u. a., 2013, S. 216 f.).

Sowohl bei Besitz von Computerspielen als auch Spielhäufigkeit sind sich Mädchen und Jungen ähnlich. Klare geschlechtsspezifische Unterschiede zeigen sich hingegen bei inhaltlichen Interessen. Jungen zählen insbesondere Sport- und Rennspiele, Jump'n'Run-Spiele, Actionspiele, Adventure-Spiele und Strategiespiele zu ihren Favoriten, während Mädchen Partyspiele, Denk- und Geschicklichkeitsspiele und Musikspiele bevorzugen. Von Jump'n'Run-Spielen und Simulationsspielen sind sowohl Jungen als auch Mädchen begeistert.

Seit 2010 werden zudem vernetzte Spiele favorisiert, z. B. Spiele über soziale Netzwerke, Browsergames und Apps für Tablet und Smartphone. Sie sind deshalb so beliebt, da sie meist kostenlos angeboten werden. Aber Vorsicht, gegen Geld können bestimmte Vorteile innerhalb des Spiels erworben werden, was für Kinder und Jugendliche sehr verlockend, aber durch die anfallenden Kosten möglicherweise auch unkalkulierbar sein könnte.

2019 hat die WHO die „Gaming Disorder" in die Internationale statistische Klassifikation der Krankheiten (ICD-11) aufgenommen. Diese zeichnet sich durch eine nur noch eingeschränkte Kontrolle über das Spielen, eine Überhöhung der Bedeutung des Spielens und seine Fortführung trotz des Auftretens negativer Konsequenzen aus.

Daher sind alle an der Erziehung beteiligten Erwachsenen gefordert, zunächst ihr eigenes mediales Verhalten zu überprüfen: Wie viel Screentime ist eigentlich zu viel? Um die eigenen Verhaltensweisen selbst einschätzen zu können, hat der Psychologe Christian Montag einen Fragebogen[1] ins Internet gestellt, den jeder für sich ehrlich beantworten sollte.

---

[1] Aufrufbar unter https://molekulare-psychologie.de/smartphone-addiction.de/.

Um in der sozialpädagogischen Praxis beraten zu können, ist es wichtig, eigene Medienkompetenzen zu erwerben, um sich mit der Technologie und neuer Software auseinanderzusetzen und den richtigen Umgang zu vermitteln.

Der erste Schritt dafür ist learning by doing, also selbst digitale Spiele ausprobieren, ihre Wirkung und ihre Qualität analysieren und beurteilen.

Der zweite Schritt ist, sich einen Überblick über das Angebot an digitalen Spielen zu verschaffen, sie miteinander zu vergleichen und Intentionen und Lernzielbereiche zu ermitteln.

Der dritte Schritt ist die Entwicklung eines didaktisch-methodischen Handlungskonzeptes, ausgehend von den Interessen, Bedürfnissen, entwicklungsbedingten Fähigkeiten und dem sozialen Umfeld der Zielgruppe. Es empfiehlt sich zunächst eine kritische Auseinandersetzung mit Wirkungsmechanismen ausgewählter Spiele, um dann über sinnvolle Einsatzmöglichkeiten in der sozialpädagogischen Praxis zu entscheiden.

Hinweise zum Einsatz von digitalen Spielen:

- Der Spielinhalt darf nicht gewaltintensiv, kriegsverherrlichend, politisch extremistisch, pornografisch oder menschenverachtend sein, z. B. wenn Spieler in einer virtuellen Welt, die der realen nachgebildet ist, ohne Moral und Empathie kämpfen müssen, um zu überleben.
- Die Spielstrategie sollte nicht zerstörend sein, sondern konstruktiv, z. B. durch taktisch kluges oder geschicktes Handeln Lösungen zu erzielen und nicht durch schlagkräftige, militärische Aktionen.
- Die Spiele sollten möglichst vielfältige Aufgaben enthalten. Logisches Denken, Kombinationsfähigkeit und Sprachfähigkeit sollten ebenso gefördert werden wie Reaktionsschnelligkeit.

Edutainment: Software zwischen Spielen und Lernen[1]

Erscheinungsformen	Intention	Spielbeispiele
1. **Teachsoftware** (Lehrprogramme) mit *Thinking Things* (memory®-Aufgaben) *Glimmicks* (etwas durch Anklicken zum Leben erwecken), *Jump-and-Run* (Zeichentrickfolgen), *Living-books* (elektronische Bilderbücher)	Vermittlung von Wissen, Einsichten, Fähigkeiten und Fertigkeiten allgemeiner Art durch unterhaltsame Elemente bei lernzielorientiertem, vorgegebenem Lernweg	• *Lazuli* (funline Media GmbH), ab 4 Jahre, für iOS; ein interaktives Lernspiel zur Förderung des mathematischen Denkens • *Richtig konzentrieren – Fragenbär – Spiel um den Piratenschatz®* (Spielend Lernen Verlag), ab 4 Jahre, fürs Smartphone, Tablet • *Sonic Mania Plus* (Sega), ab 8 Jahre, für PS4, Switch, Xbox One; ein klassisches Jump'n'Run-Spiel mit dem quirligen Igel Sonic

[1] Vgl. Bundesministerium für Familie, Senioren, Frauen und Jugend (BmFSFJ): Spiel- und Lernsoftware pädagogisch beurteilt, kostenlose Broschüre Nr. 29, oder als pdf-Dokument unter www.bmfsfj.de, 2019; weitere Links zum Thema: Computerspiele siehe Internetadressen S. 306.

Erscheinungsformen	Intention	Spielbeispiele
2. **Toolsoftware** (Werkzeuge)	ohne professionellen Anwendungsbezug, Herstellung kreativer Objekte	• *LEGO® Software – Der Hobbit™* (Warner), ab 8 Jahre, für PC und verschiedene Spielkonsolen • *Petterssons Erfindungen DELUXE®* (Verlag Friedrich Oetinger), ab 6 Jahre, für Smartphone, Tablet • *Fritz und fertig Schach für Außerirdische®* (Terzio), ab 8 Jahre, für PC
3. **Infosoftware** (Information) mit *Click and Learn* (Sachbuchcharakter, Nachschlagewerke)	unterhaltsame Informationssysteme zu interessanten Themen, z. B. Musiker, Kunst, Ritter etc. durch Filme, Texte, Bilder, Geräusche, Musik	• *Lindbergh – Die abenteuerliche Geschichte einer fliegenden Maus®* (Autor: Torben Kuhlmann, Nord-Süd-Verlag/Oetinger), ab 6 Jahre für Smartphone, Tablet • *Mussila Musikschule* (Rosamosi ehf.), ab 7 Jahre, App für Android, iOS; eine App zur Schulung des musikalischen Verständnis • *Homo Machina* (Arte Experience), ab 8 Jahre, für Android, iOS; künstlerische App über die Vorgänge und die Anatomie des menschlichen Körpers
4. **Simsoftware** (Simulationsprogramme) **Aktionale:** z. B. der Spieler ist der Fahrer, direkter Zeitfluss **Strategische:** Entscheidungen treffen, erst dann Fortschreiten der Zeitsimulation	Simulationen mit spielerischer Dramaturgie zu lernrelevanten Inhalten, z. B. Fahrzeugsimulation, Städtebau, politische und wirtschaftliche Prozesse, ökologische Simulation	• *Woodie Hoo Tierfreunde* (Mixtversion), ab 4 Jahre, kostenlose App für Android, iOS • *Landwirtschaftssimulator 19* (Astragon), ab 8 Jahre, für PC, Mac, PS4, Xbox One; zum mit- oder gegeneinander spielen, um einen eigenen Bauernhof zu verwalten • *Forza Horizon 4* (Microsoft), ab 10 Jahre, für PC, Xbox One; ein Autorennen in Großbritannien mit vielen Spiel- und Steigerungsoptionen
5. **Gamesoftware** (Spielprogramme)	unterhaltsame Spiele, die allgemeine Kenntnisse und Fähigkeiten fördern, ohne dass diese besonders deutlich gemacht werden	• *GOMO® (EuroVideo)*, ab 6 Jahre, für PC • *Rund um die Welt mit Felix®* (Coppenrath), 4–10 Jahre, für PC • *Yoku's Island Express* (Sold Out), ab 8 Jahre, für PC, PS4, Switch, Xbox One; digitales Brettspiel mit Flipper-Adventure • *Scribblenauts Showdown* (Warner Bros.), ab 8 Jahre, für PS4, Switch, Xbox One; eine kreative Minispielsammlung, bei der Begriffe geschrieben und eingesetzt werden müssen

- Die Spiele sollten sich in der Spieloberflächengestaltung (Grafik, Sound, Animation) und Dramaturgie an den entwicklungsbedingten Interessen und Fähigkeiten der Zielgruppe orientieren.

- Es sollten sich möglichst mehrere Spieler gleichzeitig beteiligen können. Smartphone, Tablet oder PC sollten kein Ersatz für interessante Freizeitgestaltung und soziale Kontakte sein.
- Das Spiel am Computer sollte zeitlich begrenzt sein, im Grundschulalter auf etwa eine halbe bis eine Stunde am Tag, und durch Bewegung, möglichst im Freien, ausgeglichen werden.
- Kinder und pädagogische Mitarbeiter sollten oft zusammen am Computer spielen. Der gemeinsame Spaß vermittelt emotionale Verbundenheit und das Kind hat die Gelegenheit, seine Überlegenheit gegenüber dem Erwachsenen zu zeigen. Zum anderen kann der Erwachsene auf diese Weise das Kind in seinem Spiel beobachten.

Vertiefungsaufgaben

Web

Beurteilungskarte Computerspiel

1. **Entleihen Sie in einer öffentlichen Bücherei ein Computerspiel oder laden Sie sich eine kostenlose App auf Ihr Smartphone oder Tablet. Spielen Sie es im Team und tragen Sie zusammen, was Sie fasziniert bzw. abstößt. Erstellen Sie eine Beurteilung und suchen Sie Einsatzmöglichkeiten für die sozialpädagogische Praxis.**
2. **Sie wollen den Träger Ihrer Freizeiteinrichtung überzeugen, Computer für Ihre sozialpädagogische Arbeit mit Grundschulkindern anzuschaffen. Lesen Sie die meistgenannten Vorurteile, die sich gegen das Spielen am Computer aussprechen:**
   - **Der Computer macht einsam.**
   - **Die Kinder lesen keine Bücher mehr – der Computer hemmt die Kreativität.**
   - **Die Kinder sitzen nur noch vor dem Bildschirm und gehen überhaupt nicht mehr an die frische Luft.**
   - **Die Kinder spielen ja nur damit, lernen aber nichts.**
   - **Es gibt ja nur Schrott, Gewalt, Sex und Nazispiele.**
   - **Der Computer ist ein kaltes Medium.**
   - **Der Fortschritt verlangt ständiges Aufrüsten, um „up to date" zu bleiben.**
   - **Das ist alles wahnsinnig teuer.**

   Formulieren Sie überzeugende Gegenargumente.

3.4.3 Bewegungsspiele

Bewegungsspiele gehören zu den ältesten Spielen der Menschheit. Ebenso wie an Gesellschaftsspielen sind auch an ihnen die Strukturen einer Gesellschaft erkennbar. Interessant sind Vergleiche mit Bewegungsspielen in anderen Kulturen, weil sie über gleiche Grundmuster verfügen.

Das Grundschulkind ist an allen bewegungsreichen Spielformen interessiert, die seine motorischen Fähigkeiten, seine körperliche Geschicklichkeit und Reaktion ansprechen, herausfordern und erweitern. Beliebt sind dabei Spiele, die nicht an Spielmittel gebunden sind und spontan mit mehreren gespielt werden können, z. B. Lauf-, Fang- und Versteckspiele. Die meisten Bewegungsspiele sind jedoch an besondere Spielmittel oder Materialien gebunden, z. B. Fußball, Rollerblades oder Skateboard, und benötigen fast ausschließlich das Außengelände. Leider stehen vielen Kindern keine geeigneten Spielräume und Freiflächen für ungezwungene Bewegungsspiele zur Verfügung, sodass ihre motorische und auch soziale Entwicklung behindert wird.

Alle an Spielmittel gebundenen Bewegungsspiele setzen das Erlernen einer Spieltechnik voraus, erst dann ist es sinnvoll, nach festgelegten Spielregeln zu spielen, die meistens kompetitives Spielverhalten beinhalten.

Das Angebot an Bewegungsspielen ist recht umfangreich. Zur besseren Übersicht und zum Vergleich kann eine Einteilung der Bewegungsspiele nach den charakteristischen Spielprinzipien (vgl. Fritz, 1989, S. 81 ff.) vorgenommen werden:

Spielprinzip	Name des Spiels	Charakteristische Spielweise
1. Trefferprinzip	Murmelspiel/Boule/Kegeln/Hockey/Krokket/Mini-Golf/Tischtennis/Federball/Fußball/Dart/Basketball/Völkerball/Hase u. Jäger etc.	Kugeln, Murmeln, Bälle o. A. werden durch einen einmaligen Wurf oder Stoß bewegt, sodass sie etwas treffen oder eine bestimmte Lage einnehmen. Diese Spiele weisen recht unterschiedliche Spielregeln auf. Sie sind abwechslungsreich und durch vielfältige Handlungsmöglichkeiten sehr beliebt.

Spielprinzip	Name des Spiels	Charakteristische Spielweise
2. Lenkungsprinzip	Angelspiel/Käsebrett/Labyrinth/Geduldsspiele etc.	Ein mobiler Gegenstand, meist eine kleine Kugel, wird durch ständiges Bewegen über oder durch einen Hindernisparcours gelenkt. Diese Spiele werden meist allein gespielt und haben ihren Reiz im wiederholten Ausprobieren eigener feinmotorischer Geschicklichkeit.
3. Reaktionsprinzip	Plumpsack/Feuer, Wasser, Sturm/Die Reise nach Jerusalem/Fangen/Verstecken/Fischer wie weht deine Fahne etc.	Die Spieler müssen schnell auf einen Reiz reagieren, z. B. auf ein Signal loslaufen, sich einen Platz suchen, einen Ball fangen. Diese Spiele sind sehr dynamisch, mit wechselnder Rollenverteilung und einfachen Spielregeln, sodass sie auch gerne von jüngeren Kindern gespielt werden.
4. Mikadoprinzip	(Riesen-)Mikado/Scree/Stapelspiele etc.	Die Spieler müssen einzelne Spielteile aus einem (un-)geordneten Ganzen so geschickt wie möglich wegnehmen. Bei den Stapelspielen ist das geschickte Hinzufügen einzelner Teile zu einem ganzen Ziel des Spiels.
5. Konstanzprinzip	Kreisel/JoJo/Diabolo/Seilspringen/Hula-Hoopreifen/Jonglieren/Drachensteigen etc.	Der oder die Mitspieler lösen eine Bewegung aus, die fortwährend beibehalten wird. Bei diesen Spielen handelt es sich um eine Mischung aus Geschicklichkeits- und Glücksspiel, von denen eine besondere Faszination ausgeht (siehe auch Roulette, Spielautomaten).

Anna versteckt sich

ANNA hat sich heute Nacht
ein Versteckspiel ausgedacht.
Das wird lustig, denkt sie, denn
hinter einem Zaun aus N
kann ich gut verschwinden,
keiner wird mich finden!
NNNNNNNNNANNANNNNNNNNN
Doch sie hat sich kaum versteckt,
da hat Karl sie schon entdeckt,
weil man ihre beiden A
durch den N-Zaun deutlich sah.

(Lenzen, 1972 S. 148)

Jüngere Grundschulkinder sind meist noch nicht in der Lage, ohne Spielführung eines Jugendlichen oder Erwachsenen ein kompetitives Regelspiel in einer Mannschaft zu spielen. Sie organisieren ihr Bewegungsspiel häufig spontan, z. B. auf der Straße, auf dem Schulhof in kleineren Spielgruppen, nach dem Reaktionsprinzip, z. B. Verstecken oder Fangen. Auch diese Spiele gehören zu den kompetitiven Regelspielen, die allerdings auch koalitiv gesehen werden können, da das Gewinnen und Verlieren einzelner Mitspieler nicht das wichtigste Spielmerkmal ist, sondern der Fänger z. B. nur für eine kurze Zeit eine konkurrierende Position gegenüber den übrigen Mitspielern einnimmt und die Gegenspieler-Rolle in der nächsten Spielrunde bereits wechselt.

Ebenso können Wettbewerbsspiele, die in Mannschaften gespielt werden (besonders Regelspiele nach dem Trefferprinzip), in koalitiv-kompetitiver Spielweise durchgeführt werden, z. B. bei einem Fußballspiel: Kooperatives Spielverhalten steht vor konkurrierendem Spielverhalten. Eigene Vorteile können zwar gesucht werden, der Erfolg der Mannschaft ist jedoch vorrangig. Diese Spielweise ist einerseits dynamischer, aber auch weniger konfliktreich, da es keine Einzelsieger und -verlierer gibt, sondern Erfolg oder Niederlage ein kollektives Erlebnis ist.

Maßgeblich beteiligt am emotionalen Stimmungsbild einer Mannschaft ist jedoch die Spielleitung. Sie kann durch spielpädagogische Methoden und demokratische Verhaltensweisen eine harmonische Spielatmosphäre schaffen, die die Mannschaft motiviert, ermutigt und zu kooperierendem Verhalten auffordert. Sie kann aber auch durch das eigene Verhalten Mitspieler entmutigen, verunsichern, diskriminieren und sie dazu veranlassen, mit Gewalt und Aggressivität gegen die anderen Mitspieler vorzugehen (siehe S. 48 f., Spielleiterverhalten).

Aufregung wegen Reise nach Jerusalem
Das Spiel sei zu aggressiv für Kinder

London. (dpa) In britischen Kitas und Schulen soll künftig die „Reise nach Jerusalem" nicht mehr gespielt werden, weil das Spiel Kinder angeblich zu aggressiv macht. Dies jedenfalls empfiehlt eine Broschüre, die von der britischen Erziehungs-Staatssekretärin vorgestellt wurde.

Bei dem Spiel müssen die Kinder versuchen, sich beim Innehalten von Musik oder Gesang auf einen Stuhl zu setzen, jedoch gibt es immer einen Stuhl weniger, als Kinder vorhanden sind. Wer keinen Stuhl abbekommt, scheidet aus.

Ein Sprecher der Staatssekretärin relativierte: „Das Buch setzt sich nicht für ein Verbot ein, sondern rät den Lehrern, weniger aggressive Spiele auszuwählen." Die Autorin der Broschüre beklagte, dass bei der „Reise" „immer die größten und stärksten Kinder gewinnen."

(wgr/© dpa, 2000)

Vertiefungsaufgaben

1. Stellen Sie in Ihrer Lerngruppe ein Bewegungsspiel für Grundschulkinder vor und verdeutlichen Sie Ihre Zielsetzung. Schreiben Sie die dazu erforderliche Spielanleitung mit didaktisch-methodischen Hinweisen. Erweitern Sie Ihre Spielkartei.
2. Tragen Sie Bewegungsspiele aus den Herkunftsländern der Teilnehmer in Ihrer Lerngruppe zusammen. Können Sie gleiche Grundmuster feststellen?
3. Spielen Sie das Spiel „Reise nach Jerusalem“. Verändern Sie die herkömmliche Spielregel zugunsten einer kooperativen bzw. koalitiven Spielweise (lesen Sie dazu den Zeitungsartikel auf S. 125).
4. Viele Bewegungsspiele beinhalten bei Misserfolg eines Mitspielers das Ausscheiden.
   Führen Sie Spiele mit dieser Spielregel durch und beschreiben Sie anschließend Ihre Gefühle. Suchen Sie nach alternativen spielpädagogischen Lösungsmöglichkeiten.

3.4.4 Konstruktions- und Technikspielzeug

Lernsituation: Yannis baut einen Bagger

Eva, die Gruppenleiterin, sitzt am Tisch und spielt mit Nick und Matti Monopoly®. Zwischendurch schaut sie hin und wieder in die gegenüberliegende Bauecke, in der Yannis (7;4 J.) sitzt und mit LEGO® Steinen etwas zu konstruieren versucht. Neben ihm liegt eine Bauanleitung. Er scheint sehr konzentriert. Immer wieder verändert er die Anordnung der verschiedenen Bausteine. Nach einiger Zeit betrachtet er sein Werk, lächelt und geht zu Eva. „Schau mal, Eva, ein Bagger, den hab ich ganz alleine gebaut!“ Auch die beiden anderen Jungen schauen sich Yannis Bagger an. Matti lacht: „Das soll ein Bagger sein? Der kann ja noch nicht mal was hochheben!“ Yannis antwortet: „Kann er wohl, hier!“ Er versucht, mit der Baggerschaufel Häuschen des Monopoly® Spiels hochzuheben, wobei die Baggerschaufel abbricht und die Anordnung auf dem Spielbrett durcheinandergerät. Nick und Matti schreien: „Hau ab mit deinem blöden Bagger! Du machst alles kaputt!“ Yannis ist sauer. Er nimmt seinen Bagger und geht in den Nebenraum. Dabei fügt er ärgerlich hinzu: „Und die Bauanleitung war sowieso ganz falsch, da fehlte was!“ Eva fordert Nick und Matti auf, das Spielfeld wieder zu ordnen. Gemeinsam setzen sie das Monopoly® Spiel fort.

Impulse zur Bearbeitung der Lernsituation:

- *Was wissen Sie über die Entwicklung des Konstruktionsspiels im Kindesalter?*
- *Wie verhalten sich die drei Jungen?*
- *Warum verlässt Yannis den Raum?*
- *Wie verhält sich die Gruppenleiterin Eva?*
- *Wie hätten Sie an ihrer Stelle gehandelt?*

Kita-Kinder sind damit zufrieden, aus Holzbausteinen oder anderen Materialien Bauwerke herzustellen und sich gleichzeitig in eine vorgestellte Spielwelt zu begeben (vgl. Bau- und Materialspiele S. 99 f.). Grundschulkinder hingegen versuchen, ihre Bauwerke möglichst funktionstüchtig und realistisch nachzubilden, wobei das rollenorientierte Figurenspiel immer weiter verdrängt wird. Ziele des Spiels der Grundschulkinder sind differenzierter, Kinder im fortschreitenden Schulalter sind in der Lage, sich über einen längeren Zeitraum konzentriert in eine Spieltätigkeit zu vertiefen und mit einem Spiel zu beschäftigen. Während dieser Zeit vollenden sie ihre selbst gestellte sowie selbst geplante Spielaufgabe mit Ausdauer.

Überwiegend werden die Lernprozesse im Konstruktionsspiel vom Materialcharakter systematisch gesteuert, etwa durch

- das Erfassen von (statischen, mechanischen, elektrischen u. Ä.) Gesetzmäßigkeiten,
- das Erkennen von Zusammenhängen,
- das Erschließen räumlichen Denkens.

Andererseits motivieren Lob und Anerkennung seitens der Erwachsenen oder auch älterer Kinder die Fortsetzung und Erweiterung der Bauwerke sowie die kreative Auseinandersetzung.

Wie jede Art von Spielzeug unterliegt auch Konstruktionsspielzeug dem Zeitgeist, dem die Spielmittelindustrie folgt, die ein breit angelegtes Sortimentsangebot an Steck- und Haftsystemen aus Kunststoff entwickelt hat, z. B. *Constri, Clics, Plasticant, Poly-M, Fischertechnik, LEGO® Produkte* u. A. Die meisten Konstruktionssysteme werden in Baukastenform oder Einzelproduktkästen angeboten, womit z. B. nur ein spezielles Fahrzeug, Gebäude oder ein Themenbereich (z. B. Flughafen/*Adventurer's jungle)* gebaut werden kann. Gelegentlich ergänzen sich die Bausätze eines Systemsortiments unter Einbeziehung von Zusatzmaterial.

„Am Anfang jeder Idee steht die Fantasie." Viele Konstruktionsspielzeuge, teilweise auch LEGO® Steine, sind hingegen nur auf eine vorgegebene Bauweise fixiert und lassen keine anderen kreativen Lösungen zu.

Unter den Haftsystemen sind LEGO® Steine die bekanntesten. Bereits 1949 stellte der Däne O. K. Christiansen die allerersten Bausteine aus Kunststoff her. Dank ihrer neuartigen Klemmverbindung durch Noppen und Hohlröhrchen gerieten diese Kunststoffbausteine nicht mehr ins Wackeln. Im Laufe der Jahre hat die LEGO® Group ihre Produktpalette kontinuierlich erweitert, von Häusern mit Schrägsteindach über Eisenbahnen, Schiffe, Weltraumraketen bis hin zu Piraten.

Das Neueste ist die Verknüpfung von Konstruktionselementen mit dem Computer. So wird z. B. auf CD-ROM eine virtuelle Reise in ein Spielzeugland angeboten, in dem nach Anweisungen elektronischer Begleiter parallel am Bildschirm und in der Realität Roboter gebaut werden können.

Aktuell sind auch elektrische Erweiterungen, z. B. Elektromotoren oder elektronische Ergänzungen, sogenannte elektronische Bausteine, die mithilfe einer einfachen Programmiersprache über den Computer selbst programmiert werden können. So entwarfen z. B. zwei achtjährige Mädchen eine Katzenmutter, dazu ein Katzenkind mit Leuchtdiodenaugen, deren Blinken die Mutter herbeilockte, von wo immer sie gerade zufallsgesteuert herumsurrte. Im Gegensatz zu einem industriegefertigten Spielzeug mit festgelegten Funktionen können die Kinder hierbei zwar das ferngesteuerte Spielzeug selbst konstruieren, die Funktionsweise eines elektronischen Bausteins bleibt ihnen jedoch nach wie vor verborgen.

Voraussetzungen (Eignung)

Konstruktionsspielzeuge sind demzufolge in der Regel erst für Kinder im Grundschulalter geeignet, vorausgesetzt

- sie sind an technischen Konstruktionen interessiert,
- sie sind experimentierfreudig,
- sie besitzen Kombinationsfähigkeit, um Bauanleitungen aufschlüsseln zu können,
- sie verfügen über feinmotorische Fähigkeiten,
- sie besitzen Konzentrationsfähigkeit und Ausdauer.

Bei der Wahl eines speziellen Konstruktionssystems sollten folgende Überlegungen angestellt werden:

- Ist das Material altersgerecht und besteht es aus einfachen, schnell zu begreifenden Formen?
- Lässt das Material sowohl eine realitätsnahe als auch eine fantasievolle Gestaltung zu?
- Hat das Material emanzipatorischen Charakter, d. h., können Kinder geschlechterneutral ihre Spielwelten gestalten?
- Ermöglicht das Material durch eine starke Variabilität in der Anordnung der Elemente kreative Veränderungen?
- Sind fertige Bauprodukte gut in die Materialelemente zerlegbar?
- Ist das Material erweiterungsfähig, durch mobile Elemente wie Motoren u. Ä.?
- Bietet das Material Kombinationsmöglichkeiten aufgrund einer Verknüpfung mit anderen Konstruktionssystemen?

Vertiefungsaufgaben

1. Verschaffen Sie sich in Spielwarengeschäften oder durch Produktinformationen (Werbung/Internet) einen Überblick über verschiedene Konstruktionssysteme.
2. Untersuchen Sie ein Konstruktions-Spielsystem und schreiben Sie eine ***Beurteilung***.
3. Probieren Sie nach Möglichkeit zwei unterschiedliche Konstruktionssysteme auf verschiedene Weisen aus:
   - Konstruieren Sie ein Modell frei nach Ihren Vorstellungen.
   - Konstruieren Sie ein Modell nach vorgegebener Konstruktionsanleitung.
   - Kopieren Sie ein Modell, das auf der Verpackung abgebildet ist.

   Vergleichen Sie die drei Konstruktionsmöglichkeiten und stellen Sie Vor- und Nachteile der Konstruktionssysteme heraus.
4. Bilden Sie sich eine Meinung zu folgendem Zitat eines Projektmanagers: „Als wir eines Tages sahen, dass Kinder mit einem unserer Prototypen sprachen, wussten wir, dass die Richtung stimmt. Die Tatsache, dass die Kinder unsere Modelle wie lebende Wesen behandelten, war für uns der Beweis dafür, dass unser Konzept aufgeht."
5. Machen Sie Spielvorschläge zum Einsatz von Konstruktionsmaterial in einer außerschulischen Freizeiteinrichtung.

Web

Beurteilung: Konstruktions-Spielsystem

3.4.5 Spiel mit Rollen und Requisiten

Lernsituation: Der Kampf um die Burg

An einem schönen Sommertag in den Schulferien beobachtet die Erzieherin Eva auf dem Außengelände der OGS acht Jungen und Mädchen im Alter zwischen sieben und zehn Jahren:

Im Baumhaus haben sich vier Jungen verschanzt. Sie bilden eine „Bande" und haben das Baumhaus zu „ihrer Burg" erklärt.
Die andere „Bande" (zwei Mädchen, zwei Jungen) hält sich auf der gegenüberliegenden Wiese auf. Dazwischen spielt sich der „Kampf" ab. Beide Banden stürzen sich mit großem Geheul aufeinander, kämpfen, zwei Jungen liegen auf dem Boden. Eva will eingreifen, doch offensichtlich haben sie sich nicht wehgetan. Requisiten, wie Tücher und Holzschwerter, werden zwischendurch aus dem Haus geholt. Wortfetzen einer Geschichte sind zu hören „... überfallen", „... wir machen einen Hinterhalt", „... die wollen unseren Anführer holen."
Die beiden Mädchen pflücken in einem kleinen Topf Gänseblümchen. Sie sind die Burgfräulein und haben sich die Tücher kunstvoll um Bauch und Kopf gebunden. Das plötzliche Verschwinden von Timo (9 J.), wird von den anderen

Kindern in die Spielhandlung eingebaut: „Der ist zur anderen Ritterburg, Hilfe holen." Emely (8 J.) und Paula (7 J.) kommen dazu. Sie werden kurz von den anderen beiden Mädchen in die Geschichte eingeführt und erhalten ebenfalls Rollen als Burgfräulein.

Timo ist wieder da. Er hält den Wasserschlauch in der Hand, dreht den Wasserhahn auf und ruft: „Wenn ihr unsere Burg erobern wollt, müsst ihr durch den ‚Wassergraben'!" Alle rennen zu Timo, lassen ihre Kleidung nass spritzen, springen herum, lachen und kreischen vor Vergnügen. Eva geht das zu weit: „Jetzt ist aber Schluss!" ruft sie und dreht kurz entschlossen den Wasserhahn zu.

Impulse zur Bearbeitung der Lernsituation:

- ***Was wissen Sie über das Rollenspiel im Grundschulalter?***
- ***Welche unterschiedlichen Spielbedürfnisse werden in dieser Spielsituation deutlich?***
- ***Wie würden Sie die Spielatmosphäre beschreiben?***
- ***Wie würden Sie die Kampfszenen beurteilen?***
- ***Welchen Eindruck haben Sie von den Rollenklischees, die die Kinder in diesem Spiel verkörpern?***
- ***Welche Handlungsweisen zeigt die Erzieherin Eva?***
- ***Wie hätten Sie gehandelt?***

Geht es beim spontanen Rollenspiel im Kita-Alter meist darum, die Logik von Alltagshandlungen der Erwachsenen durch Nachahmung zu verstehen, so führen Rollenspiele im Grundschulalter eher dahin, Rollen und Handlungen zu begreifen, um Handlungsmotive von Erwachsenen und Gleichaltrigen nachvollziehen zu können. Das höhere sprachliche und kognitive Niveau befähigt Kinder im Grundschulalter zu differenzierten und komplexen Rollenspielen. Emotional besetzte Themen wie Liebe, Angst, Versagen, Schuld etc., aber auch mediale Erlebnisse werden dramatisiert dargestellt und im fantasievollen Spiel durchlebt. Tod und Leben sind z. B. häufig inszenierte Themen: „Du wärst jetzt wohl getroffen und müsstest tot umfallen!", „Aber ich hätte noch drei Leben und könnte weiterkämpfen." Das freie, spontane Rollenspiel bietet dem Grundschulkind die Möglichkeit, seine eigene Realität zu verarbeiten. Durch wechselnde Rollenübernahme lernt es, sich und andere besser wahrzunehmen und neue Handlungsweisen auszuprobieren. Grundschulkinder haben aber nur dann die Möglichkeit, das, was sie bewegt, im Rollenspiel zu bearbeiten, wenn ihnen geeignete Rahmenbedingungen zur Verfügung gestellt werden.

Geeignete Rahmenbedingungen sind

- Akzeptanz und Wertschätzung durch den Erwachsenen;
- Bereitstellung von Zeit, Ort und Material (z. B. Verkleidungsgegenstände, Zubehör, Bau- und Gestaltungsmaterial zur Errichtung von Buden, Verstecken etc.);
- freie Gestaltung des Rollenspiels (Mitspieler, Thema, Ablauf, Spielwiederholungen).

Im spontanen Rollenspiel nimmt die Spielpädagogin keinen Einfluss auf die Rollenverteilung, den Spielinhalt und den Spielprozess. In Spielgruppen bilden sich jedoch schnell Funktionen heraus, die einzelnen Kindern zugeschrieben werden und die sich durch Spielwiederholungen verfestigen. So werden z. B. gehemmte oder schüchterne Kinder im Spiel unterdrückt oder sogar ausgeschlossen und demonstrierte Machtmechanismen von anderen Kindern werden bedenkenlos nachgeahmt.

Pädagogisch angeleitete Rollenspiele

„[Pädagogisch angeleitete Rollenspiele sind] Spielformen, bei denen soziale Interaktionen in Szenen umgesetzt werden, um soziales Verhalten zu lernen, Konfliktlösungen zu finden und Handlungsalternativen zu erproben."

(Baer, 1996, S. 115)

In pädagogisch angeleiteten Rollenspielen übernehmen die Spieler fremde Rollen, die sie gemäß der Situations- und Handlungsbeschreibung ausfüllen. Dabei sind das Problem, der Ort, an dem die Handlung stattfindet, und die Zeit, in der sich das Geschehen ereignet, vorgegeben. Der Spielverlauf, Dialoge und der Ausgang des Spiels entwickeln sich im Spielprozess. Die Spielgruppe, die sich aus Spielern und Beobachtern zusammensetzt, ist voneinander abhängig, da die Rollen ständig wechseln. Die Beobachter identifizieren sich mit den Spielern und teilen nach dem Spiel ihre Beobachtungen mit. Fällt ein Spieler aus seiner Rolle heraus, wird das Spiel unterbrochen.

Soziale Kompetenzen
Durch ihren Modellcharakter können bei pädagogisch angeleiteten Rollenspielen folgende Kompetenzbereiche erweitert werden:

- Selbst- und Fremdwahrnehmung
- Antizipation
- nonverbale und verbale Ausdrucksformen
- Kommunikationsfähigkeit
- Problemlösungsmodelle
- Selbstbestimmung
- Entscheidungsfähigkeit u. a. m.

Pädagogisch angeleitete Rollenspiele werden ohne Publikum, in einer Kleingruppe von sechs bis zehn Teilnehmern gespielt. Um über den Einsatz von angeleiteten Rollenspielen mit Kindern oder Jugendlichen zu entscheiden, müssen die Spielleiter über theoretische Kenntnisse des Rollenspiels verfügen, eigene Spielerfahrungen mitbringen und Reflexionsfähigkeit besitzen. Zur qualifizierten Durchführung gehören darüber hinaus Kenntnisse der wichtigsten Rollenspieltechniken (vgl. Freudenreich/Gräßer/Köberling, 1981).

Rollenspieltechniken

Der Rollentausch	Eine Szene wird wiederholt, wobei zwei Spieler, die gespielt haben, ihre Rollen mit dem Ziel tauschen, eigene Handlungsweisen oder Positionen dem anderen verständlich zu machen.
Der Rollenwechsel	Nach einer Szene gibt ein Spieler seine Rolle an einen Beobachter ab, der sie nach seiner Auffassung spielt. Nach einer Spielwiederholung werden beide Lösungsmöglichkeiten besprochen.
Die Doppelgänger-Methode bzw. das Hilfs-Ich	Ein Spieler stellt sich hinter den Rollenträger, um ihn als zweites „Ich" zu unterstützen. Zeigt der Rollenträger Unsicherheiten, hilft der Doppelgänger durch Beratung oder laute Gedankenäußerungen.
Die Spiegelmethode	Die Beobachter wiederholen bzw. ahmen die Szene nach (spiegeln), wodurch den vorhergehenden Spielern eigenes Verhalten verdeutlicht wird.
Der Selbstgespräch-Monolog	Der Spieler denkt laut. Er spricht seine Handlungsabsichten, seine Ängste, Erwartungen, Hoffnungen oder Forderungen aus, um sich der Motivation seines Verhaltens bewusst zu werden. Diese Rollenspieltechnik lässt sich gut mit der Doppelgänger-Methode verbinden.
Die Rückmeldung (Feedback)	Nach jeder Spielszene teilen Spieler und Beobachter mit, was sie in Hinblick auf sich selbst und die anderen erlebt, gefühlt und wahrgenommen haben.

Rollenspielphasen

Pädagogisch angeleitete Rollenspiele sind für die meisten Kinder und Jugendlichen ungewohnte Spielformen, die möglicherweise Hemmungen und Ängste hervorrufen können. Um bei den Adressaten problemorientierte Rollenspiele erfolgreich einzusetzen, ist ein allmählicher Rollenspielaufbau notwendig (vgl. Broich, 1999, S. 32 f.):

1. Hinführung zur Spielfähigkeit
   Durch den Einsatz von nonverbalen und verbalen Kontaktspielen werden Spielhemmungen abgebaut und eine möglichst hohe Gruppensicherheit erzielt.
2. Rolleninformationen
   Es werden Informationen zum Spielinhalt, zum Spielverlauf, zur Rollenbesetzung und zu Beobachtungsschwerpunkten, zur Klärung der Rollenübernahme mit den Mitspielern und Beobachtern sowie Hinweise zum Rollentausch gegeben.
3. Spielbarmachen der Konfliktsituation
   Planung des Szenenaufbaus und des Spielinhalts, wobei auf den Wirklichkeitsbezug der Verhaltensweisen, der Kommunikationsformen und der Problemlösungsstrategien geachtet werden sollte.
4. Spielphase
   Die Spielzeit sollte höchstens 10 Minuten betragen. Eine längere Spielzeit fördert die Spielunlust der Mitspieler und schränkt die Beobachtungsfähigkeit im Spielablauf erheblich ein.
5. Spielnachbereitung
   Nach dem Spiel diskutieren Spieler und Beobachter über den Spielverlauf nach vorher vereinbarten Kriterien. Eine Revision mit anderen Spielern ist danach möglich.

Pädagogisch angeleitete Rollenspiele können Probleme und Konflikte aus der Lebenswelt von Kindern und Jugendlichen sicher nicht lösen, tragen aber zur Persönlichkeitsentwicklung und Bewusstseinserweiterung sowie zum Aufbau sozialer Kompetenzen bei.

Weitere Formen des pädagogisch angeleiteten Rollenspiels:

- Im *Psychodrama,* in dem die Mitspieler kontinuierlich ihre eigenen Rollen spielen, geht es um persönliche, lebensgeschichtlich bedingte Probleme des Einzelnen. Diese werden im Psychodrama wiederbelebt, durch das Spiel bewusst gemacht und durch therapeutisch gelenkte Reflexion verarbeitet. Der Arzt und Psychotherapeut J. L. Moreno entwickelte das Psychodrama als therapeutische Methode. Zu seiner Durchführung ist eine spezielle therapeutische Ausbildung notwendig.
- *Simulationsspiele* (Planspiele, Entscheidungsspiele, Konfliktspiele) sind fiktive gesellschaftliche Konflikte, die nach vorgelegten Plänen verlaufen. Sie sind von Informationen abhängig und rekonstruieren modellhaft die Wirklichkeit. Mit einem Simulationsspiel können jugendliche oder erwachsene Mitspieler lernen (vgl. Baer, 1981, S. 141),
  - wie man taktisch-politisch handelt,
  - wie Konflikte eskalieren,
  - wie sich Kompromisse auswirken,
  - welche Rolle Macht- und Herrschaftsstrukturen spielen,
  - wie man sich als Gruppe durchsetzen kann.
- Beim *Forumtheater (*Statuentheater) stellen jugendliche oder erwachsene Mitspieler in der Rolle einer Statue selbst geschriebene Texte vor, die dann mit den Zuschauern weiterentwickelt werden. Der Brasilianer Augusto Boal entwickelte dieses *teatro do oprimido* in Lateinamerika als Medium politischer Bewusstseinsbildung und gegen staatliche Unterdrückung. Szeneninhalte sind stets Situationen von Unterdrückung, die dem Publikum so vorgestellt werden, dass eine möglichst klare Beziehung zwischen „Opfer" und „Täter" entsteht. Das Publikum erhält durch einen Spielleiter oder Joker die Möglichkeit, die Rolle des Opfers zu übernehmen und sie zu verändern (vgl. Boal, 1989).

Vertiefungsaufgaben

1. **Die folgende Situation bildet den Ausgangspunkt für ein angeleitetes Rollenspiel in Ihrer Lerngruppe: Sie haben in der Zeitung ein Stellenangebot für einen Animateur in einem Robinson Club auf Mallorca gelesen. Da Sie als Erzieherin diesen Job gerne annehmen möchten, rufen Sie bei dem Reiseveranstalter an und lassen sich einen Termin für ein Vorstellungsgespräch geben.**

   Formulieren Sie die Ausgangslage, erstellen Sie Rollenbiografien (z. B. für die Bewerberin, den Reiseveranstalter, den Chefanimateur), nehmen Sie eine Rollenverteilung vor und versuchen Sie, während des Spiels einige Rollenspieltechniken anzuwenden.

2. **In Ihrer Freizeiteinrichtung beschimpfen sich seit einiger Zeit vier Kinder gegenseitig auf eine sehr aggressive Weise. Sie wollen diesem Problem mit der Methode des angeleiteten Rollenspiels begegnen. Entwerfen Sie einen möglichen Rollenspielaufbau.**
3. **Beschreiben Sie mögliche Probleme, die bei angeleiteten Rollenspielen mit Grundschulkindern auftreten könnten, und diskutieren Sie Verhaltensweisen von Rollenspielleiterinnen.**

Darstellende Rollenspielformen

Darstellendes oder szenisches Spiel bezeichnet alle Rollenspielformen, bei denen es um das Darstellen, Ausdrücken und Vorführen von Handlungen vor Publikum geht. Zu den darstellenden Rollenspielformen gehören u. a. pantomimische Spiele, Klamauk-Theater, mediengebundene Rollenspiele (mit Figuren, Masken, Schatten, Schwarzlicht) und Kabarett-Theater.

Intentionen

Für Kinder im Grundschulalter ist das darstellende Spiel ein ideales Medium für freie und spontane Mitteilungen. Im szenischen Spiel kann der Einzelne seine Gefühle zum Ausdruck bringen und in eine Rolle schlüpfen, die er im wirklichen Leben nicht darstellen kann. Zugleich kann die Gruppe im gemeinsamen Handeln zusammengeführt werden. In der pädagogischen Arbeit mit Grundschulkindern soll das darstellende Spiel vor allem Spaß am Spielen selbst vermitteln, ohne auf die erhoffte Wirkung bei einer Aufführung vor Publikum zu schauen. Der Spielleiter muss sich von vorgegebenen Theaterstücken oder Szenen und engen Rollenvorstellungen lösen, um Fantasie im Spiel zu entfalten.

„Denn alles, was sich im Arbeits- und Lernprozess tut oder was entwickelt wird, ist zunächst wichtig und kann zum Bestandteil des Ergebnisses (Theaterstück) werden."

(Schriever, 1989, S. 8)

Darstellendes Spiel soll Schulkinder in ihrer gesamten Persönlichkeit fördern:

Spielfreude	Spaß an Darstellung, Nachahmung, Verkleidung, Improvisation, Ungewohntem, Fantastischem, Bewegung, Sprache, Verfremdung
Vorstellung und Fantasie	Sprache: Ausdruck, freies Sprechen, Zuhören, Beobachtungsfähigkeit, Nachahmungsfähigkeit
Körperliche Ausdrucksfähigkeit	Fein- und Grobmotorik, Koordination von Bewegungen und Sprache, Reaktionsfähigkeit, pantomimische Darstellung, Mimik, Gestik, Ideenreichtum, Originalität, Kreativität
Gemeinschaft	Interesse am Zusammenspiel mit anderen, Kooperation, Teamfähigkeit
Erweiterung der Persönlichkeit	Abbau von Hemmungen, Spontaneität, Identifikation mit einzelnen Rollen, Ausdrucksschulung, Selbstbewusstsein, Sicherheit

Rahmenbedingungen
Spielleiter, die die Funktion und Koordination einer „Theaterspielgruppe“ mit Grundschulkindern übernehmen, müssen von grundsätzlichen Vorüberlegungen ausgehen.

- Gruppenkonstellation:
  Anzahl, Alter, Interesse, Spielerfahrungen, Fähigkeiten, Intention
- Spielleiterverhalten:
  eigene Fähigkeiten, Schwächen, Methoden, Ziele
- Organisation des Spielraums:
  Ruhe, genügend Platz, Variabilität
- Organisation des Zeitrahmens:
  kein Zeitdruck, Kennenlernzeitraum berücksichtigen, Proben- und Arbeitsphasen, Pausen einplanen
- Kontakte herstellen:
  Arbeitshilfen, Werbung, Zuschauer

Zu einer freien und offenen Rollenspieldarstellung ist ein Spielfreiraum mit einer angstfreien Atmosphäre notwendig. Grundschulkinder brauchen eine langsame Hinführung zu dieser speziellen Spielform. Dabei sollten die Spieler zunächst mögliche Spielhemmungen verlieren, um im weiteren Verlauf Ausdrucks- und Darstellungsfähigkeit zu verbessern. Der Arbeitsprozess verläuft in vier Phasen, die nicht klar voneinander getrennt werden können und in ihrer Intensität und ihrem zeitlichen Aufwand sehr stark von der jeweiligen Spielgruppe abhängen; siehe das folgende Vier-Phasen-Modell für darstellendes Rollenspiel:

Phase	Intention	Spielvorschläge
1. Phase	Kennenlernen, Spielhemmungen abbauen, Lockerung, Aktivierung	Kennenlern- und Kontaktspiele, Warming-up-Spiele
2. Phase	Körpertraining, Spieltechnik verbessern, Kontakt und Kooperation mit Partnern	Bewegungsspiele, Stimm- und Sprachspiele, Partner- und Vertrauensspiele
3. Phase	Darstellungs- und Ausdrucksfähigkeit verbessern	pantomimische Spiele, Erzählspiele
4. Phase	Entwicklung von Szenen, Improvisationsübungen, Rollenarbeit	Improvisations- und Assoziationsspiele, z. B. zu einem Wort/Gegenstand/Bild, Fortsetzungsspiele

Im Folgenden werden weitere Formen des darstellenden Rollenspiels vorgestellt.

Pantomimische Spiele

Pantomime bedeutet „Sprechen ohne Worte", d. h., nur durch Mimik, Gestik und Körperbewegungen wird eine Handlung verständlich dargestellt. Für Kinder sind pantomimische Spiele eine gute Ausdrucksmöglichkeit, weil gerade hier durch die Einfachheit der Mittel der kindlichen Fantasie keine Grenzen gesetzt sind. In der pädagogischen Arbeit kann die Pantomime nicht als künstlerische Darstellungsform vermittelt werden, sondern dient der Bewusstmachung körperlicher Ausdrucksformen. Pantomimische Ratespiele sind für Kinder besonders gut geeignet. Sie führen zum szenischen Spiel hin.

Klamauk-Theater (Sketche, Stegreifspiele, Clownerie)

„Klamauk-Spiele sind kleine, spontan inszenierte Stegreifspiele, bei denen alle Darsteller maßlos übertreiben dürfen, das Spiel darf im Tumult enden und es kann ein blöder Witz nach dem anderen kommen. Zu den Klamauk-Spielen gehören die witzige Überzeichnung der Rollen, Gags in der Szenengestaltung und turbulente Einfälle der Spieler. Wichtig ist, dass die Kinder Rollen spielen, sich in eine kurze Szenenvorgabe hineinfinden und ihrer Fantasie freien Lauf lassen."

(Baer, 1981, S. 112)

Für Schulkinder und Jugendliche gibt das Klamauk-Spiel, insbesondere die Clownerie, die Möglichkeit, typische Alltagsrollen abzulegen und durch eine gewisse Narrenfreiheit all das zu tun, was sonst scheinbar nicht erlaubt ist.

Mediengebundene Rollenspielformen

Der Einsatz von Medien im darstellenden Spiel trägt zur Erweiterung des Rollenverständnisses bei, denn menschlicher Ausdruck und menschliche Eigenschaften werden durch das Medium einerseits typisiert dargestellt, gleichzeitig aber auch verfremdet. Gerade dieser Verfremdungseffekt und die funktionalen Spielmöglichkeiten des jeweiligen Mediums bieten Kindern neue Erfahrungs- und Kommunikationsmöglichkeiten, insbesondere, wenn die medialen Spielmittel selbst hergestellt werden.

Das Figurenspiel

Figurentheater kann das Spiel mit zweckentfremdeten Alltagsgegenständen, Naturmaterialien, Marionetten, Hand- und Stockpuppen sein. Durch die individuelle Gestaltung einer Figur findet bereits eine erste Identifikation mit der Figur und der Rolle statt. Gestaltete Figuren sind stets überzeichnete Typen, die nur durch die Darstellung polarisierter menschlicher Eigenschaften, (z. B. dumm – klug/ängstlich – mutig/lustig – traurig) besonders von jüngeren Zuschauern eindeutig identifiziert werden können. Durch die Verbindung von Sprache, Musik, bildnerischer Gestaltung und Bewegung bietet das Figurenspiel Kindern im Grundschulalter vielfältige Möglichkeiten der kreativen Auseinandersetzung.

Die Gestaltung einer Rolle, das Erlebnis der Mit- und Gegenspieler und die Einordnung in eine Spielgemeinschaft können darüber hinaus zum sozialen Verhalten von Grundschulkindern beitragen.

Zudem kann das Figurenspiel eine starke therapeutische Wirkung haben, da der Schutz der Bühne insbesondere sprachgehemmten Kindern hilft, ihre Angst zu überwinden (vgl. Schlamp, 1981, S. 43).

Das Maskenspiel

Masken haben zu allen Zeiten der Kulturgeschichte den Menschen die Möglichkeit gegeben, ein Anderer sein zu können. Sie sind als „ältestes Mittel der Entindividualisierung, der Typisierung und der Abstraktion“ (Lenzen, 1974, S. 87) zu verstehen. Das geschminkte Gesicht kann bereits Maske sein, aber auch Verpackungsmaterialien (Papiertüten/Eierkartons/Styropor), Naturmaterialien, Gipsbinden oder Pappmaschee in Verbindung mit Draht (Großraummasken) können zur Maskenherstellung mit Grundschulkindern verwendet werden.

In der pädagogischen Arbeit bietet das Spiel mit Masken Kindern und Jugendlichen die Möglichkeit einer Projektion ihrer Vorstellungen und Wünsche und einer Identifikation mit verschiedenen Rollen (vgl. Seitz, 1991). Da das Maskenspiel meist ohne Sprache dargestellt wird, können ungeübte Spieler hinter ihrer Maske Hemmungen überwinden und in der Anonymität ungewohnte Spiel- und Bewegungsformen wagen, die das Selbstbewusstsein stärken können.

Schattenspiel

Das Schattenspiel ist eine besondere Art des Figurenspiels. Zwischen einer Lichtquelle und einem Rahmen, der mit weiß durchscheinendem Stoff bespannt ist, agieren die Spieler pantomimisch mit ihrem Körper (Menschenschattenspiel), mit gestalteten Schattenfiguren oder transparenten Materialien (Schemenspiel), die mittels Stäben dirigiert werden. Da im Schattenspiel nur die Fläche als dramatischer Spielraum zur Verfügung steht, müssen Kinder im Grundschulalter zunächst mit der Besonderheit dieses Mediums vertraut gemacht werden. Im

experimentellen Spiel kann die Wirkung eigener Gebärden sowie von Gegenständen und Materialien ausprobiert werden. Durch zusätzliche Effekte, z. B. farbiges Licht, Dia- oder Overhead-Projektoren, Musik oder Kulissen, können trickreiche Szenen erzielt werden, die den Spielreiz besonders bei Kindern erhöhen. Schüchterne oder gehemmte Kinder legen beim Schattenspiel schnell ihre Unsicherheit ab, da sie sich durch den Wandschirm unbeobachtet fühlen (vgl. Wehle/Wehle, 1991, S. 9 ff.).

Schwarzes Theater

Beim Schwarzen Theater bewegen schwarz maskierte Spieler vor einem schwarzen Hintergrund helle Gegenstände. Durch Schwarzlicht (Wirkung von ultraviolettem Licht und fluoreszierenden Farben) entsteht beim Zuschauer der Eindruck, dass diese Gegenstände schweben und sich verwandeln. Die Darstellungsweise bewirkt, dass Schauspieler und Gegenstände als gleichwertige Partner erscheinen (vgl. Kersten, 1990, S. 95). Für Grundschulkinder sind die ersten Experimente spannend. Sie können alles, was im Schwarzlicht effektvoll und interessant erscheint, ausprobieren: neonfarbene Gegenstände, geschminkte Körperteile oder fluoreszierende Materialien. Diese neuen Erfahrungen sind wichtig, um fantasievolle, turbulente Spielszenen oder kleine Theaterstücke selbst zu entwickeln.

3.4.6 Spielraum ist Lebensraum

Vertiefungsaufgaben

Web

Theaterspielen

1. **Sichten Sie pantomimische Ratespiele in einschlägiger Spielliteratur und ergänzen Sie Ihre Spielkartei. Führen Sie einzelne Spiele in Ihrer Lerngruppe vor. Beschreiben Sie Ihre Gefühle.**
2. **Welche Wirkung kann die Anwesenheit von Publikum auf das darstellende Spiel mit Kindern im Grundschulalter haben?**
3. **Sie greifen das Interesse der Kinder auf und richten eine Theater-Arbeitsgemeinschaft in Ihrer Freizeiteinrichtung ein. Erstellen Sie eine Ablaufplanung. Konkretisieren Sie die Spielvorschläge in dem o. a. 4-Phasen-Modell für darstellendes Rollenspiel.**
4. **Gestalten Sie eine Figur. Geben Sie ihr eine Identität (Lebenslauf). Stellen Sie Ihre Figur mit Ihrem Text in der Lerngruppe vor. Nach dieser Einzelvorstellung begegnen sich verschiedene Lebensläufe und Sie entwickeln in Kleingruppen kurze szenische Figurenstücke. Übertragen Sie Ihre dabei gemachten Erfahrungen auf die pädagogische Arbeit mit Grundschulkindern. Worauf müssen Sie achten, wenn Sie mit dieser Zielgruppe ein mediengebundenes Rollenspiel durchführen wollen?**

Verinselte Kindheit

Lernsituation: Pauline spielt lieber drinnen

Auf die Frage der Erzieherin, wo die Kinder der Grundschul-Betreuungsgruppe „Regenbogen“ ihre Freizeit nach der Betreuungszeit verbringen, antwortet die 9-jährige Pauline: „Meistens spiele ich eher drinnen, aber wenn ich rausgehe, weiß ich nicht wohin. Bei mir in der Nähe gibt es einen ganz kleinen Spielplatz. Dort sind solche Drehscheiben ... Da ist der Sand auch nicht so schön, weil er so verdreckt ist, mit Scherben von Bierflaschen und Hundehaufen. Dann gibt es noch den Spielplatz in der Hansaallee. Der ist zwar groß, aber er ist schon so alt. Dort gibt es ein Drehkarussell, ein Klettergerüst und eine Wippe. Dann gibt es noch den Nussberg-Spielplatz. Der ist großartig, aber der ist so weit weg von mir. Außerdem ist der auch schon vollgesprüht. Sonst gibt es wirklich keine Spielplätze mehr in der Nähe.“

Impulse zur Bearbeitung der Lernsituation:

- ***Wie beurteilt Pauline die ihr bekannten Spielplätze? Ist die Beurteilung geschlechtsspezifisch zu sehen?***
- ***Warum beschreibt sie keine anderen Spielorte?***
- ***Wie könnte Paulines idealer Spielplatz aussehen? Machen Sie Vorschläge.***

Besonders im Schulalter wächst das Bedürfnis des Kindes nach eigenständiger Auseinandersetzung mit der Umwelt. Es möchte experimentieren, seine Kräfte handelnd erproben und sich mit sich selbst und Gleichaltrigen messen. Das Grundschulkind möchte sich seine Umgebung, seine Lebenswelt selbstständig aneignen und erschließen. Es nimmt sein Umfeld aber nicht mehr als einen kontinuierlich wachsenden einheitlichen Lebensraum wahr, der sich allmählich in konzentrischen Kreisen ausdehnt, wie es Sozialwissenschaftler in den 1980er-Jahren beschrieben haben, sondern als eine Verbindung zwischen verstreuten Kinderspielorten bzw. „Inseln“.

Die These der Verinselung von Kindheit besagt, dass die alltägliche Umwelt den Kindern durch ansteigendes Verkehrsaufkommen, zunehmende Bebauung und Asphaltierung keine geeigneten Spielräume mehr bereithält. Kinder können sich ihr Wohnumfeld demzufolge nicht mehr selbstständig aneignen, sie werden stattdessen zwischen verstreuten Kinderspielorten transportiert. Im Zuge dessen werden kindliche Aktivitäten weitestgehend aus dem öffentlichen Raum gedrängt und in institutionelle (z. B. Kita, Schule), funktionalisierte (z. B. Schwimmbad), spezialisierte (Indoor-Spielplatz) oder private Räume verlegt, sodass man auch von einer „verhäuslichten“ Kindheit spricht.

Die Separierung des Kinderspiels und Spielens in gesonderte Räume zeigt jedoch den Sonderstatus, den die Kindheit heute in unserer Gesellschaft einnimmt: ihre räumliche Verdrängung und mangelnde Gleichberechtigung gegenüber Erwachsenen.

„Generation Rücksitz“ und „Generation Klettverschluss“ lauten Schlagworte für überbehütete Kinder, die überallhin kutschiert werden und mit 10 Jahren noch keine Schleife binden können.

„Wir leben in einer Angstkultur“, sagt der Kinderpsychiater Veit Roessner, der an der Universität Dresden gerade eine der größten Untersuchungen zur psychischen Gesundheit ehemaliger Krippenkinder geleitet hat. Was früher selbstverständlich zur Kindheit dazugehörte – herumstromern, klettern, allein zur Schule gehen, wird deutlich seltener. In einer Studie gaben 1990 fast 75 % der Kinder zwischen 6 und 13 Jahren an, sich täglich im Freien herumzutreiben. 2003 waren es schon weniger als die Hälfte. Den Schulweg tritt heute nur noch etwa die Hälfte der Grundschüler allein an (vgl. Stern, Heft 31/2015, S. 41).

Die Frankfurter Pädagogikprofessorin Sabine Andresen hat für die „World-Vision-Kinderstudie“ Grundschüler befragt, was für sie Freiheit ausmacht. Sie wünschten sich, selbstständig Freunde aussuchen zu können und mit ihnen Abenteuer bestehen (vgl. Stern, Heft 31/2015, S. 41).

Die Universität Trondheim stellte in einer Untersuchung fest: Der Umgang mit mäßigen Risiken macht Kinder stark, weil sie dabei üben, ihre Angst zu überwinden. Fehlt ihnen dieses Training, könnte es dazu führen, dass sie zu ängstlicheren Kindern mit mehr psychischen Problemen würden (vgl. Stern, Heft 31/2015, S. 42).

Daher ist es wichtig, Kindern Freiräume zu schaffen.

Denn es sind nicht die an Inseln erinnernden, schön gestalteten Grünanlagen, kommerziellen Hallen- oder öffentlichen Spielplätze und Schulhöfe, die von Schulkindern bevorzugt aufgesucht werden, sondern eher die „informellen“ Spielorte, wie unbebaute Grundstücke, Straßen, Garagenhöfe, Baustellen und verwilderte Gelände, deren Zutritt mit Gefahren verbunden ist, aber abenteuerliches Fantasiespiel anregt. Kinder beanspruchen und besetzen Räume meist dort, wo es am wenigsten erwartet wird. Schulkinder, besonders Jugendliche, markieren sie auch, z. B. durch Pöbeleien, Zerstörung, Verschmutzung und Graffiti.

Um räumliche Alternativen für Schulkinder zu entwickeln, um ihnen einen anderen Stellenwert bei der Planung von Spiel- und Erfahrungswelt zu sichern, ist es notwendig, die Trennung zwischen Spiel- und Lebensbereich aufzuheben, um Kinderspiel nahezu an jedem Ort attraktiv zu machen und zu fördern. Alternativen zu Spielplätzen, etwa bespielbare Treppenhäuser und Hinterhöfe, oder sinnliche Erfahrungsfelder nach dem Vorbild von Hugo Kükelhaus[1] (vgl. Kükelhaus/zur Lippe, 1990, S. 12), sollten bei der Städte- und Raumplanung viel stärker berücksichtigt werden, um Kindern ganzheitliche Erlebnis- und Erfahrungsmöglichkeiten zu schaffen und etwaigen Fehlentwicklungen vorzubeugen.

Vertiefungsaufgaben

1. **Lesen Sie den Zeitungsartikel: „Spielplätze sind unattraktiv". Führen Sie mit verteilten Rollen eine Pro-und Kontra-Diskussion, in der es darum geht, einen innerstädtischen Spielplatz zu errichten. An der Diskussion nehmen sowohl Stadtplaner als auch minderjährige und erwachsene Bürger teil.**

„Spielplätze sind unattraktiv"

Ein Gespräch mit dem Soziologen Peter Höfflin[2] über verfehlte Stadtplanung und umsichtige Kinder

DIE ZEIT: Herr Höfflin, Sie sind einer der Autoren der Studie Raum für Kinderspiel! Im Auftrag des Deutschen Kinderhilfswerkes. Darin haben Sie und Ihre Kollegen die Spielmöglichkeiten von Kindern in ihren Wohngebieten untersucht. Ein zentrales Ergebnis ist, dass Kinder in kinderfreundlichen Stadtteilen täglich durchschnittlich fast zwei Stunden allein ohne Aufsicht draußen spielen, in kinderunfreundlichen Gebieten nur eine Viertelstunde. Was folgt aus diesem Unterschied?

Peter Höfflin: Für die Entwicklung ist es sehr wichtig, dass Kinder unbeaufsichtigt draußen spielen. Unter dem ständig wachen Blick der Eltern entfalten sich die Kinder im Spiel nicht frei. Genau dieses freie Spiel mit Gleichaltrigen hat aber einen erheblichen Effekt auf die Erziehung und Entwicklung. Ich würde den Spielraum neben Eltern und Pädagogen sogar als dritten Erzieher bezeichnen.

DIE ZEIT: Was können sich Kinder untereinander beibringen, was Erwachsene ihnen nicht zeigen können?

Höfflin: Spielen Kinder miteinander, handeln sie kreativer, selbstbewusster und schärfen ihr Risikobewusstsein. Bestimmte Konflikte können sie außerdem nur mit Gleichaltrigen austragen.

DIE ZEIT: Sie sagen, dass die Orte, an denen Kinder Gleichaltrige treffen und mit ihnen spielen können, immer weniger werden. Woran liegt das?

Höfflin: Das Spielräume verloren gehen, ist ein Nebeneffekt der Stadtentwicklung. Der städtische Raum ist natürlich wertvoll. Er wird immer dichter bebaut, der Verkehr nimmt zu – zulasten der Spielflächen. Dahinter stecken Interessenkonflikte zwi-

---

[1] Hugo Kükelhaus (1900–1984): Künstler, Schriftsteller, Pädagoge und Philosoph, wurde durch seine Konzeption einer „menschengemäßen" Lebensumwelt bekannt.

[2] Peter Höfflin ist Professor für Soziologie an der EFH Ludwigsburg. Zusammen mit Soziologen vom Freiburger Institut für angewandte Sozialwissenschaft untersuchte er die Spielräume von Kindern in Baden-Württemberg.

schen Bauplanern und Pädagogen, aber auch zwischen Erwachsenen und Kindern. Zwar sollen die Kinder draußen spielen können, aber wenn die Erwachsenen dafür auf Parkplätze verzichten müssen, passt ihnen das nicht.

DIE ZEIT: Werden Spielplätze denn wirklich immer genutzt? In ihrer Studie haben Kinder ihnen ihre Spielorte gezeigt, und obwohl Sie die Begehungen an einem Wochenende und bei schönem Wetter gemacht haben, waren kaum Kinder dort. Wozu sollen Stadtplaner dann Spielräume schaffen?

„Kann ein Kind später jemanden verklagen, weil es sein Recht auf Spiel nicht bekommen hat?"

Höfflin: Die Frage zielt in die falsche Richtung. Wir müssen uns fragen: Warum nutzen Kinder das Angebot nicht? Ganz offensichtlich sind die Spielplätze unattraktiv. Das kann ganz verschiedene Gründe haben. Auf unseren Begehungen kamen zum Beispiel Spielplätze mit großen Laufflächen besonders gut an. Die Kinder beschwerten sich zugleich, dass Spielplätze vor allem in den Innenstädten zu klein und schlecht ausgestattet seien, deshalb hätten sie keine Lust, die Plätze zu nutzen. Spielflächen müssen außerdem ein gewisses Maß an Risiko bieten. Die Kinder müssen sich ausprobieren und auch kleine Unfälle haben, um sich gesund zu entwickeln.

DIE ZEIT: Aber wo ist da die Grenze? Die Kinder sollen sich doch nicht automatisch in Gefahr begeben, wenn sie draußen spielen.

Höfflin: Sicher muss man darauf achten, dass es nichts gibt, das Kinder ernsthaft gefährdet. Sie können viele Situationen jedoch erstaunlich gut einschätzen.

DIE ZEIT: Auch den Verkehr?

Höfflin: Ja, auch das haben wir festgestellt, als die Kinder uns ihre Spielorte gezeigt haben. Einige Wege dahin führten über stark befahrene Straßen mit wenigen Möglichkeiten zum Überqueren. In diesen gefährlichen Situationen waren viele Kinder sehr bewusst und umsichtig. Herausforderungen haben sie mehr im Spiel gesucht, beim Balancieren auf einer Mauer oder beim Klettern auf Bäume – statt in den wirklich gefährlichen Situationen.

DIE ZEIT: Aber ist es nicht auch verständlich, dass sich Kommunen, oder Grundstücksinhaber gegen Haftungsansprüche absichern wollen, falls doch einmal etwas passiert?

Höfflin: Sicher, die Frage ist schon: Wer haftet, wenn sich das Kind die Hose zerreißt oder sich das Knie aufschlägt? Diese Verantwortung wollen die Planer nicht tragen. Viel wichtiger ist aber, zu fragen: Wer haftet denn, wenn das Kind sich nicht vernünftig entwickelt? Kann das Kind dann später mal jemanden verklagen, weil es sein Recht auf Spiel nicht bekommen hat?

DIE ZEIT: Sollten Pädagogen und Städteplaner enger zusammenarbeiten, um wirklich gute Spielplätze zu entwickeln?

Höfflin: Ich plädiere vor allem für eine stärkere Beteiligung der Kinder an der Planung. Bürger werden an öffentlichen Entscheidungen beteiligt. Kinder sind auch Bürger – warum fragen wir sie also nicht, was sie sich wünschen? Die UN-Kinderrechtskonvention sieht genau das vor.

DIE ZEIT: Würde man damit auch das Problem lösen, dass viele Spielflächen zu verschwinden drohen?

Höfflin: Die Raumnutzung für Kinder muss systematisch in die Stadtplanung einbezogen werden. Bevor wir eine Fläche bebauen, fragen wir ja auch, welche Auswir-

kungen das auf das Biotop hat. Und im Fall der Kinder sollten wir uns fragen: Welche Auswirkungen hat das auf das Soziotop? Wollen wir auf einer Fläche bauen und finden dort eine Tierart, die durch die Bebauung bedroht würde, müssen wir ihr einen alternativen Lebensraum anbieten, ansonsten dürfen wir nicht bauen.
DIE ZEIT: Sollte es also eine ähnliche Regelung für Spielräume geben?
Höfflin: Ja. Wir sollten prüfen, was eine Bebauung für Kinder bedeutet und wo wir Ersatz schaffen können.
DIE ZEIT: Was ist mit Sportvereinen oder der Betreuung nach der Schule? Da können sich Kinder auch bewegen und austoben.
Höfflin: Sportveranstaltungen oder -kurse sollten den Kindern zugutekommen und durch die Bewegung auch einen guten Ersatz für das Spiel im Freien schaffen. Das funktioniert aber nur bedingt. Gerade Kinder in einfachen Verhältnissen sind selten in Vereinen, was primär finanzielle Gründe hat. Stattdessen verbringen sie überdurchschnittlich viel Zeit vor dem Fernseher. Eltern mit höherem Bildungsstatus sind bemüht, den Alltag ihrer Kinder zu organisieren, falls kein Spielraum vorhanden ist. Beides sind aber Szenarien, die nicht unbedingt wünschenswert sind. Wir sprechen in der Kindheitsforschung von „Medienkindheit“ und „organisierter Kindheit“.
DIE ZEIT: Hat sich die Situation verschärft, weil Eltern ihre Kinder überbehüten?
Höfflin: Sie sprechen die sogenannten Helikopter-Eltern an.
DIE ZEIT: Genau.
Höfflin: Leider lässt sich über einen Trend nicht viel sagen. Wir brauchten dringend mehr Daten, und wir müssen auch die künftige Entwicklung von Kindern beobachten, um ihr Recht auf Spiel verteidigen zu können. Es ist ärgerlich, dass die Datenlage so dünn ist, schließlich erheben und untersuchen wir sonst alles. Wir kennen genau die Fledermauspopulation in der Umgebung, aber über die Lebenswelt der Kinder wissen wir sehr wenig.

(Saskia Gerhard im Interview mit Peter Höfflin: „Spielplätze sind unattraktiv“, DIE ZEIT 34/2015 (Auszug))

2. **Suchen Sie „informelle“ Spielorte von Grundschulkindern in Ihrem Stadtteil auf. Stellen Sie durch Befragung fest, welche Attraktivität von diesen Spielorten ausgeht.**
3. **Machen Sie Gestaltungsvorschläge zur Verbesserung der Spielraumsituation von Grundschulkindern. Beziehen Sie dabei Ihre Befragungsergebnisse mit ein.**
4. **Suchen Sie nach Möglichkeiten, Ihre Vorschläge der Öffentlichkeit zugänglich zu machen, z. B. den Eltern Ihrer Kindergruppe, den Trägern sozialpädagogischer Einrichtungen, dem Jugendamt oder der Stadtjugendpflege. Stellen Sie Ihr Konzept vor.**

Wob

„Mein Lieblingsspielort“

4 Bildungsarbeit in Kindertageseinrichtungen spielpädagogisch gestalten

Lernsituation: Björns Spielbeobachtungen im Familienzentrum

Björn macht zurzeit sein Praktikum im Familienzentrum „Bärenbande“. Hier werden normalerweise in vier Gruppen 75 Kinder zwischen 1;6 und 6 Jahren in der Zeit von 06:30 Uhr bis 18:00 Uhr betreut. Augenblicklich sind aber Herbstferien. In diesem Jahr bietet das Familienzentrum erstmalig eine Schulkinderferienwoche für Kinder bis 12 Jahren an. Acht Grundschulkinder haben sich zur Teilnahme angemeldet. Sie werden auf die bestehenden Gruppen verteilt. Verabredet wurde, dass die Schulkinder während des Aufenthalts in den Gruppen keine Handyspiele durchführen.

An diesem Morgen sind 13 Kinder anwesend und Björn beobachtet in seiner Kita-Gruppe folgende Situationen:

Im Eingangsbereich stehen Ben (7;8 J.) und Niklas (8;2 J.). Björn hat das Gefühl, dass sie nicht wissen, was sie tun können. Er geht zu ihnen: „Habt ihr Lust, mit LEGO® Steinen zu bauen?“ – „Hier gibt es ja nur LEGO® DUPLO!“, erwidert der eine. „Fragt doch mal Lisa, die Gruppenleiterin, vielleicht gibt es ja auch LEGO® Technic, Star Wars oder so!“ Unschlüssig gehen die beiden zu Lisa.

Sarah (5;6 J.) rollt in ihrem Rollstuhl in die Leseecke, hier steht der CD-Player. Sie legt eine CD in den Player. Als das Lied beginnt, singt sie das Lied mit und schaukelt dazu rhythmisch mit ihrem Oberkörper. Durch die Musik angelockt, kommen zwei weitere Kinder hinzu und tanzen. Björn wendet sich der kleinen Gruppe zu, setzt sich neben Sarah auf einen Stuhl und klatscht und schnipst rhythmisch mit seinen Händen und Fingern.

Nebenan zeigt Mehmet (5;8 J.) stolz seinen beweglichen Dinosaurier herum, Daniel (6;2 J.) sein Transformer-Auto und Andy (6;1 J.) setzt seine Weltraumrakete in Gang. Nach einer Weile beschließen die drei, in die Bauecke zu gehen. Sie bauen „Kampfburgen“, um sich vor Angreifern zu verteidigen.

Pia (2;3 J.), die gerade im Frühstücks-Café ihr Müsli gegessen hat, sitzt mit Marlene (2;5 J.) neben der Kugelbahn. Zusammen lassen sie die Murmeln immer wieder die Bahn hinunterrollen.

Durch das Fenster beobachtet Björn Mesut (4;5 J.), Justus (3;10 J.) und Lena (5;2 J.), die bereits seit einer Stunde im Außengelände beschäftigt sind. Sie sammeln in einer Ecke kleine Stöcke, Zweige und Laub, um ein Winterhaus für die Igel zu bauen.

Plötzlich steht Seram (3;8 J.) neben Björn, zupft an seiner Hose und zeigt auf ein Holzpuzzle. Björn fragt: „Möchtest du das mit mir spielen?“ Sie nickt. Als er sich mit ihr an einen Tisch setzt, kommt Paul (5;8 J.) zu ihm und sagt: „Die kann das nicht, die spricht kein Deutsch. Ach ja, und die da“, dabei zeigt er mit dem Arm in Richtung Bauecke, „lassen mich nicht mitspielen.“

Björn schaut zu Lisa, aber die zeigt gerade den beiden Schulkindern und drei älteren Kindergartenkindern, wie ein Schiff gefaltet wird.

Er sagt zu Paul: „Und wenn du die Kinder noch mal fragst, ob du mitspielen kannst?“ Paul steckt den Finger in den Mund und antwortet: „Nö, ich geh lieber in den Flur. Oder, ich guck mal in den Bewegungsraum. Kommst du mit?“

Während Björn noch nach einer Antwort sucht, will Ali (5;5 J.) ihm unbedingt und jetzt sofort zeigen, dass er gerade im Waschraum eine Spinne entdeckt hat. Björn fühlt sich jetzt ziemlich überfordert.

Der Gong ertönt und die Kinder werden von Lisa zum Aufräumen aufgefordert.

Impulse zur Bearbeitung der Lernsituation:

1. *Welche Spielsituationen kann Björn beobachten? Veranschaulichen Sie die Situationen in einer Grafik.*
2. *Wie verhält sich Björn in den jeweiligen Situationen? Welche Kompetenzen zeigt er?*
3. *Wie hätten Sie reagiert?*
4. *Welche Rolle spielt die Erzieherin Lisa? Welche Erwartungen haben Sie, bezüglich der beobachteten Spielsituationen, an die Gruppenleitung?*
5. *Was wissen Sie über die beobachteten Spielbeziehungen der Kinder?*
6. *Wie stehen Sie zu der Maßnahme, dass die Schulkinder während ihres Aufenthaltes in der Kitagruppe keine Handyspiele spielen sollen?*
7. *Erfassen und ordnen Sie die Spielarten und Spielformen den jeweiligen Spielentwicklungsstufen zu.*
8. *Welche Informationen benötigen Sie weiterhin, um die Beobachtungen von Björn zu analysieren?*
9. *Welche Problemstellungen möchten Sie in fachpraktischen/fachtheoretischen Fächern weiter erörtern?*

4.1 Spielen und Lernen in den Bildungsbereichen

Lernen ist Spiel – Spiel ist Lernen und im Spiel setzt sich das Kind mit seiner Umwelt auseinander. Kinder sind von Anfang an wahre Experten für Lernprozesse. Sie wollen lernen und sie sind neugierig, forschend, experimentierfreudig, aufmerksam, ausdauernd und mutig im Umgang mit Neuem und Fremdem. Sie wollen wissen und begreifen, womit sie in ihrem Erfahrungsbereich umgeben sind. Sie wollen sich bewegen und schöpferisch tätig sein, selber etwas schaffen und eigene Problemlösungen finden. Im gemeinsamen Spiel werden Grundlagen für die Aufnahme sozialer Beziehungen geschaffen und das Kind lernt gesellschaftliche Regeln und Normen kennen, es erweitert seine motorischen Fähigkeiten. Spielend erprobt es unterschiedliche Ausdrucksmöglichkeiten. Seine Kreativität (schöpferische Kräfte) und seine Fantasie werden freigesetzt und angeregt. Spiel ist außerdem eine Grundlage für den Erwerb der Sprache und Kommunikation. Im Spiel zeigt das Kind seine Emotionen. Es durchspielt erlebte, angstvolle Situationen und bringt geheime Wünsche zum Ausdruck. All das kann sich natürlich nur in einer Spielatmosphäre entfalten, die dem Kind die Möglichkeit bereitet, sich auszuspielen – sich selbst zu bilden. Die Selbstbildungs- und Lernprozesse gelingen am besten in einer anregenden und spielbetonten Umgebung, wie sie von pädagogischen Fachkräften in der Kita und Kindertagespflege vorbereitet ist. Beim spielerisch-forschenden Lernen erproben und erleben Kinder ihre eigenen Fähigkeiten und Fertigkeiten, entwickeln Selbstkompetenz, Sozialkompetenz sowie Sach- und Methodenkompetenzen.

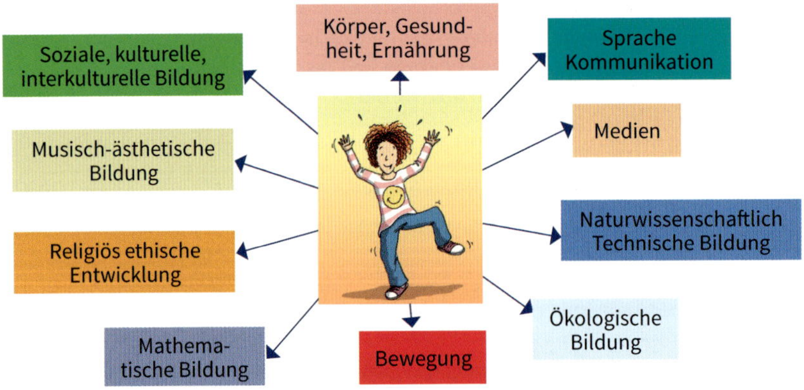

Die hier aufgeführten Bildungsbereiche[1] geben Anregung und Impulse, sie gehen von den kindlichen Interessen aus und ermöglichen dem Kind grundlegende Bildungs- und Erfahrungsprozesse. Zu berücksichtigen ist natürlich, dass sich Überschneidungen zwischen den einzelnen Bildungsbereichen ergeben.

4.1.1 Bewegung macht Spaß

Kinder haben ein natürliches Bewegungsbedürfnis und zeigen dieses in ihrer Bewegungsfreude. Ebenso wie das Spiel durchzieht Bewegung ihr Leben in allen Bereichen ihres All-

[1] Siehe Ministerium für Familie, Kinder, Jugend, Kultur und Sport des Landes Nordrhein-Westfalen: Bildungsgrundsätze für Kinder von 0 bis 10 Jahren in Kindertagesbetreuung und Schulen im Primarbereich in Nordrhein-Westfalen. Freiburg im Breisgau: Herder Verlag 2016, S. 78–133.

tags. Kinder suchen von Anfang an ständig nach Bewegungsmöglichkeiten und neuen Herausforderungen – sie greifen, strampeln, krabbeln, laufen, rennen, klettern oder springen. Bewegung bedeutet für sie Erforschen und Begreifen der Welt, Sinneserfahrung, Ausdrucksmöglichkeit von Gefühlen, Kommunikation, Mobilität, Selbstbestätigung und Lebensfreude.[1]

In der passenden Spielumgebung entwickeln sie ihre motorischen Fähigkeiten und Fertigkeiten sowie ihr Körperbewusstsein. Eltern und pädagogische Fachkräfte unterstützen die entwicklungsbedingten Bewegungsinteressen durch geeignete wie anregende Materialien und Spielgeräte, mit denen die Kinder ihre Beweglichkeit, Kraft, Ausdauer, Koordination und realistische Selbsteinschätzung entwicklungsgemäß ausbilden können.[2]

Bei gemeinsamen Spielen mit Gleichaltrigen erfahren und lernen die älteren Kinder bereits Fairness, Teamgeist und das Einhalten von Regeln. Grundschulkinder wenden sich verstärkt ihren Freunden zu und bilden gerne Cliquen und Banden. Hier tauschen sie Erfahrungen und Eindrücke aus, denn Freunde geben Anerkennung, aber auch Kritik und Zurückweisung. Schulkinder brauchen Freiraum, um ihre Freizeit selbst zu planen und zu organisieren. Beliebt sind Lauf-, Fang- und Versteckspiele ebenso wie Ballspiele, Rad- oder Skateboardfahren. Sie treffen sich zu Actionspielen. Parallel wächst auch das Interesse an Mannschafts- und Wettbewerbsspielen, die soziales Verhalten und Selbstbewusstsein stärken.

Sich zu bewegen heißt nicht nur Sport zu treiben. Ebenso wirkungsvoll sind alltägliche Fortbewegungsarten, wie kurze Strecken zu Fuß zu gehen, häufiger mit dem Fahrrad zur Schule zu fahren oder sich für den Treppenaufgang zu entscheiden, statt in den Fahrstuhl zu steigen. Zudem fällt auf, dass auch jüngere Schulkinder sich immer häufiger mit ihrem Smartphone beschäftigen.

Sozialpädagogische Fachkräfte können dazu beitragen, Kinder zu Bewegung und Bewegungsspielen, aber auch zu Entspannungsphasen, zu motivieren. Das Beste ist, selbst ein „bewegtes“ Vorbild zu sein. Dadurch erhalten Kinder die Botschaft: Bewegung macht Spaß und gehört zum Leben dazu. Wichtig erscheint, dass die Kinder Bewegung als etwas Selbstverständliches und angenehm Ausgleichendes erfahren.

[1] Weitere Informationen: Kap. 3.2.3, Spielraum bringt Erlebnisse und Überraschungen, S. 94

[2] Weitere Informationen: Kap. 3.3.5, Spielraum ist Bewegungsraum, S. 113

Spielanregungen

Eine Reise zum Mond

Die Spielleitung (SPL) erzählt die Geschichte, die Kinder begleiten sie mit pantomimischen Bewegungen.

SPL: *Wir machen eine Reise zum Mond. Wir ziehen zunächst den Raumanzug an. Erst stecken wir ganz vorsichtig das rechte Bein hinein, das linke Bein hinein, dann den rechten Arm und den linken Arm und zum Schluss ziehen wir Zentimeter für Zentimeter den Reißverschluss am Bauch zu. Jetzt sind die schweren Mondkraterstiefel dran, erst schieben wir den rechten Fuß hinein, dann den linken Fuß und mit beiden Füßen ruckeln wir die Stiefel fest. Als Nächstes müssen wir die Mondrakete mit ganz viel Luft voll tanken. Dazu müssen wir ganz tief Luft holen und kräftig pusten. Und noch einmal. So, das wäre geschafft. Den Tankdeckel zuschrauben, den Astronautenhelm aufsetzen, gut festzurren, die Handschuhe überstreifen, den Klettverschluss schließen und nun in die Rakete steigen.*

Kinder: Alle Spieler stellen sich in eine Reihe, hinter den Spielleiter und halten sich an der Hüfte des Vordermannes fest!

SPL: *Alle gehen in die Hocke, der Countdown läuft, wir zählen mit (auf Englisch): 10-9-8-7-6-5-4-3-2-1-0. Wir starten ins Weltall – ab geht der Flug. Achtung, auf der linken Seite ein Planet, wir müssen eine lange, scharfe Rechtskurve machen. Schnell die Köpfe nach unten nehmen, ein anderes Raumschiff fliegt über uns hinweg. Glück gehabt, jetzt kommt noch von der rechten Seite ein kleiner Meteor, wir fliegen schnell eine Linkskurve. Geschafft, weiter geht's. Wir überqueren die Milchstraße, da sind ja so viele Sterne zu sehen. Ob die alle einen Namen haben? Oje, das ruckelt aber gewaltig. Schnell die Köpfe wieder einziehen, das andere Raumschiff kommt uns wieder entgegen. Ob die uns verfolgen? Nun noch eine scharfe Linkskurve und da unter uns liegt der Mond. Wie schön! Wir umrunden ihn ganz langsam und noch einmal. Habt ihr den Mann im Mond gesehen? Wir machen wir uns auf den Heimweg. Wir fliegen ganz schnell und schneller und immer schneller. Stopp und hurra, wir sind gelandet!*

Tanz der Sterne

Material: pro Teilnehmer eine Taschenlampe und eine Liegematte/Decke, Entspannungsmusik

Spielverlauf: Die Teilnehmer liegen mit ihrer Taschenlampe in einem verdunkelten Raum auf dem Boden. Zur Musik die Geschichte ruhig und langsam erzählen. Den Kindern Zeit lassen, die Geschichte mit Bewegungen der Taschenlampe nachzuempfinden.

Die Sonne ist gerade untergegangen, ganz langsam erscheint ein Stern nach dem anderen am Himmelszelt. Es dauert sehr lange, bis alle Sterne leuchten. Sie freuen sich über die Nacht. Nun fangen sie an, sich ganz langsam zu bewegen. Wie in jeder Nacht sehen sie auch die anderen Sterne und begrüßen sie jetzt, einen nach dem anderen. Die Sterne sind richtig munter und bewegen sich mit der Zeit immer schneller und schneller. Jeder Stern sucht sich nun seine Geschwindigkeit und gleitet über das Firmament. Dann sucht sich jeder seine eigene Umlaufbahn. Wenn er sie gefunden hat, bleibt er für eine Weile darauf und lässt sich überraschen, ob er einen bekannten Stern auf seiner Bahn trifft. Dann sucht der Stern seinen Lieblingsplatz und verweilt dort, und beginnt, sich ganz vorsichtig sich um sich selbst zu drehen, dann entsteht daraus der berühmte Sternentanz. Manche Sterne bilden in der späten Nacht auch noch Sternengruppen, die dann gemeinsam besonders schön leuchten und tanzen und lösen sich wieder auf. Bald wird die Dämmerung kommen und langsam verschwindet der erste, zweite, dritte Stern vom Himmel, bis sich alle Sterne verabschiedet haben.

Kaugummi-Fangen

Spielverlauf: Ein Spieler ist das Kaugummi, an dem alle kleben bleiben. Berührt das Kaugummi einen Mitspieler, müssen beide Hand in Hand versuchen die übrigen Mitspieler zu fangen. Die immer länger werdende Kette kann mitunter auch reißen, sodass dann einzelne Kettenglieder vom Kaugummi wieder erneut gefangen werden müssen.

Netzball

Material: eine Wäscheleine, ein Ball

Spielverlauf: Eine Wäscheleine zwischen zwei Bäume oder zwei Pfosten spannen. Die Spieler auf jeder Seite versuchen nun (ähnlich dem Volleyball), den Ball über die Wäscheleine auf die gegnerische Seite zu stoßen. Die gegnerische Seite versucht dies zu verhindern, um selbst einen Punkt zu machen.

Ein Monster schleicht herum

Material: ein Tuch

Spielverlauf: Alle stehen im Kreis und singen, während das Monster um den Kreis herum schleicht. Hinter einem Mitspieler lässt es das Tuch fallen. Wenn dieser Mitspieler das bemerkt, schnappt er sich das Tuch und läuft er hinter dem Monster her. Dieses versucht, in die entstandene Kreislücke des Mitspielers zu schlüpfen. Gelingt ihm dies, so wird der Fänger zum Monster. Holt er es nicht ein, muss er sich, unter dem Ruf der anderen Spieler: *„1, 2, 3 ins faule Ei!“*, in die Mitte des Kreises setzen und warten, bis ihn ein anderer ablöst.

Dreht euch nicht um, denn das Monster schleicht herum.
Wer sich umdreht, wird gepackt.
Wird vom Monster schnell geschnappt.
Dreht euch nicht um, denn das Monster schleicht herum.

Wasser-Erde-Wind

Material: Musik

Spielverlauf: Die Mitspieler laufen zur Musik im Raum umher, bei dem Signal: *„Erde!“* legen sich alle auf den Boden, bei dem Signal: *„Wasser!“* springen alle auf einen erhöhten Gegenstand und bei dem Signal: *„Wind!“* halten sich alle gegenseitig fest.

Gemeinsam andere optische oder akustische Signale vereinbaren.

Teddy bear turn around

(überliefert)

Material: ein langes Springseil

	Freie Übersetzung
Teddy bear, teddy bear, turn around. *Teddy bear, teddy bear, touch the ground.* *Teddy bear, teddy bear, reach up high.* *Teddy bear, teddy bear, touch the sky.* *Teddy bear, teddy bear, bend down low.* *Teddy bear, teddy bear, touch your toe.* *Teddy bear, teddy bear, how old are you?* *One, two, three …*	*Teddybär, Teddybär, dreh dich um.* *Teddybär, Teddybär, berühr den Grund.* *Teddybär, Teddybär, mach dich lang.* *Teddybär, Teddybär, berühr den Himmel.* *Teddybär, Teddybär, mach dich klein.* *Teddybär, Teddybär, berühr deinen Zeh.* *Teddybär, Teddybär, wie alt bist du?* *Eins zwei, drei …*

Zwei Spieler schlagen ein Seil, ein Spieler springt ein. Alle singen den Vers mit einer Leiermelodie. Der Springer führt die genannten Bewegungen durch und läuft am Ende aus dem Seil heraus. Der nächste Spieler ist an der Reihe.

Frisbee-Stern aus Zeitungspapier

Material: zwei Bogen Zeitungspapier, Paketband, Klebeband

Herstellung: Die beiden Zeitungspapierbögen teilen und die vier Teile jeweils von der schmalen Seite her in 3 cm breite Streifen falten. Anschließend werden jeweils zwei Streifen kreuzförmig zusammengelegt und mit dem Klebeband fixiert. Nun beide Kreuze mit dem Paketband verflechten. Wenn der Frisbee-Stern einen Lackanstrich erhält, erhöht sich seine Festigkeit.

Eins, zwei koch ein Ei

(überliefert)

eins, zwei – koch ein Ei
drei, vier – warte hier
fünf, sechs – kleine Hex'
sieben, acht – gute Nacht
neun, zehn – schlafen geh'n
elf, zwölf – komm'n die Wölf

Spielverlauf: Die Spieler stehen sich gegenüber oder bilden einen Kreis. Alle sprechen den Reim: zu den Zahlen mit den Füßen rechts, links stampfen und zu den Wörtern im 3-Takt in die Hände klatschen. Wenn der Reim flüssig gesprochen wird, die Bewegungen variieren, z. B. das Tempo verlangsamen und beschleunigen, den Rhythmus laut und leise betonen oder andere Takt- und Bewegungsmuster entwickeln.

Vertiefungsaufgaben

1. Ermitteln Sie begründete Altersangaben und eine Teilnehmerzahl zu den o. g. Spielanregungen. Ordnen Sie die Spielanregungen den unterschiedlichen Spielarten und Spielformen zu (siehe Kap. 1.6).
2. Planen Sie mit einigen der aufgeführten Spieltipps eine Bewegungsspieleinheit für ihre Lerngruppe. Reflektieren Sie anschließend Ihr Vorgehen und Ihre Spieleindrücke.
3. Entwickeln Sie eine Bewegungsspielstunde für Ihre Praktikumsgruppe. Tauschen Sie sich nach der Durchführung in der Lerngruppe aus.
4. Erstellen Sie eine übersichtliche Tabelle mit Bewegungsspielmaterial für Kinder von 0–10 Jahre. Unterscheiden Sie bei der Auswahl handelsübliche Spielmaterialien (z. B. Ball, Roller) und Alltagsmaterialien (z. B. Zeitungspapier, Wäschekorb), das zweckentfremdet zu Bewegungsspielen verwendet werden könnte.
5. Beobachten Sie ausgesuchte Kinder in Ihrer Praktikumsgruppe. Schreiben Sie eine Situationsbeobachtung. Mit welchen Spielimpulsen könnten Sie gezielt auf die altersgemäßen Bewegungsinteressen eingehen?
6. Welche alltäglichen Bewegungsmöglichkeiten haben die Kinder in den Räumlichkeiten Ihrer Praktikumseinrichtung? Untersuchen Sie in der Kita/Tagespflegestelle/OGS den „Bewegungsraum“ für Kinder. Entwickeln Sie Vorschläge zur Ausstattung und Nutzung der räumlichen Gegebenheiten.
7. Erforschen Sie das Außengelände oder nähere Umfeld der Kita/Tagespflegestelle/OGS. Welche Möglichkeiten für kindliche Bewegungserfahrungen entdecken Sie? Entwickeln Sie passende Bewegungsspiele.
8. Recherchieren Sie zum Themenbereich „Bewegungsspiele für Kinder“ in der einschlägigen Fachliteratur. Tauschen Sie sich im Team aus.
9. Entwickeln Sie in Teamarbeit zum Thema „Bewegungs-Zirkus“ ein Ferienprojekt für Kinder bis zehn Jahre.
10. Stellen Sie thematische Verbindungen zu anderen Bildungsbereichen her und entwickeln Sie Fragen oder Problemstellungen an andere Unterrichtsfächer.

4.1.2 Mein Körper und ich

Zu den grundlegenden Erfahrungen des Kindes gehört die Wahrnehmung des eigenen Körpers. Schon das Neugeborene reagiert mit körperlichen Reflexen auf Reize von außen, und im weiteren Verlauf der Entwicklung ist ihr Körper zunächst der Bezugspunkt. Mit all ihren Sinnen und Bewegungsmöglichkeiten erforschen Säuglinge ihren Körper und durch den Körperkontakt bei der Körperpflege oder bei Ess-Situationen entwickeln sie eine Beziehung zur Bezugsperson. Über die physische Zuwendung erfahren die Kinder ihren Körper, lernen seine Funktionen auf spielerische Weise kennen indem die Bezugsperson die pflegerischen Tätigkeiten z. B. mit Spielversen oder Spielliedern begleitet. Dabei ist der Austausch körperlicher Zärtlichkeiten wichtig zum Aufbau der Ich-Identität. Mit natürlichem Interesse und wachsender Neugierde werden sich Kleinkinder ihres Geschlechts bewusst.

Später stellen Kinder konkrete Fragen und wollen Erklärungen darüber, was mit und in ihrem Körper passiert, wenn sie z. B. schlafen, essen, Pipi machen oder Muskeln zeigen. Einfache, richtige und klare Antworten, Erklärungen oder Gespräche ermöglichen Kindern eine differenzierte Körperwahrnehmung, die in ihren Bewegungsspielen und Bewegungsabläufen sichtbar wird und ihr Selbstvertrauen stärkt.

Wenn das Kind sich mal nicht wohlfühlt, traurig oder krank ist, dann ist es die Aufgabe der Bezugspersonen einfühlend zu reagieren und dem Kind Trost, Pflege und Zuneigung zu geben. Sie helfen dem Kind, wenn sie ihm vermitteln, wie man seinen eigenen Körper gesund erhalten kann. Das Kind wird sozusagen in die Lage versetzt, seinen eigenen Gesundheitsplan zu entwickeln. Dazu zählt auch die gesunde Ernährung, denn sie beeinflusst in entschiedenem Maße körperliche und geistige Entwicklung. Die fürsorgliche Begleitung und eine partnerschaftliche Zusammenarbeit von Eltern und sozialpädagogischen Fachkräften sind hier von großer Bedeutung.

Spielanregungen

Dreimal pusten

(Text: Brigitte vom Wege)

Dreimal pusten, Hand auflegen,
drüber streichen, das bringt Segen.
Klatsch dann einmal in die Hände,
schon hat aller Schmerz ein Ende.

Spielverlauf: Über die schmerzende Stelle des Kindes pusten, das Kind streicheln, beide Hände des Kindes zum Klatschen zusammen führen.

Fräulein Puste

(überliefert)

Das Fräulein Puste auf ihrem Gang
geht grad auf deinem Bein entlang.
Es lacht und singt ganz leise:
„Wie wunderschön ist meine Reise!"
Das Fräulein Puste geht zum Rücken.
Und oben sagt sie voll Entzücken:
„Nun pust ich drüber, blas dir ins Gesicht
und sage noch einmal das Pustegedicht …"

Spielverlauf: Den Reim beim Windeln oder Baden sprechen und dabei vorsichtig über die einzelnen Körperteile des Kindes pusten.

Meine Hände sind verschwunden

(überliefert)

Spielverlauf: Das Lied singen und die Hände hinter dem Rücken zunächst verstecken, um abschließend in die Hände zu klatschen. In den folgenden Strophen werden weitere Körperteile versteckt.

Variante: Anstelle der Körperteile können die Namen von Kindern eingesetzt werden.

Wenn du froh bist, klatsche einfach in die Hand

(Melodie: „If You're Happy and You Know It", überliefert)

1. *Wenn du froh bist, klatsche einfach in die Hand.*
   Wenn du froh bist, klatsche einfach in die Hand.
   Wenn du froh bist und du weißt es,
   wenn du froh bist, ja dann zeig es.
   Wenn du froh bist, klatsche einfach in die Hand.

Spielverlauf: Das Lied singen und den Anweisungen folgen. In den folgenden Strophen andere Körperteile benennen, z. B.

... nicke mit deinem Kopf, ... heb dein rechtes Bein, ... wackele mit deinem Arm, ... schließe deinen Mund, schnipse mit den Fingern, ... beuge deine Knie, ... stampfe mit dem Fuß etc.

Kastanienbad

Material: Kastanien

Spielverlauf: Die im Herbst gesammelten Kastanien werden in eine Kunststoffbadewanne gefüllt. Das Kind kann unbekleidet/bekleidet darin sitzen, wühlen, waten, die Kastanien über den Körper rollen lassen, etc.

Hinweis: Kastanien trocken lagern, sonst bildet sich Schimmel!

Riesenhamburger

Spielverlauf: Die Kinder bilden Spielgruppen mit je drei Personen. Sie einigen sich, wer welchen Teil eines Hamburgers spielen möchte. Während die Spielleitung die Zusammenstellung – Brötchenunterteil, Frikadelle, Brötchenoberteil – beschreibt, legen sich die Kinder aufeinander. Nach jedem Durchgang findet ein Rollenwechsel statt.

Variante: Mehrere Kinder können den Hamburger darstellen. Dieser wird dann zusätzlich mit Salat, Senf, Gurkenscheiben usw. belegt.

Luftballonkissen

Material: viele gleichgroße Luftballons, Luftballonpumpe, Kissenhülle

Herstellung: Aufgeblasene Luftballons in eine leere Kissenhülle stecken und schließen. Das so entstandene „Luftballonkissen" trägt das Gewicht eines Kindes.

Jetzt steigt Hampelmann

(überliefert)

Weitere Strophen selber erfinden, z. B. *Jetzt zieht Hampelmann sich seine Schuhe an.*
Jetzt trinkt Hampelmann eine Tasse Tee.
Jetzt geht Hampelmann mit seiner Frau zum Tanz.
Statt Hampelmann kann auch die Hampelfrau besungen werden.

Spielverlauf: Zu den einzelnen Strophen werden die Bewegungen passend zum Text ausgeführt. Zu dem Refrain werden die Bewegungen eines Hampelmanns nachgeahmt: Zunächst sind die Beine leicht gegrätscht und beide Arme seitlich ausgestreckt, dann die Beine im Sprung zusammenführen, gleichzeitig die Arme nach oben strecken und in die Hände klatschen. Diese Bewegung mehrmals wiederholen.

Zwei lange Schlangen

(überliefert)

1. *Eine lange Schlange* *wird früh am Morgen wach.* *Sie rekelt und sie streckt sich,* *sagt allen: „Guten Tag!“* Refrain: *Olalala, kss, kss, olalala, kss, kss,* *olalala, kss, kss, olalala, kss*	– rechten Arm als Schlange heben, recken, strecken
2. *Eine andre Schlange* *kommt zufällig vorbei,* *sie sieht die erste Schlange* *und ruft ganz einfach: „Hei!“* Refrain: *Olalala …*	– rechten Arm links runter in die Mitte, linken Arm rechts runter in die Mitte, – linken Arm als Schlange heben, rechten Arm anwinkeln
3. *Zwei lange Schlangen,* *die schlängeln durch den Fluss,* *sie schwimmen zum andern Ufer* *und geben sich nen Kuss.* Refrain: …	– s. o. – beide Arme schlängeln sich durch die Luft – beide Hände zum Küssen zusammenführen
4. *Zwei lange Schlangen,* *die streiten sich auch mal,* *die kratzen und die beißen sich,* *bis einer schreit: „Au, au!“* Refrain: …	– s. o. – beide Arme führen streitende Bewegungen aus
5. *Zwei lange Schlangen,* *die schmusen auch ganz gern,* *und wenn sie so verschlungen sind,* *dann darf man sie nicht stör'n.* Refrain: *Olalala, pss, pss …*	– s. o. – beide Arme umschlingen sich, streichelnde Bewegungen

Spielverlauf: Die Reimgeschichte gemeinsam sprechen und dazu die genannten Bewegungen ausführen.

Spiegelpantomime

Spielverlauf: Zwei Spielpartner stehen sich gegenüber; einer ahmt als Spiegel die Mimik des anderen nach. Dabei können verschiedene Tätigkeiten wie z. B. Zähne putzen ausgeführt werden. Nach einiger Zeit erfolgt ein Rollenwechsel. Als Ganzkörperspiegel werden alle Bewegungen gespiegelt.

Waschanlage

Spielverlauf: Die Spieler bilden eine Doppelreihe. Je zwei Spielen stehen sich gegenüber. Das erste Paar sind die Eingangsreinigungsbürsten, die nächsten die Seitenbürsten, die folgenden die Dachbürsten usw. Ein Spieler geht als Auto durch die Waschanlage. Dort wird er gerieben, geklopft, gestreichelt, gepustet usw.

Gluckerbauch

Spielverlauf: Alle Mitspieler liegen auf dem Boden, jeweils mit dem Kopf auf dem Bauch eines anderen Mitspielers und lauschen konzentriert den inneren Körpergeräuschen des anderen. Im Anschluss beschreibt jeder seine Eindrücke und Empfindungen.

Hast du oder hast du nicht?

Material: Musik

Spielverlauf: Die Tänzer bewegen sich zur Musik und bilden zunächst zwei Kreise, einen inneren und einen äußeren. Beide Kreise bewegen sich gegenläufig. Die Musik stoppt und die Spielleitung fragt z. B.: *„Hat dein Gegenüber ein rechtes Ohr?"* Alle rufen: *„Ja!"* Daraufhin halten sich die jeweiligen Paare an den Ohren und tanzen so bis zum nächsten Musikstopp, bei dem eine andere Frage gestellt wird. Nach jedem Musikstopp erfolgt ein Partnerwechsel.

Hände waschen

(überliefert)

Hände waschen, Hände waschen,
das muss jedes Kind.
Hände waschen, Hände waschen,
bis sie sauber sind.
Sind sie endlich sauber, ja –
doch leider ist kein Handtuch da.
Drum müssen wir sie schütteln, schütteln, schütteln, schütteln, bis sie trocken sind.
Drum müssen wir sie schütteln, schütteln, schütteln, schütteln, bis sie trocken sind.

Spielverlauf: Den Text zu einer Leiermelodie singen und die angegebenen Bewegungen pantomimisch ausführen.

Vertiefungsaufgaben

1. **Ermitteln Sie begründete Altersangaben und eine Teilnehmerzahl zu den o. g. Spielanregungen. Ordnen Sie die Spielanregungen den unterschiedlichen Spielarten und Spielformen zu (siehe Kap. 1.6).**
2. **Erstellen Sie eine Liste mit Spielutensilien die besonders die Rollenspiele der Kinder, bezüglich ihrer Körpererfahrung bereichern können. Veranlassen Sie in Ihrer Praktikumsgruppe eine Rollenspielsituation, z. B. „Beim Friseur" oder „Beim Arzt". Nehmen Sie die Liste in Ihre Spielkartei auf.**
3. **Verfassen Sie eine Übersicht von Materialien, mit denen die Kinder gegenseitig eine sanfte Rückenmassage durchführen können. Erfinden Sie dazu eine Geschichte oder eine Rahmenhandlung, z. B. „Pizza backen", „Ein Unwetter zieht auf".**
4. **Führen Sie mit den Kindern entwicklungsgerechte Wahrnehmungsspiele durch. Schreiben Sie die Spieleregeln für Ihre Spielkartei auf.**
5. **Stellen Sie thematische Verbindungen zu anderen Bildungsbereichen her und entwikkeln Sie Fragen oder Problemstellungen an andere Unterrichtsfächer.**

Und mit dem Essen spielt man doch

Gesundheitsfördernde Ernährungserziehung ist immer ein integrierter Bestandteil der sozialpädagogischen Arbeit in Kindertageseinrichtungen und keinesfalls als isolierter kindlicher Erfahrungsbereich zu betrachten. Einerseits wirken Kinder bei der Vorbereitung und täglichen Zubereitung von Mahlzeiten gerne aktiv mit, andererseits zeigen sie auch außerordentliches Interesse, Aufmerksamkeit und Wissbegierde bei spielerischen Aktivitäten zu Nahrungsmitteln und Küchengeräten, Essens- und Ernährungsgewohnheiten.

Ernährungsvorlieben der Bezugspersonen ahmen die Kinder nach, sie orientieren sich an deren Verhalten und Einstellungen, nicht nur im Familienhaushalt, sondern auch in Kita, Kindertagespflege und OGS. Viele Kinder, auch in fortgeschrittenem Alter, sind nicht so sehr an einer Vielzahl von Gerichten interessiert, sondern haben ihre „Lieblingsspeisen“, die sie auch mehrmals hintereinander, mit großem Genuss essen können. Später probieren sie auch neuen Geschmack und unbekannte Speisen aus.

Kindern macht es große Freude selbst Essen zuzubereiten. Gemeinsam hergestellte und appetitlich angerichtete Speisen werden dann von allen Kindern besonders gerne an einem schön gedeckten Tisch und in guter Atmosphäre verzehrt. Im Nachahmungs- und spontanen Rollenspiel, z. B. in ihrer Puppenküche oder auch draußen im Sandkasten, wiederholen und spielen sie ihre Kocherlebnisse und lassen gelegentlich die Bezugspersonen teilhaben.

Altersgerechte Spielangebote zum Thema geben Denkanstöße, ergänzen die Erfahrungen und vertiefen die Sinneswahrnehmung auf kindgemäße Weise.

Dies stärkt kindliches Selbstbewusstsein und Handlungskompetenzen, seelisches Wohlbefinden und insgesamt hat alles zusammengenommen positive Auswirkungen auf die Gesundheit.

Spielanregungen

Jeder mag was anderes

Der Affe klettert nach Bananen.
Die Kuh macht muh, frisst Gras dazu.
Der Hund wählt einen Knochen aus.
Die Katze, die mag Milch und Maus.
Die Amsel fliegt herab vom Turm,
und sucht und sucht und sucht,
Sich einen Kibbel-Krabbel-Wurm.

(Betteray, 1999, S. 23)

Spielverlauf: Beginnend mit dem Daumen, die Finger nacheinander hochstrecken. Der kleine Finger (Amsel) pickt in die Handfläche, bei Krabbel-Wurm kitzeln die Finger die Handfläche.

Obst-Köpfe-Theater

Material: Obst/Gemüse, Lorbeerblätter, Gewürznelken, Holzstäbe, Serviette

Herstellung: Auf das Obst mit den Gewürzen ein Gesicht stecken. Den Kopf mit einer Serviette auf ein Holzstab spießen. Alle Früchte können nun für einen Tag ihre eigene Rolle spielen, z. B. die beißende Zwiebel, die saure Zitrone, der saftige Apfel. Nach dem Theaterspiel alles zu einem Salat, einer Obstsuppe oder einer Süßspeise verarbeiten.

Gaumenkitzel

Material: Stücke von verschiedenen Obstsorten (Banane, Apfel, Orange, Zitrone usw.)

Herstellung: In einer Schale liegen sichtbar die ganzen Früchte. Die Spieler benennen sie nacheinander. Auf einem Teller sind die Obststücke angerichtet. Die Spieler vergleichen und benennen die Obststücke mit den ganzen Früchten. Anschließend nimmt ein Mitspieler mit geschlossenen Augen ein Obststück, probiert es, benennt die Obstsorte und beschreibt die Geschmacksrichtung. Der nächste Mitspieler ist an der Reihe. Restliche Obststücke auf einen Holzspieß stecken. Die Obstspieße eignen sich für ein Obstfondue.

Variante: Gemüsesorten erraten und als Abschluss eine Gemüsesuppe kochen.

Pizzabäcker

Spielverlauf: Ein Spieler legt sich auf den Bauch (Pizza), sein Spielpartner ist der Pizzabäcker. Die Spielleitung erzählt die Geschichte vom Pizzabacken, während der Bäcker die benannten Tätigkeiten auf dem Pizza-Rücken ausführt:

Spielleitung: *Zuerst streut er Mehl auf den Tisch. Dann klatscht er vorsichtig den Pizzateig auf das Mehl. Er rollt den Teig sorgfältig in alle Richtungen aus. Anschließend streicht er mit dem Pinsel erst Öl und dann Tomatenmus auf den Teig. Er legt Salamischeiben und Ananasstücke auf die Pizza und streut zum Schluss noch Käse darüber. Jetzt befördert er die Pizza zum Backen in den Ofen. Wenn die Uhr klingelt, ist sie fertig.*

Rollentausch und Wiederholung der Erzählung. Abschließender Gesprächsaustausch über die Tast-Eindrücke.

<u>Der Obstkorb fällt um</u>

Material: Bilder verschiedener Obstsorten (z. B. Äpfel, Birnen, Pflaumen, Bananen etc.)

Spielverlauf: Die Spieler sitzen im Stuhlkreis, ein Stuhl weniger als Mitspieler. Alle tragen jeweils ein Obstbild wie eine Halskette, mindestens zwei Spieler die gleiche Obstsorte. Auf den Zuruf des Spielers in der Kreismitte z. B.: *„Äpfel und Birnen!"* tauschen die Spieler mit dem entsprechenden Obstbild ihre Plätze. Der Rufer versucht, einen freien Platz zu erobern. Wer keinen Sitzplatz erobert, ist der nächste Rufer. Lautet die Aufforderung: *„Der Obstkorb fällt um!"*, wechseln alle Spieler ihren Sitzplatz.

Variation: Statt Obstsorten können auch Gemüsesorten gewählt werden.

<u>La bella polenta</u> (Italien)

(Melodie und Text überliefert)

1. *Come si pianta la bella polenta?*
   La bella polenta si pianta così,
   II:si pianta così,:II
   oh oh la bella polenta così.
2. *Come si cresce la bella polenta?*
   La bella polenta si cresce così,
   si pianta così,
   si cresce così,
   oh oh la bella polenta così.
3. *Come si fiore la bella polenta?*
4. *Come si taglia la bella polenta?*

1. *Oh seht, wir pflanzen die schöne Polenta*
   die schöne Polenta, die pflanzen wir gern,
   II:die pflanzen wir gern,:II
   Oh oh la bella polenta così.
2. *Oh seht, da wächst die schöne Polenta die*
   schöne Polenta, die wächst wunderschön,
   die pflanzen wir gern,
   die wächst wunderschön,
   oh oh la bella polenta così.
3. *Oh seht, da blüht die schöne Polenta …*
4. *Oh seht, wir schneiden die schöne Polenta …*

5. *Come si mola la bella polenta?*
6. *Come si cuoce la bella polenta?*
7. *Come si mangia la bella polenta?*
8. *Come si gusta la bella polenta?*

5. *Oh seht, wir mahlen die schöne Polenta …*
6. *Oh seht, wir kochen die schöne Polenta …*
7. *Oh seht, wir essen die schöne Polenta …*
8. *Oh seht, wie wunderbar schmeckt die Polenta …*

Spielverlauf: Die Kinder singen das Lied und führen zu den genannten Tätigkeiten die angegebenen Bewegungen aus:

pianta – pflanzen – beide Hände in Abständen wiederholt auf den Boden setzen
cresce – wachsen – sich aus der Hocke strecken, beide Arme nach oben führen
fiore – blühen – auf der Stelle drehen, beide Arme ausbreiten
taglia – schneiden – Schneidebewegungen mit ausgestrecktem Zeige- und Mittelfinger
mola – mahlen – einen Arm vor dem Körper rotieren
cuoce – kochen – Rührbewegungen
mangia – essen – Hand zum Mund führen
gusta – schmecken – Bauch reiben

Ist die kleine Köchin da?

(Melodie: Ist die schwarze Köchin da, überliefert; Text: Brigitte vom Wege und Mechthild Wessel)

Spielverlauf: Die Kinder fassen sich an, gehen in Kreisrichtung und singen das Lied. Die kleine Köchin geht in umgekehrter Kreisrichtung um den Kreis herum. Bei der Textstelle: *„Mach mit, mit, mit!"* tippt sie drei Kinder an, die sich anfassen und ihr um den Kreis herum folgen.

Bei den folgenden Spielrunden, der Außenkreis ist bald größer als der Innenkreis, vermehren sich die kleinen Köche um jeweils drei, bis zuletzt alle Mitspieler Köche sind, im neu gebildeten Kreis stehen bleiben und singen:

Ist die kleine Köchin da? Ja, ja, ja!
Dreiunddreißig Möhren reiben, siebenundsiebzig Äpfel schneiden,
Rohkost, die macht fit. Mach mit, mit, mit!

Vertiefungsaufgaben

1. Ermitteln Sie begründete Altersangaben und eine Teilnehmerzahl zu den o. g. Spielanregungen. Ordnen Sie die Spielanregungen den unterschiedlichen Spielarten und Spielformen zu (siehe Kap. 1.6).
2. Singen und spielen Sie in der Lerngruppe das Lied „La bella Polenta“. Welche Aspekte beachten Sie bei der Einführung des Liedes und beim Kochen der Polenta.
3. Interpretieren Sie in der Lerngruppe die provokante Aussage: „Mit dem Essen spielt man doch!“ Nehmen Sie Stellung.
4. Sammeln oder malen Sie Bilder von Gemüsearten und Obstsorten. Erstellen Sie Bildkarten und entwickeln Sie Regeln für ein einfaches Zuordnungsspiel. In welchen Schritten gehen Sie vor, wenn Sie gemeinsam mit einigen Kindern Ihrer Praktikumsgruppe diese Aufgabe lösen?
5. Recherchieren Sie in der Fachliteratur weitere Spielanregungen rund um das Thema Ernährung.
6. Stellen Sie thematische Verbindungen zu anderen Bildungsbereichen her und entwickeln Sie Fragen oder Problemstellungen an andere Unterrichtsfächer.

4.1.3 Sprechen und spielen

Sprache ist das wichtigste Instrument zwischenmenschlicher Kommunikation. Sie ist ein wesentlicher Teil der Persönlichkeit und mit ihr stellen Menschen Beziehungen zu ihrer Umwelt her. In Verbindung mit der Schriftsprache ist Sprachkompetenz eine Schlüsselqualifikation für Bildungserfolg.

Der Spracherwerb ist ein komplexer Prozess, in dem Bezugspersonen als Sprachvorbild eine große Bedeutung haben. Kindliche Sprachentwicklung erfolgt zunächst hauptsächlich in Handlungssituationen, z. B. bei Spieltätigkeiten, bei den Mahlzeiten, in Pflege- und Versorgungssituationen. Wenn die Bezugsperson die Handlungen mit Worten begleitet oder mit Liedern, Reimen oder Fingerspielen ergänzt, erfährt das Kind Wertschätzung, Anerkennung, Interesse an seiner Person. Bei der alltäglichen Interaktion mit anderen Kindern in Kita und Schule sowie bei seinen vielfältigen spielerischen Aktivitäten erfährt es zudem Aufmerksamkeit, Zuwendung und Unterstützung.

Mit der aktiven Sprachentwicklung (siehe Kap. 2) wächst seine Dialogfähigkeit und das Kind hat Lust an der Sprache und an Sprachspielen, die über die funktionale Verwendung hinausgehen. Im Umgang mit Bilderbüchern lernt das Kind komplexe Sachverhalte zu erfassen und sich differenziert auszudrücken, eigene Geschichten zu erfinden und zu erzählen. Kreativität, Fantasie und Denken werden gefördert.

Die Entdeckung der Schrift eröffnet Kindern neue sprachliche wie spielerische Möglichkeiten, und mit Beginn der Grundschule steht der Schriftspracherwerb im Fokus. Alle sprachlichen Erfahrungen des Kindes beeinflussen nun den individuellen Prozess des Lesen- und Schreibenlernens. Dabei hat die „phonologische Bewusstheit“ eine zentrale Funktion. Mit ihr ist es möglich, den Inhalt der Mitteilung vom formalen Aspekt zu trennen, Wörter in Silben zu gliedern, zusammenzusetzen und die Laute der Wörter zu erkennen. Sie kann kaum isoliert gefördert werden, sondern sie wird wesentlich in Sprachspielsituationen angeregt, wie beim Sprechen und Singen von Reimen, Abzählversen, Liedern und Klatschspielen. Bei den komplexen Sprachentwicklungsprozessen sind Bezugspersonen, sozialpädagogische Fachkräfte und Lehrer unterstützend und begleitend tätig.

Spielanregungen

Es war einmal ein Floh

(überliefert)

Es war einmal ein Floh,
der hüpft herum so froh
und weil er dich so mag,
sagt er dir: „Guten Tag!“

Spielverlauf: Der Erwachsene lässt einen Finger auf dem Körper des Kindes herumhüpfen und schüttelt ihm zum Schluss die Hand.

Bei Müllers hat's gebrannt

(*überliefert*)

Bei Müllers hat's gebrannt, -brannt, -brannt,
da bin ich hingerannt, -rannt, -rannt,
da kam ein Polizist, -zist, -zist,
der schrieb mich auf die List, List, List,
die List fiel in den Dreck, Dreck, Dreck,
da war mein Name weg, weg, weg,
da lief ich schnell nach Haus, Haus, Haus,
und die Geschichte ist nun aus, aus, aus.

Spielverlauf: Das Spielerpaar steht sich gegenüber und klatscht zu jeder Silbe abwechselnd in die eigenen Hände und dann auf die erhobenen Handflächen des Partners. Am Zeilenende dreimal in die Hände des Partners klatschen.

Wer bin ich?

Material: Stift, Papier

Spielverlauf: Die Spielleitung führt mit jedem Mitspieler ein kurzes Interview, das sie schriftlich festhält. Der Name des Spielers darf dabei nicht genannt werden. Hinweise für das Interview:

Haarfarbe, Augenfarbe, Kleidung, Wohnort, Spielfreunde, Lieblingsspiel, Lieblingsessen usw. In einer folgenden Spielrunde liest sie einige Interviews vor und die Spieler raten, um wen es sich dabei handelt.

<u>Die Spinnengeschichte</u>

Material: ein Wollknäuel

Spielverlauf: Etwa 10–15 Spieler sitzen auf dem Fußboden. Die Spielleiterin hat ein Wollknäuel in der Hand und beginnt mit ein paar Sätzen eine Geschichte. Dann wirft sie das Wollknäuel einem Spieler zu, behält aber das Fadenende in der Hand. Der Spieler fängt das Knäuel auf und erzählt die begonnene Geschichte mit einem Satz weiter. Danach wirft er das Knäuel einem anderen Spieler zu und behält den Faden ebenfalls in der Hand. Am Ende der Geschichte sind alle Spieler durch das Spinnennetz miteinander verbunden.

<u>Dort oben auf dem Berge</u>

(überliefert)

Dort oben auf dem Berge,	Arme nach oben strecken, Zeigefinger zeigen
1 - 2 - 3	mit den Fingern zählen
da sitzen sieben Zwerge.	Arme nach oben strecken, Zeigefinger zeigen
1 - 2 - 3	mit den Fingern zählen
Da unten auf der Wiese,	Arme und Finger zeigen nach unten
1 - 2 - 3	mit den Fingern zählen
da tanzt ein dicker Riese.	Arme bilden vor dem Bauch einen Kreis
1 - 2 - 3	mit den Füßen stampfen
Er tanzt so schön im Sonnenschein,	leise beginnen, bei den Wiederholungen
1 - 2 - 3	lauter werden, bis hin zum Schreien
so kann es nur im Sommer sein.	
1 - 2 - 3	

<u>Wörternetz</u>

Material: Ball

Spielverlauf: Die Spieler sitzen im Kreis. Der erste Spieler wirft den Ball einem anderen Mitspieler zu und nennt dabei einen Begriff, z. B. „Spielplatz". Der Spieler fängt den Ball und muss nun eine Assoziation zum vorher genannten Begriff finden, z. B. „Sandkasten". Der letzte Begriff ist immer der Einstiegsbegriff des nächsten Spielers.

<u>Frau Fledermaus</u>

(überliefert)

Frau Fledermaus flattert mit fliegenden Flügeln.
Sie fliegt zu den Fledermaushügeln.
Frisch und fidel fliegt Frau Fledermaus
am frühen Morgen flink wieder nach Haus´.

Material: ein schwarzes Tuch oder ein schwarzer Umhang

Die Spieler stehen im Kreis. Ein Kind trägt den schwarzen Umhang und fliegt als Fledermaus außen um den Kreis. Die anderen sprechen den Zungenbrecher. Ist der Vers zu Ende, gibt das Kind den Umhang an das Kind ab, hinter dem es gerade steht.

Ottos Mops

ottos mops trotzt	Mops im Vierfüßler, trotzige Miene
otto: fort mops fort	Otto macht abweisende Handbewegung
ottos mops hopst fort	Mops krabbelt weg
otto: soso	Otto spricht: *„Soso!“*
otto holt koks	Otto trägt pantomimisch einen Eimer
otto holt obst	Otto beißt in einen Apfel
otto horcht	Otto legt Hand an sein Ohr
otto: mops mops	Otto ruft: *„Mops, Mops!“*
otto hofft	Otto zeigt abwartende Geste
ottos mops klopft	Mops klopft auf den Boden
otto: komm mops komm	Otto macht einladende Geste
ottos mops kommt	Mops krabbelt zu Otto
ottos mops kotzt	Mops macht Kotzbewegung
otto: ogottogott	Otto sagt: *„Ogottogott!“*

(Jandl, 1985, S. 422)

Spielverlauf: Die Kinder spielen das Gedicht vom Herrchen Otto und Hund Mops, das nur mit dem Vokal „O“ auskommt. Jeder sucht sich einen Partner. Ein Spieler ist „Otto“ und der andere „Mops“. Rollentausch nach jeder Spielrunde

Das Gewitter

(überliefert)

Es tröpfelt.
Es regnet.
Es gießt.
Es hagelt.
Es donnert.
Es blitzt.
Und alle sind schnell ins Haus geflitzt.

Spielverlauf: Mit beiden Händen die Geräusche auf der Tischplatte nachahmen: Mit den Fingerspitzen erst langsam, dann immer schneller klopfen, die Handflächen patschen auf den Tisch, die Knöchel kommen als Hagel, der rechte Zeigefinger zeichnet den Blitz in der Luft, beide Fäuste donnern auf der Tischplatte und zuletzt verschwinden die Hände auf dem Rücken.

Vertiefungsaufgaben

1. Ermitteln Sie begründete Altersangaben und eine Teilnehmerzahl zu den o. g. Spielanregungen. Ordnen Sie die Spielanregungen den unterschiedlichen Spielarten und Spielformen zu (siehe Kap. 1.6).
2. Erproben Sie einige Beispiele der aufgeführten Finger-, Hand- und Klatschspiele in Ihrer Praktikumsgruppe. Berichten Sie von Ihren Erfahrungen.
3. Fertigen Sie ein Zuordnungsspiel mit den Buchstaben des Alphabets. Entwickeln Sie dazu Spielregeln.
4. Planen und gestalten Sie mit Ihrer Praktikumsgruppe eine Schreib-Spielecke.
5. Wählen Sie mit der Kindergruppe ein Bilderbuch aus und inszenieren Sie ein Rollenspiel.
6. Erörtern Sie in der Lerngruppe: Soll Karim (5 Jahre, tunesischer Herkunft) in der Kindergruppe einen Reim oder ein Spiel in seiner Herkunftssprache vortragen?
7. Stellen Sie thematische Verbindungen zu anderen Bildungsbereichen her und entwickeln Sie Fragen oder Problemstellungen an andere Unterrichtsfächer.

4.1.4 Spielen verbindet[1]

Zu den kindlichen Grundbedürfnissen gehören soziale Beziehungen, ohne die kein Mensch existieren kann. Sie prägen die Bindungs- und Bildungsprozesse, die zunächst von Bezugspersonen und später auch von anderen Personen begleitet und unterstützt werden. Dabei ist es für die Entwicklung von Selbstvertrauen und der eignen Identität wichtig, dass Kinder Wertschätzung und Empathie erfahren. Bei Auseinandersetzungen und Meinungsverschiedenheiten werden sie mit anderen Ansichten und Werthaltungen konfrontiert. Sie erfahren, dass andere Menschen anders denken und leben als sie selbst, und entwickeln ein konstruktives Konfliktverhalten.

Die meisten Kinder sind in der Lage unvoreingenommen zu anderen Menschen Kontakt herzustellen und sie in anderen, vielfältigen Lebensformen, Kulturen, Bedürfnissen und Sprachen wahrzunehmen. Kinder zeigen in der Regel Neugierde und Aufgeschlossenheit gegenüber fremden Lebensstilen, Gebräuchen und Gewohnheiten.

[1] Siehe auch Kap. 3.1.2: Spielen und interkulturelle Verständigung; Kap. 6: Weltkindertag.

Kindertageseinrichtungen sind bei Entwicklungsprozessen ein wichtiger Wegbereiter, hier sollten alle Kinder die Chance haben, einen persönlichen Lebensstil zu entwickeln und zu verantwortungsbewussten, handlungs- und kritikfähigen Menschen heranzuwachsen. Die pädagogischen Fachkräfte begleiten diesen Prozess durch gemeinsame Spiel- und Bildungsangebote sowie durch die Gestaltung der Elemente im Tagesablauf, wie Begrüßung und Verabschiedung, Frühstück oder Mittagsmahlzeit, deren Ritualisierung den Kindern Sicherheit und Orientierung vermittelt.

Spielanregungen

Guten Tag

(überliefert)

Guten Tag, Kaliméra, wir winken uns zu.
Guten Tag, Merhaba, erst ich und dann du.
Wir spielen und tanzen und klatschen dazu.
Guten Tag, Dzień dobry, wir winken uns zu.
Guten Tag, Bon jour, wir sind alle da.
Guten Tag, Buon giorno, wir sind alle da.
Der Tim, der Christo, die Mira … sind da. (alle Kinder nacheinander benennen)
Guten Tag, Buenos dias, wir sind alle da.

Spielverlauf: Das Lied eignet sich als rituelles Begrüßungslied zu Beginn eines Spielkreises. Es kann nach einer eigenen Melodie oder als Sprechgesang vorgetragen werden.

Who stole the cookies from the cookie jar? *(Großbritannien)*

(*überliefert*)

Spielverlauf: Alle sitzen im Kreis und begleiten den Sprechtext rhythmisch, durch abwechselndes Klatschen auf die Oberschenkel und in die Hände. Die Runde endet, wenn ein Spieler sich als Dieb outet (zu erkennen gibt).

Who stole the cookies from the cookie jar?		*Wer hat den Keks aus der Dose geklaut?*
	(Namen eines Spielers nennen)	
Mary stole the cookies from the cookie jar.		*Mary hat den Keks aus der Dose geklaut.*
Who me?	(fragt der genannte Spieler)	*Wer ich?*
Yes, you!	(alle antworten)	*Ja, du!*
Not me!	(sagt der genannte Spieler)	*Niemals!*
Then who?	(alle antworten)	*Wer dann?*
Tom stole …		*Tom hat …*

Buraya bir kuş konmuş *(Türkei)*

(überliefert)

Buraya bir kuş konmuş	*Hier ist ein Huhn gelandet.*
Bu tutmuş	*Der hat es gefangen.*

Bu kesmiş	*Der hat es gerupft.*
Bu pişirmiş	*Der hat es gekocht.*
Bu yemiş	*Der hat es gegessen.*
Bu da okuldan gelmiş	*Der kommt nach Haus und ruft:*
„Hani bana, hani bana?“ demiş.	*„Wo ist mein Stück, wo ist mein Stück?“*

Zwei Spieler sitzen sich gegenüber. Sie sprechen gemeinsam den Vers und drücken die Fingerspitzen nacheinander in eine der Handflächen des Gegenübers. Sie beginnen mit dem Daumen.

***Yağmur** (Türkei)*

(überliefert)

Yağmur	(Regen)	mit den Fingern trommeln
Dolu	(Hagel)	mit den Fingerknöcheln trommeln
Kar	(Schnee)	lautlos mit Fingerspitzen trommeln

Spielverlauf: Die Wörter betont als Echo sprechen, dazu die Fingerbewegungen ausführen. Das Tempo und die Lautstärke variieren.

***One, two, three, four** (Großbritannien)*

(überliefert)

One, two, three, four	*Eins, zwei, drei, vier,*
Clap your hands once more	*in die Hände klatschen wir.*
Stamp your feet and wink and eye	*stampfen mit den Füßen, blinzeln uns zu.*
Time to say goodbye.	*Auf Wiedersehen – ich und du!*

Spielverlauf: Den Vers als Echo sprechen, dazu mit den Fingern zählen, rhythmisch in die Hände klatschen, mit den Füßen stampfen, mit einem Auge blinzeln, laut *„Goodbye!“* rufen und winken.

Ochs am Berge eins, zwei, drei

Spielverlauf: Der Ochs steht mit dem Gesicht zur Wand und mit dem Rücken zu den anderen Mitspielern, die etwa zehn Meter entfernt in einer Reihe nebeneinanderstehen. Während der Ochs ruft:

„Ochs am Berge eins, zwei, drei!“, setzen sich die Mitspieler mit schleichenden Schritten in Bewegung. Bei „drei“ dreht sich der Ochs plötzlich um. Alle bleiben stehen und dürfen sich nicht bewegen. Wird ein Mitspieler in der Bewegung überrascht, muss er drei Schritte zurückgehen. Wer unbemerkt bis zum Ochsen vorkommt, ist in der nächsten Spielrunde der neue Ochs.

***Önde, tura, bir, iki, üc** (Türkei)*

(überliefert)

Önde, tura, bir, iki, üc	*Los, geht's, eins, zwei, drei*

Der Spielverlauf entspricht dem deutschen Spiel „Ochs am Berge …“

Sovuschka (Russland)

Material: Kreide oder einen Reifen

Spielverlauf: Auf das Spielfeld einen Kreis zeichnen oder einen Reifen als Nest der *Sovuschka* (Nachteule) auslegen. Die *Sovuschka* hockt in ihrem Nest und schläft. Die anderen Spieler sind die *„Mische"* (Mäuse), die auf dem Spielfeld herumlaufen. Ruft der Spielleiter: *„Notsch!"* (Nacht), bleiben alle Mäuse unbewegt stehen. Die Nachteule erwacht. Sobald sie eine Maus erwischt, die sich noch bewegt, nimmt sie diese mit in ihr Nest. Ruft der Spielleiter: *„Den!"* (Tag), dürfen die Mäuse wieder laufen und die Nachteule fliegt zurück in ihr Nest. Das Spiel dauert so lange, bis die Nachteule einige (Anzahl vor Spielbeginn festlegen) Mäuse gefangen hat. Dann wird aus den nicht gefangenen Mäusen eine neue Nachteule ausgewählt.

Vertiefungsaufgaben

1. **Ermitteln Sie begründete Altersangaben und eine Teilnehmerzahl zu den o. g. Spielanregungen. Ordnen Sie die Spielanregungen den unterschiedlichen Spielarten und Spielformen zu (siehe Kap. 1.6).**
2. **Recherchieren und ergänzen Sie mehrsprachige Sprachspiele.**
3. **Laden Sie mehrsprachige Eltern als Spielpaten der Kinder in Ihre Praktikumsgruppe ein (siehe Kap. 5).**
4. **Üben Sie mit der Lerngruppe fremdsprachige Spielreime. Überlegen Sie, in welchem Kontext Sie diese Spielreime in Ihrer Praktikumsgruppe methodisch anwenden können, z. B. „Weltkindertag".**
5. **Entwickeln Sie Fragen oder Problemstellungen bezüglich des Bildungsbereiches an andere Unterrichtsfächer.**

4.1.5 Singen, spielen und musizieren

„Ästhetik betont die Bedeutung sinnlicher Wahrnehmung in Bildungs- und Erkenntnisprozessen."

(Ministeriums für Familie, Kinder, Jugend, Kultur und Sport in NRW, 2016, S. 102)

Sie berührt alle Bereiche des alltäglichen Lebens bei der aktiven und kreativen Auseinandersetzung mit der Umwelt. Ästhetik ist sozusagen das Ergebnis und die Basis sinnlicher Erfahrungen. Insbesondere Kinder lernen zunächst ausschließlich über ihre eigenen Sinne. Die im Kopf entstandenen Bilder ermöglichen ihnen kreatives Denken und wirken auf die kindlichen Ausdrucksmöglichkeiten wie Gestalten, Bewegung, Rollenspiel (siehe Kap. 3.2–3.4).

Schon Säuglinge und Kleinkinder reagieren interessiert auf Klänge, Laute und Tonfolgen. Mit zunehmender Entwicklung erfassen Sie die Klangbilder von Liedern, Reimen und instrumentalen Musikstücken. Gemeinsames Singen und Musizieren bereitet ihnen Freude, fördert ihre Musikalität und lässt Bilder in ihrem Kopf entstehen. Klangerfahrungen begleiten ihren Alltag, wie das Zwitschern der Vögel, die Regentropfen auf der Fensterbank, das Hupen eines Autos das Hüpfen eines Balls. Auch erzeugen Kinder gerne mit ihrem eigenen Körper Klänge und Geräusche, z. B. durch klatschen, schnipsen, stampfen, pusten und prusten.

„Musik, Rhythmik, Sprache und Bewegung gehören untrennbar zusammen. Musik ist eine sinnliche Sprache des Menschen und ein wesentlicher Bereich ästhetischer Bildung".

(Ministeriums fur Familie, Kinder, Jugend, Kultur und Sport in NRW, 2016, S. 104)

Gerade in Kindertageseinrichtungen haben die Kinder im Tagesablauf viele Gelegenheiten mit musisch-kreativen Aktivitäten ihre Wahrnehmungen, Eindrücke und inneren Bilder zum Ausdruck zu bringen. Unterstützt wird ihre Neugierde und Experimentierbereitschaft durch eine sinnanregende Raumgestaltung und Gestaltungsmaterialien für kreative Aktivitäten, fantasiefördernde Freiräume und Impulse.

Spielanregungen

Blumentopf-Trommel

Material: Tontopf mit Bodenöffnung (ø 12 cm oder 16–18 cm), Baumwolltuch (z. B. Stück eines Bettlakens), ein Päckchen Gelatine, Schnur, Zeichenstift, Schere, Kochtopf, Permanent-Farbstifte

Herstellung: Gelatine mit einer ½ Tasse Wasser in einem Kochtopf auflösen. 10 Minuten warten. Eine Tasse Wasser hinzufügen, rühren und erhitzen, aber nicht kochen. Die aufgelöste Gelatine reicht für ca. 3–4 Trommeln.

Den Topf umgekehrt auf das Tuch legen, im Abstand von 8 cm einen Kreis um den Tontopf zeichnen und ausschneiden. Das Tuch in der Gelatine einweichen, leicht ausdrücken und über den Topf spannen. Das Tuch am oberen Rand des Blumentopfs mit einer Schnur, die länger als der Umfang des Topfes ist, festbinden. Etwas Gelatine auf das Tuch träufeln, bis es keine Flüssigkeit mehr aufsaugt. Die Trommel 10 Stunden trocknen lassen. Wer will, kann den Trommelkörper noch farbig gestalten.

Kronkorken-Kastagnetten

Material: vier Kronkorken, Pappe, Schere, Klebstoff, Buntstifte

Herstellung: Aus der Pappe zwei Streifen von 15 cm · 5 cm ausschneiden und in der Mitte knikken. Die Kronkorken auf die Pappstreifen kleben, beliebig bemalen und losklappern.

In Afrika am großen Fluss – Lied zur Spielgeschichte

(Melodie: überliefert; Text: 1., 4., 5. Strophe überliefert [leicht verändert]; 2., 3., 6., 7. Strophe von Brigitte vom Wege und Mechthild Wessel)

2. *Die Elefantenherde naht,*
sie saufen wie ein Fass.
Das Elefantenbaby niest
und alle werden nass und singen …

3. *Die Klapperschlange windet sich,*
durchs meterhohe Gras.
Sie klappert stets mit dem Gebiss,
wenn sie mal jemand fragt und klappert …

4. *Das Nilpferd grüne Seife liebt,*
die es zum Baden nutzt.
Es sitzt so gern am Uferrand,
und wenn es sich dann putzt,
dann singt es …

5. *Der Papagei ein Vogel ist,*
rot, grün und blau getupft,
der sitzt so gern am Gummibaum,
und wenn er dann so hüpft,
dann singt er …

6. *Der Löwe ist schon alt und grau,*
und gibt doch mächtig an.
Er streckt die stumpfen Krallen aus
und faucht, was er noch kann
und singt so …

7. *In Afrika am großen Fluss,*
der Trommelspieler singt.
Er lädt die Krokodile ein (Elefanten/
Klapperschlangen/Nilpferde/Papageien/
alte Löwen) und alle machen mit und
singen …

In Afrika am großen Fluss – die Spielgeschichte

Material: Schwungtuch, ein Stück Wasserschlauch als Heulrohr

Die Geschichte

Spielleitung (SPL): *„Karibu!“ – das heißt „Willkommen“ auf Kisuaheli, eine Sprache, die man in Afrika spricht. Dort sagt man auch nicht „Guten Tag!“, wie bei uns, sondern „Hujambo!“ Begrüßt euch einmal auf Kisuaheli.*

Gruppe: Alle sitzen im Kreis und begrüßen sich mit „Hujambo!"

SPL: *Stellt Euch vor, wir wären in Afrika, dort wo fast jeden Tag die Sonne scheint. Dort gibt es keine Wälder und Wiesen wie bei uns, sondern große Wüsten aus Sand, riesengroße Palmen und Gras, das uns bis zur Nasenspitze geht.*

Wir steigen in unseren Jeep und fahren los. Plötzlich sehen wir Tiere, die wir bisher nur im Zoo gesehen haben. (Frage an die Kinder:) *Welche Tiere könnt ihr sehen?*

Gruppe: Kinder nennen exotische Tierarten und ahmen die Bewegungen und Stimmen der genannten Tiere nach.

SPL: *Dort drüben sehe ich einen großen Fluss, da wohnt ein Krokodil.*

„In Afrika am großen Fluss ..."

Gruppe: Die Kinder sitzen um ein zusammengedrehtes Schwungtuch und singen die 1. Strophe.

SPL:*Aber Vorsicht! Das Krokodil ist gefährlich!*

Gruppe: Das Schwungtuch wird ausgebreitet. Die Kinder verteilen sich rundherum und heben das Tuch kurz über dem Boden, in schnellen wellenförmigen Bewegungen. Unter dem Tuch krabbelt ein Kind als Krokodil. Auf dem Tuch befindet sich ein Kind, das versuchen muss, das Krokodil zu fangen.

SPL: *Und plötzlich kommt eine Elefantenherde zum Fluss. Was will die Elefantenherde hier am Fluss?*

Gruppe: Das Schwungtuch wird zusammengerollt. Die Kinder bewegen sich frei im Raum. SPL versucht als Elefant (linke Hand zur Nase führen, rechten Arm durch die linke Armbeuge stecken) ein Kind zu berühren. Dieses ist dann der nächste Elefant.

SPL: *„Die Elefantenherde naht ..."*

Gruppe: Sitzkreis, alle singen die 2. Strophe.

SPL: *Das Gras am Ufer des Flusses ist meterhoch. Irgendwo haben sich hier Klapperschlangen versteckt.*

Gruppe: Die Kinder sitzen verteilt im Raum. Jeder hat einen Stuhl vor sich stehen. Ein Kind schließt die Augen. Alle rufen *„Klipper-Klipper-Klapperschlange, klapper mal mit deiner Klapper!"* Daraufhin klopft ein Kind mit den Handknöcheln auf die Stuhlfläche. Alle nehmen die Hände auf den Rücken. Das Kind öffnet die Augen und geht zu der vermuteten Klapperschlange.

SPL: *Und plötzlich kommen ganz viele Klapperschlangen aus ihrem Grasversteck: „Die Klapperschlange windet sich ..."*

Gruppe: Die Kinder sitzen vor ihren Stühlen und singen die 3. Strophe.

SPL: *Am besten wir gehen jetzt auf die andere Seite des Flusses. Hier ist es zu gefährlich. Zum Glück haben wir ja unsere Trommeln dabei, daraus können wir uns eine Brücke bauen.*

Gruppe: Das erste Kind stellt seinen Stuhl hin, geht wieder zurück, das Nächste folgt, so lange, bis die Stuhlreihe zur anderen Raumseite führt. Alle Klettern darüber. Das erste Kind nimmt den ersten Stuhl, trägt ihn balancierend über die anderen Stühle zurück u. s. w.

SPL: *Aber was ist das? Hier am Flussufer sind lauter Nilpferde im Wasser: „Das Nilpferd grüne Seife liebt ..."*

Gruppe: Die Kinder knien vor ihren Stühlen und singen die 4. Strophe.

SPL: *Doch plötzlich fliegen bunte Papageien über uns hinweg. Sie folgen der geheimnisvollen Wüstenmusik. Sie fliegen und fliegen, passen aber gut auf, dass sie sich nicht berühren, sonst stürzen sie ab.*

Die Spielleitung schwingt ein Heulrohr und geht durch den Raum.

Gruppe: Die Kinder schließen die Augen, breiten die Arme aus und folgen der Musik des Heulrohrs.

SPL: *Nach einer Weile werden die Papageien müde und jeder setzt sich auf seinen Gummibaum: „Der Papagei ein Vogel ist ...“*

Gruppe: Jedes Kind sitzt oder hockt auf einem Stuhl. Alle singen die 5. Strophe.

SPL: *Die Papageien lachen den Löwen aus, der faul unter einem Baum liegt und schläft: „Der Löwe ist schon alt und grau ...“*

Gruppe: Kinder sitzen auf dem Boden und singen die 6. Strophe.

SPL: *Doch wir haben den Löwen unterschätzt. Wenn er ausgeschlafen ist, geht er doch noch auf die Jagd und wir müssen gut aufpassen.*

Gruppe: Alle Kinder bewegen sich im Raum. SPL steht in der Mitte und ruft: *„Der Löwe kommt!“* Alle hocken sich schnell auf ihre Stühle. Das Kind, das keinen Platz bekommen hat, ist der neue Löwe.

SPL: Trommelt auf ihrem Stuhl den Rhythmus des Liedes, wartet bis alle Kinder vor ihren Stühlen knien, und in den gleichen Rhythmus einfallen:

„In Afrika am großen Fluss,
der Trommelspieler singt.
Er lädt die Krokodile ein (Elefanten/Klapperschlangen/Nilpferde/Papageien/alten Löwen)
und alle machen mit und singen ...“

Gruppe: Bei der letzten Strophe können auch Trommeln benutzt werden, die die Kinder vorher selbst hergestellt haben.

Musikalisches Würfelspiel

Material: selbst gestaltetes Spielbrett aus Fotokarton (DIN A3), ein Würfel, 2–4 Spielfiguren

Herstellung: Auf dem Fotokarton wird eine Spirale mit 30 Spielfeldern gezeichnet. Einen kreativen Hintergrund gestalten die Kinder. Mit Ausnahme des Start- und Zielfeldes steht in jedem Feld eine musikalische Spielaufgabe. Reihum wird gewürfelt. Der Spieler, dessen Spielfigur auf einem Spielfeld landet, muss die entsprechende Aufgabe sofort ausführen. Wer als Erster das letzte Spielfeld erreicht hat, ist Sieger.

1. Start
2. Horche auf die Geräusche von draußen! Nenne ein Geräusch, das du hörst.
3. Summe wie eine Biene.
4. Pfeife wie ein Kanarienvogel.
5. Zische wie eine Schlange
6. Wie macht die Katze?
7. Schnipse 7-mal mit deinen Fingern.
8. Trommele auf einem Stuhl oder Ähnlichem einen Rhythmus.
9. Gehe zurück auf Nummer 2.
10. Singe ein Lied vor.
11. Tanze einmal um den Tisch herum.
12. Ahme eine Uhr nach.
13. Gehe drei Felder weiter.
14. Denke dir eine Melodie aus.
15. Summe ein Lied.

16. Du musst einmal aussetzen.
17. Brumme! Warte bis du erlöst wirst.
18. Schnalze 21-mal mit der Zunge.
19. Singe so hoch wie möglich.
20. Würfle noch einmal.
21. Klatsche deinen Namen.
22. Puste mit einem Trinkhalm in ein Glas mit Wasser und blubbere eine Melodie.
23. Puste einen Luftballon auf.
24. Du hast Halsschmerzen, einmal aussetzen.
25. Singe so tief du kannst.
26. Ahme ein Instrument nach.
27. Imitiere ein fallendes Blatt.
28. Sei still wie eine Maus.
29. Würfle und gehe die Anzahl der geworfenen Punkte zurück.
30. Ziel

<u>Mareike, die will tanzen gehn</u>

(Melodie: Fuchs, du hast die Gans gestohlen; Text: Brigitte vom Wege und Mechthild Wessel)

1. *Mareike, die will tanzen gehn und ist doch noch so klein, und ist doch noch so klein,*
   weil sie allein nicht tanzen kann, so tanzen sie zu zwein,
   weil sie allein nicht tanzen kann, so tanzen sie zu zwein.

2. *Wir fassen uns jetzt beide an*
   und drehen uns im Kreis.
   Nun seht mal her und schaut uns an,
   wir werden jetzt ganz leis.

3. *Mareike hat sich müd getanzt*
   und macht sich nun ganz klein.
   Ich nehm sie gleich auf meinen Arm
   und kuschel sie dann ein.

Spielverlauf: Die Bezugsperson und das Kind/die Kinder führen gemeinsam die Bewegungen zu Text und Melodie aus.

<u>Die Fabel vom Lied der bunten Vögel</u> *<u>(Ghana)</u>*

Der Kulturreferent Ghanas, Kobna Anan, hat ein Bilderbuch (vgl. Anan/Amonde, 2001) verfasst, das auf ein afrikanisches Märchen zurückgeht. Dieses Märchen kann gemeinsam mit Kindern in einem Singspiel und entsprechenden Requisiten inszeniert werden. Hier eine Nacherzählung:

Es waren einmal fünf Vögel, die hatten die Farben weiß, blau, rot, gelb und grün in ihrem Gefieder. Sie flogen jeden Tag zu einem Bauern, sangen jeder seine Liederstrophe und tanzten dort gemeinsam. Das Lied klang wunderschön, wenn der erste Vogel mit tsche tsche kule anfing, der zweite tsche tsche kofinsa weiter sang, der dritte kofi sa langa hinzufügte und der vierte und fünfte Vogel mit kate tschi langa und kum adende einfielen. Der Bauer war entzückt von dem wunderbaren Lied und belohnte sie täglich danach mit reichlich Futter. Doch eines Morgens wachten alle Vögel auf und hatten den gleichen Gedanken: „Wenn ich ohne die anderen Vögel zum Bauern fliege, dann bekomme ich das ganze Futter allein." So flog also der weiße Vogel allein zum Bauern, sang sein tsche tsche kule. Doch der Bauer rief erbost: „Was bist du für ein Piepmatz!" und schickte ihn mit diesen Worten weg. Am Mittag flog der blaue Vogel ebenfalls hin. Nun rief der Bauer: „Weg du Kauz!" Am Nachmittag probierte es der rote Vogel. Doch auch da schrie der Bauer ganz laut: „Weg du verrückter Vogel!" Da flog gleich danach der gelbe Vogel dem Bauern vor die Füße. Nun brüllte der Bauer voller Wut: „Hau ab, du Federvieh!" Er kehrte nach Hause zurück und alle schliefen hungrig ein. Am nächsten Morgen erzählte jeder den anderen Vögeln sein Erlebnis. „Mich hat er Piepmatz genannt und mich Kauz!", riefen der weiße und der blaue Vogel empört. Heulend sagte der rote Vogel: „Und mich hat er sogar verrückter Vogel genannt." Und alle bestätigten, dass sie, obwohl sie sich so bemüht hatten, nichts zu Fressen bekommen hätten. So beschlossen sie, dass es besser sei, wieder gemeinsam zum Bauern hinzufliegen und gemeinsam das Lied zu zwitschern. Der Bauer freute sich sehr und erzählte ihnen: „Gestern war so ein komischer weißer Piepmatz und ein verrückter roter Vogel bei mir. Und noch ein Blauer hat mich besucht. Ich habe euren Gesang so vermisst. Wo wart ihr denn alle? Ich habe den ganzen Tag auf euch gewartet!" Die Vögel hatten verstanden: Gemeinsam kommt man besser voran als im Alleingang!

<u>*Tsché tsché kulé*</u> *(Ghana)*

(überliefert)

Spielverlauf: Ein älterer Spieler spielt den Vorsänger und macht auch die Bewegungen vor. Die anderen Spieler singen und machen alles nach.

2 x *Tsché tsché kulé!*
Hände auf den Kopf legen, Körper hin und her drehen
2 x *Tsché tsché kofinsa.*
Hände auf die Schulter legen, Körper hin und her drehen
2 x *Kofi sa langa.*
Hände in die Taille stützen, Körper hin und her drehen
2 x *Kate tschi langa.*
Hände auf die Knie legen
2 x *Kum adende!*
Hände zu den Knöcheln führen, dann ganzen Körper strecken

Variation: Dieses Lied kann auch mit Trommeln rhythmisiert werden. Dabei singt und spielt der Vorsänger die „Tam-Tam-Trommel“ und die anderen singen nach und antworten mit ihren kleineren Trommeln auf den vorgegebenen Rhythmus.

<u>Brüderchen komm tanz mit mir</u>

(überliefert)

2. *Mit dem Kopfe nick, nick, nick.*
   Mit den Schultern wipp, wipp, wipp.
   Einmal hin, einmal her,
   rundherum, das ist nicht schwer

3. *Mit den Händen klip, klip, klap.*
   Mit den Füßen trip, trip, trap.
   Einmal hin und einmal her,
   rundherum, das ist nicht schwer.

4. *Mit den Fingern schnipp, schnipp, schnapp.*
   In die Hocke auf und ab.
   Einmal hin und einmal her,
   rundherum das ist nicht schwer. Usw.

Spielverlauf: Immer zwei Kinder bilden ein Paar und stellen sich im Kreis auf. Die Bewegungen werden passend zum Text ausgeführt. Für „Brüderchen“ können auch Namen der Spieler eingesetzt werden. Einige Kinder begleiten das Singspiel möglicherweise mit Kronkorken-Kastagnetten.

<u>Küçük dostum gelsene</u> *<u>(Türkei)</u>*

(überliefert)

1. *Küçük dostum gelsene,*
   Ellerini versene,
   Bir böyle, bir böyle,
   Dans edelim, seninle.

2. *Ellerinle şap, şap, şap*
   Ayaklarıla rap, rap, rap,
   bir böyle, bir böyle,
   Dans edelim, seninle.

Der Verlauf entspricht dem Spiellied „Brüderchen, komm tanz mit mir“.

Vertiefungsaufgaben

1. Ermitteln Sie begründete Altersangaben und eine Teilnehmerzahl zu den o. g. Spielanregungen. Ordnen Sie die Spielanregungen den unterschiedlichen Spielarten und Spielformen zu (siehe Kap. 1.6).
2. Stellen Sie geeignete Reime, Verse und Lieder zusammen, die Sie mit Klein-, Kindergarten- und jüngeren Schulkindern singen und spielen können.
3. Wählen Sie ein Liedspiel aus den Spielanregungen. Eignen Sie sich Text, Melodie und Spielregeln an. Stellen Sie es in Ihrer Lerngruppe vor.
4. Stellen Sie einfache Geräuschinstrumente aus Verpackungsmaterial her. Welche weiteren Materialien benötigen Sie dazu?
5. Klatschen oder stampfen Sie gängige Rhythmen. Erfinden Sie dazu Körperbewegungen. Bringen Sie beides in Einklang. Reflektieren Sie Ihre Eindrücke.
6. Experimentieren Sie mit ausgewähltem Küchengeschirr und produzieren Sie Geräusche, Klänge und Rhythmen.
7. Organisieren Sie Playback-Musik zu Liedern die Sie mögen und Ihnen bekannt sind. Singen Sie die Lieder und entwickeln sie dazu passende Tanzbewegungen.
8. Erörtern Sie in der Lerngruppe zu den Aufgaben 4–7 methodische Überlegungen zur Vermittlung in der Kindertagespflege, Kita oder OGS.
9. Stellen Sie thematische Verbindungen zu anderen Bildungsbereichen her und entwickeln Sie Fragen oder Problemstellungen an andere Unterrichtsfächer.

4.1.6 Wer ist der liebe Gott?

Wenn das Kind in die Kindertagespflegestelle oder Kita kommt, hat es bereits einen Abschnitt seiner Sozialisation bewältigt und dabei möglicherweise eine wesentliche Grundrichtung religiöser Entwicklung erfahren. Mit dem Aufbau der Bindungs- und Vertrauensfähigkeit übernimmt es die ethische Orientierung der Bezugspersonen. Kinder sind neugierig, sie stellen Fragen, sie staunen und sind auch fasziniert von dem, was sie hören, aber nicht sehen.

In ihrem Alltagsleben treffen Kinder auf vielfältige religiöse Symbole und Bräuche: Kirchen/Moscheen/Synagogen, religiöse Feste, Lieder, Bilder und Geschichten. Kinder wollen wissen, woher sie kommen und was nach dem Tod ist, sie erleben existenzielle Angst, Verlassenheit aber auch Glück, Mut und Geborgenheit.

„Ehrfurcht vor dem Leben, verantwortliches Handeln, der Sinn nach Gerechtigkeit und friedlichem Zusammenleben sowie Solidarität mit den Schwächeren sind wesentliche Bestandteile religiöser Bildung.“

(Ministeriums für Familie, Kinder, Jugend, Kultur und Sport in NRW, 2016, S. 110)

Kindertageseinrichtungen und Grundschulen müssen auf anstehende Fragen und Bedürfnisse der Kinder sowie auf multireligiöse Lebensbezüge altersangemessen reagieren.

„Religiöse Bildung und ethische Orientierung sind eine wichtige, aber auch sensible Aufgabe für die Fach- und Lehrkräfte. Die Reflexion der eigenen Haltung und des eigenen Zugangs zu Religion sowie deren eigenen Wertvorstellungen sind von großer Bedeutung".

(Ministeriums für Familie, Kinder, Jugend, Kultur und Sport in NRW, 2016, S. 108)

Kinder brauchen Erwachsene die sie annehmen, so wie sie sind und ihnen Auffassungen von Gott, der Welt und den Menschen bieten, mit denen sie sich identifizieren können, die zur Stärkung der eigenen Persönlichkeit beitragen. Auch dann, wenn die Bezugsperson nicht an einen Gott glaubt oder unsicher ist, welche der äußerst vielseitigen Auffassungen von Gott richtig ist.

Spielanregungen

Gott hält die ganze Welt in seiner Hand

(Melodie: African-American Spiritual; Text: African-American Spiritual, Klaus Heizmann)

1. *Er hält die ganze Welt in seiner Hand.*
   Er hält die ganze Welt in seiner Hand.
   Er hält die ganze Welt in seiner Hand.
   Er hält die ganze Welt in seiner Hand.

2. *Er hält die Großen und die Kleinen in seiner Hand.*
   Er hält die Großen und die Kleinen in seiner Hand.
   Er hält die Großen und die Kleinen in seiner Hand.
   Er hält die ganze Welt in seiner Hand.

3. *Er hält das winzig kleine Baby in seiner Hand.*
   Er hält das winzig kleine Baby in seiner Hand.
   Er hält das winzig kleine Baby in seiner Hand.
   Er hält die ganze Welt in seiner Hand.

4. *Er hält die Mutter und den Vater in seiner Hand.*
Er hält die Mutter und den Vater in seiner Hand.
Er hält die Mutter und den Vater in seiner Hand.
Er hält die ganze Welt in seiner Hand.

5. *Er hält die Sonne und die Sterne in seiner Hand.*
Er hält die Sonne und die Sterne in seiner Hand.
Er hält die Sonne und die Sterne in seiner Hand.
Er hält die ganze Welt in seiner Hand.

6. *Er hält den Wind und den Regen in seiner Hand.*
Er hält den Wind und den Regen in seiner Hand.
Er hält den Wind und den Regen in seiner Hand.
Er hält die ganze Welt in seiner Hand.

7. *Er hält die Tiere und die Pflanzen in seiner Hand.*
Er hält die Tiere und die Pflanzen in seiner Hand.
Er hält die Tiere und die Pflanzen in seiner Hand.
Er hält die ganze Welt in seiner Hand.

8. *Er hält auch dich und mich in seiner Hand.*
Er hält auch dich und mich in seiner Hand.
Er hält auch dich und mich in seiner Hand.
Er hält die ganze Welt in seiner Hand.

Spielverlauf: Das Lied singen und zur Textaussage passende pantomimische Bewegungen ausführen.

Wenn einer sagt, ich mag dich du

(Kindermutmachlied: Andreas Ebert; © 1979 SCM Hässler, D-71087 Holzgerlingen)

2. *Wenn einer sagt: „Ich brauch dich, du,*
   ich schaff es nicht allein“,
   dann kribbelt es in meinem Bauch,
   ich fühl mich nicht mehr klein.

Refrain: *Lalala* … (dazu klatschen)

3. *Wenn einer sagt: „Komm, geh’ mit mir,*
   zusammen sind wir was“,
   dann wird ich rot, weil ich mich freu,
   dann macht das Leben Spaß.

Refrain: *Lalala* …

4. *Gott sagt zu dir: „Ich hab dich lieb,*
   und wär so gern dein Freund.
   Und das, was du allein nicht schaffst,
   das schaffen wir vereint.“

Refrain: *Lalala* …

Spielverlauf: Zunächst pantomimische Gesten entwickeln. Wie zeigt man: Gänsehaut, Bauchkribbeln, Rotwerden und Liebhaben? Das Lied singen und gleichzeitig die zum Liedtext passenden Gebärden zeigen.

Komm, wir wollen uns vertragen

(Text: Brigitte vom Wege und Mechthild Wessel)

Komm, wir wollen uns vertragen,
wollen uns jetzt schnell verzeih’n.
Ich will dir was Schönes sagen:
„Lass uns wieder Freunde sein!“

Spielverlauf: Diesen Versöhnungsspruch mit den Kindern in einer passenden Situation sprechen. Er kann auch zur Melodie „Eisgekühlte Cola“ gesungen werden. Gemeinsam mit den Kindern zum Text passende, pantomimische Gesten ausdenken.

Hoch am Himmel

Spielverlauf: Die Spieler stehen im Kreis und singen. Bei „Hoch am Himmel“ strecken sie sich ganz weit nach oben, bei „tief auf Erden“ bücken sie sich ganz nach unten und bei „rundherum ist Sonnenschein“ drehen sie sich einmal um sich selbst. Dann sucht jeder sich ein Tier aus und singt den nächsten Durchgang nur mit dem Tierlaut. Dabei kann jedes Tier auch pantomimisch dargestellt werden.

Sorgenpüppchen

Material: Basteldraht, buntes Stopfgarn, Papier, Klebstoff, Schere, etwas Sand, eine Streichholzschachtel oder eine kleine Spanschachtel, Deckfarben, Pinsel, Klarlack

Herstellung: Den Basteldraht so zurechtbiegen, dass eine ca. 3–4 cm große Figur mit zwei Armen, zwei Beinen entsteht. Den Körper mit Stopfgarn umwickeln. Ein kleines Stück Papier um den Kopf der Puppe wickeln. Den Oberkörper der Puppe in einer anderen Farbe umwickeln und auch ein- bis zweimal um das Papier am Kopf (als Hals) wickeln. Ein Gesicht aufmalen. Einen Tropfen Klebstoff auf den Kopf der Puppe auftragen und ihn vorsichtig in etwas Sand (als Haare) drücken. Das fertige Sorgenpüppchen kann in eine dekorierte Streichholzschachtel oder einen kleinen Stoffbeutel gelegt werden. Es ist dann zur Hand, wenn das Kind ihm seine Sorgen anvertrauen möchte ...

Jedes Tierlein hat sein Essen

(Text und Melodie: überliefert)

Spielverlauf: Vor dem Essen fassen sich die Kinder an den Händen und singen gemeinsam das Tischlied.

Der Regenbogen

(überliefert)

Rot, orange, gelb, blau und grün, *auch Gott fand diese Farben schön.*	Auf die entsprechenden Farben im Raum zeigen.
Und hat sie in einem Regenbogen *über den ganzen Himmel gezogen.*	Mit beiden Händen einen Halbkreis zeigen. Mit beiden Händen einen Halbkreis zeigen.
Damit tat Gott den Menschen kund: *„Dies soll für immer sein mein Bund!“*	Beide Hände als Trichter an den Mund legen.
Nie wieder soll verderben, *was unter, über oder auf der Erden.*	Nach unten, nach oben und auf den Boden zeigen.
Nie wieder soll die Liebe weichen, *so lang am Himmel erscheint dieses Zeichen.*	Alle fassen sich an.

Gebetswürfel gestalten

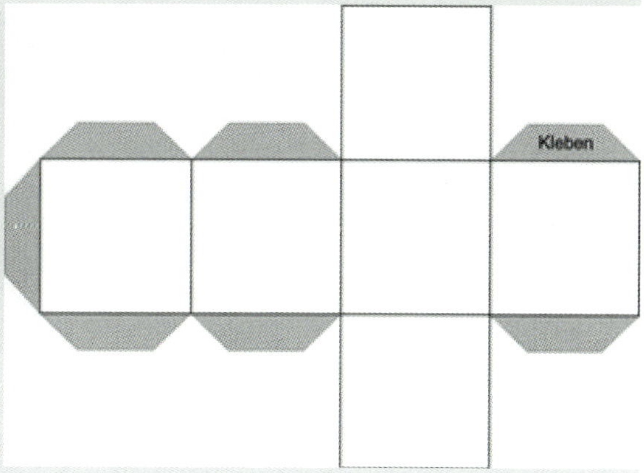

Material: Fotokarton, Schere, Bleistift, Lineal, Filzstifte, Klebstoff

Die Vorlage auf Fotokarton übertragen (ein Quadrat 7 cm × 7 cm), ausschneiden. Die Laschen umbiegen und zusammenkleben. Den Würfel mit Tischgebeten oder Tischsprüchen beschriften.

Spielverlauf: Bei gemeinsamen Mahlzeiten können die Kinder durch Würfeln das Gebet oder den Spruch ermitteln und zusammen sprechen.

Vertiefungsaufgaben

1. **Ermitteln Sie begründete Altersangaben und eine Teilnehmerzahl zu den o. g. Spielanregungen und ordnen Sie die Spielanregungen den unterschiedlichen Spielarten und Spielformen zu (siehe Kap. 1.6).**
2. **Beobachten Sie in Ihrer Praktikumseinrichtung Situationen, die religiös geprägte Rituale enthalten. Finden Sie Beispiele, wie Sie diese Situationen spielerisch-kreativ aufgreifen oder begleiten könnten.**
3. **Sammeln Sie Tischgebete und Tischsprüche. Vergleichen Sie diese bezüglich ihrer Aussage und bilden Sie sich eine Meinung. Texten Sie ein eigenes Tischgebet.**
4. **Erörtern Sie in der Lerngruppe methodische Überlegungen zur Vermittlung von Tischgebeten und Tischsprüchen in der Kindertagespflege, Kita oder OGS.**
5. **Probieren Sie eines der angegeben religiösen Liedspiele in der Lerngruppe aus. Was müssen Sie bei der Spieleinführung in einer Kindergruppe beachten.**
6. **Stellen Sie thematische Verbindungen zu anderen Bildungsbereichen her und entwickeln Sie Fragen oder Problemstellungen an andere Unterrichtsfächer.**

4.1.7 Im Zahlenland

Der Erwerb mathematischer Grundfertigkeiten ist mit der Entwicklung des sprachlichen Ausdrucksvermögens und des Sprachverständnisses verbunden und erfordert auditive als auch visuelle Wahrnehmungsleistungen. Dazu zählen

- das Ordnen von Dingen nach Gemeinsamkeiten (Formen, Farben, Strukturen, Symmetrie, Menge, Gewicht);
- die Einschätzung von Größenverhältnissen (Größe, Länge, Breite, Höhe);
- die räumliche Anordnung wie Vorstellung von Objekten oder Mengen (oben – unten, rechts – links, weit – nah);
- das Wissen um Zahlbilder, Zahlwörter sowie die Zählfertigkeiten;
- die Zeit und Zeiträume erfassen (gestern, heute, morgen, schnell – langsam, Uhrzeit).

Im Gegensatz zu jüngeren Kindern ist bei schulfähigen Kindern besonders die auditive Merkfähigkeit und das visuelle Gedächtnis von Bedeutung. Sie sind in der Lage bisher Gehörtes gedanklich zu speichern und wiederzugeben, Inhalte zu sie erfassen und in einen logischen Zusammenhang zu bringen. Optisch wahrgenommene Symbole und Bilder können sie ebenfalls erfassen und wiedergeben. Aufgrund ihrer kognitiven Fähigkeiten und erweiterten Kompetenzen sind schulfähige Kinder in der Lage, ihre konkreten Erfahrungen und abstraktes Denken logisch miteinander zu verbinden.

Schon in ihrem Alltag können alle Kinder mathematische Strukturen und Regelmäßigkeiten sowie Zahlen mit allen Sinnen spielerisch erfahren, beim Tischdecken (Anzahl der Gedecke), Klettern und Springen (oben, unten), Bausteine sortieren, Äpfel vierteln, Schuhe im Regal zählen, dritte Schelle links unten drücken, bei Bewegungsspielen, Abzählversen und Zahlgeschichten u. a. m. Differenzierte Sinnesspiele verfeinern die Wahrnehmung des Kindes in allen Sinnesbereichen. Dabei sollten konzentriert spielende Kinder nicht gestört oder abgelenkt werden, sondern ermuntert werden, begonnene Aktivitäten und Tätigkeiten fortzusetzen bzw. zu Ende zu bringen.

„Die gesamte [Kita-] Einrichtung und [ihre] Umgebung sowie Alltags- und Spielmaterialien können zu mathematischen ‚Settings' genutzt werden."

(Ministeriums für Familie, Kinder, Jugend, Kultur und Sport in NRW, 2016, S. 114)

Das sind Anregungen, Angebote, Aktivitäten und Materialien, die mathematisch zielgerichtet verwertet oder situationsgemäß aufgegriffen werden können, z. B. beim Abmessen der Zutaten für einen Kuchen sowie bei der anschließenden Planung eines Kaffeetisches für geladene Gäste.

Spielanregungen

Achterbahn

Material: ein großes Blatt Papier, ein Stift

Spielverlauf: Eine große 8 auf das Papier zeichnen. Der Stift ist das Rennauto, das die Linie der 8 erst langsam abfährt, dann immer schneller. Erst mit der rechten Hand, dann mit der linken und dann gleichzeitig mit beiden Händen in entgegengesetzter Richtung.

Variation: Im Winter im Schnee oder im Sommer im Sand eine riesengroße 8 anlegen und diese Achterrennstrecke ablaufen.

Jedes Mal zehn

Material: zehn Kronkorken, zehn rote und zehn grüne selbstklebende Markierungspunkte

Spielverlauf: In die Kronkorken die roten Punkte und auf die Kronkorken die grünen Punkte kleben. Die Spieler werfen die Kronkorken auf den Tisch und entdecken so ganz anschaulich die verschiedenen Zehnerzerlegungen, z. B. drei rote und sieben grüne Kronkorken.

Leichter oder schwerer

Material: ca. 20 beliebige Gegenstände, eine *Küchenwaage*

Spielverlauf: Zwei Spielern stehen 20 Gegenstände zur Verfügung. Der erste Spieler wählt einen Gegenstand aus, den er dem anderen Spieler mit der Frage vorstellt „Ist das leicht oder schwer?“ Der Gegenspieler beantwortet die Frage, woraufhin das Gewicht mit einer Waage überprüft wird. Die kleinere Gewichtseinheit bedeutet leicht, die größere schwer. Wer liegt mit seinen Einschätzungen meistens richtig? Es könnte sich auch die Frage stellen: Warum ist der gleiche Gegenstand einmal leicht und einmal schwer? Weitere Experimente könnten sich ergeben.

Punktebilder

Material: Korkuntersetzer oder Korkplatten (ca. 1,5 cm dick), ca. 100 farbige Heftzwecken

Herstellung: Eine Heftzwecke in die Korkplatte drücken, die Nächste daneben setzen usw. Es ergeben sich bunte oder einfarbige Linien, Wellen, Vierecke, Ecken, Zahlen, Buchstaben. Die Farbpunkte können auch nach einem vorgestellten Schema zu einer Blume oder einem Mandala zusammengesetzt werden. Die fertigen Punktbilder betrachten und besprechen oder die Motive erneuern.

Neandertaler und Feuerstein

Material: sechs Steine, ein Tuch

Spielverlauf: Die Spieler sitzen im Kreis auf dem Boden. In der Mitte auf einem Tuch werden sechs Steine ausgelegt. Ein ausgezählter Spieler ist der Neandertaler. Er verlässt kurz den Raum während die anderen bestimmen, welcher Stein der Feuerstein sein soll. Nun kommt der Neandertaler wieder herein und

Abzählvers (überliefert)

Es war einmal ein heißer Stein,
der lag so still und ganz allein.
Neandertaler rief: „Au fein!
Ich will den heißen Feuerstein.“
1,2,3. Du sollst’s sein.

nimmt einen Stein nach dem anderen in die Hand. Ergreift er den ausgewählten Feuerstein, rufen alle laut *„Feuer!“* Der nächste Neandertaler wird mit einem Vers ausgewählt.

Uhrzeit

Material: ein Teller, Tonkarton, Musterklammer, Malstifte, Schere, Dosenlocher, Dekorationsmaterial, Klebstoff

Herstellung: Auf den Tonkarton, unter Verwendung eines Tellers, einen Kreis zeichnen. Den Kreis ausschneiden. Um das Uhrziffernblatt darauf zu zeichnen, mittig ein Kreuz zeichnen, an die Eckpunkte (wie bei dem Ziffernblatt) die Zahlen 12, 3, 6, 9 schreiben. Dann die übrigen Zahlen in den Kranz schreiben. Zwei unterschiedlich lange Zeiger auf Karton malen und ausschneiden. Beide Zeiger auf die Mitte der Uhr legen, durch alle drei Tonkartonlagen mit dem Dosenlocher ein Loch vorbohren, die Musterklammer durchstechen und auf der Rückseite spreizen. Anschließend die Uhr ganz nach Belieben bunt anmalen oder mit anderen Materialien dekorieren.

Die Kinder stellen die Uhr selbstständig zu bestimmten Fixzeiten des Tages, z. B. Morgenkreis, Frühstückszeit, Abholzeit, Zwischenmahlzeit usw.

Mehr oder weniger

Material: ca. 20 Murmeln oder Muggelsteine

Spielverlauf: Jeder Spielpartner erhält die gleiche Anzahl an Murmeln. Ein Spieler beginnt und nimmt so viele seiner Murmeln in eine Hand, wie er will. Die geschlossene Hand streckt er seinem Partner entgegen und fragt: *„Mehr oder weniger*?“ Der Spielpartner, er hat ebenfalls Murmeln in seiner geschlossenen Hand, antwortet. Beide vergleichen die Anzahl, trifft die Antwort zu, bekommt er die ganzen Murmeln, trifft sie nicht zu, muss er die Murmeln an den Frager abgeben. Der Gewinner eröffnet die nächste Runde.

Variation: Es wird eine konkrete Anzahl benannt.

Vier-Gang-Menü

Material: 32 Karten (6 cm · 10 cm) aus Fotokarton zuschneiden, Motive aufmalen oder Bilder aus Illustrierten ausschneiden oder Ausdrucke aus dem Internet verwenden und aufkleben: 8 x verschiedene Suppen, 8 x Gemüsesorten, 8 x Obstsorten, 8 x Desserts, die Karten laminieren.

Herstellung: Die Karten mischen und alle Karten an die 2–4 Spieler verteilen. Nacheinander zieht jeder Spieler eine Karte aus dem Kartenfächer des rechten Nachbarn. Wer ein Menü – bestehend aus Suppe, Gemüse, Obst und Dessert – in seiner Hand hat, legt das Quartett offen in die Mitte. Wer die meisten Menüs zusammenstellen konnte, ist Sieger.

Zauberfaden

Material: einen ca. 40 cm langen Baumwollfaden für jeden Spieler

Spielverlauf: Den Faden etwas anfeuchten, er lässt sich dann besser in Form legen. Der erste Spieler nennt eine Form z. B. Kreis. Die anderen Spieler formen den Faden zu einem Kreis. Wer zuerst erfolgreich war, darf die nächste Form ansagen, z. B. Dreieck, Raute, Trapez oder eine Zahl.

Variation: Die Teilnehmer erfinden eine fortlaufende Fadengeschichte und jeder legt dazu eine andere Fadenfigur.

Ein Hut, ein Stock, ein Regenschirm

(überliefert)

Eins und zwei und drei und vier,
ein Hut, ein Stock, ein Regenschirm
und vorwärts, rückwärts, seitwärts, ran,
und eins und zwei und …

Spielverlauf: Die Spieler gehen nebeneinander untergehackt in einer Reihe und sprechen dazu im Takt den Vers. Der rechte Fuß geht immer nach vorn, wenn eine Zahl kommt, auch weiter bei *„Hut und Stock und Regenschirm“*. Bei *„vorwärts, rückwärts, seitwärts, ran“* stehen bleiben, mit dem rechten Fuß die angesagten Bewegungen nachmachen, dann wiederholen von Anfang an.

Abzählverse in anderen Sprachen

Spielverlauf: Die Beteiligten stehen sich im Kreis gegenüber. Ein Kind spricht den Abzählvers, wobei es im Uhrzeigersinn auf jeden einzelnen Mitspieler zeigt. Die Gruppe verständigt sich vorher darüber, ob lediglich eine Runde gezählt wird oder ob solange ausgezählt wird, bis einer übrig bleibt.

Apples, peaches, pears and plums
tell me when your birthday comes:
one, two, three, four …
(überliefert, Großbritannien)

Apfel, Pfirsich, Birne und Pflaume,
zähl sie am Geburtstagsbaume:
eins, zwei, drei, vier …

Bir, iki, üc, dört, bes,
atli, yedi, sekiz, dokuz,
on, kirmizi don,
gel bizim bahace yekon.
(überliefert, Türkei)

Eins, zwei, drei, vier, fünf,
sechs, sieben, acht, neun, zehn,
komm und hüpf,
lass uns in den Garten geh’n.

Uno, due, tre,
quattro, cinque, sei.
(überliefert, Italien)

Eins, zwei, drei,
vier, fünf, sechs.

Un, deux, trois
nous avons un gros chat.
Quatre, cinq, six
il a de longues griffes.
Sept, huit, neuf
il a mangé un œuf.
Dix, onze, douze
il est blanc et rouge.
(überliefert, Frankreich)

Eins, zwei, drei,
wir haben eine Katze.
Vier, fünf, sechs,
mit einer langen Tatze.
Sieben, acht, neun,
sie isst jetzt schnell ein Ei.
Zehn, elf, zwölf
mit Weiß und Rot dabei.

Een, twee, drie, ***vier, vijf, zes, zeven***
Wie moet ik een zoentje geven?
(überliefert, Niederlande)

Eins, zwei, drei, vier, fünf, sechs, sieben,
wem soll ich ein Küsschen geben?

Vertiefungsaufgaben

1. Ermitteln Sie begründete Altersangaben und eine Teilnehmerzahl zu den o. g. Spielanregungen und ordnen Sie die Spielanregungen den unterschiedlichen Spielarten und Spielformen zu (siehe Kap. 1.6).
2. Benennen Sie Alltagssituationen, in denen Kinder mit mathematischen Bezügen in Berührung kommen. Greifen sie eine Situation heraus und entwickeln Sie dazu eine Spielanregung. Vergleichen Sie Ihre Ergebnisse in der Lerngruppe.
3. Erstellen Sie eine Liste mit vielfältigen Materialien, die sich zum Ordnen nach Gemeinsamkeiten eignen, z. B. Knöpfe, Verpackungskartons, Laubblätter.
4. Wählen Sie eine o. g. Spielanregung und probieren Sie diese in der Lerngruppe aus. Welche Überlegungen stellen Sie an, wenn Sie diese Anregung in der Kindergruppe durchführen möchten.
5. Entwickeln Sie in der Lerngruppe ein Zahlenspiel. Testen Sie es mit einer Kindergruppe.
6. Welche Abzählverse kennen Sie aus Ihrer Kindheit? Erfinden Sie eigene Abzählverse.
7. Stellen Sie thematische Verbindungen zu anderen Bildungsbereichen her und entwickeln Sie Fragen oder Problemstellungen an andere Unterrichtsfächer.

4.1.8 Wie funktioniert das?

Kinder beobachten neugierig und mit großem Interesse, was in ihrer Umwelt so alles geschieht. Sie stellen Fragen zu unbekannten Sachverhalten und die erwarteten Antworten veranlassen sie zu neuen Fragen. Schon die jüngeren Kinder erforschen die Dinge in ihrer Umgebung ganz genau und die älteren Kinder wollen genau wissen, wie etwas funktioniert. Sie beobachten, untersuchen und experimentieren solange, bis sie Bezüge herstellen können und selber Antworten gefunden haben. Insbesondere Naturphänomene wie Wetter, Magnetismus oder die Beschäftigung mit den Elementen Wasser oder Luft oder das Innenleben technischer Geräte und Spielzeuge, stoßen auf wachsendes Interesse der Kinder. In Verbindung mit Themenschwerpunkten der anderen Bildungsbereiche und geeignetem Handwerkszeug lassen sich in Kindertageseinrichtungen

- Spuren verfolgen (z. B. in einem abgedunkelten Raum mit leuchtenden Taschenlampen an der Zimmerdecke „malen“)
- Experimente durchführen (z. B.: Was passiert, wenn man eine Flasche Wasser in den Tiefkühlschrank stellt?)

- Funktionsweisen ergründen (z. B.: Was geschieht, wenn die Kressesamen kein Wasser bekommen?)
- Wirkungszusammenhänge erkennen und erfahren (z. B.: Wenn es windig ist, kann man draußen keine Kerze anzünden, oder?)

Durch dieses forschende Lernen werden Kinder ermutigt, nach eigenen Strategien für ihre Fragen oder Probleme zu suchen. Sie werden in die Lage versetzt, z. B. Verantwortung (für die Küchenkräutertöpfe) zu übernehmen oder kreativ-spielerische Lösungen (z. B.: Wie kommt das Regenwasser in die Regentonne?) anzuwenden.

(siehe Kap. 3.4.4, Konstruktions- und Technikspielzeug)

Spielanregungen

Murmelbahn

Material: ein durchsichtiger Wasserschlauch aus dem Baumarkt (Ø ca. 2–3 cm, Länge ca. 1,50m), Hocker

Herstellung: Den Wasserschlauch um die vier Beine eines umgedrehten Hockers spiralförmig mit einer Kordel befestigen. Als Murmel dienen Glasmurmeln, Nüsse oder Kieselsteine die am oberen Schlauchende eingeführt werden. Die Kinder vergleichen und stellen fest: Welcher Gegenstand rollt am schnellsten, am lautesten usw. zum Ziel, also dem Schlauchende?

Variation: Murmelbahnen können aus Sand oder im Winter aus Schnee gebaut werden.

Eiskegeln

Material: neun Kunststoffflaschen (0,5 l), wasserlösliche Farben (rot, gelb, blau), Trichter, Schöpfkelle, Gefrierschrank, ein mittelgroßer Ball

Herstellung: Das Wasser in die neun Flaschen füllen (¾ gefüllt). Auf je zwei Flaschen die drei Lebensmittelfarben verteilen, in drei Flaschen bleibt das Wasser klar. Die Flaschen gut verschlossen über Nacht in den Gefrierschrank stellen oder in Frostnächten draußen stehen lassen. Was ist passiert? Das Wasser fiert zu Eis und in den Farbflaschen hat sich ein farbiger Kern gebildet.

Spielverlauf: Für ein Eiskegelspiel werden die Flaschenkegel eng nebeneinander aufgestellt, der König (eine zuvor bestimmte Flasche) steht in der Mitte. Eine Abwurflinie ziehen. Die Anzahl der Spielrunden verabreden. Der erste ausgeloste Spieler rollt den Ball von der Abwurflinie aus in den Kegelhaufen. Die gefallenen Kegel zählen und für den nächsten Spieler wieder aufstellen. Nach den festgelegten Spielrunden zählt jeder seine Punkte zusammen. Wer den König trifft, erhält zusätzlich einen Punkt.

Variation: Wenn das Wasser in den Flaschen wieder aufgetaut ist, das klare Wasser mit je zwei Farben mischen, z. B. nach folgender Formel: rot + blau, blau + gelb, gelb + rot. Den Gefriervorgang und das Kegelspiel wiederholen.

Knopf-Jo-Jo

Material: zwei flache, gleich große Knöpfe, Nähgarn, eine Nähnadel, 1 m langer Faden

Herstellung: Das Nähgarn in die Nadel fädeln und die zwei Knöpfe mit der Rückseite aneinandernähen. Ein Ende des langen Fadens in die Rille zwischen den zwei Knöpfen legen und verknoten (nicht zu fest/nicht zu locker), den Faden aufwickeln.

Spielverlauf: Den Faden zwischen zwei Fingern festhalten, das Knopf-Jo-Jo fallen lassen. Wenn sich der Faden ganz abgewickelt hat, mit einem kleinen Ruck am Faden ziehen und dieser wickelt sich wieder ganz auf. Oben an den Fingern angekommen, fällt das Knopf-Jo-Jo wieder hinunter.

Kreisel

Material: eine Holz- oder Pappscheibe (Ø 4 cm), ein Rundholz (Ø 0,5 cm, 5 cm lang), Handbohrer, Anspitzer, Filzstifte

Herstellung: In die Mitte der Scheibe mit dem Handbohrer ein Loch bohren (evtl. mit einer Holzschraube das Loch vergrößern). Auf die Oberseite der Scheibe mit Filzstiften eine zweifarbige Spirale zeichnen. Das Rundholz anspitzen und in die Scheibe stecken.

Spielverlauf: Den Stab zwischen den zwei Fingern drehen und mit kurzem Schwung den Kreisel tanzen lassen.

Zaubermagnet

Material: ein starker Magnet, ein magnetisches, kleines Gegenstück, ein Stück durchsichtiger Schlauch mit möglichst großem Durchmesser (Baumarkt) Bindfaden.

Herstellung: Den Schlauch nach Belieben an der Wand befestigen. Den Magneten mit ebenfalls einem Stück Bindfaden an einem Holzstück befestiggen, damit das Kind ihn leichter halten kann.

Spielverlauf: Der Magnet wird nun von außen an den Schlauch geführt. Drinnen befindet sich das Gegenstück. Wer schafft es nun, den Gegenstand bis zum Ende durch den Schlauch zu führen?

Wasserglasorgel

Material: mehrere gleichgroße Trinkgläser, Wasser, Wasserfarbe

Spielverlauf: In gleichgroße Gläser unterschiedliche Wassermengen füllen und mit dem angefeuchteten Finger über die Gläserränder streichen. Feststellen, in welcher Reihenfolge die Gläser stehen müssen, damit eine melodische Tonfolge entsteht. Das Wasser kann mit Wasserfarbe eingefärbt werden.

Spielgeld

Material: verschiedene Geldstücke, weiche Buntstifte, weißes Papier, Schere, Klebstoff

Herstellung: Das Geldstück unter ein weißes Blatt Papier legen und mit einem Buntstift solange vorsichtig darüber reiben, bis Kontur und Prägung des Geldstücks sichtbar sind. Das Geldstück wenden und den Vorgang wiederholen. Beide Papierkreise ausschneiden und aufeinander kleben.

Metallwindspiel

Material: Drahtkleiderbügel, Blumendraht, Kneifzange, Schraubdeckel, Nägel in verschiedenen Längen, leere Getränkedosen, Metallringe/-streifen, ausrangiertes Besteck, Topfdeckel, Schlüssel, Büroklammern und andere metallische Dinge

Herstellung: Die Materialien mit Blumendraht am Drahtbügel so befestigen, dass sie sich frei bewegen und gegeneinanderstoßen können, wenn der Wind in sie hineinfährt. Den Bügel draußen an Bäumen oder einem Spielgerät aufhängen.

Steine versenken

Material: große Wasserschüssel mit Wasser, Sandförmchen, Steine in verschiedenen Größen

Spielverlauf: Zunächst legen die Spieler die Steine auf die Wasseroberfläche und beobachten, was passiert. Dann ein Sandförmchen auf das Wasser setzen. Was passiert? Nun legen die Spieler abwechselnd und vorsichtig einen Stein nach dem anderen in das Förmchen. Was passiert? Gemeinsam erörtern die Spieler die folgenden Fragen:

- Können Steine ohne Förmchen schwimmen?
- Wie viel Steine trägt das Förmchen?
- Wie schwer sind Steine?
- Welche Steine sind schwerer?
- Versinken alle Steine gleich schnell?

Handschuh-Federball

Material: Kochhandschuhe, Styroporkugel (Ø ca. 5 cm), 2–4 Vogelfedern, Styroporkleber

Herstellung: Die Vogelfedern gebündelt mittig in die Kugel stecken und festkleben.

Jeder Spieler trägt einen Handschuh. Je zwei Spieler stehen sich gegenüber und schlagen sich mit der flachen Spielhand den Federball gegenseitig zu.

Variation: Beim „Zickzack-Federball" stehen sich vier Spieler in zwei Reihen gegenüber. Sie schlagen sich einen Federball kreuzweise zu.

Wetter-Rätsel

Welcher Mann schmilzt in der Sonne? Schneemann
Welche Blumen mögen die Sonne nicht? Eisblumen
Kennst du, das allergrößte Licht?
Es scheint und wärmt und brennt doch nicht. Sonne

Die Reise zu den Planeten

Material: pro Kind ein Reifen

Spielverlauf: Die Reifen liegen – als Raumschiffe – verteilt im Raum. Alle besteigen ihr Raumschiff und wir starten:

Mit den Reifen auf den Boden klopfen, dazu rufen alle:

„Der Countdown läuft 10, 9, 8, 7,6, 5, 4, 3, 2, 1."

Während des Zählens den Reifen immer höher bis zur Hüfte heben und im Raum herumlaufen. Dazu singen alle den Liedrefrain:

„Völlig losgelöst von der Erde, fliegt mein Raumschiff, schwerelos."
Landung auf dem Feuerplaneten: Hier laufen alle nur auf Zehenspitzen, als würde es an den Füßen brennen und steigen dann wieder ins Raumschiff:

„Der Countdown läuft …“

Roboterplanet: Hier kann man sich nur wie Roboter bewegen, …

Zeitlupenplanet: Hier bewegen sich alle ganz langsam, …

Wasserplanet: Hier schwimmen alle auf dem Boden, …

Zurück zum Kita-Planeten: …

Nach der erfolgreichen Landung bilden die Reifen einen Kreis, alle ruhen sich sitzend aus und erzählen von ihrem Lieblingsplaneten.

Vertiefungsaufgaben

1. **Ermitteln Sie begründete Altersangaben und eine Teilnehmerzahl zu den o. g. Spielexperimenten. Ordnen Sie die Spielexperimente den unterschiedlichen Spielarten und Spielformen zu (siehe Kap. 1.6).**
2. **Wählen Sie 2–3 Forscherspiele aus und führen Sie die Versuche in der Lerngruppe durch. Reflektieren Sie Ihr Vorgehen und werten Sie die Ergebnisse aus. In welchem thematischen Zusammenhang würden Sie diese Forscherspiele mit einer Kindergruppe durchführen?**
3. **Recherchieren Sie im Internet die Anleitung für das Falten eines Papierfliegers. Probieren Sie unterschiedliche Falttechniken aus. Planen und veranstalten Sie mit Ihrer Praktikumsgruppe einen „Flugtag der Papierflieger“.**
4. **Recherchieren Sie in der einschlägigen Literatur weitere Forscherspiele für die verschiedenen Bildungsbereiche.**
5. **Stellen Sie thematische Verbindungen zu anderen Bildungsbereichen her und entwickeln Sie Fragen oder Problemstellungen an andere Unterrichtsfächer.**

4.1.9 Natur erleben und schützen

Die Entwicklung positiver Einstellungen zur Natur und Umwelt hängt ganz entscheidend davon ab, wie Eltern, Erzieherinnen und Kinderpflegerinnen vorbildhaft handeln. Bei den Arbeiten im Haushalt (auch im Kita-Haushalt), beim Einkauf, bei der Verarbeitung von Nahrungsmitteln und beim gemeinsamen Spielen und Gestalten lernen Kinder den Umgang mit Naturmaterialien und Nahrungsmitteln kennen und werden dazu angehalten, umweltbewusst damit umzugehen. Durch die Pflege von Pflanzen im Haus oder Garten und durch die Versorgung von Haustieren üben Kinder schon früh, Verantwortung zu übernehmen. Kinder sind neugierig und zeigen Interesse an ihrer natürlichen Umgebung. Der Erwachsene sollte Kinder nicht auf drohende Umweltgefahren mit weitreichenden Folgen hinweisen oder Katastrophenstimmung verbreiten. Das würde Kinder nur verunsichern. Besser ist es, durch beispielhaftes Handeln dem Kind Umgangsweisen des Umweltschutzes aufzuzeigen. Um positive Einstellungen zur Natur und Umwelt zu entwickeln, müssen Kindern Möglichkeiten geschaffen werden, natürliche Umwelt zu entdecken. Dafür sollten vorhandene Natur-Spielräume aufgesucht oder neu geschaffen werden. In der Auseinandersetzung mit den Naturelementen wie Sonne, Mond, Luft, Wasser, Erde, Pflanzen und Tieren erfahren Kinder sich selbst als einen Teil dieser lebendigen Welt. Ihre Erfahrungen und Eindrücke wirken auch auf ihr Verhalten sowie ihre künftige Einstellung zur Natur.

(Weiteres siehe Kap. 3.3.3)

Spielanregungen

Kommt ein Spatz angeflogen

(Neuer Text: Mechthild Wessel; Melodie: Wenzel Müller [1767–1835]

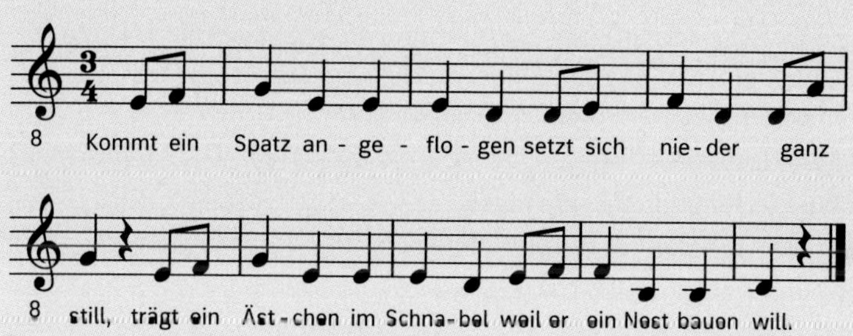

1. *Kommt ein Spatz angeflogen, setzt sich nieder ganz still, trägt ein Ästchen im Schnabel, weil er ein Nest bauen will.*
2. *Er plustert die Federn, rupft sich sanft welche aus, aber nur die ganz weichen legt er im Vogelnest aus.*
3. *Auf die Federn legt er Eier, er wärmt sie ganz lang, und nach ein paar Wochen hört man Spätzchens Gesang.*

Spielverlauf: Die Kinder singen das Lied nach der alten, bekannten Melodie und veranschaulichen den Text mit passenden Bewegungen, z. B. Arme ausbreiten und fliegen, mit den Fingern an der Kleidung zupfen, in die Hocke gehen und piep, piep sprechen.

Riechgläserlotto

Material: Blumen/Kräuter bzw. entsprechende Duftöle (z. B. Lavendel, Rose, Kamille, Zitronenmelisse, Minze, Gras, Heu auf Watte träufeln) und in nicht transparente, leere

Marmeladengläser füllen. Passende Abbildungen der verwendeten Blumen-/Kräuterdüfte auf Pappkarten kleben.

Herstellung: Mit Öle getränkte Watte in die Gläser legen und fest verschließen. Eventuell die Unterseite der Gläser mit dem Namen des Inhalts beschriften.

Spielverlauf: Für das Riechgläser-Lottospiel die passenden Abbildungen der Blumen/Kräuter dazu legen. Die Kinder versuchen, die Düfte den entsprechenden Bildern zuzuordnen.

Kastanienrakete

Material: Kastanien, Handbohrer, Reste von Klarsichtfolien oder Plastiktüten

Herstellung: Mit dem Handbohrer ein Loch in den hellen Fleck der Kastanie bohren. Aus den Folienresten zehn Streifen à 1 cm · 80 cm schneiden und so tief wie möglich in das vorgebohrte Loch der Kastanie stecken.

Spielverlauf: Die Kastanienrakete möglichst weit in die Höhe werfen und wieder auffangen. Das Wurfspiel kann paarweise durchgeführt werden.

Astmikado

Material: 41 möglichst gerade Äste, ca. 80 cm lang (z. B. von einem Haselnuss- oder Holunderbaum), Schmirgelpapier, rote und grüne Wolle, Schere

Herstellung: Um der Verletzungsgefahr vorzubeugen, wird überstehende Rinde entfernt oder mit Sandpapier glatt geschmirgelt. Die Stäbe mit Wolle zur Markierung teilweise umwickeln, um ihren unterschiedlichen Wert zu kennzeichnen:

15 Stöcke	–	je 3 Punkte, rot-blau (Kuli)
15 Stöcke	–	je 3 Punkte, rot-grün-blau (Samurai)
5 Stöcke	–	je 5 Punkte, rot-blau-rot-blau-rot (Bonzen)
5 Stöcke	–	je 10 Punkte, blau-rot-blau (Mandarin)
1 Stock	–	20 Punkte, blau (Mikado)

Spielverlauf: Das Stockmikado kann in einem großen Raum oder draußen gespielt werden. Es sollten nicht mehr als 10 Spieler teilnehmen. Der erste Spieler steht in der Mitte einer Freifläche, hält das Bündel Stöcke mit beiden Händen und lässt es los, sodass die Stöcke zu einem zufälligen Haufen auseinanderfallen. Mit den Händen holt er dann einen Stock nach dem anderen heraus, ohne dass sich ein anderer bewegt. Bewegt sich ein anderer Stock, ist der nächste Spieler an der Reihe. Wer den „Mikado“ erobert, darf ihn zum Herausfischen weiterer Stöcke benutzen.

Eichhörnchen deine Nüsse sind weg!

Material: drei Walnüsse

Spielverlauf: Alle knien im Kreis auf dem Waldboden. Ein Mitspieler ist das Eichhörnchen, das mit geschlossenen Augen auf dem Boden sitzt. Vor ihm liegt sein Nussvorrat. Ein Mitspieler nimmt vorsichtig die Walnüsse weg und setzt sich wieder auf seinen Platz. Alle nehmen die Hände auf den Rücken und rufen: *„Eichhörnchen, Eichhörnchen, deine Nüsse sind weg!“* Das Eichhörnchen muss nun den Nussdieb ausfindig machen.

Fußparcours

Material: grobe Kiesel, feiner Kies, Lehm, Gartenerde, Torf, Sägemehl, Rindenmulch, heller Sand, dunkler Sand, Laub, Moos, Gras, ein Tuch zum Verbinden der Augen

Spielverlauf: Gemeinsam mit Kindern und Erwachsenen wird im Außengelände des Kindergartens ein Fußparcours angelegt, auf dem die verschiedenen Bodenbeläge verteilt werden. Es reicht für jeden Belag eine Strecke von ein bis zwei Metern.

Die Kinder ziehen Schuhe und Strümpfe aus, lassen sich die Augen verbinden und gehen vorsichtig über den Fühlweg. Jüngere Kinder, die sich nicht die Augen verbinden lassen möchten, können die Augen schließen und sich durch ein älteres Kind oder einen Erwachsenen führen lassen.

Welche Fühlerlebnisse machen die Kinder? Welcher Boden fühlt sich hart an, welcher weich, welcher kitzelt die Fußsohle, welcher ist besonders warm? Wie fühlt sich der Boden an, wenn es geregnet hat? Welcher Boden ist schnell trocken, welcher matschig?

Variante: Die Kinder raten, über welchen Boden sie laufen.

Erdmut, der Maulwurf

(Melodie: Ich bin ein kleiner Hampelmann, überliefert; Text: Brigitte vom Wege)

1. *Ich bin Erdmut vom Grabeland,*
   als Maulwurf überall bekannt.

Refrain:
Grab links herum, grab rechtsherum,
buddel, buddel, buddel, buddel
auch mal schief und krumm
und manchmal geradeaus.

2. *Tief in der Erde ist mein Heim,*
   dort wohne ich so ganz allein.

Refrain: …

3. *Mein Fell ist schwarz und sametweich,*
   hab Pfoten einem Bagger gleich.

Refrain: …

4. *Ich bin fast blind, doch hör ich viel,*
   ich lausche gern dem Grillenspiel.

Refrain: …

5. *Die Asseln und das Mausetier,*
   die nehmen schnell Reißaus vor mir.

Refrain: …

6. *Ich werfe gerne Hügel auf,*
   doch schon kommst Du und trittst darauf.

Refrain: …

7. *Heut Nacht lädt mich das Wiesel ein,*
   zu Würmerbrei und Schneckenschleim.

Refrain: …

Spielverlauf: Die Spieler führen passende Bewegungen zum Liedtext aus.

Sand-Spuren

Material: verschiedene Gegenstände, z. B. Muschel, Kamm, Schlüssel, Schuh

Eine große befeuchtete Fläche im Sandkasten festklopfen. Dann werden verschiedene Gegenstände in den Sand gedrückt. Die Kinder raten, welche Gegenstände Spuren hinterlassen haben.

Futterzapfen

Material: Tannenzapfen, 250 g Kokosfett, Vogelfuttermischung aus dem Fachhandel oder Sonnenblumen-, Kürbiskerne, Kordelband

Herstellung: Einen Faden zum Aufhängen an die Tannenzapfen knoten. Das Kokosfett in einem Stieltopf bei mittlerer Hitze schmelzen. Vorsicht, das Fett kann brennen! Danach das Fett etwas abkühlen lassen. Die Körnermischung in das Fett rühren und die Zapfen in die Masse eintauchen, auf einen Teller legen und die Masse erstarren lassen. Die fertigen Futterzapfen an einen hohen Ast knoten, damit die Vögel beim Picken nicht von der Katze erwischt werden.

Pappschneelicht

Material: Pappschnee, Teelicht

Herstellung: Aus pappigem Schnee viele Schneebälle zu einer hohlen Pyramide aufschichten. Dabei die einzelnen Bälle gut miteinander verkleben. Einen kleinen Eingang für ein Teelicht lassen und dieses anzünden, wenn es dämmert.

Waldsammlung

Die Kinder haben im Wald Naturmaterialien gesammelt, die auf einen Fotokarton mit zwölf Feldern geklebt werden, z. B. Kastanie, Eichel, Lärchenzapfen, Buchecker, Haselnuss usw. Die passenden Gegenstücke liegen in einem Fühlkasten. Jeder Gegenstand muss nun ertastet und zugeordnet werden.

Von der Raupe zum Schmetterling

(überliefert)

Im hohen Grase, oh wie nett,	linken Unterarm aufstellen, Finger spreizen,
kriecht eine Raupe, dick und fett!	rechter Zeigefinger krabbelt am Arm hoch
Sie frisst ein Blatt und noch ein Blatt,	Zeigefinger berührt die Finger der linken Hand
bis sie sich sattgefressen hat.	nacheinander, Finger bilden eine Faust
Und ist der Sommer dann vorbei,	
dann schläft sie bis zum nächsten Mai!	rechter Zeigefinger kriecht in die linke Faust
Chhhhhhhhhh – chhhhhhh – chhhh – …	leise schnarchen
Ganz langsam kriecht sie nun heraus,	rechter Zeigefinger kriecht aus linker Faust
aus ihrem Raupenpuppenhaus.	beide Daumen nebeneinanderlegen
„So seht“, ruft sie, „wie ich da drin’	
zum Schmetterling geworden bin!“,	
und breitet ihre Flügel aus,	mit den Fingern Flugbewegungen machen
und fliegt jetzt in die Welt hinaus.	

Fleißige Ameisen

(überliefert)

Kribbel, krabbel, da kriecht eine Ameise her,
die trägt einen Zweig, der ist so schwer.
Die zweite Ameise fasst mit an,
nun krabbelt auch die Dritte heran.
Die Vierte sagt: „Ich helfe euch",
die Fünfte packt mit an zugleich.
Gemeinsam sind sie voller Kraft
und haben den Zweig bald fortgeschafft.

Material: pro Spieler ein kleiner Zweig

Spielverlauf: Die Spieler krabbeln mit den Fingern und versuchen nacheinander mit den einzelnen Fingern der rechten Hand den Zweig aufzuheben.

Waldreise

(überliefert)

Spielverlauf: Alle Mitspieler machen eine Polonaise (Hände liegen auf den Schultern des vorderen Mitspielers) und singen nach einer Leiermelodie. Dazu werden die angegebenen Bewegungen ausgeführt.

II: Kommt wir machen eine Reise,
durch den großen dunklen Wald :II
Und das geht:
II: Klatschen, klatschen, klatschen, klatschen
Durch den großen dunklen Wald:II
(*hüpfen, drehen, nicken, tanzen* u. s. w.)

Ich bin die kleine Schnecke

1. *Ich bin die kleine Schnecke*
   und trage ein Haus.
   Ich rühr mich nicht vom Flecke,
   ich trau mich nicht raus.
   Spaziere ja niemals allein,
   es soll noch jemand bei mir sein.
   Die Anna, der Erik*, der Malte**
   soll'n es sein
   Sie kommen zu mir in das Haus
   hinein.
   (*Namen der gewünschten
   Kinder einsetzen)
2. *Ich bin die kleine Schnecke*
   und trage ein Haus.
   Ich krieche jetzt vom Flecke,
   und trau mich auch raus.
   Spaziere ja nicht mehr allein,
   es können alle bei mir sein.

Spielverlauf: Die Mitspieler bilden einen Kreis und singen. In der Mitte steht die kleine Schnecke. Am Ende der Strophe benennt sie drei Kinder, die zu ihr in die Kreismitte kommen. Dabei fassen sie sich an und winden sich, einem Schneckenhaus gleich, um die Schnecke herum. Sind alle Mitspieler dem Aufruf der Schnecke gefolgt, wird die letzte Strophe gesungen, wobei sich das Schneckenhaus öffnet und als lange Schlange durch den Raum zieht.

Bucheckern-Zapfen-Rassel

Material: zwei leere Joghurtbecher, Klebeband, Plakatfarbe, als Füllmaterial: Bucheckern, Lärchen- oder kleine Kiefernzapfen

Herstellung: Einen Joghurtbecher beliebig füllen, den zweiten Becher mit der Öffnung daraufsetzen und beide mit Klebeband verbinden. Nach Wunsch kann die Bucheckern-Zapfen-Rassel noch bemalt werden. Die Rassel zur Liedbegleitung einsetzen.

Spurensuche

Material: 16 Karten aus Fotokarton schneiden (3 cm · 6 cm), auf die Karten die Zahl von 1 bis 16 schreiben, Absperrband, Plastikplane, Kreide, Korb oder Eimer für die Fundstücke, Lupe, evtl. Handschuhe, Taschenlampen

Spielverlauf: Die Gruppe markiert ein Gebiet, das sie erforschen will: Wiese am Kindergarten, Waldstück, unbebautes Grundstück oder ein abgeerntetes Feld. Jeder sammelt Dinge, die er findet, die Beweise von etwas sein könnten bzw. hinterlassene Spuren (z. B. Schafwolle, Kirschkerne, Federn, angenagte Maiskolben). Sind alle Spuren sichergestellt wird bei gutem Wetter direkt an Ort und Stelle, ansonsten später im Raum, eine Plane ausgebreitet, auf die ein großer Kreis gezeichnet wird (Ø ca. 2 m), den Kreis mit Kreidestrichen in acht (oder 16) Tortenstücke einteilen und beziffern. Alle legen ihre gesammelten Beweisstücke in die Tortenstücke. Die gemischten Zahlenkarten in die Mitte des Kreises legen.

Nacheinander ziehen die Teilnehmer eine Karte und schildern ihre Vermutungen und Eindrücke, zu dem Gegenstand in dem gleichen Zahlenfeld. Es könnten folgende Fragen erörtert werden:

- Wer hat dieses Beweisstück gesammelt?
- Wer hat wohl diese Spuren hinterlassen?
- Was ist da möglicherweise passiert?
- Woran erkennen wir, ob dieses Teil ein Tier oder Mensch hinterlassen hat?
- Hast du Tiere gehört oder gesehen?
- Welches Fundstück gefällt dir am besten?
- Was möchtest du mit deinem Fundstück machen?

Vertiefungsaufgaben

1. **Ermitteln Sie begründete Altersangaben und eine Teilnehmerzahl zu den o. g. Spielanregungen und Spielexperimenten. Ordnen Sie die Spielanregungen und Spielexperimente den unterschiedlichen Spielarten und Spielformen zu (siehe Kap. 1.6).**
2. **Wählen Sie einige Forscherspiele und probieren Sie diese in der Lerngruppe aus. Reflektieren Sie Ihr Vorgehen und werten Sie die Ergebnisse aus. In welchem thematischen Zusammenhang würden Sie diese Forscherspiele mit einer Kindergruppe durchführen?**
3. **Planen Sie eine Spielaktion zum Bildungsbereich Natur erleben und schützen. Wählen Sie aus den angegebenen Spielanregungen Beispiele aus.**
4. **Recherchieren Sie in der einschlägigen Fachliteratur weitere Anregungen für Forscherspiele für den ökologischen Bildungsbereich.**
5. **Stellen Sie thematische Verbindungen zu anderen Bildungsbereichen her und entwickeln Sie Fragen oder Problemstellungen an andere Unterrichtsfächer.**

4.1.10 Mediale Spielwelten

Eine Kindheit ohne Medien ist heute kaum mehr vorstellbar. Neben anderen Einflüssen bestimmen häufig auch elektronische Medien den Alltag der Kinder. Jedes Kind, das in den Kindergarten kommt, bringt bereits Medienerfahrungen von zu Hause mit. Das Kind braucht Bezugspersonen zum Zuhören, miteinander Sprechen und zum gemeinsamen aktiven Erleben. Stehen die Bezugspersonen selten zur Verfügung, bedingt durch die Berufstätigkeit oder weil sie sich selbst häufig mit ihren Mediengeräten beschäftigen, versucht das Kind seinen Mangel an Zuwendung und realen Erlebnissen beim Fernsehen mit seinen fiktiven Geschichten zu befriedigen.

In der Entwicklungsphase des „magischen Denkens“ können Kinder zwischen vier und sechs Jahren jedoch Fantasie und Realität oft nicht eindeutig voneinander unterscheiden. Fiktive Geschichten erleben sie oftmals als reale Ereignisse. So kann es sein, dass sie sich z. B. von dem erlebten Monster im Fernsehen im Traum verfolgt fühlen oder sich mit der Heldenfigur stark identifizieren und behaupten, Zauberkräfte zu besitzen. Die fiktiven Fernsehgeschichten thematisieren die kindlichen Gefühle und die Kinder fühlen sich angesprochen. Die Helden nehmen sie als Vorbilder verstärkt wahr, und fühlen sich sozusagen stark wie Käpt’n Blaubär oder schlau wie die Maus. Diese Eindrücke und andere Medienerlebnisse aufzugreifen und Kindern hierfür Gelegenheiten zu bieten diese zu verarbeiten, z. B. in Rollenspielen, ist auch eine wichtige spielpädagogische Aufgabe.

Die Technologien der elektronischen Medien schreiten weiter voran, werden umfangreicher und komplizierter. Daher ist es sinnvoll, dass Eltern, Erzieherinnen und Kinderpflegerinnen sich mit der eigenen Mediennutzung bewusst auseinandersetzten um den Kindern eine hilfreiche wie kreativ-kritische Begleitung zu sein.

Spiele mit Medien (Fotokamera, Kassettenrekorder, Fernseher/Fernsehsendungen, Videokamera, mobile Endgeräte, wie z. B. Smartphone, Tablet) werden Kindern in Tageseinrichtungen dann angeboten, wenn die Situation der Gruppe es fordert. Dabei werden die Wünsche, Interessen und Erfahrungen der Kinder zunächst aufgegriffen. Anschauung und eigenes praktisches Ausprobieren ermöglichen ihnen, andere Gestaltungsmöglichkeiten kennenzulernen. Kinder werden in die Lage versetzt, das Dargestellte besser zu verstehen und zu verarbeiten. Wie nebenbei lernen Kinder dabei die Funktionsweise und den „Produktcharakter" von Medien kennen, und erfahren gleichzeitig, dass man mit Medien auch selbst produktiv sein kann. (siehe S. 122 ff, Digitale Spiele)

Spielanregungen

Wer ist das? Wer gehört zusammen?

Material: Smartphone, Laptop, Drucker, normales Druckpapier, Farbpatronen, Laminierfolie, Schere, Karton mit Deckel

Herstellung: Jedes Kind erstellt zwei Selfies von sich. Die Fotodateien werden auf den Laptop übertragen. Sind von allen Kindern je zwei Fotos vorhanden, werden alle Fotos auf eine Größe gebracht, z. B. 6 cm · 8 cm, und anschließend mittels eines Farbdruckers ausgedruckt. Alle bedruckten Seiten laminieren und abschließend die Fotos in einheitlicher Größe ausschneiden.

Spielverlauf: Wie beim memory®-Spiel die Karten mischen und mit der Bildseite nach unten auslegen. Der weitere Spielverlauf orientiert sich an den Regeln des Memory®-Spiels. Nach Beendigung des Spiels die Fotokarten in einem Karton aufbewahren.

Variation: Die Kinder verkleiden sich und fotografieren sich gegenseitig.

Blechdosen-Kamera

Material: eine leere, saubere Blechdose ohne scharfen Rand, einen Dosenlocher, ein Gummiband, Pergamentpapier

Herstellung: Mit dem Dosenlocher ein Loch mittig in den Dosenboden bohren. Das Pergamentpapier an der offenen Seite der Dose mit einem Gummiband befestigen. Durch die Seite mit dem Pergamentpapier schauen. Die Blechdosenkamera auf ein Motiv richten. Was ist zu sehen?

ABC-Buch

Mithilfe des Computers die Buchstaben des Alphabetes schreiben, im Querformat mit Hilfe von Word-Art zwei Buchstaben auf eine Seite setzen. Die Art der Buchstaben so wählen, dass die Kinder sie einfärben können. Den Ausdruck in zwei Teile schneiden (DIN-A5-Format). Die Kinder malen die Buchstaben an und zeichnen zusätzliche Dinge dazu, deren Name mit dem Buchstaben beginnt, z. B. A = Auto, Apfel, usw. Die fertigen ABC-Blätter lochen und später zusammen heften.

Mond-Daumenkino

Material: 16 Rechtecke aus Tonpapier (8 cm · 5 cm), 16 Mondphasen (siehe Abb.) kopieren, Schere, Klebstoff

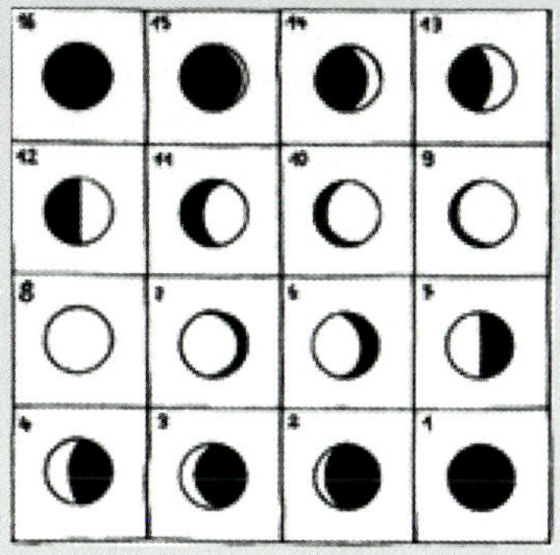

Herstellung: Die Mondbilder ausschneiden und jeweils auf die rechte Seite der 16 Rechtecke kleben. Die Rechtecke nach den Zahlen sortieren, die 1 liegt oben, die 16 unten, alle Karten an der linken Kante fest aufeinander kleben, trocknen lassen.

Spielverlauf: Das Daumenkino in die linke Hand nehmen und die Karten zwischen Daumen und Zeigefinger der rechten Hand auffächern. Der Mondkreislauf erscheint in Sekundenschnelle.

Zwirbelbilder (Thaumatrop)

Material: zwei runde Fotokartonkarten (Ø 5 cm), Filzstifte, Klebstoff, Locher, zwei Gummiringe

Auf eine Karte mehrere senkrechte Streifen (Käfig) malen, auf die andere Karte z. B. einen Löwen. Beide Karten rückseitig zusammenkleben. An beiden gegenüberliegenden Seiten mittig ein Loch anbringen. Durch beide Löcher werden je einen Gummiring knoten.

Spielverlauf: Die Gummiringe rechts und links fassen und mit den Fingern die Pappscheibe vor und zurück zwirbeln. Da das Auge den optischen Reiz nur langsam verarbeiten kann, verbinden sich beide Bilder, der Löwe sitzt im Käfig.

Variation: Ältere Kinder gestalten eigene, sich ergänzende Bildmotive für Zwirbelbilder.

Rollbild

Material: Kopiervorlage, Schere, Buntstifte, Klebstoff, Stift mit glattem Griff

Herstellung: Zwei Bilder eines Motivs werden ausgeschnitten und farbig gestaltet. Danach werden sie übereinandergelegt und an der linken Seite Rand zusammengeklebt.

Spielverlauf: Das obere Blatt wird auf den glatten Griff eines Stiftes von rechts nach links eng aufgerollt. Durch kurze Rollbewegungen des Stiftes entwickeln sich die starren Bilder zu bewegten Bildern.

Laufrad-Figur

Material: Pappe, Malstifte, Schere, Musterklammer, Klebstoff, evtl. Stoffreste

Herstellung: Eine Figur (z. B. *Aschenputtel* mit langem Rock) im Profil als Umriss auf die Pappe malen und zweimal ausschneiden. Einen Kreis (halb so hoch wie die Figur) und einen Streifen schneiden. Auf den Kreis Beine malen und in der Kreismitte ein Loch anbringen. Den Pappstreifen in Taillenhöhe auf eine Figur kleben – steht hinten über. Nun beide Figuren in der oberen Hälfte zusammen kleben. Den Kreis zwischen die unteren Rockhälften schieben, sodass die Füße hervor schauen, mittig die drei Teile mit der Musterklammer befestigen. Beide Seiten der Märchenfigur gestalten, z. B. bemalen oder mit Stoffresten „anziehen“. Mithilfe des Pappstreifens die Figur schieben und so zum Laufen bringen.

Fernsehkarton-Theater

Material: ein sehr großer Verpackungskarton (z. B. von einer Waschmaschine), Schere oder Cutter-Messer (nur für Erwachsene), evtl. buntes Papier und Dekorationsmaterialien, um den Karton außen zu verschönern

Herstellung: In eine Seite des Kartons ein großes Loch schneiden, sodass ein Kopf gut zu sehen ist. Den Rest des Kartons beliebig dekorieren. Der Karton dient nun als Fernseher und die Kinder sind nacheinander Nachrichtensprecher, Wetterfee, Fingerspieler, Geschichtenerzähler, Quizmaster oder eine andere beliebte Person aus dem Fernsehprogramm.

Foto-Rallye rund um die Grundschule (GS)

Spielleitung: zwei Erwachsene

Vorbereitung: 2–3 Wochen vorher erarbeiten die zukünftigen Schulanfänger einen Schulwegplan. Dazu liest die Erzieherin einzelne Straßennamen von dem mit den Kindern gezeichneten Straßenplan vor, auf dem bereits die GS und die Kita eingezeichnet sind. Die Kinder, die ihren Straßennamen hören, kleben an die entsprechende Stelle kleine gezeichnete „Selbstbildnisse". Danach zeichnen die Kinder weitere markante Stellen in den Schulwegplan ein, z. B. Geschäfte, Spielplätze, Verkehrszeichen, Briefkasten, und hängen ihn anschließend in der Kita auf.

Material: Jede Gruppe erhält z. B. einen selbstverfassten Anmelde-Brief an die GS, sechs Fotos, einen „Schulwegplan" in DIN-A3-Größe kopiert, Geld für Brötchen sowie für ein Telefonat aus der öffentlichen Telefonzelle.

Zeit: an einem Freitagnachmittag, ab 16:00 Uhr, bis Samstagvormittag, ca. 11:00 Uhr

Spielverlauf: Ausgangspunkt der Foto-Rallye ist der Kindergarten. Beide Gruppen (je sechs Mitspieler) erhalten Fotos von Details aus dem Schulbezirk, den „Schulwegplan", den vorher verfassten Anmelde-Brief mit Briefmarke an die Schule und Geld. Jede Gruppe wird von einer Erzieherin begleitet. Die zweite Gruppe verlässt den Ausgangspunkt ca. 15 Minuten später als die Erste. Die Teilnehmer haben nun die Aufgabe, in der festgelegten Zeit die Abbildungen auf den Fotos mithilfe ihres Schulwegplanes zu finden. Auf der Rückseite der Fotos befindet sich jeweils eine Zahl von 1 bis 6, die ebenfalls an den zu suchenden realen Gebäuden oder Gegenständen angebracht und mit einer Aufgabe verbunden ist. Die Aufgaben sind verbildlicht dargestellt, sodass die Kinder sie selbstständig „lesen" können. Nach jeder gelösten Aufgabe kleben die Kinder das Foto an die entsprechende Stelle in ihren „Schulwegplan".

Vorschläge für die Aufgaben:

1. Foto: Bäckerei	➡ Aufgabe:	Frühstücks-Brötchen kaufen
2. Foto: Briefkasten	➡ Aufgabe:	Brief an die GS abschicken
3. Foto: Telefonzelle	➡ Aufgabe:	Telefonat mit dem Kindergarten führen. Hier erfahren die Kinder, dass sie zur GS gehen sollen.
4. Foto: Schulgebäude	➡ Aufgabe:	eigene Schulranzen abholen, mit den Schlafutensilien der Kinder
5. Foto: Poststelle	➡ Aufgabe:	Paket abholen (Paketinhalt: Bücher zum Vorlesen)
6. Foto: Sportplatz/ Turnhalle	➡ Aufgabe:	Wunschspiel

18:00 Uhr ➡ Auf dem Sportplatz oder in der Turnhalle der GS treffen sich beide Gruppen und spielen dort gemeinsam ausgewählte Spiele.

19:00 Uhr ➡ Rückkehr in den Kindergarten, wo zusammen das Abendessen vorbereitet wird. Die Zutaten werden vorher von den Eltern oder der Kita bereitgestellt.

20:00 Uhr ➡ Vor der Rallye hat das Kita-Team bereits alles für die Übernachtung der Kinder im Bewegungsraum vorbereitet. Die Erzieherinnen lesen aus den Büchern des Postpaketes noch einige „Gute Nacht Geschichten“ vor.

09:00 Uhr ➡ Am nächsten Morgen sind alle Eltern zum Frühstück eingeladen, das die Schulanfänger gemeinsam zubereitet haben. Hier bekommen alle ein Gruppenfoto als Abschiedsgeschenk überreicht.

Vertiefungsaufgaben

1. **Ermitteln Sie begründete Altersangaben und eine Teilnehmerzahl zu den o. g. Spielanregungen. Ordnen Sie die Spielanregungen den unterschiedlichen Spielarten und Spielformen zu (siehe Kap. 1.6).**
2. **Probieren Sie in der Lerngruppe das Rollbild, Zwirbelbild und das Daumenkino aus. Entwickeln Sie eigene Bildmotive. Erfinden Sie dazu eine Spielgeschichte.**
3. **Entleihen Sie aus der Kinderbücherei ein Computerspiel und entwickeln Sie daraus eine reale Spielaktion.**
4. **Stellen Sie in der Lerngruppe verschiedene Laufradpuppen her. Entwickeln Sie dazu eine Spielgeschichte und erstellen Sie einen kurzen Videoclip.**
5. **Planen Sie eine Rallye für Grundschulkinder, unter Einbeziehung mobiler Endgeräte, z. B. Smartphones Tablets.**
6. **Entleihen Sie in der Kinderbücherei ein Computerspiel, führen Sie das Spiel entsprechend der Spielbeschreibung durch. Beurteilen Sie anschließend das Spiel unter Anwendung geeigneter Kriterien.**

   Web
   Spiel in einer altersgemischten Gruppe
7. **Erstellen Sie Kurzanalysen von Computerspielen. Beachten Sie dabei folgende Aspekte:**
   - **Spieltitel, Spielkategorie, Spielgerät, ungefähre Spieldauer**
   - **Autor, Hersteller, Vertrieb, Erscheinungsjahr**
   - **zusammenfassende Inhaltsangabe, Spielbeschreibung**
   - **Verständlichkeit der Anleitungen**
   - **Empfehlungen für Benutzer/Teilnehmer**
8. **Stellen Sie thematische Verbindungen zu anderen Bildungsbereichen her und entwickeln Sie Fragen oder Problemstellungen an andere Unterrichtsfächer.**

4.2 Spielkonzeptionen in Tageseinrichtungen für Kinder

Lernsituation: Kinder spielen in unterschiedlichen Tageseinrichtungen

Die Familie Gruber hat vier Kinder: die Zwillinge sind 10 Monate alt, Noah ist 5 Jahre und Lea ist 8 Jahre. Herr Gruber hat eine halbjährige Elternzeit genommen, seine Frau arbeitet in Teilzeit als Arzthelferin. Vor Kurzem ist die Familie in eine größere Wohnung umgezogen, die sich in einem anderen Stadtteil befindet. Die Eltern wünschen sich, dass die beiden älteren Kinder dort sobald wie möglich neue Spielfreunde finden. Gleichzeitig benötigen sie auch qualifizierte Spielangebote für alle ihre vier Kinder.

Impulse zur Bearbeitung der Lernsituation:

- *An welchen Orten finden Kinder Spielpartner oder mögliche Spielfreunde?*
- *Welche Spielangebote sind für die unterschiedlichen Altersgruppen geeignet?*
- *Welche differenzierten Tipps können Sie den Eltern geben?*

Spielkonzeptionen bedeuten für Erzieherinnen und Kinderpflegerinnen in der Kindertagespflege, in Kindertageseinrichtungen, offenen Ganztagsgrundschulen (OGS) und Freizeiteinrichtungen grundsätzlich, das kindliche Spiel in allen Alters- und Entwicklungsstufen zu unterstützen und zu fördern, d. h.,

- spielende Kinder beobachten,
- einzelne Kinder gezielt in Spieltätigkeiten einbeziehen,
- Spielsituationen schaffen und begleiten,
- Spielorte organisieren und gestalten,
- Material zum Spielen bereitstellen,
- Spielideen aufgreifen, entwickeln und weiter entfalten,
- freie und angeleitete Spielaktivitäten initiieren (planen, vorbereiten, durchführen),
- Freispielphasen eigenverantwortlich begleiten.

In den betreffenden Kindertageseinrichtungen geschieht dies nach Absprache und in Kooperation mit allen am Erziehungs- und Bildungsprozess Beteiligten: Träger, Eltern und sozialpädagogische Fachkräfte.

Spielkonzepte für Kleinkinder

Web

Merkmale von Spielkonzepten für Kleinkinder

Seinem Bewegungsbedürfnis und Erkundungsdrang kann das Kleinkind an entsprechenden Spielorten nachkommen. Gestaltete Spielflächen sowie ausgesuchte Materialien regen seine Sinneswahrnehmungen an und angepasste Spielanregungen schaffen Möglichkeiten zur sozialen Kontaktaufnahme. Dabei gibt ein geregelter, zeitlicher Rahmen dem Kleinkind Orientierung und somit Sicherheit.

4.2.1 Das Spiel im Prager-Eltern-Kind-Programm (PEKiP®)

Lernsituation: Leon greift einen Ball

Seit einem halben Jahr treffen sich jeden Mittwoch acht Mütter bzw. Väter mit ihren Kindern im PEKiP®-Gruppenraum. Die Kinder sind 8 bis 10 Monate alt. Im Raum ist es warm, denn die Kinder sind unbekleidet. Heute hat die PEKiP®-Gruppenleiterin den Kindern viele bunte Plastikbälle mitgebracht. Sie schüttet sie in eine durchsichtige Kiste und ist gespannt, wie die Kinder das Material annehmen. Als Erster kommt Leon angekrabbelt, zieht sich an der Kiste hoch und greift hinein.

Impulse zur Bearbeitung der Lernsituation:
Betrachten Sie das Foto unten auf dieser Seite.

- *Wie verhalten sich die Kinder? Wie verhalten sich die Eltern?*
- *Welche Mimik/Gestik können Sie erkennen?*
- *Welche Ziele verfolgt die PEKiP®-Gruppenleiterin mit dieser Aktion?*
- *Welche Erfahrungen können die Kinder hierbei machen?*

Die Bewegungsspiele des Säuglings und Kleinkindes können von Erwachsenen sinnvoll angeleitet und unterstützend begleitet werden. Insbesondere wenn mehrere gleichaltrige Kinder an den Spielen beteiligt sind, bildet sich parallel Sozialverhalten aus. Das PEKiP®-Konzept bietet sowohl Anregungen für partnerzentrierte als auch objektzentrierte Spiele an.

Das Prager-Eltern-Kind-Programm – kurz PEKiP® genannt – wurde in den 1970er-Jahren von Prof. Dr. Christa Ruppelt und Prof. Dr. Hans Ruppelt und Mitarbeiterinnen entwickelt. Es geht in den angebotenen Spiel- und Bewegungsanregungen zurück auf den Psychologen Dr. Jaroslav Koch, der in den 1960er-

Jahren am Mutter-Kind-Institut in Prag arbeitete und forschte. Jaroslav Koch (1910–1979) beschäftigte sich intensiv mit dem Einfluss der frühen Bewegungsstimulation auf die motorische und psychische Entwicklung des Säuglings.
PEKiP® ist ein Konzept für die Gruppenarbeit mit Eltern und ihren Kindern im ersten Lebensjahr. Ziel des PEKiP® ist es, Eltern und Babys im sensiblen Prozess des Zueinanderfindens zu begleiten und zu unterstützen, um

- das Baby in seiner momentanen Situation und seiner Entwicklung wahrzunehmen, zu begleiten und zu fördern;
- die Beziehung zwischen dem Baby und seinen Eltern zu stärken und zu vertiefen;
- die Eltern in ihrer Situation zu begleiten und den Erfahrungsaustausch sowie die Kontakte der Eltern untereinander zu fördern;
- dem Baby Kontakte zu Gleichaltrigen zu ermöglichen.

Die PEKiP®-Gruppen werden ausschließlich von zertifizierten PEKiP®-Gruppenleiterinnen angeboten. Die PEKiP®-Gruppenleiterinnen als pädagogische Fachkräfte haben sich mit dieser beruflichen Fortbildung für die Elternbildung in der frühen Kindheit spezialisiert.

Die Ziele des Prager-Eltern-Kind-Programms

1. Die Eltern-Kind-Beziehung fördern	Das PEKiP® unterstützt den Aufbau einer positiven Beziehung zwischen Eltern und Kind durch gemeinsames Erleben von Bewegung, Spiel und Freude. Die Eltern werden zu gezielter Beobachtung ihrer Kinder angeregt, wodurch sie deren Bedürfnisse besser wahrnehmen und angemessen darauf reagieren können. Die Gruppenarbeit beginnt bereits ab der vierten bis sechsten Lebenswoche und beinhaltet eine Entwicklungsbegleitung für das gesamte erste Lebensjahr.
2. Das Kind in seiner Entwicklung unterstützen	Die Bewegungsspiele stellen eine aktivierende Lernform dar, in der das Kind mit seinen Kompetenzen und Bedürfnissen das Spieltempo, das Spielangebot und die Ziele bestimmt. Es werden ganzheitliche Spielanregungen vermittelt.
3. Erfahrungsaustausch der Eltern fördern	Die teilnehmenden Erwachsenen können sich Hintergrundinformationen zur Erziehung ihrer Kinder verschaffen und in einen Erfahrungsaustausch miteinander treten.
4. Kontakte der Kinder untereinander unterstützen	Die Kinder haben die Möglichkeit, im Beisein ihrer Eltern soziale Kontakte mit Gleichaltrigen zu knüpfen. Durch regelmäßige Treffen entwickeln die Kinder auch Vertrauen zu anderen Erwachsenen.

Bei den Spielanregungen findet ein steter Wechsel zwischen partnerzentriertem und gegenstandszentriertem Spiel statt, wobei das Kind die Bewegungen immer selbst aktiv ausführt. Beispielsweise läutet die Bezugsperson ein Glöckchen und das Kind wendet den Kopf in Richtung der Geräuschquelle oder die Bezugsperson rollt einen Ball und das Kind krabbelt hinterher. Ist eine negative Reaktion beim Kind zu beobachten, wird das Spiel sofort unterbrochen. Vor jeder gemeinsamen Spielrunde sind die Kinder stets ausgeschlafen und satt und spielen nackt in einem wohltemperierten Raum.

Kochs Erfahrungen haben gezeigt, dass „systematische frühe grob- und feinmotorische Stimulationen die Entwicklung der Kinder im ersten Lebensjahr positiv beeinflussen" (*Polinski, 2001, S. 196*). Während der Spielzeit zeigten sie ein zufriedenes Verhalten, waren aktiv und ausgeglichen.

In Deutschland gibt es zahlreiche PEKiP®-Gruppen, die von ausgebildeten PEKiP®-Gruppenleiterinnen in Familienbildungsstätten, Volkshochschulen, bei freien Verbänden, kirchlichen und privaten Trägern organisiert werden.

Vertiefungsaufgaben

1. **Nehmen Sie Kontakt zu einer PEKiP®-Gruppe in Ihrer Stadt auf, um dort eine Hospitation durchführen zu können.**
2. **Schreiben Sie eine situative Spielbeobachtung zu einem ausgewählten Ziel des PEKiP®-Programms.**
3. **Dokumentieren Sie Ihre Spielbeobachtungen mit Fotos oder Videoaufzeichnungen.**

Web

Spielen im PEKiP®

4.2.2 Das Spiel in der Spielgruppe

Lernsituation: Marie, Emil und das Spieltelefon

In der Spielgruppe: Marie (1;8 J.) läuft zu Emil (2;3 J.), der einen Spielzeughammer in der Hand hält. Sie nimmt ihm den Hammer wortlos weg. Emil wehrt sich nicht, holt sich dafür ein Auto aus der Kiste. Marie sieht das, lässt den Hammer fallen und nimmt das Auto. Auch diesmal überlässt er Marie wortlos das Auto und geht zum Spielzeugtelefon. Marie geht hinter ihm her und will auch das Telefon haben.

Nun fängt Emil an zu weinen. Er geht zu seiner Mutter. Zwei andere Kinder fangen ebenfalls an zu weinen, sodass die übrigen Kinder auf die Situation aufmerksam werden und ihr Spiel unterbrechen.

Die Spielgruppenleiterin geht daraufhin zu Marie und sagt: „Du darfst dem Emil nicht immer alle Spielsachen wegnehmen. Gib ihm jetzt bitte das Telefon wieder." Marie gibt Emil das Telefon. Doch Emil nimmt es nicht, sondern will zu seiner Mutter auf den Schoß. Die anderen Kinder wenden sich wieder ihrem Spiel zu, doch Emil sitzt den Rest der Spielgruppenstunde nur bei seiner Mutter.

Impulse zur Bearbeitung der Lernsituation:

- *Zeigen Sie das Spielverhalten von Marie und Emil auf. Wie kommunizieren beide Kinder miteinander?*
- *Wie verhalten sich die anderen Kinder während dieses Konfliktes?*
- *Welche Spielbedürfnisse sind bei Marie und Emil erkennbar?*
- *Wie verhält sich die Spielgruppenleiterin?*
- *Wie hätten Sie in dieser Situation gehandelt?*

Spielgruppen, auch Eltern-Kind-Gruppen oder Mini-Klubs genannt, sind sozialpädagogische Angebote, die regelmäßige Spielkontakte zu gleichaltrigen Kindern ermöglichen.

Kennzeichen von Spielgruppen:

- In Spielgruppen werden Kinder von anderthalb bis zwei Jahren mit ihren Bezugspersonen bis zur Aufnahme in die Kita betreut.
- Die Kinder werden ein- bis zweimal wöchentlich für zwei bis drei Stunden von einer sozialpädagogischen Fachkraft betreut. Oftmals erfährt diese Fachkraft im wöchentlichen Wechsel Unterstützung durch ein Elternteil.
- Es handelt sich grundsätzlich um feste Gruppen von ca. zehn Kindern. Neuaufnahmen finden in aller Regel zum Sommer statt, wenn durch die Aufnahme von Kindern in die Kitas Plätze in den Spielgruppen frei werden.
- Die Spielgruppen treffen sich in Räumen von Familienbildungsstätten, in Veranstaltungsräumen von Kirchengemeinden oder in Privatwohnungen.
- Spielgruppen sind meist in privater, kirchlicher oder freier Trägerschaft und werden durch Elternbeiträge finanziert.

Das zentrale Motiv, mit dem Kind eine Spielgruppe zu besuchen – besonders für junge Familien und Alleinerziehende – ist die Überwindung der eigenen Isolation, die in der heutigen Zeit sehr häufig durch mangelnde Kontakte entstehen kann.

In einer Spielgruppe haben die Kinder schon sehr früh die Möglichkeit, Kontakte mit Gleichaltrigen zu knüpfen und soziale Regeln einzuüben. Sie lernen unter dem Schutz der Bezugspersonen, erste Konflikte auszutragen. Den Erwachsenen bietet die Spielgruppe die Möglichkeit, andere Eltern in ähnlicher Situation kennenzulernen und Erfahrungen auszutauschen. Sie erhalten professionelle Hilfestellungen in pädagogischen Fragen, Spielanregungen und Vorschläge für Freizeitbeschäftigungen mit ihren Kindern, die das eigene erzieherische Handeln erleichtern.

Das Spiel in einer Spielgruppe unterscheidet sich deutlich vom Spiel in der Kita. Das junge Alter, die geringen Sozialerfahrungen, mangelndes Regelverständnis sowie die ständige Gegenwart und subjektive Emotionalität der Bezugspersonen beeinflussen das Spielverhalten der Kinder erheblich. Andererseits gibt die vertraute Anwesenheit der Bezugspersonen den noch sehr jungen Kindern die notwendige Sicherheit für ihre ersten Spielkontakte. Daher ist es sinnvoll, vor dem ersten Spielgruppen-Treff „Spielregeln" aufzustellen, um Anhaltspunkte für den Umgang mit den Kindern, aber auch unter den Erwachsenen zu bekommen. So kann vereinbart werden, dass Eltern sich nicht in die Auseinandersetzungen ihrer Kinder einmischen.

Da Kinder sich besonders in den ersten Lebensjahren rasant entwickeln, ihre Bedürfnisse, Interessen und Fähigkeiten sich ständig verändern, ist es hilfreich und empfehlenswert, in den Spielgruppen fortlaufend Protokolle anzufertigen, die bei den folgenden Spielgruppen-Planungen zu berücksichtigen sind.

Vertiefungsaufgaben

1. Betrachten Sie das Foto auf S. 210. Überlegen Sie, welchen Spielbedürfnissen das Kleinkind in einer Spielgruppe nachkommen kann.
2. Nehmen Sie Kontakt zu einer Spielgruppe in Ihrer Nähe auf, um dort zu hospitieren. Stellen Sie fest, ob es vereinbarte „Spielregeln" gibt. Wenn ja, welche? Welche „Spielregeln" wären Ihrer Meinung nach sinnvoll?
3. Fertigen Sie ein Spielgruppen-Protokoll an. Welche Spielverhaltensweisen konnten Sie beobachten?
4. Lernen Sie ein Kniereiter- oder ein einfaches Kreisspiel auswendig und stellen Sie es in Ihrer Lerngruppe vor.
5. Planen Sie den Ablauf eines Spielgruppen-Treffs (zehn Kinder im Alter von anderthalb bis zweieinhalb Jahren mit ihren Bezugspersonen, Zeit: zwei Stunden). Begründen Sie Ihre Spielauswahl.

Web

Spielgruppen-Protokoll

4.2.3 Das Spiel in der Tagespflege

Lernsituation: Spiellandschaft im Wohnzimmer

Gegen 08:00 Uhr sind alle fünf Kinder in der Tagespflegestelle und frühstücken. Da es draußen noch immer regnet, baut die Tagesmutter aus Sitzpolstern, Kissen und Decken im Wohnzimmer eine Spiellandschaft. Die fünf Kinder lieben es sehr, über Polster und Kissen zu hopsen, sich zu rollen oder unter die Decken zu kriechen. Nach einer Weile krabbelt Johann (1;0 J.) zum Wandspiegel und bleibt davor sitzen. Er betatscht sein Spiegelbild. Nuri (1;5 J.) hat den roten Ball mit den weißen Punkten unter einem Kissen entdeckt. Mit beiden Händen will sie ihn greifen. Doch in dem Moment springt Micha (2;8 J.) vorbei und tritt nach dem Ball. Ella zuckt zusammen und fängt laut an zu weinen. Micha lacht und läuft hinter dem Ball her. Johann schaut sich um und fängt ebenfalls an zu weinen. Nur die Zwillinge Ella und Matti (2;4 J.) toben noch weiter über die Polster.

Impulse zur Bearbeitung der Lernsituation:

- *Mit welchen Materialien spielen die Kinder? Beschreiben Sie die Spieltätigkeiten.*
- *Welche Spielbedürfnisse zeigen die einzelnen Kinder?*
- *Was wissen Sie über das Sozial- bzw. Spielverhalten von Kindern unter drei Jahren?*
- *Überlegen Sie, wie Sie auf die Spielsituation reagieren würden.*

„Das Kind berufstätiger Eltern wird in der Regel im Haus der Tagesmutter (selten Tagesvater) betreut. Oft betreut diese gleichzeitig noch weitere Tageskinder und, wenn vorhanden und im entsprechenden Alter, ihre eigenen Kinder. So entsteht eine familienähnliche Betreuungssituation. Meist liegt die Tagespflegestelle in der Nähe der elterlichen Wohnung. In besonderen Fällen können Tageskinder auch außerhalb des Hauses der Tagesmutter betreut werden, zum Beispiel in angemieteten Räumen oder auch im Haushalt ihrer Eltern. [...] Tagespflege ist besonders für Kinder unter einem und bis zu drei Jahren zu einer beliebten Betreuungsform geworden, weil sich viele Eltern wegen der familiären Atmosphäre für die Tagespflege entscheiden. Für manche Kinder von 3 Jahren bis zur Einschulung kann die Betreuungssituation im kleineren, überschaubareren Rahmen geeigneter als in einer Einrichtung sein. Wenn die Betreuungszeiten der Kindertageseinrichtung nicht ausreichen, kann die Kindertagespflege als Ergänzung oder auch als Alternative genutzt werden. Auch für Schulkinder ist Kindertagespflege eine gute Ergänzung, damit sie bei Unterrichtsausfall, spätem Schulbeginn und an Nachmittagen gut betreut werden.“

(Bundesministerium für Familie, Senioren, Frauen und Jugend (Hrsg.): Kurzprofil: Das zeichnet die Kindertagespflege aus, https://www.handbuch-kindertagespflege.de/1-wegweiser/11-was-leistet-kindertagespflege/kurzprofil-das-zeichnet-die-kindertagespflege-aus/ [31.08.2020])

Tagespflegestellen für Kinder unter drei Jahren zeichnen sich aus durch die kleine Gruppengröße, die familiäre Struktur und eine feste, verlässliche Bezugsperson sowie durch die zeitlich individuelle Flexibilität der Betreuungszeiten. Neben der Betreuung, körperlichen Versorgung und Pflege stehen Bindungsfähigkeit und die frühkindliche Bildung im Zentrum der Kindertagespflege. In der Kleingruppe knüpfen die Kleinkinder erste soziale Kontakte zu Gleichaltrigen, machen sie ihre eigenen Erfahrungen und erkunden auf kindlich-spielerische Weise ihre Umwelt.

Die ausreichend großen Wohnräume und Spielbereiche sind kindgemäß eingerichtet und erfüllen die Anforderungen an das Gruppen- und Einzelspiel des jeweiligen Alters. Verschiedene Spielbereiche bieten Gelegenheit für die kleinkindlichen Spiel- und Bewegungsaktivitäten. Denn Kleinkinder brauchen Räume, in denen sie ihrem Bewegungsbedürfnis entsprechend ausreichend nachkommen können. Ihre körperlichen Fähigkeiten entwickeln sie nur ungestört, wenn sie draußen oder drinnen, z. B. springen, auf-und absteigen, laufen und krabbeln und klettern können. Kleinkinder benötigen geeignete Spiel- und Beschäftigungsmaterialien zum Sichbewegen, für erste Sinneserfahrungen, zum Experimentieren und Konstruieren brauchen sie das Spielen und Erleben in der Natur, das kann der eigene Garten, der Wald oder die Parkanlage sein.

In der Wohnung der Tagespflegeperson ist ein separater Kinderschlafraum beziehungsweise Ruheraum genauso vorhanden wie eine Küche oder Teeküche und ein angemessener Sanitärbereich. Die kindgerechte Raumausstattung umfasst auch die Umsetzung von Sicherheits- und Unfallschutzmaßnahmen, z. B. Steckdosensicherungen, standfeste Möbel, rutschsicherer Fußboden.

Der kontinuierliche Tagesablauf verläuft nach bestimmten Ritualen, die den Kindern die Orientierung erleichtern. Nach der Begrüßung und freien Spielphase frühstückt die Gruppe gemeinsam. Danach erfolgt die Körperpflege wie das Zähneputzen, Händewaschen, der Windelwechsel oder Toilettengang. Je nach Wetterlage finden die nächste freie Spielphase oder die Spielangebote drinnen wie draußen statt, unterbrochen von einer Zwischenmahlzeit. Vor oder nach dem Mittagessen erfolgt wieder die Körperpflege, ebenso nach dem Mittagsschlaf. Bis zur Abholung und Verabschiedung können die Kinder frei spielen, zwischendurch erhalten sie noch eine Zwischenmahlzeit am Nachmittag.

Grundlegende Informationen und Tipps zur Kindertagespflege siehe auch: https://www.handbuch-kindertagespflege.de/1-wegweiser/.

Vertiefungsaufgaben

1. Erkunden Sie, wo es in Ihrer Nähe eine Kindertagespflegestelle gibt. Organisieren Sie ein Interview mit einer Tagespflegeperson. Entwickeln Sie dazu in der Lerngruppe einen aussagekräftigen Fragebogen.
2. Hospitieren Sie einen Tag in einer Tagespflegestelle.
   - Beschreiben Sie die Kindergruppe.
   - Erstellen Sie ein Protokoll über die Spieltätigkeiten der Kinder.
   - Erfassen Sie das Spielmaterial.
   - Fertigen Sie eine Skizze des Spielraumes an.
   - Vergleichen Sie in der Lerngruppe die Ergebnisse.
3. Erstellen Sie eine Liste mit geeigneten Liedern und Fingerspielen für Kleinkinder. Wählen Sie ein Lied oder Fingerspiel aus, singen und spielen Sie es mit den Kindern. Was können Sie beobachten?

Web
Lieder und Fingerspiele für Kleinkinder

4.2.4 Das Spiel in der Kindertageseinrichtung

Lernsituation: Julias Erlebnisse in der U3-Gruppe

Julia (2;1 J.) besucht seit elf Monaten eine U3-Gruppe in einer Tageseinrichtung für Kinder. Zur Gruppe gehören zehn Kinder, sieben unter drei Jahre alt und drei Säuglinge. Wenn Julia morgens nach halb acht von ihrer Mutter in die Gruppe gebracht wird, sind meist erst zwei ältere Kinder und eine Erzieherin anwesend. Julia hat manchmal Schwierigkeiten mit dem Abschied von der Mutter. Dann nimmt die Erzieherin Julia auf den Arm, und sie begleiten die Mutter zur Tür. Zunächst sitzt Julia meist ganz ruhig im Gruppenraum, z. B. in der Bilderbuchecke.

Sie beobachtet gerne die Fische im Aquarium. Allmählich wird sie dann immer munterer und spielt manchmal mit Marlene und Johann in der Puppenecke „Familie“. Sie sitzt aber auch am Tisch und puzzelt, malt mit Fingerfarben oder saust mit dem Rutschauto den langen Flur entlang. Mitunter nimmt die Erzieherin einige Kinder mit zum Einkaufen, auch Julia darf ab und zu mitgehen. Sie hilft sogar schon beim Tischdecken, schaut beim Füttern der Babys zu, matscht draußen mit Sand und Wasser und beteiligt sich mitunter, wenn alle im Kreis singen und spielen.

Da Julia täglich fast neun Stunden in der Einrichtung verbringt und es in der Gruppe manchmal doch recht laut und hektisch zugeht, genießt sie auch sehr die ruhigen Abschnitte im Tagesablauf: von Frau M., Julias „Lieblingserzieherin“, gewickelt werden, dabei an lustigen Fingerspielen Spaß haben, gemütlich mit den anderen Kindern essen, in der Kuschelecke liegen und einer kleinen Geschichte lauschen. Nach dem Mittagessen schläft Julia. Ihr Bett hat einen Himmel und ist für sie wie ein behagliches Nest. Wenn die Mutter kurz nach 16:00 Uhr kommt, spielt sie noch eine Weile mit Julia in der Gruppe und spricht mit der Erzieherin über den Verlauf des Tages.

Web

Spiel in einer altersgemischten Gruppe

Impulse zur Bearbeitung der Lernsituation:

- ***Lesen Sie den Tagesablauf von Julia. Beschreiben Sie Julias Bedürfnisse und ihr Spielverhalten.***
- ***Wie könnten Sie Julias Spiel fördern? Erläutern und begründen Sie Ihre Vorschläge.***

„Kinder sind unsere Zukunft. Deswegen gehören gute Kinderbetreuung und frühe Bildung für alle Kinder zu den wichtigsten Zukunftsaufgaben in Deutschland. Mit dem Gute-KiTa-Gesetz unterstützt der Bund die Länder bei der Verbesserung der Kita-Qualität. Dabei entscheiden die 16 Länder selbst, welche Maßnahmen sie vor Ort ergreifen."

(Bundesministerium für Familie, Senioren, Frauen und Jugend (Hrsg.): Kinderbetreuung, https://www.bmfsfj.de/bmfsfj/themen/familie/kinderbetreuung [31.08.2020].)

Im Kinderbildungsgesetz Nordrhein-Westfalen wird unter §15 die Förderung der frühkindlichen Bildung in Kindertageseinrichtungen ausdrücklich angesprochen:

§

(1) Bildung ist die aktive Auseinandersetzung des Kindes mit seiner Umgebung auf der Grundlage seiner bisherigen Lebenserfahrung. Sie ist ein konstruktiver Prozess, bei dem Selbstbildung durch unmittelbare Wahrnehmung und aktives, experimentierendes Handeln einerseits und Einfluss der Umgebung andererseits im wechselseitigen Verhältnis zueinander stehen. [...]

(2) Die Kindertageseinrichtungen und die Kindertagespflege gestalten ihre Bildungsangebote so, dass die individuellen Belange und die unterschiedlichen Lebenslagen der Kinder und ihrer Familien Berücksichtigung finden. [...] Das Personal beachtet dabei, dass verlässliche Bindung, Vertrauen und emotionale Sicherheit den Bildungsprozess des Kindes besonders unterstützen.

(3) Die Kindertageseinrichtungen und die Kindertagespflege bieten auf Basis der Eigenaktivität des Kindes und orientiert an seinem Alltag vielfältige Bildungsmöglichkeiten, die die motorische, sensorische, emotionale, ästhetische, kognitive, kreative, soziale und sprachliche Entwicklung des Kindes ganzheitlich fördern und die Begegnung und Auseinandersetzung mit anderen Menschen einschließen. Wesentlicher Ausgangspunkt für die Gestaltung der pädagogischen Arbeit sind die Stärken, Interessen und Bedürfnisse des Kindes.

Zusätzliche Informationen sind im Netz unter www.kita.nrw.de zu finden.

Die unterschiedlichen Bedürfnisse und Interessen der Kinder in Kindertageseinrichtungen erfordern eine differenzierte pädagogische Arbeit, die unter anderem durch ein wohnlich gestaltetes Raumkonzept unterstützt werden kann.

Da jüngere Kinder noch längere Ruhephasen brauchen, kann z. B. ein Entspannungsraum eingerichtet werden.

Das Bewegungsbedürfnis aller Kinder kann einerseits durch Krabbel- und Tobeecken mit Kissen und Polstern besonders für die Jüngeren befriedigt werden, während die größeren Kinder einen Bewegungsraum aufsuchen. Aber auch zu Bewegung anregendes Spielmaterial, wie z. B. robuste Fahrzeuge die das Kind schieben, ziehen, beladen und in die es sich hineinsetzen kann, Rollbretter und Hüpfbälle, tragen dazu bei, unterschiedliche Fähigkeiten zu berücksichtigen.

Jüngere Kinder können das Spiel der Älteren beobachten und sich zeitweise in die Spielgemeinschaft einbringen. Die älteren Kinder müssen aber auch die Möglichkeit haben, ihren Spielinteressen ungestört nachzugehen.

Ein strukturierter Tagesablauf, der die Interessen und Bedürfnisse der unterschiedlichen Altersgruppen aufgreift, trägt zusätzlich zu einer entspannten Spiel- und Gruppenatmosphäre bei. So kann ein Spielkreis mit Fingerspielen, einfachen Spielliedern und Kreisspielen nur für die jüngeren Kinder angeboten werden. Durch ihre Nachahmungsfähigkeit sind sie bereits in der Lage, bei Kreisspielen aktiv mitzumachen. Sie lassen sich von der Mitmach-Wirkung dieser Spiele anstecken, imitieren sie und werden dadurch von den anderen in die Gemeinschaft aufgenommen.

Jüngere Kinder brauchen vorzugsweise die Erzieherin als Bezugsperson und Spielpartnerin mehr als die älteren Kinder. Sie geht auf die Spielwünsche und individuellen Bedürfnisse ein, berücksichtigt die entwicklungsbedingten Fähigkeiten und versucht, die Kinder behutsam in Spielgemeinschaften mit anderen zu integrieren. Die Erzieherin übernimmt bei den jüngeren Kindern auch die notwendige Körperpflege und unterstützt die Nahrungsaufnahme, wobei Finger- und Körperspiele, Reime und Lieder entstehende Wartezeiten überbrücken helfen und eine vertraute Geborgenheit vermitteln. Ältere Kinder helfen erfahrungsgemäß sehr gerne bei diesen Tätigkeiten, wodurch die Fähigkeit, sich in andere hineinzuversetzen (Empathie) und soziales Handeln eingeübt werden können.

Vertiefungsaufgaben

1. **Entwickeln Sie mit bildnerischen Mitteln ein Raumkonzept für eine U3-Gruppe. Berücksichtigen Sie dabei die unterschiedlichen (Spiel-)Bedürfnisse. Stellen Sie das Raumkonzept anschließend Ihrer Lerngruppe vor.**
2. **Lernen Sie ein Fingerspiel auswendig und stellen Sie es in Ihrer Lerngruppe vor.**
3. **Gestalten Sie einen Spielkreis für 2- bis 3-jährige Kinder. Begründen Sie Ihre Spielauswahl, die Reihenfolge und den Zeitrahmen.**

Spielkonzepte für Kita-Kinder

Die meisten Kinder zwischen drei und sechs Jahren besuchen eine Kindertageseinrichtung (Kita). Jede Kita arbeitet nach einem bestimmten pädagogischen Konzept und folglich vollzieht sich auch das Spiel der Kinder nach festgelegten inhaltlichen Überzeugungen. Die nachfolgenden, hier sehr reduziert vorgestellten Spielkonzepte leiten sich aus verbreiteten und aktuellen Kita-Konzeptionen ab. Eine weitergehende, vertiefende Auseinandersetzung erfolgt an anderer Stelle der sozialpädagogischen Ausbildung oder im Selbststudium.

Web

Merkmale institutionalisierter Kita-Spielkonzepte

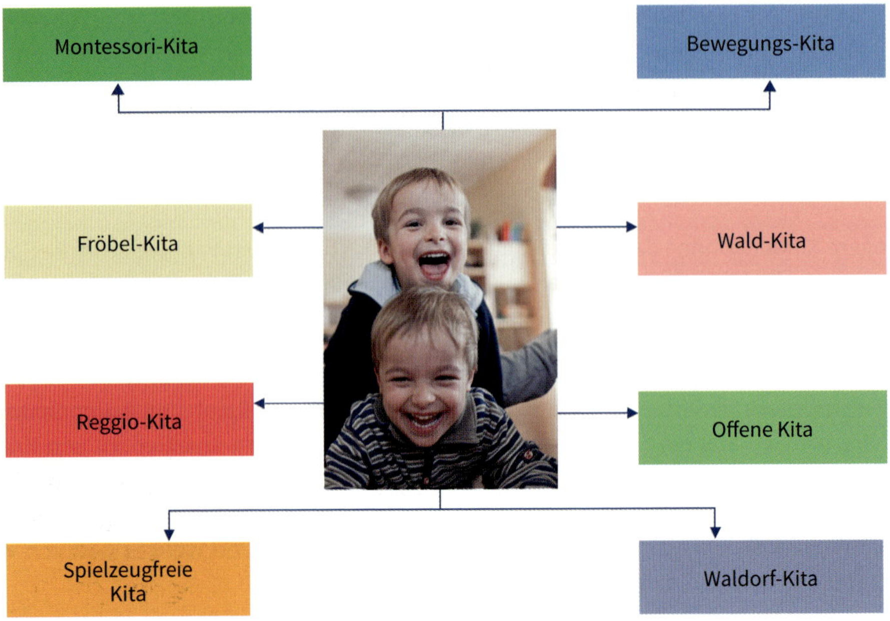

4.2.5 Spiel in der spielzeugfreien Kita

Lernsituation: Das Spielzeug macht Urlaub

Daniel (5;11 J.) kommt mittags ganz aufgeregt aus der Kita nach Hause: „Stell dir mal vor, Frau Meier hat gesagt, dass unser Spielzeug in der Kita Urlaub machen soll, ganz lange. Alle Eltern sind einverstanden. Ihr auch? Wir packen morgen alles ein und stellen es dann in den Keller. Das wird bestimmt ganz toll."

Nach dem Mittagessen fragt Daniel dann nachdenklich seine große Schwester, sie geht schon zur Schule: „Und womit spielen wir, wenn das Spielzeug Urlaub macht?"

Impulse zur Bearbeitung der Lernsituation:

- *Mit welchen Gedanken beschäftigt sich das Kind bezüglich der bevorstehenden Spielsituation?*
- *Wie können sich Kinder ohne vorgefertigtes Spielzeug beschäftigen?*
- *Welche Chancen oder Möglichkeiten eröffnen sich in der Situation?*

Zu den beliebtesten Konsumgütern von Kindern zählt das Spielzeug. Spielzeug regt Kinder zu Tätigkeiten und Fantasien an – ist aber oft im Überfluss vorhanden. Bezogen auf die Fülle der Angebote, die teilweise aufkommende Langeweile – trotz oder gerade wegen des Überflusses – geht es im Konzept „spielzeugfreie Kita" darum, wieder Spielraum zu schaffen für Fantasie und Kreativität und damit auch für Selbstbestätigung und Selbstbewusstsein.

Der Grundgedanke einer spielzeugfreien Kita

Der Grundgedanke, in der Kita für einen gewissen Zeitraum das vorhandene Spielzeug zu reduzieren bzw. phasenweise ganz darauf zu verzichten, begründet sich durch die vorhandenen vielfältigen Konsumgüter (Spielzeug) und die Fülle an Freizeitangeboten, denen die Kinder ständig ausgesetzt sind. Viele Kinder erleben schon sehr früh, dass unbefriedigte Bedürfnisse und Frustrationen mit dem Kauf von Spielzeug kompensiert werden.

Einerseits versucht die Kindertageseinrichtung, die Kinder zu befähigen, eine sinnvolle Auswahl der verschiedenen Angebote zu treffen; andererseits eröffnet das Konzept „spielzeugfreie Kita" Kindern neue Erfahrungswelten. Ohne Konsumzwang und Angebotsfülle, jedoch mit großem Zeit- und Spielraum ergeben sich Gelegenheiten für die Entdeckung eigener Möglichkeiten. Andere Konzeptionen (z. B. situationsorientierter Ansatz, Montessori-Pädagogik) orientieren sich ebenfalls an dieser Zielsetzung.

Kinder stark machen – Suchtvorbeugung in der Kita" lautet der Slogan der Bundeszentrale für gesundheitliche Aufklärung, die die Durchführung des Projektes „spielzeugfreie Kita" unterstützt. Eine wissenschaftliche Begleitstudie belegt dabei positive Effekte der präventiven Grundkonzeption. Die beteiligten Kinder nutzen sowohl ihre Fantasie und Kreativität als auch den ungewohnten Freiraum und setzen sich mit den eigenen Bedürfnissen und Frustrationen auseinander. Solchermaßen erworbenes Selbstbewusstsein gibt Sicherheit, verhindert Abhängigkeiten und beugt Süchten vor (vgl. Winner, 1996, S. 9 ff.).

„Durch die Herausnahme des Spielzeugs, das Wegfallen der Angebote und vorstrukturierten Lösungen durch die Erzieherinnen – so die Idee, die sich entwickelte – konnte eine Situation geschaffen werden, in der die Kinder durch die entstandene Leere auf sich selbst, ihre Ideen, Fantasie, Bedürfnisse, Wünsche, Stärken und Schwächen zurückgeworfen wurden."
(Strick 1998, S. 88)

Das Projekt richtet sich nicht gegen Spielzeug, sondern die Herausnahme des Spielzeugs und das Wegfallen der Angebote ist eine Methode, um in einem begrenzten Zeitraum eine Situation zu schaffen, in der Kinder ihre Lebenskompetenzen erproben und entwickeln können.

Zeit ohne Spielzeug

Nach einer Vorbereitungsphase wird gemeinsam mit den Kindern alles vorhandene Spielzeug und Bastelmaterial für den Zeitraum von drei Monaten aus allen Gruppenräumen entfernt. Sonst übliche Bewegungsangebote werden ebenfalls nicht durchgeführt. Stattdessen werden alle gewohnten Spielecken und Räume von den Kindern neu erobert und mit neuen Spiel-ideen besetzt. Ersatzweise spielen die Kinder mit Möbeln, Decken, Kissen etc. oder gehen nach draußen und beschäftigen sich mit Sand, Erde, Steinen, Blättern oder Ästen. Sie beobachten und erforschen ihre alltägliche Umwelt, entdecken neue Rollenspielhandlungen und erfinden neue Regeln für gemeinsame Spiele. Wenn die Kinder danach fragen, erhalten sie Werkzeuge oder Materialien, die sie zur Realisierung ihrer Ideen benötigen, oder sie bringen diese von zu Hause mit.

Aufgaben der Erzieherinnen

Die Aufgabe der Erzieherinnen besteht im Wesentlichen darin, soziale Prozesse zu beobachten, zu protokollieren und die Kinder in ihrem Tun zu ermutigen. Mit dem Einverständnis der Kinder und der Eltern kann das Projektgeschehen mit der Videokamera begleitet werden. Ganz wichtig ist der Austausch mit den Eltern in Form von Gesprächen und vorherigen Informationsveranstaltungen. Darüber hinaus sollten sich Erzieherinnen wie auch Bezugspersonen der Kinder mit ihren persönlichen Lebensweisen auseinandersetzen und eigenes Suchtverhalten klären.

Vertiefungsaufgaben

1. **Betrachten Sie das Foto auf S. 217 und diskutieren Sie in der Lerngruppe die Aussage: „Das Spielzeug macht Urlaub ... und die Kinder werden kommunikativer.“**
2. **Was ist Sucht? Zur spielerischen Klärung bekommen alle Spielteilnehmer eine „Suchtkarte“ auf den Rücken geklebt. Mittels Befragung müssen sie nun herausfinden, welche Sucht sie haben, z. B. Eifersucht, Spielsucht, Esssucht u. a. m.**
3. **Welches sind Ihrer Meinung nach die wichtigsten Ursachen von (späterem) Suchtverhalten?**

   Bringen Sie die nachfolgend genannten Antworten in die für Sie richtige Reihenfolge (am wichtigsten: 1, am zweitwichtigsten: 2, etc.; verwenden Sie jede Zahl nur einmal):

   - **schlechter Freundeskreis**
   - **schlechte Familienverhältnisse**
   - **Vorbild der Eltern**
   - **Überforderung in Kita/Schule/Ausbildung/Beruf**
   - **Vorbild von Erziehern, Lehrern, anderen erwachsenen Bezugspersonen**
   - **fehlendes Selbstwertgefühl**
   - **Werbung**
   - **„süchtige“ Gesellschaft**
   - **schlechte Wohngegend**
   - **fehlende Informationen über die Gefahren der Suchtmittel**
4. **Vergleichen und diskutieren Sie die Ergebnisse in der Lerngruppe.**
5. **Diskutieren Sie in der Lerngruppe das Thema „Suchtprävention in der Kita.“**

4.2.6 Spiel in der Wald-Kita

> **Lernsituation: Ein Kindergarten ohne Dach und Wände**
>
> **„Frau Meier, wann gehen wir zum Spielen mal wieder in den Wald?", fragt Antonio (5;8 J.) die Erzieherin. „Wenn das Wetter endlich wieder besser wird, Antonio, bei dem vielen Regen sind wir ja sofort ganz nass." – „Meine Mama hat gesagt," entgegnet dieser darauf, „im Wald gibt es auch eine Kita. Aber die hat kein Dach, keine Türen und keine Wände. Kennst du die, Frau Meier? Was spielen denn die Kinder in der Wald-Kita? Die werden doch auch ganz nass."**
>
> *Impulse zur Bearbeitung der Lernsituation:*
>
> - ***Welchen Gedanken beschäftigen das Kind bezüglich der Äußerung der Erzieherin?***
> - ***Nehmen Sie Stellung zur Äußerung der Erzieherin.***
> - ***Welche Antwort(en) hätten Sie dem Kind gegeben?***

Im Wald ist das Spielmaterial auf das vorhandene Naturmaterial begrenzt. Es gibt weder speziell angefertigtes Spielzeug, noch ist es durch Spielvorgaben begrenzt. Dadurch werden beim Kind alle Sinne angeregt.

Kindertageseinrichtung unter freiem Himmel

Die Idee der Wald-Kita entstand in den 1970er-Jahren in Dänemark. Nachfolgende Konzepte setzen sich auch in Deutschland bis heute weiter fort. Die Wald-Kita ist eine Kita ohne Dach, Wände und Türen. Für extreme Witterungen steht eine Schutzhütte zur Verfügung. Die vorgefundene landschaftliche Umgebung ist der Spiel- und Beschäftigungsraum der Kinder.

Die Natur zum Anfassen ermöglicht Erfahrungen mit allen Sinnen. In der Kita unter freiem Himmel spielt sich alles im Wald ab. Die Kinder laufen, spielen und basteln dort, wie in einer anderen Kita auch. Es gibt kein festes Haus, denn die Kinder sind bei Wind und Wetter draußen.

Die Kinder verbringen in der Regel mit zwei Erzieherinnen täglich etwa vier Stunden in der Wald-Kita. Sie sind ausgerüstet mit wettergerechter Kleidung, einem kleinen Rucksack mit Proviantdose, Thermoskanne und kleiner Isomatte. Die Erzieherinnen führen meist in einem Handwagen noch Zusätzliches mit: Mobiltelefon, Verbandskasten, ein Bestimmungs- und Geschichtenbuch, Decken, Seile etc. Wie in der klassischen Regeleinrichtung können sich die Kinder am geregelten Tagesablauf mit seinen Elementen orientieren.

Spielraum Wald

In der Wald-Kita erleben die Kinder den Jahreskreislauf der Natur geradezu hautnah. Durch den direkten Kontakt lernen sie Pflanzen und Tiere intensiver kennen. Bei ihren vielfältigen Spielen mit Tannenzweigen, Stöckchen und Blättern entwickeln Kinder Fantasie und entdecken neue Spielmöglichkeiten. Der Wald ist eine Quelle für Spielabenteuer, er bietet Kindern den Raum zum Toben, Klettern, Balancieren, aber auch Gelegenheit, zur Ruhe zu kommen und Stille zu empfinden. Jedes Kind kann hier entsprechend seiner individuellen Bedürfnisse und Wünsche tätig werden. Die Vielfalt der motorischen Möglichkeiten und die Anregung aller Sinne ermöglichen ihm, seine Wahrnehmung auszubilden, Konzentration und Ausdauer zu entwickeln.

Die Wald-Kita bietet eine Alternative oder auch eine richtungsweisende Ergänzung zur klassischen Kita. Das Prinzip der Wald-Kitapädagogik ist das Spiel. Im Wald können Kinder ungehindert ihren natürlichen Bewegungsdrang ausleben, Fantasie und Kreativität werden durch die Vielfalt der Natur des Waldes angeregt und gefördert. Beim Spiel in freier Natur erleben Kinder selbst ihre Grenzen, erfahren ihre Entwicklungsfortschritte und üben sich im sozialen Verhalten.

Auswirkungen

Der tägliche Aufenthalt im Freien bewirkt, dass sich der Körper nach kurzer Gewöhnungszeit auf die unterschiedlichen Witterungsverhältnisse einstellt und das Immunsystem gestärkt wird. Erfahrungen der dänischen Wald-Kitas ergaben, dass Wald-Kita-Kinder widerstandsfähiger sind, weniger Probleme mit Allergien auftreten, dem Spiel- und Bewegungsbedürfnis der Kinder entsprochen wird und die Kinder sich austoben können.

„Durch den Besuch der Wald-Kita entwickeln Kinder eine natürlich gewachsene, liebevolle Beziehung zu ihrer Umwelt. Dies ist die beste Voraussetzung, als Erwachsener die Umwelt zu schützen und sich für diese aktiv einzusetzen."

(Wißmann-Handt, 1997, S. 26)

Andere Konzepte

Die positiven Auswirkungen der Wald-Kita-Pädagogik zeigen in der klassischen Kitapraxis immer stärker Konsequenzen. In Anlehnung an die reine Wald-Kita verbreiten sich weitere Konzepte zunehmend:

- In der integrativen/inklusiven Wald-Kita gehen die Gruppen turnusmäßig für einen bestimmten Zeitraum in den Wald.
- Im Projekt „Grüne Kita" werden die Außenanlagen unter Einbindung der Kinder in einen Nutzgarten umgewandelt.
- In der Freilandpädagogik sind die Aufenthaltsorte nicht nur auf den Wald beschränkt, sondern das unmittelbare Wohnumfeld der Kinder wird ganz bewusst einbezogen (vgl. Prokop, 1999, S. 34 ff.).
- In der Natur-Kita wird den elementaren Spielräumen der Kinder – Gruben, Gräben, Sand – neben der Natur- und Umwelterfahrung besonders entsprochen.

Unter der https://www.waldkindergaerten-nrw.de erhalten Sie weitere aktuelle Informationen zu Wald-Kitas in Nordrhein-Westfalen.

Vertiefungsaufgaben

1. Betrachten und erörtern Sie das Foto auf S. 219. Stellen Sie die besonderen Erfahrungen und Sinneswahrnehmungen, die im Wald möglich sind, dar.
2. Führen Sie mit Ihrer Lerngruppe eine Waldrallye durch.

   Beispiele für Rallye-Aufgaben:

   - Wie heißen die bekanntesten einheimischen Nadelbäume?
   - Welcher Nadelbaum hat die längsten Nadeln?
   - Sammeln Sie fünf verschiedene Pflanzen, die Sie mit Namen kennen.
   - Was ist richtig, Lärche oder Lerche?
   - Nennen Sie fünf verschiedene Pilzarten, die Sie in heimischen Wäldern/Wiesen finden können.
   - Finden Sie so viele Lieder wie möglich, in denen der Wald vorkommt (in der Abschlussrunde singen).
   - Welche Geräusche hören Sie im Wald? Wer verursacht sie?
   - Nennen Sie fünf heimische Vogelarten. Wo nisten sie?
   - Was sind Zugvögel?
   - Nennen Sie einheimische Pflanzen und einheimische Tiere, die im Gleichgewicht mit der Natur leben, ihr eigenes Ökosystem schaffen, und verdeutlichen Sie die Nahrungskette.
   - Ist der Stamm der Buche rau oder glatt?
   - Befestigen Sie eine Papprolle und gestalten Sie in den Blickausschnitt eine „kleine Welt“ aus Naturmaterialien. Erfinden Sie zu Ihrer Miniaturwelt eine Geschichte.
3. Planen Sie für Ihre Kitagruppe eine geeignete Waldrallye.
4. Überlegen Sie Bewegungsspiele oder Sinnesspiele, die Sie mit Kindern im Wald oder auf der Wiese ausführen. Reflektieren Sie in der Lerngruppe Ihre Erfahrungen.
5. Erfinden Sie eine geeignete Bewegungsgeschichte für den Wald, die Wiese o. Ä.
6. Stellen Sie gemeinsam mit Kindern ein Zuordnungsspiel aus Naturmaterialien her.
7. Erkundigen Sie sich beim örtlichen Jugendamt, wo sich die nächste Wald-Kita befindet. Nehmen Sie Kontakt auf und planen Sie eine Hospitation mit Ihrer Lerngruppe.
8. Erfassen bzw. markieren Sie in Ihrer Spielkartei solche Spiele, die dem Konzept Wald-Kita entsprechen.

4.2.7 Spiel in der offenen Kita

Lernsituation: Wo ich heute spielen möchte

Wie jeden Vormittag findet in der Eingangshalle der Morgenkreis statt. Zuerst singen alle gemeinsam das Begrüßungslied und dann stellt ein Erwachsener vor, was die Kinder heute in den Räumen Besonderes machen können. Im Kreativraum kann heute mit Wasserfarbe und Schwämmen gedruckt werden, im Bewegungsraum ist wieder die beliebte Bewegungslandschaft aufgebaut, im Lesezimmer liegen Bilderbücher zum Thema Ostern und im Rollenspielbereich steht noch der Schminktisch vom Vortag, in der Cafeteria schließlich kann sich jeder zu seinem Frühstück ein Müsli zubereiten. Außerdem findet später noch in jeder Gruppe die Blitzrunde statt.

Impulse zur Bearbeitung der Lernsituation:

- ***Welche Spielbereiche werden in der beschriebenen Situation aufgeführt?***
- ***Welche Vorteile oder Nachteile hat es für die Kinder, wenn sie ihren Spielbereich täglich selbst bestimmen können?***

In der offenen Kita gehören regelmäßige Besprechungen, z. B. in einer sogenannten „Blitzrunde", zur Tagesordnung. Hier werden Spielvorhaben geplant, besondere Ereignisse besprochen, kleinere oder große Probleme diskutiert. Mithilfe eines Sprechsteins kommt jeder zu Wort.

Schneller gesellschaftlicher Wandel beeinflusst auch die pädagogischen Inhalte und Konzepte der Kindertageseinrichtungen und bestimmt somit auch die Arbeitsplatzbedingungen sozialpädagogischer Fachkräfte. Als Reaktion auf gesellschaftliche Veränderungen entstanden Mitte der 1980er-Jahre auf der Grundlage des situationsbezogenen Ansatzes neue Schlagworte wie „offene Kita" oder „offene Arbeit in der Kita".

Umorientierung der Kitapädagogik

Offene Kita bedeutet nicht, dass den Kindern alle Räume uneingeschränkt zur freien Verfügung stehen und sie hier völlig unbegrenzt tun können, was sie möchten. Hinter dem Begriff verbergen sich die Umorientierung konzeptioneller Handlungsrahmen sowie geänderte Strukturen aktueller Kitapädagogik; die freien Spielräume der Kinder sollen erweitert werden. Innerhalb gemeinsam getroffener Vereinbarungen und Handlungsregeln können Kinder frei entscheiden, auf welche Weise sie ihren Spiel- und Bewegungsbedürfnissen nachkommen.

Die offene Kita soll Lebens- und Erfahrungsraum sein, in dem behinderte und nicht behinderte, chronisch kranke und gesunde, hochbegabte und entwicklungsverzögerte, ausländische und deutsche Kinder miteinander spielen und lernen (vgl. Büchsenschütz/Regel, 1991, S. 16 f.). Die Kinder sollen lernen, vermehrt eigene Entscheidungen zu treffen, sei es durch die Wahl der Spielpartner, des Raumes, der Beschäftigung oder der Erzieherin.

Strukturelemente

Fünf Strukturelemente bewirken offene Kita-Arbeit und sollten als Grundhaltungen vorhanden sein (vgl. Regel, 1992, S. 36 ff.):

- Das zugrunde liegende Menschenbild
  Das Kind wird als Akteur seiner Entwicklung gesehen und nicht als Produkt seiner Umwelt. Die Erwachsenen verstehen sich nicht in der Rolle der „Macher", sondern

die Entwicklung vollzieht sich durch schöpferische Aktivität und handelnde Auseinandersetzung mit der dinglichen und sozialen Umwelt (vgl. Regel, 1997, S. 6 ff.).
- Orientierung an den Bedürfnissen der Kinder
  Die Bedürfnisorientierung ergibt sich aus dem zugrunde liegenden Menschenbild, wobei Angebote und Hilfestellungen an den Interessen und Stärken der Kinder ausgerichtet werden.
- Methodenkonzept der Handlungsforschung
  Planung, Gestaltung und Handeln der Kita-Arbeit werden durch stetige Reflexionen begleitet.
- Psychomotorik
  Die Förderung ist ganzheitlich, d. h., alle Sinne und Entwicklungsbereiche werden einbezogen. Mit Unterstützung geeigneter Spiel- und Bewegungsangebote können eingeschränkte Bewegungserfahrungen der Kinder ausgeglichen werden.
- Rolle des Personals
  Alle Mitarbeiter der Einrichtung bilden ein verlässliches Gesamtteam und haben für alle Arbeitsgebiete klar umrissene Zuständigkeiten.

Das Konzept der offenen Kita bietet einen Handlungsrahmen, in dem Kinder die für ihre Entwicklung wichtigen Erfahrungen sammeln können. Angestrebt wird eine vom Kind ausgehende, situationsorientierte Arbeit und eine ganzheitliche Erziehung in einer Umgebung, die den Kindern vielseitige Wahrnehmungs-, Erlebnis- sowie Entwicklungsmöglichkeiten bietet. Gemeinsam erarbeitete einrichtungsspezifische Strukturen, wie z. B. Öffnungszeiten, Tagesablauf, Raumnutzung/-gestaltung, bieten Kindern, Erzieherinnen und Eltern klare Orientierungspunkte.

Organisatorische Voraussetzungen

Es gibt nicht *die eine* Form der offenen Arbeit und nicht *die* offene Kita, sondern offene Konzepte mit vielen Gesichtern (vgl. Regel, 1997, S. 6 ff.). Erst auf der Grundlage charakteristischer organisatorischer Voraussetzungen kann „offene" Arbeit praktiziert werden. Die offene Arbeit muss dem jeweiligen Einrichtungstyp – Kindergarten, Kindertagesstätte oder altersgemischte Gruppen – angepasst werden.

Raumaufteilung

Die bisherigen Gruppenräume werden in Spiel- oder Erfahrungsräume mit entsprechender Ausstattung umgewandelt. In Übereinstimmung mit den zentralen kindlichen Entwicklungsbedürfnissen werden primär eingerichtet:

- ein Bewegungsraum
- ein Raum für Rollenspiele
- ein Kreativraum
- eine Ruhezone
- eine Cafeteria (Frühstücksraum)

Stehen weitere Räumlichkeiten wie Flure und Nebenräume zur Verfügung, werden diese je nach aktuellen Spielinteressen der Kinder gemeinsam hergerichtet.

Tagesablauf

Ähnlich wie in traditionellen Kita-Konzepten gibt es wiederkehrende Elemente im Tagesablauf:

- In der freien Spielphase entscheiden die Kinder, wo, womit, was, mit wem und wie lange sie spielen möchten.
- Während dieser Phase verabreden die Erzieherinnen – in gebotener Kürze – die aktuellen Angebote, welche sich immer aus der Lebenssituation, aus den Beobachtungen der Kinder oder von Aktivitäten des Vortages ableiten lassen.
- In dieser freien Phase kann das Kind frühstücken.
- Zu einer bestimmten Zeit oder auf ein verabredetes Zeichen hin treffen sich alle Kinder mit ihrer Erzieherin in ihrer Stammgruppe zu der sogenannten „Blitzrunde". Hier werden alle Anwesenden begrüßt, Neuigkeiten ausgetauscht, festgestellt, wer fehlt, über die anstehenden Angebote informiert und Wahlmöglichkeiten aufgezeigt.
- In der anschließenden Angebotsphase werden Gruppen übergreifend in Kleingruppen die vom Kind frei gewählten Aktivitäten durchgeführt.
- Bis zur Verabschiedungsphase können die Kinder wieder freispielen.

Stammgruppen

Regelmäßig und zu bestimmten Zeiten treffen sich die Kinder mit ihrer Erzieherin in ihrer Stammgruppe. In der übrigen Zeit sind die Gruppenstrukturen aufgelöst. Gerade für jüngere und neue Kinder bildet die Stammgruppe einen Treffpunkt und die notwendige Kontaktstelle für den sozial-emotionalen Austausch.

Äußere Bedingungen und Qualitätsanforderungen unterliegen einem ständigen Wandel. Damit man den kindlichen Entwicklungsbedürfnissen in der Zukunft weiter gerecht werden kann, müssen die bestehenden Konzepte überprüft, ergänzt und gegebenenfalls geändert werden. Praktizierte offene Kita-Arbeit lebt von der Flexibilität und der Mitwirkung aller Beteiligten: Fachkräfte, Kinder und Eltern.

Vertiefungsaufgaben

1. **Betrachten Sie das Foto auf S. 222. Überlegen Sie Themen aus dem Spielalltag des Kindes, die in einer Blitzrunde besprochen werden können.**
2. **Malen oder gestalten Sie: „Mein Bild vom Kind."**
3. **Diskutieren Sie die Aussage in Ihrer Lerngruppe: „Das Kind ist Akteur seiner Entwicklung und nicht das Produkt seiner Umwelt!"**
4. **Hospitieren Sie in einer Kita, die nach dem Prinzip der offenen Kita arbeitet. Reflektieren Sie Ihre Beobachtungen mit den zuständigen Erzieherinnen.**
   - **Beobachten Sie ein Kind und begleiten Sie es durch den Vormittag. Protokollieren Sie seine freien Spieltätigkeiten.**
   - **Verbringen Sie einen Vormittag im Bewegungsraum. Protokollieren Sie die Spielaktionen der Kinder, z. B.**
     - **Anzahl/Alter/Geschlecht/Aufenthalt/Dauer,**
     - **Spielinhalte/Spielthemen/Spielideen,**

- Spielpartner/Sozialverhalten,
- psychomotorische Fähigkeiten.

- Protokollieren Sie eine „Blitzrunde“.
- Welches Spielmaterial/welcher Spielraum wird zurzeit von den Kindern favorisiert? Ermitteln Sie mögliche Gründe.
- Welchen Spielraum bevorzugen *Sie*? Warum?
- Vergleichen Sie in Ihrer Lerngruppe die erworbenen Eindrücke und Erfahrungen.

5. Erkunden und erfassen Sie das Spielumfeld der Kita in der Sie Ihr Praktikum absolvieren.

4.2.8 Spiel in der Waldorf-Kita

Lernsituation: Zum Abschluss wird ein Märchen erzählt

Sara (5;11 J.) hat heute Besuch mit in die Kita gebracht, ihre Cousine Sina (6;3 J.). Sie wohnt in einer anderen Stadt und besucht dort eine Waldorf-Kita. Sina sagt, dass in ihrer Kita alles anders aussieht, im Gruppenraum gibt es viel mehr Tücher, in der Puppenecke gibt es selbst gefertigte Puppen aus Wolle, in der Bauecke sind nur Holzbausteine und im Werkraum können die Kinder hämmern und sägen. Sie wundert sich über die vielen bunten Plastikbausteine, die Puppen mit Stimme und den übervollen, unordentlichen Basteltisch. Als Sara mit Sina zum Frühstücken gehen will, wundert sich Sina, dass nicht alle gemeinsam frühstücken, ein Lied singen, und dass es keinen Vollkornbrei gibt. Bevor Sara und Sina am Mittag wieder nach Hause gehen, fragt Sina, ob die Gruppenleiterin den Kindern zum Abschluss des Vormittags kein Märchen erzählt.

Impulse zur Bearbeitung der Lernsituation:

- *Welche Unterschiede stellt das Mädchen zwischen den beiden Kitas fest?*
- *Welche Fragen haben Sie selber an die Konzeption der Waldorf-Kita?*

Ruhepunkt innerhalb einer im ganzen Raum verteilt spielenden Kindergruppe ist der tätige, Vorbild gebende Erwachsene. Vorbild und Nachahmung, Rhythmus und Wiederholung sind die Basis aller pädagogischen Bemühungen in der Waldorf-Kita.

Waldorf-Kitas und Waldorfschulen gibt es mittlerweile in vielen Ländern der Welt. Häufig entstehen sie durch Initiative der Eltern. Der erste Kindergarten wurde 1919 von dem Philosophen Rudolf Steiner (1861–1925) auf der Grundlage anthroposophischer Erkenntnis- und Entwicklungslehre gegründet.

Pädagogische Konzeption

Die Waldorfpädagogik orientiert sich an einem ganzheitlichen Menschenbild und vermittelt, dass die Entwicklung von Körper, Geist und Seele in einem bestimmten Rhythmus und in sieben aufeinander folgenden Stufen erfolgt. Das anthroposophische Bild vom Wesen des Kindes und die abgeleitete Entwicklungslehre führen aus, dass das Kita-Kind sich im ersten „Lebensjahrsiebt" befindet. Das ist die erste Entwicklungsstufe, in der kindliche Spieltätigkeiten im Wesentlichen aus Nachahmung äußerer Eindrücke und nachahmendem Gestalten der inneren Fantasie bestehen. Weitere Hinweise zum Thema Waldorfpädagogik findet man bei Freya Jaffke (Spielen und Arbeiten im Waldorfkindergarten, 1991), Johannes Kiersch (Die Waldorfpädagogik, 1997), Rudolf Steiner (Die Erziehung des Kindes vom Gesichtspunkt der Geisteswissenschaft, 1992). Aktuelle Informationen gibt es unter: https://www.waldorfkindergarten.de/startseite/.

Spielentwicklungsstufen

Spielentwicklung vollzieht sich nach dem Verständnis der Waldorfpädagogik durch Vorbild und Nachahmung, Rhythmus und Wiederholung in drei Stufen (vgl. Jaffke, 1996, S. 3 ff.):

- In der ersten Spielstufe (1–3 Jahre) bilden Bewegung und Imitation die zentralen Spielformen. Das Kind will alles begreifen und mittun, jedoch erfasst es die tiefere Bedeutung noch nicht.
- In der zweiten Spielstufe (3–5 Jahre) vertieft das Kind sein Spiel. Es will in dieser Altersstufe überwiegend reiche Spielanregungen, mit denen alle Sinne angesprochen werden.
- In der dritten Spielstufe (5–7 Jahre) will das Kind sich in seinem Spiel zielgerichteten Tätigkeiten hingeben, es möchte eigene Vorsätze und Neigungen verwirklichen.

Kindliche Spielhandlungen

„Im Spielen zeigt uns das Kind sein Wesen. Im Spiel erfährt und bildet es sich selbst, im Spiel erobert es seine Welt. Sein eigenes Dasein und die Außenwelt sind noch eine Einheit: Für alle Eindrücke ist es offen, dabei lebt es in seinem Spielen zugleich mit voller Hingabe an seine Umgebung. Alles Spielen wirkt deshalb auf das ganze Wesen des Kindes. Im Spiel bilden sich seine leiblichen Organe aus, in ihm werden die Fundamente für die Gesundheit, für seelische Empfänglichkeit, für Geistesgegenwart und für die Fähigkeit zum verantwortungsvollen Handeln gelegt. Was sich das Kind erspielen darf, wird zum Lebensvermögen des Erwachsenen. Sich dem Spielen des Kindes zuzuwenden und einen gesunden, dem Kinde entsprechenden Spielraum zu schaffen, ist die Aufgabe der frühkindlichen Erziehung und ein Hauptanliegen der Waldorf-Kita."

(IVW, 1999, S. 2 f.)

Bedingungen für erfülltes Spiel

Die Waldorf-Kita will einen gesund gestalteten Lebensraum und Lebensrhythmus schaffen. Erst wenn wichtige Bedingungen erfüllt sind, kann das Kind sich im Spiel verwirklichen. Das gilt für die Kita und das Elternhaus.

Wichtige Bedingungen für ein erfülltes Spiel sind:

- Vielfältige Möglichkeiten zu körperlicher Bewegung und Sinneswahrnehmung aus eigenem Willen und eigener Kraft, etwa wenn das Kind mit Gegenständen aus dem Haushalt die Arbeiten und Tätigkeiten der Erwachsenen nachahmt.
- Anregungen zum reichen Erleben im Spiel, um die erwachte Fantasie zu betätigen. Die dazu notwendigen Spielmaterialien werden in der Regel selbst hergestellt, bestehen aus natürlichen Rohstoffen und zeigen in ihrer Einfachheit eine besondere Ausdruckskraft, wie z. B. Puppen und Holzfiguren. Selbst gefärbte Tücher, Wolle und andere Naturmaterialien sensibilisieren die Sinneswahrnehmungen und regen zum Verkleiden, Bauen, Spielen in der Puppen- und Bauecke an (vgl. Retter, 1979, S. 155 ff.).
- Vorbilder für das Spiel des Kindes und sein eigenes Verhalten, da Anregungen und Spielimpulse jetzt verstärkt aus dem eigenen Vorstellungsbild kommen. So werden Situationen und Ereignisse vergangener Tage nun gezielt in Spielhandlungen nachgespielt.
- Verschiedene Spielräume im Haus und draußen.
- Der zeitliche Rhythmus, damit das Kind sich wohlfühlt und all seine Spielbedürfnisse entfalten kann (vgl. Jaffke, 1996, S. 3 ff.). Der Tages- und Wochenablauf umfasst dabei
  - das tägliche freie Spiel zu Beginn des Tages;
  - das gemeinsame Zubereiten und Verzehren des Frühstücks;
  - die künstlerischen Fähigkeiten wie Malen, Eurythmie, Plastizieren, Werken in regelmäßigen Rhythmen;
  - den täglichen Abschluss mit einem Fingerspiel, Märchen oder Handpuppenspiel.

Waldorf-Erzieherin

„Ruhender Pol und zugleich wichtigste Person inmitten einer im ganzen Raum verteilt spielenden Kinderschar ist der tätige, Vorbild gebende Erwachsene. An ihm lernen die Kinder – selbstverständlich ohne darüber zu reflektieren –, dass der Mensch verantwortlich ist für den Fortgang des täglichen Lebens und dass er dafür Sorge trägt. Zu seinen Aufgaben gehört auch alles, was er denkt und fühlt, seine Gesinnung. Diese offenbart sich in seinen Handlungen und in der Ausstrahlung seines Wesens."

(Jaffke, 1996, S. 3ff.)

Vertiefungsaufgaben

1. **Nehmen Sie Kontakt zu einer Waldorf-Kita auf und hospitieren Sie dort.[1] Vergleichen Sie Ihre Eindrücke mit denen aus der Regelkita.**
   Stellen Sie wesentliche Unterschiede gegenüber, wie Tagesablauf, Spielmaterial, angeleitete und freie Spielsituationen u. a. m.

[1] Eine Übersicht der Waldorf-Kitas kann bezogen werden unter www.waldorfkindergarten.de oder bei der Vereinigung der Waldorfkindergärten e. V., Le Quartier Hornbach 15, 67433 Neustadt a. d. Weinstraße.

2. Beschreiben Sie ein Spiel bzw. ein Spielmittel und stellen Sie es in Ihrer Lerngruppe vor. Was ist das für die Waldorfpädagogik Charakteristische, Typische des Spiels?
3. Setzen Sie sich unter Einbeziehung spezifischer Fachliteratur mit der Sichtweise anthroposophischer Spielentwicklung auseinander. Erstellen Sie eine Übersicht der drei Spielentwicklungsstufen.
4. Stellen Sie Ausbildungsinhalte und -methoden des Lernfeldes Spiel in der Fachschule für Sozialpädagogik und der Ausbildung zur Waldorf-Erzieherin gegenüber.

4.2.9 Spiel in der Montessori-Kita

Lernsituation: Carl arbeitet mit dem Knopfrahmen

Carl (4;5 J.) betritt den Gruppenraum. Er schaut sich um, die Spiel- und Arbeitsmaterialien befinden sich alle in offenen Regalen, sie sind nach verschiedenen Bereichen sortiert. Carl möchte sich alleine beschäftigen, er entscheidet sich für die Sprachmaterialien. Er stellt den Kasten mit den Buchstabenkarten auf ein Tablett, dazu Buntstifte und Schreibheft und geht an einen freien Tisch. Er nimmt die Buchstabenkarten seines Namens aus dem Kasten und legt sie in der Reihenfolge seines Vornamens. Dann schlägt er sein Schreibheft auf und malt die Buchstaben hinein, dazu benutzt er verschiedene Farben.

Als er damit fertig ist, bespricht er mit der Gruppenleiterin seine Arbeit und wendet sich nach dem Wegräumen des Sprachmaterials den Schleifen- und Knopfrahmen zu. Er öffnet die Knöpfe und versucht sie anschließend selbstständig zuzuknöpfen. Es gelingt ihm schon ganz gut.

Impulse zur Bearbeitung der Lernsituation:

- *Welchen Eindruck haben Sie von der Spieltätigkeit des Jungen?*
- *Welche Fragen haben Sie an die Konzeption der Montessori-Kita?*

Nach Maria Montessori hat das Kind ein Recht auf freie Spontaneität und Entfaltung. Ein Kind wird solches Material wählen, das ihm momentan für seine Entwicklung am wichtigsten ist. In dieser Freiheit lernt es, ist höchst motiviert und konzentriert.

Die Auseinandersetzung mit den Grundgedanken der Ärztin und Pädagogin Maria Montessori (1870–1952), ihren pädagogischen Zielsetzungen, ihrem Bild vom Kind sowie den speziellen Arbeitsprinzipien hat in den letzten Jahren verstärkt zugenommen. Maria Montessori gründete das erste Kinderhaus 1907 in Rom. Heute arbeiten viele Kinderhäuser, Kindergärten, integrative/inklusive Kindertageseinrichtungen, Schulen etc. in fast allen Ländern der Erde nach ihrem Konzept und viele

Regeleinrichtungen übernehmen Elemente dieser pädagogischen Ausrichtung. Die von Maria Montessori entworfenen Grundsätze werden in umgewandelter Form in aktuelle Kita-Konzeptionen umgesetzt.

Pädagogische Konzeption

Die Montessori-Pädagogik ist ein Erziehungsstil, der sich unmittelbar am Kind orientiert und konsequent die Bedürfnisse des Kindes berücksichtigt. Die Person des Kindes steht ganzheitlich im Mittelpunkt. Das Kind wird in seinem vielfältigen Selbstausdruck wahrgenommen. Von inneren Gesetzen geleitet, vollzieht sich seine Entwicklung durch sensomotorische, soziale und sprachliche Kompetenzerweiterung. Das Ziel der Montessori-Pädagogik ist die Ausformung eines selbstständigen und unabhängigen Menschen mit der Achtung vor Mensch, Tier und Pflanze sowie die Erziehung zum Frieden (= *kosmische Erziehung*). Für diese Erziehung, die im Kindesalter anfängt, trägt der Erwachsene die Verantwortung (vgl. Montessori, 1981, S. 287 ff.; Helmig, 1977, S. 16 ff.).

Prinzipien der Montessori-Pädagogik

Zusammengefasst lauten die Prinzipien der Montessori-Pädagogik:

- Das Kind wird in seiner Persönlichkeit geachtet und als ganzer, vollwertiger Mensch gesehen.
- Das Kind entwickelt seinen Willen, indem man ihm Raum für freie Entscheidungen gibt und ihm Hilfe beim selbstständigen Denken und Handeln anbietet.
- Das Kind folgt seinem eigenen Lernbedürfnis, wenn sich eine passende Gelegenheit ergibt. Kinder wollen nicht nur irgendwas lernen, sondern zu einem bestimmten Zeitpunkt etwas ganz Bestimmtes.
- Wenn man ihm Hilfestellung gibt, lernt das Kind Schwierigkeiten zu überwinden, statt ihnen auszuweichen.

Entwicklungsphasen

Maria Montessori gliedert die kindliche Entwicklung in drei Hauptphasen:

1. Die *Aufbauphase* (0–6 Jahre) unterteilt sich in die frühe Phase von 0–3 Jahre und wird charakterisiert durch die spezielle Geistesform, den „absorbierenden Geist", d. h., das Kind nimmt seine Umwelt unreflektiert und unbewusst auf. In der anschließenden Phase (4–6 Jahre) wird das Kind vom unbewussten Schöpfer zum bewussten Arbeiter. In der vorbereiteten Umgebung wird nun das von Maria Montessori entwickelte Material eingesetzt.
2. Die *Ausbauphase* (6–12 Jahre) umfasst die Schulzeit, die durch Auseinandersetzung mit der Umwelt, moralische Sensibilisierung und Entwicklung des Abstraktionsvermögens gekennzeichnet ist.
3. Die *Umbauphase* (12–13 Jahre) ist charakterisiert durch soziale Sensibilität, verbunden mit der Entwicklung bewusster Unabhängigkeit innerhalb des sozialen Beziehungsnetzes (vgl. Krause-Malecki, 2000).

Entwicklungsförderung

In der Montessori-Pädagogik hat das Kind ein Recht auf Spontaneität und freie Entfaltung. Der Entwicklungsprozess wird demzufolge mit folgenden Methoden gefördert:

- Das Arbeitsmaterial und die vorbereitete Umgebung sind auf die Bedürfnisse der Kinder abgestimmt und herausfordernd genug.
- Übungen des täglichen Lebens können die Kinder in der vorbereiteten Umgebung nachvollziehen und erlernen.
- In der *Freiarbeit*, dem Kernstück der Montessori-Pädagogik, wählen die Kinder nach eigenen Entscheidungen ihre Tätigkeit. Der Erzieher beobachtet und gibt evtl. Hilfen. Das Kind bestimmt seinen Arbeitsrhythmus und die Beschäftigungsdauer, ob es allein oder mit einem Partner arbeiten, spielen, lernen möchte.
- Jede Angebotsform findet in einem eigenen kleinen Bereich im Raum statt. Charakteristisch dafür sind eingerichtete Einzelarbeitsplätze für die zahlreichen Angebote.
- Bei Sport-, Gesellschaftsspielen und Singen/Singspielen erleben Kinder Gemeinschaft und soziale Erfahrung.
- Entsprechend dem Lernbedürfnis kann das Kind seine Beschäftigung selbst auswählen, wobei individuelle Angebote vorgeschlagen werden.

Montessori-Material

Montessori entwickelte spezielle Arbeitsmaterialien. Um diese optimal einzusetzen und zu benutzen, bedarf es einer speziellen Ausbildung. Sie sind kein Spielzeug, mit dem die Kinder gemeinsam spielen können, sondern werden von dem einzelnen Kind zu gegebener Zeit benutzt, damit es spezielle Funktionen entwickeln kann (siehe nachstehende Abbildungen). Das Montessori-Material ermöglicht dem Kind selbst eine Fehlerkontrolle.

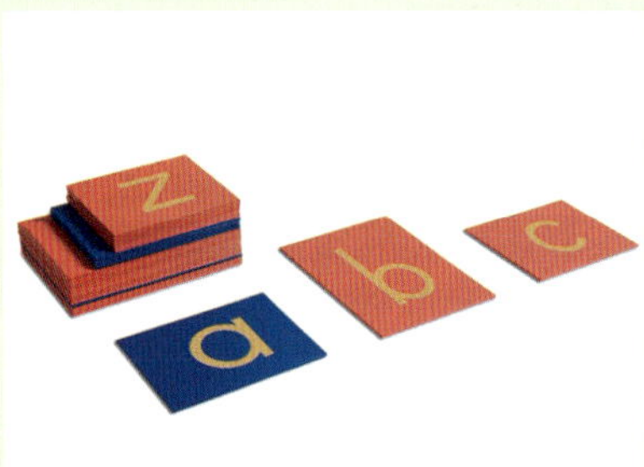

Sandpapierbuchstaben, die auf Holzbrettchen aufgeklebt sind (Konsonanten und Vokale auf verschiedenartigem Grund): Sie dienen zur Vorbereitung auf das Schreiben. Das Kind kann die Buchstaben mit dem Finger nachfahren und sie somit auch über die Motorik erfassen.

Die konstruktiven Dreiecke dienen zur Vorbereitung auf geometrische Formen.

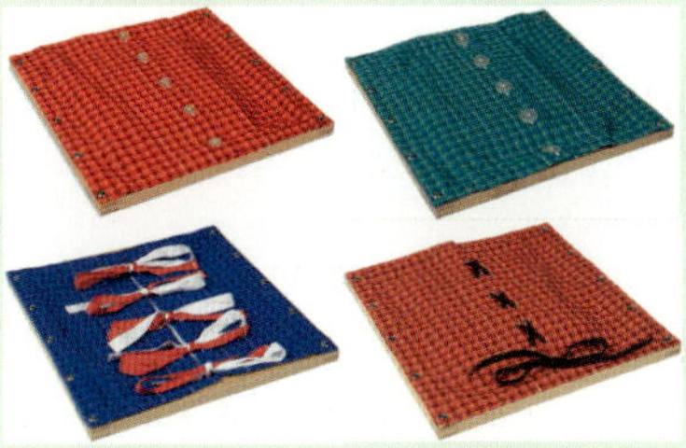

Die Rahmen dienen dazu, verschiedene Fähigkeiten zu üben, die im täglichen Leben ständig gebraucht werden.

Das goldfarbige Perlenmaterial wird zur Einführung der Kinder in das Dezimalsystem benutzt. Es lassen sich damit Längen, Flächen und Volumina veranschaulichen.

Dazu gehören:

- Übungen des täglichen Lebens mit geeignetem kindgerechten Material, in der Größe dem Kind angepasst (z. B. Schleifen binden, Knöpfe, Schnallen schließen, kochen, backen, fegen u. a. m.)
- Sinnesmaterial bestehend meist aus Holz oder Metall (z. B. Schachtel mit 64 Farbtafeln, Geräusch- und Wärmedosen, der rosa Turm, die braune Treppe, die Zylinderblocks u. a. m.).
- Mathematikmaterial/Sprachmaterial (hier handelt es sich im Wesentlichen um Material für das Schulkind)
- Material zur *kosmischen Erziehung* für die Sensibilisierung von Naturerfahrungen (Geografie- und Biologiematerial)

Material zu Übungen des täglichen Lebens und die Sinnesmaterialien sind geeignete Lernmaterialien für das Kita-Kind. Sie sind in Schränken und Regalen frei zugänglich. Die klare Einfachheit, Ordnung und Struktur des Materials (es steht auf Tabletts, das Kind beschäftigt sich damit auf einem kleinen Teppich) sowie die Aufteilung der scheinbar unübersichtlichen Übungen in einzelne Teilvorgänge verhelfen dem Kind, innere Ordnung und Orientierung zu finden. Außerdem ist die Anzahl des Materials begrenzt, weil ein Überangebot die Aufmerksamkeit beeinträchtigt und das Kind dabei lernt, geduldig zu warten. Gleichzeitig bekommt die Tätigkeit die Qualität des Einzigartigen (vgl. Helmig, 1977, S. 28 ff.).

Montessori-Erzieherin

Die Aufgabe der Erzieherin besteht im Wesentlichen darin, den Kindern eine Umgebung zu gestalten, in der sie sich frei entfalten können.

„Die Montessori-Erzieher [innen] verstehen sich als Helfer [innen] zur Entwicklung selb[st]ständiger Persönlichkeiten. Zur rechten Zeit sind ihre Worte und ihre Konsequenz gefragt. Sie sind sehr flexibel. Mit Geduld erklären sie den Gebrauch der Montessori-Materialien und unterstützen die Kinder damit umzugehen. Sie bringen das Kind auch in Beziehung zur Ordnung in ihrer Umgebung."

(IFAP: Die Montessori-Erzieher., http://www.montessori.de/montpaed.php [31.08.2020].)

Um diese Aufgaben erfüllen zu können, bedarf es einer Ausbildung in der Montessori-Pädagogik sowie einer Übereinstimmung mit den Standpunkten dieser Pädagogik.

Vertiefungsaufgaben

1. **Nehmen Sie Kontakt zu einer Montessori-Kita auf und hospitieren Sie dort. Vergleichen Sie Ihre Eindrücke mit der Regelkita. Stellen Sie wesentliche Unterschiede gegenüber, wie z. B. Tagesablauf, Spielmaterial, Spielweise, angeleitete und freie Spielsituationen u. a. m.**
2. **Setzen Sie sich unter Einbeziehung spezifischer Fachliteratur mit den Prinzipien der Montessori-Pädagogik auseinander. Erstellen Sie eine Übersicht der typischen Materialien und Methoden.**
3. **Wählen Sie ein typisches Arbeitsmaterial aus und verdeutlichen Sie daran die charakteristischen Merkmale der Montessori-Pädagogik.**
4. **Diskutieren Sie in Ihrer Lerngruppe anhand von beobachteten Spielsituationen den Leitsatz der Montessori-Pädagogik: „Hilf mir, es selbst zu tun."**
5. **Vergleichen Sie die Leitgedanken und (Spiel-)Arbeitsweisen der Montessori-Kita mit anderen Kita-Konzeptionen.**
6. **Stellen Sie Ausbildungsinhalte und -methoden des Lernfeldes Spiel in der Fachschule für Sozialpädagogik und in der Ausbildung zur Montessori-Erzieherin einander gegenüber.**

4.2.10 Spiel in der Fröbel-Kita

Lernsituation: Sebastian faltet eine Geschichte

Sebastian (6;2 J.) sitzt am Maltisch. Er hat sich quadratisches Faltpapier und einige Bogen Schreibpapier aus dem Regal geholt. Aus den Quadraten faltet er nacheinander diese Formen: Schiff, Haus, Taschentuch, Briefumschlag, Schrank und ein Kopftuch. Er klebt jeweils eine Form auf ein Blatt Papier und malt die Form mit Buntstiften an. Auf eine Seite zeichnet er außerdem eine Figur. Nachdem alle Seiten fertig sind, locht er sie und zieht eine Kordel durch die beiden Löcher. Danach geht er mit seinem Werk zu Frau Torrino, der Gruppenleiterin und fragt: „Guck mal, ich habe ein Buch gemacht, soll ich Dir das mal vorlesen?" Sie stimmt zu und Sebastian beginnt mit seiner Geschichte: „Das ist Maxwell, er wohnt alleine in dem Haus und hat Schnupfen. Heute hat er das letzte Taschentuch aus dem Schrank geholt. Jetzt hat er keins mehr. Da kommt die Briefträgerin mit dem roten Kopftuch und gibt ihm einen Brief vom Taschentuchkönig. In dem Brief steht, wenn du drei Tage mit dem Schiff fährst, kommst du in das Land, wo die Taschentuchbäume stehen. Da kannst du dir welche holen, dann ist der Schnupfen wieder weg." Frau Torrino findet die Geschichte schön und bittet Sebastian, sie später den anderen Kindern auch zu erzählen.

Impulse zur Bearbeitung der Lernsituation:

- *Welche Spielbedürfnisse sind bei dem Kind erkennbar?*
- *Nehmen Sie Stellung zum Verhalten der Gruppenleiterin. Wie hätten Sie sich verhalten?*

Friedrich Fröbel (1782–1852), der Begründer des ersten „Allgemeinen deutschen Kindergartens“ (1840 in Blankenburg, der Begriff Kindergarten wurde in viele Sprachen übernommen) beschäftigte sich intensiv mit dem Spiel des Kindes. Er verfasste eine umfangreiche Erziehungslehre und entwickelte ein Stufenmodell der Kindesentwicklung bis ins Jugendalter. Sie folgt seiner Erkenntnis, dass „die allererste Kindererziehung das Fundament ist, der Eckstein der Menschenerziehung, die wichtigste Stufe eines Erziehungsganzen“

(Friedrich Fröbel, 1982, S. 32).

Erziehungsphilosophie

Fröbels Anschauungen und seine Pädagogik sind geprägt von einer religiös begründeten, umfassenden Erziehungsphilosophie. Bedeutsamer Ausgangspunkt seiner Überlegungen ist immer die erziehende Familie. Erst wenn diese versagt, sieht er Fremderziehung als gerechtfertigt. Die Entwicklungsstufen finden nach Fröbel statt

- in der Familie, in erster Linie durch die Mutter,
- in der Kita,
- in der Vermittlungsschule als Übergang von der Sachanschauung zum Begriff und
- in der Schule.

Ein wichtiges Anliegen der Fröbel-Kita ist es, neben der Förderung der kindlichen Spieltätigkeit Kinder durch sinnvolle Beschäftigung mit der Arbeit in Haus, Hof und Garten sowie mit der Sorge für Menschen, Tiere und Pflanzen vertraut zu machen. Kreisspiele sind bei Fröbel ein wichtiges Element der Kitapädagogik.

Spieldefinition

Fröbel ist der Auffassung, dass eine Handlung für das Kind Spiel ist, wenn es sich selbst ein Ziel setzt (z. B. etwas zu bauen) und aus innerem Bedürfnis heraus dabei bleibt. Diese Handlung wird jedoch zum Lernen oder zur Arbeit, wenn das Kind durch andere (z. B. Erzieher) angehalten wird, weiterzumachen oder das Begonnene fertigzustellen. Fröbel betont die „freitätige Darstellung des Innern“ in der Spielhandlung. Beim Spiel handelt es sich nach Fröbel um eine „sinnstiftende“ Tätigkeit, die das Kind, aber auch den Erwachsenen, mit der Umwelt, mit anderen Menschen oder mit Objekten in Einheit als Ganzes vereint.

Spieltheorie

„Die Sinnen- und Gliedertätigkeit des Säuglings ist der erste Keim, die erste Körpertätigkeit, die Knospe, der Bildungstrieb; Spiel, Bauen, Gestalten die ersten zarten Jugendblüten, und dies ist der Zeitpunkt, wo der Mensch befruchtet werden muss für künftige Arbeitsamkeit, Fleiß und Werktätigkeit."

(Friedrich Fröbel, 1982, S. 33)

Bei Fröbel ist die Körperbewegung des Säuglings eine Erprobung der Leistungsfähigkeit seiner Gliedmaßen. Er ist der Überzeugung, dass das Greifen vor dem Begreifen kommt und das Fassen vor dem Erfassen, dass die Kinder Erfahrungen aus eigener Anschauung gewinnen sollen.

Eine wesentliche Erziehungsaufgabe sieht er darin, dem Kind zu lebendiger Erkenntnis, Einsicht, Selbstbestimmung und Freiheit zu verhelfen.

„Spielen, Spiel ist die höchste Stufe der Kindesentwicklung, der Menschenentwicklung dieser Zeit; denn es ist freitätige Darstellung des Innern, die Darstellung des Innern aus Notwendigkeit und Bedürfnis des Innern selbst, [...] Spiel ist das reinste geistigste Erzeugnis des Menschen auf dieser Stufe und ist zugleich das Vorbild und Nachbild des gesamten Menschenlebens, des innern geheimen Naturlebens im Menschen und in allen Dingen"

(Fröbel, Friedrich, verändert 1982, S. 33)

Nach Fröbel ist Spiel somit ein rein geistiges Erzeugnis. Das innere Bedürfnis treibt das Kind zum Tätigwerden *(intrinsische Motivation)* und ruft eine freiwillige Tätigkeit hervor. Seine Darstellung menschlichen Tuns ist stets im Zusammenhang mit seinen alle Entwicklungsstufen durchziehenden Grundgedanken zu sehen. „Innerliches äußerlich und Äußerliches innerlich zu machen, für beides die Einheit zu finden".

(Fröbel, Friedrich, verändert 1982, S. 32)

Verknüpfung von Spielen – Lernen – Arbeiten

Die Tätigkeit Spiel versteht Fröbel als das ganzheitliche Denken, das ein Teil der Erkenntnistätigkeit des Menschen ist und das von früh an mit entsprechenden Angeboten durch die Eltern trainiert werden muss. Jedoch nicht „auf dem toten Weg der Nachahmung, der Nach- und Abbildung, sondern auf dem lebendigen Wege der selbst- und freitätigen Entwicklung und Ausbildung. Jeder Mensch soll sich selbst und andern zum Vorbilde wieder frei aus sich darstellen"

(Fröbel, Friedrich, verändert 1982, S. 32).

Lernen findet im Spiel statt. Fröbel unterscheidet begrifflich *Spielen – Lernen – Arbeiten*, um bedeutsame Tätigkeiten einer Entwicklungsstufe auseinander zuhalten. Im Spiel verarbeitet das Kind das, was es aus den Informationen seiner Umgebung aufnimmt, es stellt das dar, was es an Erfahrungen gesammelt und an Vorgängen beobachtet hat. Bei der Nachahmung der Erwachsenenwelt treten dem Kind Grenzen entgegen, bedingt durch noch mangelnde Motorik und fehlende Erfahrungen. Das Kind kann nach Fröbel im Spiel kompensatorisch erreichen, was es sonst nicht bewältigen kann. Die Tätigkeiten Lernen und Arbeiten gehen auf der Kind-Stufe in die Spieltätigkeit mit ein, das Lernen mehr als die Arbeit.

Wenn Lernen als informationsverarbeitender Vorgang aufgefasst wird, der zum Erfahrungserwerb und zur damit verbundenen Verhaltensänderung führt, dann ist dieser während des Spiels aktiv, ebenso auch beim Arbeiten. Das konzentriert und ausdauernd spielende Kind schafft sich nach Fröbel damit die Grundlage für die künftige Arbeitstätigkeit. Eltern und Erzieher, die diese Bedeutung des kindlichen Tuns nicht erfassen, behindern die Weiterentwicklung seines Tätigkeitstriebes.

Die Fröbelschen Spielgaben

Maßgeblich gefördert wird die kindliche Spieltätigkeit durch das Spielmaterial, das Fröbel entworfen hat. Als erste Spielgabe gilt der Stoffball, der an einem Faden hängend sich bewegt und nach dem der Säugling gezielt greift, er dient zur Schulung der Sinnen- und Gliedertätigkeit. Ergänzt wird der Ball durch die weiteren aufbauenden Spielgaben Würfel und Walze sowie durch den mehrfach geteilten Würfel (Holzbausteine), die Anregungen zum konstruktiven Denken bieten.

Spiel- und Beschäftigungsmittel

Weitere Spielmaterialien und Beschäftigungen, durch die das Kind seine Umwelt erobert, sind das Spiel mit der Puppe, Formen legen, Bauen, Falten und Flechten, Malen und Zeichnen, Gemeinschafts- und Bewegungsspiel, Gartenarbeit. Bezüglich des Faltens hat Fröbel alle Grundformen mit kindgerechten, lebensnahen Begriffen besetzt, so entstehen von einem Quadrat ausgehend z. B. Formen wie unten in der Abbildung.

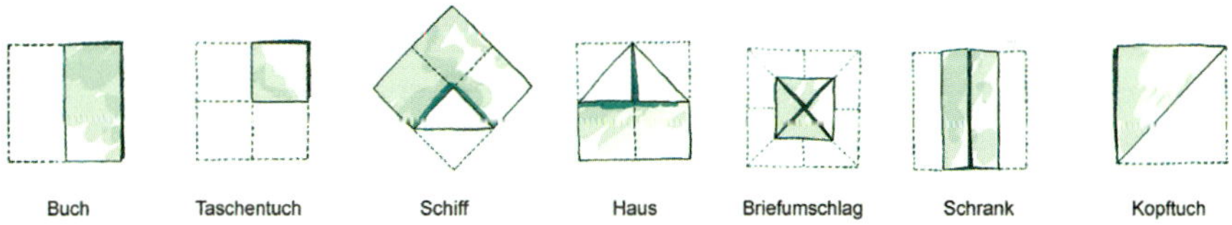

Fröbels Spiel- und Beschäftigungsmittel zeigen eine entwicklungsbedingte Systematik und bieten ein komplettes Spielangebot. Es ist abgestimmt auf das jeweilige alterstypische Handlungsvermögen der Kinder.

Eine besondere Bedeutung in der kindlichen Entwicklung kommt nach Fröbel der Herausbildung der Sprache zu. In der Kind-Stufe hat Sprache einen hohen Wert für die künftigen Spielhandlungen. Mit Worten bereichert das Kind sein Spiel, kann Innerliches äußerlich darstellen, z. B. Veränderungen innerer Zustände. In der weiteren Entwicklung wird Sprache zum Werkzeug für Denkoperationen, zum Bindeglied zwischen Innerem und Äußerem.

„darum erteilt auch das Kind auf dieser Stufe der Menschheitsentwicklung jedem Dinge Lebens-, Empfindungs-, Sprachfähigkeit mit. Von jedem Dinge glaubt das Kind, dass es höre; eben weil das Kind beginnt sein Inneres äußerlich darzustellen, so setzt es gleiche Tätigkeit auch in alles Übrige ihn Umgebende, sei es ein Stein oder ein Hölzchen, sei es ein Gewächs, eine Blume oder ein Tier."

(Fröbel, Friedrich, verändert, 1982, S. 37)

Bedeutung der Sprache im Spielverhalten

Spiel und Sprache sind eng miteinander verbunden und beides ist wichtig für die geistige Entwicklung und Reifung sozialer Kompetenz. Das Kleinkind hantiert und spricht auf dieser Stufe der Entwicklung mit dem Gegenstand im direkten Kontakt. Es ist noch nicht in der Lage, eine Handlung gedanklich vorwegzunehmen oder das Ziel seiner Handlung zu verbalisieren bzw. auf andere Handlungen zu übertragen. Die Denkfähigkeit des Kindes entwickelt sich kontinuierlich vom anschaulich-handelnden zum anschaulich-bildhaften und sprachlogischen Denken. Äußere Anlässe und innere Zustände werden somit zur Triebkraft des Spiels und dienen zur Vervollständigung des Denkens.

Beim Kind sind Denkvorgänge wie Analysieren, Vergleichen, Bewerten und Assoziieren noch stark an die konkrete praktische Spieltätigkeit gebunden. Das Kind vollführt bzw. wiederholt Handlungen, die früher schon einmal erfolgreich waren. Dadurch befriedigt es, sein Bedürfnis Erwachsenentätigkeiten und -verhalten nachzuahmen.

Für Fröbel ist der Erwachsene ein wichtiger Partner in der kindlichen Sprachentwicklung, da sich das Kind die Sprechgewohnheiten der Umgebung aneignet und verbunden mit liebevoller Zuwendung und handlungsbegleitendem Sprechen zum sicheren Spracherwerb kommt.

Mutter-, Spiel- und Koselieder

1844 veröffentlichte Fröbel das Buch „Mutter- und Koselieder“. Hier stellt er eine systematisch angelegte Früherziehungslehre vor, bei deren Aufbau er der Entwicklung der Sensomotorik folgt und Wert auf den spielgebundenen Dialog legt.

„Weiter bringt die Mutter dem Kinde die eigene Handlung desselben, demselben erst zum Fühlen, und dann später die Handlung an sich zum Anschauen. So sagt die in allem ihren Tun, und durch die stete Verknüpfung des Wortes mit demselben lieblich lehrende Mutter zu dem Kinde“

(Fröbel, Friedrich, verändert 1982, S. 42)

Angereichert ist das Buch mit einer Spiel- und Liedsammlung.

Das Taubenhaus

Ich öffne jetzt mein Taubenhaus,
die Täubchen die fliegen so froh heraus,
sie fliegen hin aufs grüne Feld,
wo's ihnen gar zu wohl gefällt;
doch kehren sie heim zu guter Ruh',
so schließ' ich wieder mein Häuschen zu.

Die Fischlein

Lustig im klaren Bächlein
spielen die kleinen Fischlein.
Sie schwimmen darinnen herum,
bald sind sie grad,
und bald sind sie krumm.

(Friedrich Fröbel, 1844)

Vertiefungsaufgaben

1. **Recherchieren Sie in Ihrer Praktikums-Kita Fröbel-Spielzeug. Zu welchen Gelegenheiten und auf welche Weise wird es von den Kindern benutzt? Vergleichen Sie die Ergebnisse in der Lerngruppe, erörtern Sie Erklärungen für Gemeinsamkeiten und Unterschiede.**
2. **Lernen Sie „Das Taubenhaus“ und „Die Fischlein“ auswendig und finden Sie geeignete Bewegungen für Fingerspiele. Auf welche Weise können Sie heutige Kita-Kinder für diese Reime interessieren?**
3. **Falten Sie die angegebenen Grundfaltformen (Faltspiele) nach, erweitern Sie die Formen mit verständlichen Bezeichnungen. Erfinden Sie zu den Faltungen eine Geschichte vom kleinen Quadrat unter Verwendung der passenden Begriffe. Überlegen Sie, wann und wie Sie dieses Vorhaben mit Kita-Kindern methodisch sinnvoll umsetzen können.**
4. **Welchen spieltheoretischen Ansatz vertritt nach Ihrer Meinung Friedrich Fröbel (siehe Spieltheorien S. 28–29)?**
5. **Diskutieren Sie: „Passt Fröbels Kita-Konzept noch ins 21. Jahrhundert?“**
6. **Aktualisieren Sie Fröbels Aussage „Das Spiel dieser Zeit ist nicht Spielerei, es hat hohen Ernst und tiefe Bedeutung“ mit Beobachtungen aus dem Praktikum.**

4.2.11 Spiel in der Reggio-Kita

Lernsituation: Alles was fliegt

Die Kinder in der Kita „Kunterbunt“ haben sich nun einige Zeit mit dem Thema „Alles, was fliegt“ beschäftigt. Sie haben Bücher angeschaut, Bilder gemalt, Vögel und Schmetterlinge fotografiert, Flugobjekte aus Draht und Papier hergestellt und Flugsaurier aus Papprollen und Bändern gebastelt. Alle Arbeiten sollen nun ausgestellt werden. Zur Ausstellung sind neben den Eltern und Geschwistern auch die Nachbarn der Kita eingeladen. Das Ganze soll an einem Samstag stattfinden. Außerdem wird dann auf der Wiese neben der Kita die örtliche Modellfluggruppe ihre Modellflugzeuge steigen lassen.

Impulse zur Bearbeitung der Lernsituation:

- *Welche Spieltätigkeiten werden in der Situation aufgeführt?*
- *Welche kindlichen Spielbedürfnisse sind erkennbar?*
- *Nehmen Sie Stellung zu der geschilderten Situation.*
- *Welche Vorteile/Nachteile hat es, wenn die Kita sich anderen Interessengruppen öffnet?*

Unmittelbar nach dem 2. Weltkrieg entwickelte eine Gruppe in Italien von Erziehern, Pädagogen und Künstlern um Loris Malaguzzi (1920–1994) als Begründer der Reggio-Pädagogik in Reggio Emilia eine neue Konzeption der Kindererziehung. Dem bis dahin faschistisch wie auch kirchlich geprägten Vorschulwesen sollten demokratische und soziale Erziehungsformen entgegengesetzt werden, um so zum Aufbau einer neuen Gesellschaft beizutragen.

Konzept der Reggio-Pädagogik

Diese politische Ausrichtung findet sich bis heute im Konzept der Reggio-Pädagogik – elementare Erziehung in gesellschaftliche Prozesse zu integrieren. Obwohl keine Gründergestalt im traditionellen Sinne – wie etwa Fröbel oder Montessori –, hat Loris Malaguzzi wesentlich zur Entwicklung dieses außergewöhnlichen Konzeptes kommunaler Kindertageseinrichtungen beigetragen und es theoretisch begründet. Er wollte zusammenfügen, was sonst in der Kita getrennt war: das Kind, seine Familie und die Umgebung. Erwachsene sollen den Kindern assistieren, sie begleiten und nicht erziehen.

Die Reggio-Pädagogik stellt das Recht des Kindes auf Erziehung und Bildung in den Mittelpunkt, unabhängig von den körperlichen, sozialen oder gesellschaftlichen Voraussetzungen. Die Reggio-Pädagogik ist eine optimistische Pädagogik. Sie geht davon aus, dass das Kind mit seiner Energie, seiner Wissbegierde, seiner Kreativität Schöpfer seiner eigenen Entwicklung, Konstrukteur seiner persönlichen Wirklichkeit ist. Wahrnehmungs- und Ausdruckserziehung sind deshalb ein zentrales Anliegen.

Wichtige Prinzipien der Reggio-Pädagogik sind

- Erziehung zur Demokratie,
- Erziehung zur sozialen Gerechtigkeit,
- Erziehung zur Solidarität.

Ziele

„Zentral für die Reggio-Pädagogik sind zwei Gedanken: Der eine bezieht sich vor allem auf die kreativen Fähigkeiten des Kindes, mit seiner Umwelt zu kommunizieren. Das Motto der Reggio-Pädagogik „Hundert Sprachen hat das Kind“ verweist darauf, wie vielfältig das Kind seine Umwelt wahrnehmen und darstellen kann. Ein zweiter Grundgedanke ist, dass Kindererziehung nicht die Sache einzelner ist, sondern eine gemeinschaftliche Aufgabe, die von Erzieherinnen, Eltern, Beratern und den zuständigen kommunalen Stellen in gemeinsamer Verantwortung geplant und gestaltet wird.

Ziel der pädagogischen Arbeit ist die umfassend gebildete kindliche Persönlichkeit, die eine individuelle Entfaltung des Kindes mit der Entwicklung eines gesellschaftlichen Bewusstseins verbindet.

Die Entwicklung sozialer Verhaltensweisen von Kindern ist untrennbar mit ihrer individuellen Entwicklung verbunden, d. h. [...] die Individualität der Kinder soll unterstützt [werden] und zugleich durch vielfältige Gruppenerfahrung zur Entwicklung einer sozialen Verantwortlichkeit beitragen."

(Hentschel/Ebert,1994, S. 38)

Das Bild vom Kind

Das Kind wird nicht als unfertiger Mensch verstanden, der noch wachsen und reifen muss, um eine Persönlichkeit zu werden. Es wird vielmehr als Individuum gesehen, das ein Bedürfnis hat, sich als Ganzes zu fühlen.

Jedes Kind, gleichgültig in welcher Entwicklungsstufe, besitzt Forschergeist, Entdeckungsfreude und Abenteuerlust. Im Gegensatz zum Erwachsenen hat es eine eigene, spezifische Art, seine Umwelt wahrzunehmen, sich die Welt persönlich neu zu „erschaffen", indem es die Dinge, Menschen und persönliche Erfahrungen miteinander verknüpft und sie in Beziehung setzt (vgl. Senatsverwaltung f. Jugend und Familie, 1992, S.165).

Gemäß dieser Einstellung sind in der Reggio-Pädagogik die Wahrnehmungserfahrungen des Kindes von großer Bedeutung.

Organisatorische und räumliche Rahmenbedingungen

„Es ist eine unbestrittene Tatsache, dass die Kita ein Recht auf eigene Räumlichkeiten, eine eigene Architektur, auf eigene Auffassungen und Ausgestaltung von Räumen, Formen und Funktionen hat."

(Loris Malaguzzi in: Krieg, Elsbeth, 1993, S. 46)

Auch die organisatorischen und räumlichen Rahmenbedingungen orientieren sich an den Bedürfnissen aller Beteiligten, kindliche Bildung als gemeinsamen Forschungsprozess zu betrachten.

- Als „Werkstätten" bezeichnet Malaguzzi die Kindertageseinrichtungen, in denen die Kinder die Welt untersuchen und erforschen.
- Die Gruppenräume sind kreisförmig um einen offenen Innenhof angeordnet, der die Verbindung von Innen und Außen herstellt. Dieses in der Reggio-Pädagogik vorherrschende Kommunikationsprinzip von „Sehen und Gesehen werden" wird zusätzlich durch Fenster, Glasflächen und Türen in allen Bereichen umgesetzt.
- Spiegel in allen Formen und Größen bewirken eine Erweiterung des Raumes. Das Kind entdeckt je nach Blickwinkel in den Spiegel mehr bzw. andere Aspekte eines Gegenstandes.
- Bewegliche Objekte, Licht- und Schattenspiele, Tast- und Fühlobjekte, veränderbare Skulpturen und Geräusche produzierende Gegenstände werden angeboten. Sehen, Begreifen und Verstehen sind eng miteinander verknüpfte Teile des kindlichen Lernprozesses, der es Kindern ermöglicht, umfassende Kenntnisse ihrer Umwelt zu erwerben.

- Möbel und Materialien sind individuell ausgesucht bzw. angefertigt. Es gibt Treppen, Hochpodeste, Sitzecken, Sessel, Teppiche, variable Klettergerüste, offene Regale, die für die Kinder frei zugänglich sind. In gesonderten Räumen stehen für jedes Kind individuelle Betten zur Verfügung.
- Die *Piazza* (Platz), ein großer Aufenthaltsraum, der als Sammel- und Treffpunkt dient, aber auch durch mobiles Mobiliar zum Spiel- und Bewegungsraum umfunktioniert werden kann, gibt es für die gesamte Einrichtung.
- Zwischen Essbereich und Piazza besteht eine direkte Verbindung, die deutlich macht, dass dem körperlichen Wohl ebenso viel Bedeutung beigemessen wird wie dem geistigen. Eine Köchin, die ebenfalls zum pädagogischen Personal gehört, bereitet mit den Kindern gemeinsam die Speisen zu.
- Ein Atelier als zentralen Raum, wo Kinder Aktivitäten mit bildnerischen Materialien in Begleitung von Künstlern ausüben können, hat jede Einrichtung.
- Sammlungen der Kinder, z. B. kreative Arbeiten, Fotos, Notizen, Adressen, werden im Eingangsbereich zur Erinnerung und zur Dokumentation des Lernprozesses den Eltern und Besuchern präsentiert.

Der Erwachsene als Begleiter der Lernprozesse

Die Rolle der Erzieher in Reggio besteht darin, Lernprozesse der Kinder zu begleiten, d. h. ihnen Erfahrungsmöglichkeiten zu verschaffen, sie immer wieder zu Erfahrungsvarianten herauszufordern und ihnen in der Auseinandersetzung als Dialogpartner zur Verfügung zu stehen. So lernen Kinder von Erwachsenen und Erwachsene von Kindern.

Neben der Gruppenerzieherin sind häufig mehrere Kunsterzieher und ein Puppenspieler direkt mit den Kindern oder beratend für die Fachkräfte tätig. Sie werden ebenso wie die Hauswirtschaftskräfte in die wöchentliche Teamsitzung mit einbezogen. Eltern und Familienmitglieder werden als Partner betrachtet, nicht nur informiert, sondern konkret einbezogen. Väter und Mütter organisieren konkrete Aktionen, schaffen neue Erfahrungsfelder, z. B. durch Besuchsmöglichkeiten an ihren Arbeitsstellen, oder sie organisieren kulturelle Veranstaltungen und Fahrten.

Die Erzieher werden von Beratern begleitet, um zu lernen, wie sie auf die Bedürfnisse der Kinder eingehen können. Beobachtungen, Gruppenstunden, Gespräche und Projekte werden ausführlich dokumentiert, um Eltern wie auch Erziehern die Entwicklungsschritte der Kinder transparent zu machen.

Die Erzieher nehmen regelmäßig an Fort- und Weiterbildungskursen sowie Projekten von Künstlern, Handwerkern oder anderen „Nicht-Pädagogen“ teil, um Kenntnisse und Fertigkeiten auch auf anderen Gebieten zu erwerben und das Spektrum ihrer beruflichen Kompetenzen zu erweitern.

Entdeckendes Lernen

In den Einrichtungen gibt es keine festen Lernprogramme oder starren Rahmenpläne, vielmehr werden Projekte über einen längeren Zeitraum von Erziehern und Kunstpädagogen gemeinsam angeboten, die zu Einzel- und Gruppenaktivitäten anregen. Projektthemen wie: „Schatten, Kommunikation, Farbe“ oder „Die Stadt und der Regen“ geben Aufschluss darüber, wie die Kinder mit einer Sache, einem Thema umgehen, welche Fragen und Hypothesen sie dabei leiten (vgl. Kazemi-Veisari, 1996, S. 3 ff.).

„Kinder übernehmen kein Wissen und Können, sondern verändern, differenzieren und präzisieren durch neue Erfahrungen etwas, was sie bereits können und wissen.“

(Schäfer, 2003, S. 36)

Die Projektarbeit spielt in der Reggio-Pädagogik eine sehr zentrale Rolle. Das Kind kann sich dabei so viel Zeit nehmen, wie es benötigt, um mit seinem Ergebnis zufrieden zu sein, denn die Durchführung und der Prozess sind wichtig und nicht so sehr das Produkt.

Impulse für die Erziehungspraxis

Reggio kann Anregungen geben, die Kitapraxis zu überdenken, besonders die Raumgestaltung und -ausstattung. Denn die Förderung der Wahrnehmung, die Selbstwahrnehmung, die Kommunikation und die Experimentiermöglichkeiten benötigen architektonische Voraussetzungen. Die Architektur ist der dritte Erzieher in Reggio, z. B. die Funktionsbereiche Werkraum, Höhle etc. Sie ermöglichen auch Rückzug, Ruhe und Konzentration. Hier gibt es viel Nähe zur sogenannten offenen Arbeit einer Kindertagesstätte.

Jedes Kind ist Mitschöpfer seines Wissens.
Von dieser Basis geht das Reggio-Konzept aus. „Bei einer der Tätigkeiten betrachten die Kinder die Spaghettitüte und sehen den Aufdruck 500 g. ‚Was heißt 500 g? Sind da 500 Spaghetti abgezählt in der Tüte?‘, fragen sie. ‚Wie meint ihr das?‘, fragt die dazugekommene Erzieherin. Die Kinder überlegen, sie erzählen, dass die Mutter zu Hause auch solche Tüten mit dieser Zahl hat. ‚... und wenn Papa viel Hunger hat, dann sagt Mama, dass sie 200 Gramm nimmt.‘ ‚Was ist das, 200 Gramm?‘, fragt die Erzieherin. ‚200 Spaghetti natürlich‘, ruft Luigi. Die Kinder fangen an zu zählen, wie viele Spaghetti in der Tüte sind. Es ist schwer, so viele zu zählen. Elisa macht eine Pause und betrachtet die Tüte: ‚Was heißt denn g?‘ Die Kinder blicken auf, schauen auf die Tüte und betrachten stirnrunzelnd das g hinter der Zahl 500. ‚Das g ist auch in meinem Namen‘, sagte Giorgio stolz. Aber das kann es doch nicht heißen ... Was bedeutet g? Sie diskutierten, kommen aber nicht weiter. Hier gibt die Erzieherin einen Hinweis: ‚G heißt Gramm.‘ ‚Was ist Gramm‘? Sie überlegen und diskutieren. ‚Gramm ist ein Gewicht‘, sagt die Erzieherin. ‚Was ist ein Gewicht?‘“

(Krieg, 1993, S. 20)

Vertiefungsaufgaben

1. **Erläutern Sie den oben stehenden Text „Jedes Kind ist Mitschöpfer seines Wissens“. Vergleichen Sie die Interpretationen in der Lerngruppe.**

Web

Merkmale Kita-Spielkonzepte

2. **Diskutieren Sie den untenstehenden Text „Die hundert Sprachen des Kindes". Bilden Sie Arbeitsgruppen. Greifen Sie eine Aussage heraus und setzen Sie diese mit bildnerischen Mitteln um. Präsentieren Sie Ihre Darstellung der Gesamtgruppe.**
3. **Lesen Sie das vorliegende Kapitel. Markieren Sie wichtige Aussagen. Bilden Sie Arbeitsgruppen und fassen Sie Ihre Aussagen zusammen. Präsentieren Sie das Konzept der Reggio-Pädagogik in Form eines Plakates.**
4. **Erfassen Sie in Ihrer Praktikumseinrichtung, gemäß der Reggio-Pädagogik, entdeckende Lernmöglichkeiten für Kinder. Wo und wie können die Kinder „Forscher und Entdecker" sein? Geben Sie Beispiele („Forscherspiele").**
5. **Vergleichen Sie das Reggio-Spielkonzept mit anderen Spielkonzepten und stellen Sie Übereinstimmungen und Unterschiede fest.**

Die hundert Sprachen des Kindes

Die hundert gibt es doch
Das Kind besteht aus Hundert.
Hat hundert Sprachen
hundert Hände
hundert Gedanken
hundert Weisen
zu denken, zu spielen und zu sprechen.

Hundert –
immer hundert Arten
zu hören, zu staunen und zu lieben.
Hundert heitere Arten
zu singen, zu begreifen
hundert Welten zu entdecken
hundert Welten frei zu erfinden
hundert Welten zu träumen.

Das Kind hat hundert Sprachen
und hundert und hundert und hundert.
Neunundneunzig davon aber
werden ihm gestohlen
weil Schule und Kultur
ihm den Kopf von dem Körper trennen.

Sie sagen ihm:
Ohne Hände zu denken
ohne Kopf zu schaffen
zuzuhören und nicht zu sprechen.
Ohne Heiterkeit zu verstehen,
zu lieben und zu staunen
nur an Ostern und Weihnachten.

Sie sagen ihm:
Die Welt zu entdecken
die schon entdeckt ist.
Neunundneunzig von hundert
werden ihm gestohlen.

Sie sagen ihm:
Spiel und Arbeit
Wirklichkeit und Phantasie
Wissenschaft und Imagination
Himmel und Erde
Vernunft und Traum
seien Sachen, die nicht zusammen passen.
Sie sagen ihm kurz und bündig,
dass es keine Hundert gäbe.
Das Kind aber sagt:
Und ob es die Hundert gibt.

(Loris Malaguzzi in: Krieg, Elsbeth, 1993, S. 28

4.2.12 Spiel in der Bewegungs-Kita

Lernsituation: Kinder wollen sich bewegen

Sammy (4;5 J.) und seine Freundin Lisa (4;8 J.) möchten heute schon vor dem Frühstück nach draußen gehen und Fahrrad fahren. Sammy kann seit dem Wochenende ohne Stützräder fahren, und dies möchte er nun seiner Freundin zeigen. Da auch noch weitere Kinder draußen spielen möchten, geht die Praktikantin Carolina mit den Kindern raus und gemeinsam stellen sie den Verkehrsparcours auf. Später holen sich einige Kinder noch die Bobbycars und Roller. Jeder kann jetzt seine Fahrkünste zeigen. Die anderen Kinder kommen nach dem Frühstück auch raus, sie beschäftigen sich mit Balancieren, Klettern und mit Ballspielen. Einige Mädchen hüpfen schon ganz geschickt mit den Springseilen.

Impulse zur Bearbeitung der Lernsituation:

- ***Welche Spieltätigkeiten bevorzugen die Kinder?***
- ***Welchen Spielbedürfnissen gehen sie nach?***
- ***Welche Fragen haben Sie an die Konzeption der Bewegungs-Kita?***

Spiel und Bewegung sind bedürfnisorientierte Formen kindlicher Aktivitäten. Denken, Fühlen, Handeln, Wahrnehmen und Sichbewegen sind miteinander verbundene Tätigkeiten, die sich gegenseitig beeinflussen. An dieser Erkenntnis orientiert sich die Bewegungskita.

Schon in ihren ersten Lebensjahren sind viele Kinder durch soziale und ökologische Risiken gefährdet, die ihre gesunde Entwicklung beeinträchtigen. Verstärkt durch Medienkonsum, Motorisierung und Verhäuslichung werden passives Sitzen und Bequemlichkeit zur Gewohnheit. Der daraus resultierende Bewegungsmangel zeigt sich bereits bei jungen Kindern nicht nur in motorischen und sozialen Verhaltensauffälligkeiten, sondern auch, in Kombination mit falschen Essgewohnheiten, im Übergewicht.

Pädagogische Konzeption

Jedes Kind soll dort abgeholt werden, wo es nach seiner individuellen körperlichen Entwicklung steht. Das Konzept der Bewegungs-Kita richtet sich nach dem situationsorientierten Ansatz, der das Kind mit seiner individuellen Lebenssituation und seinen aktuellen Bedürfnissen in den Mittelpunkt seiner pädagogischen Ausrichtung stellt. Bewegung bedeutet nicht nur sportliche Aktivität oder dient der Fortbewegung, sondern begleitet den Menschen den ganzen Tag in unzähligen Variationen.

Für die ganzheitliche Entwicklung des Kindes ist die Bewegung von zentraler Bedeutung. „Denken, Fühlen, Handeln, Wahrnehmen und Sichbewegen sind miteinander verbundene Tätigkeiten und beeinflussen sich gegenseitig. [...] Bei Kindern ist diese Ganzheitlichkeit besonders stark ausgeprägt, denn sie nehmen noch mit ihrem ganzen Körper wahr. [...] Die Entwicklung des Selbst ist beim Kind wesentlich geprägt von den Körpererfahrungen, die es in den ersten Lebensjahren macht. Bewegungserfahrungen können somit als die Grundlagen der kindlichen Identitätsentwicklung angesehen werden."

(Neumeister, Bernd: Viel Platz für eine ganzheitliche Entwicklung., https://www.herder.de/kizz/kinderbetreuung/der-bewegungskindergarten-viel-platz-fuer-eine-ganzheitliche-entwicklung/ [31.08.2020])

Darüber hinaus will die Bewegungskita dem aktuellen Bewegungsmangel entgegenwirken und Bewegungseinschränkungen ausgleichen. Nur ein Kind, das sich motorisch mit allen Sinnen ausleben kann, wird auch seelisch reifen.

Bewegungsbedürfnisse erkennen und zulassen

Kinder haben häufig andere Vorstellungen von Bewegungsspielen als Erwachsene. Im Gruppenraum herumrennen, toben, auf dem Boden rollen, robben oder kriechen wird von den Erwachsenen oft als störend empfunden und mit der Aufforderung ermahnt, sich sinnvoll zu beschäftigen. Doch diese Bewegungen sind sinnvoll, es werden sogar viele „Sinne" angesprochen.

„Erkennt die Erzieherin das Bedürfnis an und gibt Gelegenheit dazu, dass Kinder diese Aktivitäten ausführen, ändert sie ihre eigene Einstellung. Sie akzeptiert das Kind und seine Handlung und findet diese somit nicht mehr störend. Das Kind wiederum findet sich und seine Bedürfnisse akzeptiert und fühlt nicht mehr den Widerspruch zwischen der angenehmen Bewegung und der Nicht-Anerkennung durch den Erwachsenen."

(Perras, Barbara: Vom Bewegungskindergarten in einen traditionellen Kindergarten. Der bewusste Weg zurück. https://kindergartenpaedagogik.de/fachartikel/raumgestaltung/innenraeume/943 [31.08.2020].)

Indem Erzieherinnen und Kinderpflegerinnen auf das kindliche Bewegungsbedürfnis gezielt eingehen, erkennen sie mögliche Auffälligkeiten bzw. Defizite im Bewegungsablauf. Bewegungserziehung in der Kita bedeutet nach Renate Zimmer:

Ziele und Aufgaben

- dem Bewegungsbedürfnis der Kinder entgegenkommen und ihr Bewegungsbedürfnis durch kindgerechte Spiel- und Bewegungsangebote befriedigen
- Kindern Möglichkeiten geben, ihren Körper und ihre Person kennenzulernen
- zur Auseinandersetzung mit der räumlichen und dinglichen Umwelt herausfordern
- motorische Fähigkeiten und Fertigkeiten erweitern und verbessern
- das gemeinsame Spiel von leistungsschwächeren und leistungsstärkeren Kindern ermöglichen
- Gelegenheit zur ganzheitlichen, körperlich-sinnlichen Aneignung der Welt geben

- zur Erhaltung der Bewegungsfreude, der Neugierde und der Bereitschaft zur Aktivität beitragen
- Vertrauen in die eigenen motorischen Fähigkeiten geben und eine realistische Selbsteinschätzung ermöglichen (vgl. Zimmer, 1999, S. 152)

Bewegungsräume schaffen

Gemäß der pädagogischen Konzeption „Lernen durch Bewegung" ist es notwendig, den Kindern Bewegungsräume zur Verfügung zu stellen, die sie im freien Spiel selbstständig aufsuchen können.

- Eine große (ca. 100 m^2) Turnhalle oder ein Bewegungsraum, durch Wand- und Deckenschienen flexibel zu nutzen für Seile, Ringe, Schaukeln etc., ist ideal. Hier finden gezielte, geplante Bewegungsangebote statt: Bewegungsgeschichten, Ballspiele, Tänze, Hockey. Außerdem wird dieser Raum zur freien Bewegung genutzt, sozusagen als „Überlaufventil" für Kinder, die ihren übergroßen Lauf- und Bewegungsdrang ausleben müssen. Dazu stehen z. B. Rollbretter, Pezzibälle, Bobbycars oder Therapiekreisel zur Verfügung.
- In den Gruppenräumen wird weitestgehend auf Stühle verzichtet, zugunsten von Matratzen, Kissen und Schaumstoffblöcken. Durch die sogenannte zweite Ebene mit Podesten entstehen Nischen, die ungestörtes Toben, aber auch Ruhe und Entspannung ermöglichen.
- Flure und Nebenräume der Kita werden zu Bewegungszonen erklärt, mit wechselnden Bewegungsmaterialien, z. B. Bällebecken, Pedalos, Klettertaue, Styroporblöcke oder Hängematten.
- Dem Außenspielgelände wird in der Bewegungskita sehr viel Beachtung geschenkt. Durch eine abwechslungsreiche landschaftliche Gestaltung haben die Kinder viele Möglichkeiten, motorische Grundfertigkeiten zu trainieren: Klettern auf Bäumen, Strickleitern, Hängebrücken; Balancieren über Baumstämme; Hüpfen, Springen auf markierten Hartflächen; Bauen mit Holz, Steinen, Sand, Wasser u. v. m.
- Durch die Öffnung nach „Draußen" schafft die Bewegungskita weitere Situationen, in denen die Kinder vielfältige Bewegungserfahrungen sammeln können, z. B. durch regelmäßige Wald-, Feld- und Wiesenerkundungen, Spielplatz- und Schwimmbad-Besuche oder Ausflüge zum Schlittenfahren, auf den Ponyhof o. Ä.

Eine aktuelle Auflistung der zertifizierten Einrichtungen in NRW sowie weitere Informationen gibt es unter www.bewegungskindergarten-nrw.de/kindergarten/liste-zertifizierte-einrichtungen/.

Vertiefungsaufgaben

1. **Präsentieren Sie das Konzept der Bewegungs-Kita in Form eines Plakates.**
2. **Was steckt hinter der Aussage: „Wer sich nicht bewegt, bleibt sitzen"?**
3. **Erfassen Sie in Ihrer Praktikums-Kita Möglichkeiten für Kinder, Bewegungserfahrungen zu sammeln.**
4. **Erstellen Sie eine Übersicht von Spielzeugen, die zur Bewegungsförderung von Kita-Kindern beitragen.**

5. **Erfinden und erproben Sie Bewegungsspiele für unterschiedliche Anlässe und Situationen. Erfassen Sie die Ergebnisse, z. B. Spielregeln, in Ihrer Spielkartei.**
6. **Viele Gegenstände sind für Bewegungsspiele der Kinder geeignet. Entdecken und testen Sie Alltagsgegenstände bezüglich ihrer Spieltauglichkeit. Überlegen Sie, wie diese Dinge in den Kita-Spielalltag integriert werden können. Erstellen Sie eine Übersicht.**
7. **Überlegen und präsentieren Sie mögliche Verhaltensregeln und Vorsichtsmaßnahmen für Bewegungsspiele.**
8. **Planen und entwickeln Sie eine Bewegungsspielstunde für zwölf Kinder zwischen 4 und 6 Jahren, Zeitdauer ca. 45 Minuten. Stellen Sie die Bewegungsspielstunde unter ein Thema. Vergleichen und diskutieren Sie in der Lerngruppe Ihre Überlegungen.**

Spielkonzepte für Grundschulkinder

In der außerschulischen Arbeit mit Kindern sind unterschiedliche Rahmenbedingungen vorzufinden. Ausgehend von den Lebenssituationen, den Bedürfnissen und Fähigkeiten der Klientel (Kinder/Jugendliche) hat zwar jede sozialpädagogische Einrichtung ihr individuelles Handlungskonzept, orientiert sich jedoch weitgehend an pädagogischen Traditionen. Die folgenden Darstellungen verfolgen nicht die Absicht, die o. g. Institutionen in ihrer sozialpädagogischen Gesamtkonzeption zu erläutern, sondern die spielpädagogischen Besonderheiten zu verdeutlichen. Je nach Klientel werden in der spielpädagogischen Arbeit thematische und pädagogische Schwerpunkte gesetzt, z. B.

- im medienpädagogischen Bereich,
- in der Umwelterziehung,
- in der Jungen- und Mädchenarbeit,
- im Abenteuer- und Erlebnisbereich,
- in der kulturpolitischen Arbeit.

Web

Institutionalisierte Spielkonzepte für Grundschulkinder

Alle bislang genannten Institutionen und ihre pädagogischen Konzeptionen sollten in der sozialpädagogischen Ausbildung intensiv erarbeitet und durch Erprobung zusätzlicher Fachliteratur selbstständig erweitert werden.

4.2.13 Das Spiel in der offenen Ganztagsgrundschule (OGS)

Lernsituation: Vom Alltag eines Grundschulkindes

Antonin (7;5 J.) muss täglich früh aufstehen, auch an den Tagen, an denen die Schule später beginnt. Seine Mutter bringt ihn jeden Morgen auf dem Weg zu ihrer Arbeitsstelle zur OGS. Von dort aus geht Antonin dann rechtzeitig zur Schule.

Wenn die Schule mittags aus ist, geht Antonin wieder zurück in die OGS. Mittagessen gibt es für alle gegen halb zwei, wenn alle 15 Kinder da sind. Eigentlich könnte er bis dahin schon Hausaufgaben machen. Aber im Gruppenraum sitzen schon Marie und Fynn, die auf ihn gewartet haben, um Monopoly® zu spielen. Als die Erzieherin, Frau Wegner, wenig später die Kinder aufruft, müssen die Tische aufgeräumt und eingedeckt werden, es gibt gleich Essen. Jedes Kind hat einen anderen Tischdienst. Gleich nach dem Mittagessen müssen die Hausaufgaben erledigt werden. Vorher dürfen die Kinder nicht spielen, es finden in der Zeit keine anderen Aktionen statt. Zunächst vervollständigt Antonin alleine die Sätze auf seinem Deutsch-Übungsblatt, das kann er. Aber er hat Schwierigkeiten in Mathematik, Frau Wegner auch. Wer erklärt nun wem die Matheaufgaben?

Gegen halb vier sind fast alle Kinder mit den Hausaufgaben fertig. Sie können nun endlich spielen. Frau Wegner bietet den Kindern an, die Fenster zu bemalen oder ein neues Puzzle auszuprobieren.

Antonin geht erst mal, wie die meisten Kinder, nach draußen. Der Hofspielplatz ist neu gestaltet worden mit Bäumen, Büschen, einem Klettergerüst aus Seilen und Baumstämmen. Für Fang- und Ballspiele ist die Spielfläche ausreichend. Obwohl es eigentlich genug Platz gibt, sind Fahrrad- und Skateboardfahren zwar verboten, Rollschuhe und Rollerblades dagegen aber erlaubt, wenn die Kinder einen Helm und Protektoren für Knie, Hände und Ellenbogen tragen.

Die übrigen Kinder, die im Gruppenraum geblieben sind, hören sich eine Musik-CD an und manche unterhalten sich. Drei Kinder spielen mit der Erzieherin Karten. In der Kuschelecke haben Anna und Marie sich verkleidet und spielen Mutter und Kind. Später beschließt Antonin, die beiden Mädchen zu fragen, ob sie auch einen Vater brauchen. Das Spiel macht Spaß. Mittendrin müssen sie aber aufhören und aufräumen. Es ist kurz vor 17:00 Uhr und die OGS schließt. Die meisten Kinder gehen dann allein nach Hause, einige warten auf Vater oder Mutter, die sie abholen. Da Antonins Mutter lange arbeiten muss, wird er fast immer als Letzter abgeholt. Meistens gehen sie dann noch Lebensmittel für das Abendessen einkaufen.

Impulse zur Bearbeitung der Lernsituation:

- ***Welche Faktoren beeinflussen Antonins Alltag?***
- ***Welche Regeln prägen den Tagesablauf in der OGS?***
- ***Welche Spiel- und Beschäftigungsmöglichkeiten hat Antonin in der OGS?***
- ***Entwerfen Sie Ihr Bild von der Betreuung in einer OGS.***

Aufgrund der sich veränderten Lebenssituationen von Familien und Kindern ist in den letzten Jahren die Nachfrage nach ganztägigen verlässlichen Angeboten für Grundschulkinder stark angestiegen. Zwischen Kindertageseinrichtungen, Schule und Jugendhilfe entstanden verschiedene Kooperationsmodelle. An die Stelle der früheren Kinderhorte wurde in vielen Bundesländern alternativ die offene Ganztagsgrundschule (OGS) eingeführt.

Die OGS orientiert sich überwiegend an schulischen Unterrichtsstrukturen. Die verbindlich angemeldeten Kinder besuchen die OGS in der Regel von Montag bis Freitag in der Zeit von 08:00 Uhr bis 16:00 Uhr. Nach dem Unterricht bietet sie in den meist angrenzenden Räumlichkeiten neben der Mittagsmahlzeit und der Hausaufgabenbetreuung zusätzliche Förderkurse, Aktivitäten zur Freizeitgestaltung sowie Arbeitsgemeinschaften aus den Bereichen Kreativität, Spiel, Sport oder Musik. Häufig übernehmen freie Träger diese Betreuungsform. In der OGS sind Lehrkräfte, pädagogische Fachkräfte, Hauswirtschaftskräfte und/oder zusätzlich Sport-, Musik- und Kunstpädagoginnen beschäftigt.

Jeweils zu Beginn des Schuljahres entscheiden die Eltern, ob ihr Kind das Ganztagsangebot für ein Schuljahr verbindlich wahrnimmt. Das Angebot einer OGS richtet sich besonders an die Bedürfnisse berufstätiger und alleinerziehender Erziehungsberechtigter. Während der Ferienzeiten finden vielfach längerfristige Spielprojekte und Freizeitangebote statt. Für Betreuung und Verpflegung wird ein Elternbeitrag erhoben.

Pädagogische Konzeption

Das von den schulischen Mitwirkungsorganen (pädagogische Fachkräfte, Lehrkräfte und Eltern) erstellte pädagogische Konzept berücksichtigt insbesondere die individuelle Förderung der Kinder und eröffnet ihnen Lernchancen unter Beachtung ihrer unterschiedlichen Lernvoraussetzungen.

Das pädagogische Konzept beachtet und ermöglicht

- die Verknüpfung von Unterricht, Zusatz- und Freizeitangeboten schafft so einen Raum für eine freie Lernkultur;
- den verschiedenen Altersgruppen durch gemeinsame Aktivitäten das soziale Lernen, fördert den respektvollen Umgang miteinander sowie soziale Kompetenzen;
- die Teilhabe der Eltern und Schüler an der Entscheidung, Gestaltung und Verantwortung von Aktivitäten;
- in Kooperation mit der Kinder-/Jugendhilfe, sozialen und kulturellen Einrichtungen und mit Betrieben vor Ort die Öffnung von Schule und OGS;
- eine kreative Freizeitgestaltung durch Einbeziehung außerschulischer Angebote der örtlichen Jugendhilfe, Musikschulen, Sportvereine etc;
- die qualifizierte Weiterbildung der pädagogischen Fachkräfte, Lehrkräfte und der außerschulischen Partner.

Freizeitpädagogik

Soll die Freizeitgestaltung in der OGS einen lebenspraktischen Bezug haben, muss die Lebenswirklichkeit der Kinder zum Ausgangspunkt der Angebote gemacht werden. Emanzipatorisches Freizeitverhalten ist dann möglich, wenn sozialpädagogische Fachkräfte richtungsweisende Grundkonzeptionen der Freizeitpädagogik als Ausgangspunkt nehmen (vgl. Klawe, 1986, S. 103):

- Bedingungen, Abhängigkeiten, Zusammenhänge und Widersprüche des eigenen Freizeitverhaltens erkennen und reflektieren
- sich bei kommerziellen Freizeitangeboten mit Sach- und Konsumzwängen auseinandersetzen
- Freizeit eigenaktiv und selbstständig gestalten
- die Freizeitgestaltung als ein Handlungsfeld begreifen, in dem die Chance besteht, gesellschaftliche Alternativen oder kulturpolitische Veränderungen zu entwickeln

Eine mögliche Form, Lebenssituationen von Kindern aufzugreifen und in diesen Situationen zu lernen, ist die Planung von längerfristigen spielpädagogischen Projekten. Dabei wird die neueste Variante der Schnitzeljagd mit Schatzsuche, das „Geocaching", bei Kindern, Jugendlichen und Erwachsenen immer beliebter. Hierbei versteckt jemand irgendwo einen Schatz, stellt die Koordinaten ins Internet und schon begeben sich die Spieler mithilfe eines GPS-Geräts auf die Suche. Der Schatz („Cache") befindet sich meist in einer Dose, ebenso das „Logbuch", in das sich der Finder einträgt, und einige „Zugaben", die dann ausgetauscht werden können. Der Schwierigkeitsgrad beim Suchen ist sehr variabel.

Besonders gut durchführbar sind Freizeitprojekte in den Schulferien, z. B.

- *City Adventures* in Form einer Rallye als Stadtteilerkundung,
- ein Geländespiel zum Kennenlernen der naturnahen Umgebung,
- ein Spielfest rund um das Thema Medien oder
- eine Spielaktion mit Spielen aus anderen Ländern.

Die Spiele und Aktivitäten in den Projekten müssen so angelegt sein, dass die Kinder jederzeit einsteigen können, Spaß haben und im Gegensatz zu konkurrierendem Verhalten in der Schule kooperatives Verhalten im Vordergrund steht. Bei diesen Spielprojekten geht es nicht ausschließlich um die Vermittlung von Wissen, sondern um Erfahrungen und das Aufarbeiten sozialer Zusammenhänge aus dem Lebensbereich der Kinder.

Schulhofspiele

Nicht jeder Schulhof ist für Kinder ansprechend oder reizvoll. Mitunter wirkt ausgelassenes Spiel für den noch laufenden Unterricht störend, der Hausmeister verhindert das Spielen auf dem Schulhof in der schulfreien Zeit oder der Schulhof bietet als Spielort keinen Anreiz. Daher ist es dringend notwendig, Schulhöfe unter Berücksichtigung der Wohn- und Spielsituation durch eine anregende Gestaltung attraktiv zu machen. Schulhöfe können Erlebnisorte des Spiels und der Begegnung für alle Kinder im Einzugsbereich sein. Sie sind frei von Straßenverkehr und ermöglichen Kindern unterschiedlicher Altersstufen ungestörte „Streifzüge“ (Knecht, 1998, S. 14). Ein wichtiger Aspekt ist dabei die Selbstbeteiligung der Schülerinnen und Schüler, denn Selbstgemachtes unterstützt das Vertrauen in die eigenen Fähigkeiten, fördert die Identifikation mit den Anforderungen der Schule und verhindert mutwillige Zerstörungen.

In Spielaktionen oder Bewegungsprojekten können von den pädagogischen Mitarbeitern zusätzliche Bewegungsmaterialien und Geräte wie Jonglierbälle, Pedalos, Seile, Hula-Hoop-Reifen, Diabolos, Stelzen, Autoreifen, Frisbees angeboten werden, um so Schule als Ort des Spielens und nicht nur des Lernens zu öffnen. Außerdem erhöhen sie die Attraktivität des Spielraums Schulhof in der Öffentlichkeit und tragen zur aktiven Freizeitgestaltung bei.

Spielbereiche	Gestaltungsbeispiele
Kommunikations- und Entspannungsbereich	Mit Sitzgruppen aus Baumstämmen, Lauben aus Weiden, Steinen, Findlingen, Stufen mit Rasen
Hüpf-/Laufspielbereich	Mit Flächen für Hüpf-, Spring-, Laufspiele, Springgruben, Rasenhügeln
Standspielbereich	Mit Malwänden, Steckspielen, Baukastenspielen
Sandspielbereich	Sandspielanlagen, die mit Wasserstellen kombiniert sind
Kletterbereich	Baumstämme, Hangel- und Klettertaue, Kletterstangen, Seilrollbahnen, Kletternetze
Mannschaftsspielbereich	Markierungen und Geräte, die eine Nutzung für Ballspiele, Rollerblades und Skateboard zulassen
Wahrnehmungsbereich	Anpflanzung von Sträuchern, Bäumen (auch zum Verstecken/Klettern), Biotope, Holz, Steine, Sand, Wasser

(vgl. Sozialpädagogisches Institut NRW, 1998, S. 7 ff.)

Vertiefungsaufgaben

1. Hospitieren Sie in einer OGS. Beobachten Sie das Spielverhalten, die Spielwahl und die bevorzugten Spielorte. Erstellen Sie darüber ein Protokoll.
   - **Welche Spielbedürfnisse zeigen die Kinder?**
   - **Welche Spielorte bevorzugen die Kinder?**
   - **Welche Spielangebote werden vorgegeben?**
   - **Was haben die Spielangebote mit der Lebenssituation der Kinder zu tun?**
   - **Welche wichtigen Erfahrungen können die Kinder bei Spielangeboten machen?**

2. Planen Sie ein spielpädagogisches Freizeitprojekt. Orientieren Sie sich bei der Themenfindung an der Lebenswirklichkeit, den Interessen und Kompetenzen der Kinder, z. B. Schule, Familie, Sexualität, Werbung, Regeln, Stadtteil, Freundschaft etc.

3. Spielen Sie auf dem Gelände Ihrer Fachschule Bewegungsspiele für Grundschulkinder. Ergänzen und erweitern Sie Ihre Spielkartei.

4. **Planen Sie nach Absprache mit der OGS-Leitung eine Spielaktion auf dem Schulhof der Grundschule, z. B. zu einem der folgenden Themen:**
   - **Spiele aus Großmutters Zeit**
   - **Spielolympiade**
   - **Zirkus Rondella**
   - **Schulhofforscher**

4.2.14 Das Spiel in Freizeiteinrichtungen

Lernsituation: Freizeitangebote in der Fabrik

Als Semra (9;5 J.) gegen 14:30 Uhr in der „Fabrik" erscheint – so nennen die Jugendlichen das städtische Kinder- und Jugendzentrum, weil früher dort eine Metallfabrik untergebracht war –, sind schon einige Kinder da. Sie sitzen allerdings in den hinteren Räumen und machen ihre Hausaufgaben. Dabei hilft ihnen Volker (Student, Honorarkraft für die Hausaufgabenbetreuung). Die Hausaufgabenkinder müssen bis 15:30 Uhr fertig sein, denn dann endet die freiwillige Hausaufgabenbetreuung. Im Anschluss beginnt das Nachmittagsprogramm für alle interessierten Kinder von 7 bis 14 Jahren.

Semra hat heute keine Hausaufgaben zu erledigen. Gelangweilt holt sie sich aus dem Bücherregal eine Jugendzeitschrift und setzt sich im Eingangsbereich in die Couchecke. Sie wartet auf Hilal. Beide nehmen am Fotokurs teil, der immer dienstags von Volker in einem umgebauten Abstellraum durchgeführt wird. In der nächsten Woche wollen sie ihre Fotos ausstellen, dazu müssen sie heute im Werkraum noch die Bilderrahmen anfertigen. Gestern hat Semra an dem Angebot „Vorsicht Zickenalarm – Gespräche nur für Mädchen" teilgenommen. Das war ganz interessant, denn sie haben mit Maria (Erzieherin) über Lieblingsserien im Fernsehen gesprochen.

Gegen 15:30 Uhr füllt sich der Eingangsbereich. Einige Kinder betätigen sich am Tischkicker, während andere Tischtennis spielen oder den Spielern zuschauen und das Match sachkundig oder witzig kommentieren. In einer Sitzecke spielen heute vier Jungen das Kartenspiel „Ligretto". Neben der Sitzecke steht ein Billardtisch. Zwei dreizehnjährige Jungen spielen, vier andere Jungen stehen um den Tisch herum und kommentieren die einzelnen Spielzüge. Die Jungen sprechen türkisch miteinander.

An anderen Tagen finden Kicker- oder Tischtennisturniere oder Fußballspiele statt, bei denen Jungen und Mädchen gleichermaßen mitmachen. Heute hat Johannes (Leiter der „Fabrik") am Schwarzen Brett angekündigt, dass im nächsten Monat ein „Multikulti-Kinderkochkurs" stattfindet. Das Besondere daran wird sein, dass Köche aus verschiedenen ortsansässigen Restaurants, wie z. B. aus dem „Kreta", „Antalya", „Asia" und von der „Pizzeria Roma", gemeinsam mit den Kindern kochen werden.

An der Theke verkauft heute Johannes die Getränkeflaschen. Dort steht auch die Musikanlage. Heute werden aktuelle Hits gespielt. An jedem ersten Freitag im Monat findet von 16:00 Uhr bis 18:00 Uhr die Kinderdisco statt und von 19:00 Uhr bis 22:00 Uhr die Jugenddisco. Neben dem Leiter und der Erzieherin der Einrichtung betreuen zwei ehrenamtliche Mitarbeiter die Disco. Gelegentlich werden auf Wunsch der Gäste auch Tanzspiele oder Tanzturniere angeboten. Je nach Jahres- und Ferienzeiten bieten die Mitarbeiter außerdem besondere Erlebnis- und Spielaktionen an.

Impulse zur Bearbeitung der Lernsituation:

- ***Was erfahren Sie über die Ausstattung und das spielpädagogische Angebot der Freizeiteinrichtung für Kinder?***
- ***Entsprechen die Angebote Ihrer Vorstellung von spielpädagogischer Kinder- und Jugendarbeit? Was würden Sie ergänzen oder verändern?***

Offene Freizeiteinrichtungen sind vor allem Jugendfreizeitstätten (z. B. Haus der Jugend, Kinder- und Jugendzentrum, Haus der offenen Tür), die allen Kindern und Jugendlichen durch Bereitstellen von Räumen und Sachmitteln die Möglichkeit zu vielfältigen Freizeitaktivitäten bieten und regelmäßig geöffnet sind.

Der Begriff *offene Freizeiteinrichtung* bezieht sich auf

- die Offenheit der inhaltlichen und thematischen Angebote,
- die Offenheit und Transparenz gegenüber der Öffentlichkeit,
- die Offenheit für die Interessen der Kinder und Jugendlichen,
- die Offenheit in den Organisations- und Sozialformen.

Vorrangig werden offene Freizeiteinrichtungen von jugendlichen Hauptschülern und Auszubildenden besucht.

Die methodischen Handlungskonzepte in den offenen Freizeiteinrichtungen sind unterschiedlich gewichtet und reichen von gruppenbezogenen Aktivitäten in Form von Hobby-, Interessen-, Projektgruppen und Arbeitskreisen bis hin zu informellen Aktivitäten wie Teestube, Internetcafé, Film- oder Discoveranstaltungen, mit dem Ziel, Freizeit eigenverantwortlich mit anderen zu gestalten. In vielen Einrichtungen werden neben der Jugendarbeit am Spätnachmittag und Abend ab mittags auch Angebote für Kinder bereitgestellt.

Aufgrund der sich verändernden städtischen Lebensräume und verstärkter Problemsituationen in den Familien, wie z. B. Arbeitslosigkeit oder Krankheit, drängen in letzter Zeit immer mehr Kinder in offene Freizeiteinrichtungen, mancherorts sind es sogar 50 % der Besucher (vgl. Deinet, 1987, S. 62). Bei der Erstellung einer pädagogischen Konzeption muss daher diese Zielgruppe stärker berücksichtigt werden.

Spielräume gestalten

Durch die Veränderung der Lebenswelt von Kindern verändert sich auch die Funktion von offenen Freizeiteinrichtungen in der Weise, dass Kinder sie als öffentliche Streifräume besetzen, da ihnen wichtige Bezugspersonen und Rückzugsmöglichkeiten zu Hause fehlen, z. B. tauchen sie in einer kleinen Clique in der Einrichtung auf, verhalten sich auffällig und verschwinden wieder. Aus diesem Grunde sollten offene Freizeiteinrichtungen vor allem Kindern und jüngeren Jugendlichen geeignete Erlebnis- und Erfahrungsspielräume sichern und erschließen, in denen sie soziale Erfahrungen mit sich und anderen machen können. Geeignete Spielräume sind Räume,

- in denen Kinder und Jugendliche sich wohlfühlen und die nach ihrem Geschmack eingerichtet und ausgestattet sind,
- die ihnen jederzeit zur Verfügung stehen,
- die ihre unterschiedlichen Interessen, Bedürfnisse und Fähigkeiten berücksichtigen,
- die ihnen Schutz vor Übergriffen und Einmischungen von älteren Jugendlichen bieten (vgl. Deinet, 1987, S. 56 f.).

In von pädagogischen Mitarbeitern und Kindern gemeinsam durchgeführten Projekten werden Räume gestaltet bzw. renoviert. Sie erhalten so eine individuelle Prägung und Atmosphäre, die zur Aneignung und Identifikation beitragen und bedürfnisorientierte Freizeitaktivitäten und Spielprojekte ermöglichen, z. B. Disco- und Tanzspiele.

Erlebnispädagogische Spielangebote

Offene Freizeiteinrichtungen eröffnen Kindern aber auch aktive Spielraumerfahrung in und mit der Umwelt durch erlebnispädagogische Projektangebote, in denen sinnliche Erfahrungen in der Natur und in der Gruppe gemacht werden können. Diese Angebote

sind nicht einmalig, sondern in den pädagogischen Alltag eingebettet und an den didaktischen Prinzipien der Erlebnispädagogik orientiert (vgl. Klawe, 1986, S. 135 ff.):

- selbst organisiertes Zusammenleben in ungewohnter Umwelt
- Learning by Doing
- Mitgestaltung statt Konsum
- neue Beziehungsdefinition zwischen pädagogischen Mitarbeitern und Teilnehmern
- keine Mutproben und Wettkämpfe, sondern gemeinsame Bewältigung anstehender Aufgaben

Dabei können nicht nur die Outdoor-Aktivitäten wie Kanufahren und Klettern Ziele der klassischen Erlebnispädagogik vermitteln, sondern auch Spielangebote und -projekte in räumlicher Nähe der Freizeiteinrichtung, sogenannte *City Adventures* (nach Dave Ruse), *Live Escape Games oder Escape Rooms,* Abenteuer- und Actionspiele, z. B.

- eine abenteuerliche Floßfahrt im örtlichen Hallen- oder Freibad,
- nächtliche Spielaktionen in und um die Freizeiteinrichtung,
- Stationenspiele für die sinnliche Wahrnehmung.

Sicherheitsvorkehrungen

Erlebnispädagogische Angebote müssen von den pädagogischen Mitarbeitern verantwortlich geplant und begleitet werden. Im Rahmen der Erlebnispädagogik sollen Kinder zwar Gefahren erkennen, ihnen vorbeugen und überlegt handeln, trotzdem sollten alle notwendigen Sicherheitsmaßnahmen getroffen werden, um mögliche Risiken auszuschalten. Bei einigen Spielen müssen sogar zusätzliche Fachkräfte (z. B. Rettungsschwimmer/Bergführer) zur Verfügung stehen.

Vertiefungsaufgaben

1. Betrachten Sie das Bild auf S. 253 und ermitteln Sie Spielbedürfnisse von Kindern und Jugendlichen.

2. Hospitieren Sie in einer offenen Freizeiteinrichtung. Stellen Sie fest, wie viele Kinder diese Freizeiteinrichtung regelmäßig oder unregelmäßig besuchen.

Beschreiben Sie das Raum- und Aktivitätenangebot speziell für Kinder. Welche Angebote werden bevorzugt, welche abgelehnt? Machen Sie Vorschläge für mögliche Veränderungen.

3. Planen Sie ein erlebnispädagogisches Spielprojekt für Kinder unter Berücksichtigung der Lebenssituationen, Interessen, Bedürfnisse und Fähigkeiten der Teilnehmer.

Erstellen Sie zuvor eine Liste mit den wichtigsten Sicherheitsregeln. Beachten Sie

- die persönliche Sicherheit,
- die Sicherheit der anderen Mitspieler, Teilnehmer oder unbeteiligter Passanten,
- die Sicherheit der Ausrüstung,
- die Sicherheit des Umfeldes.

4.2.15 Das Spiel auf dem Bau- oder Abenteuerspielplatz

Lernsituation: Einweihung der Wasseranlage

Igor (8;8 J.) hat sich heute mit seinen Freunden auf dem Bauspielplatz verabredet. Sie wollen endlich die Wasseranlage ausprobieren, an der sie die ganze Woche über täglich gebaut haben. Marion (Leiterin des Bauspielplatzes) hat mithilfe eines Technikers vom städtischen Tiefbauamt den Wasseranschluss am Vormittag einsatzbereit herrichten lassen. Der Wasserfall und die Untertunnelung des Wasserlaufs sind Igor und seinen Kumpeln besonders gut gelungen. Es können sogar kleine, schwimmtaugliche Gegenstände, wie z. B. selbst gebaute Schiffe aus kleinen Milchverpackungen, zu einem Wettrennen auf die Strecke gebracht werden. Später am Nachmittag soll die Einweihung der Wasseranlage richtig gefeiert werden. Dazu richten schon einige andere Kinder die Feuerstelle her, damit dort Kartoffeln und Stockbrot gebacken werden können. Andere Kinder wiederum besorgen die benötigten Zutaten wie Kartoffeln, Quark, Butter und Getränke im nahen Supermarkt. Die weiteren Zutaten für das Stockbrot, Backpulver und Mehl sowie die Alufolie für die Backkartoffeln befinden sich noch vom letzten Grillfest in der Bauhütte. Als schließlich alles gerichtet ist – mittlerweile sind etwa zwanzig Kinder (zwischen 6 und 14 Jahren) auf dem Platz versammelt – steht einem zünftigen Einweihungsfest nichts mehr im Wege, selbst der Regen bleibt heute aus.

In den anstehenden Osterferien will Marion mit interessierten Kindern einen kleinen Blumen- oder Nutzgarten anlegen. Einige Kinder haben sich schon im gegenüberliegenden Gartencenter sachkundig gemacht.

Impulse zur Bearbeitung der Lernsituation:

- ***Was erfahren Sie über die Ausstattung und Nutzung eines Bauspielplatzes?***
- ***Über welche Informationen verfügen Sie oder welche Erfahrungen konnten Sie auf einem Bauspielplatz machen?***
- ***Was interessiert Sie an diesem sozialpädagogischen Arbeitsplatz besonders?***

Bereits 1931 stellte der dänische Architekt C. Th. Sörensen fest, dass sich Kopenhagens Kinder weniger auf den von ihm errichteten, außerordentlich abwechslungsreich gestalteten Spielplätzen aufhielten als auf Baustellen und Abstellplätzen. Dort spielten sie mit Brettern, Balken, Stöcken, Erde etc. und bauten Hütten, Höhlen und Gärten. Er änderte daraufhin die bisherige Konzeption seiner Spielplatzgestaltung und es entstand ein neuer Spielplatztyp: der *Bau-* oder *Abenteuerspielplatz.*

Bau- oder Abenteuerspielplätze sind pädagogisch betreute Spielplätze, die in ihrer Arbeit auf die Bedürfnisse von 6- bis 14-Jährigen eingehen. Vielfältige freizeit- und erlebnispädagogische Angebote vermitteln ganzheitliche Erfahrungsmöglichkeiten mit der Zielsetzung, verloren gegangene Eigeninitiative, Kreativität und soziale Mitbestimmung wiederzuentdecken. Zur Verwirklichung der Ziele ist die Gestaltung und Ausstattung eines Bau- oder Abenteuerspielplatzes von großer Bedeutung. Die hier dargestellten Planungshilfen geben auch heute noch Anregung, dienen aber nicht als Rezept für die Gestaltung von Spielplätzen (vgl. www.aba-fachverband.org).

Informationen zur Sicherheit auf Kinderspielplätzen sind hier nachlesbar: https://usb-net.de/wp-content/uploads/2017/04/Sozial-SicherheitAufKinderspielplaetzen.pdf.

Bedürfnisse	Gestaltungsprinzipien	Planungsbeispiele
Bewegungsbedürfnis	· Schaffung von Bewegungsflächen und Bewegungsgeräten mit unterschiedlichen Schwierigkeitsgraden · natürliche Gegebenheiten berücksichtigen	· Flächen mit unterschiedlichem Untergrund · Klettergeräte/Kletterkombinationen · Mäuerchen, Palisaden, Türme · Hügel · Balanciermöglichkeiten, Schaukeln · Flächen zum Hüpfen, Seilspringen etc.
Bedürfnis nach sinnlicher Wahrnehmung	· verschiedene Tages- und Jahreszeiten erfahrbar machen · Erfahrungsmöglichkeiten für alle Sinne schaffen · überlegen, welche Spielbereiche in der Sonne, im Schatten, im Wind liegen · kleine Tieranlagen, Bau von Stallungen	· keine Giftpflanzen bzw. keine Früchte, die ungenießbar sind · vielfältige Vegetation, z. B. Wiese, Zier- und Nutzpflanzen · Kletterbäume · Pflanzen, die Geräusche machen · Pflanzen, die riechen · Findlinge als Erfahrungsmöglichkeit · Licht- und Schattenplätze · Nischen als Rückzugsmöglichkeit · elementare Erfahrungsmöglichkeiten schaffen (Sand, Wasser, Erde) · Ställe, um den Umgang mit Tieren zu ermöglichen
Bedürfnis nach Kreativität	· Die Gestaltung des Spielplatzes und die Spielgeräte sollen Freiraum für Veränderungen und Ideen geben. · handwerklicher Bereich	· veränderbare Spielbereiche · Naturmaterialien (Holz, Steine, Sand) · Budenbau (Umgang mit Werkzeug) · multifunktionale Geräte · Wasserbereich · Maltafeln
Bedürfnis nach Erprobung	· Risiken kalkulierbar einbauen · nicht einsehbare Spielbereiche schaffen · verschiedene Schwierigkeitsgrade · Erfahrungen mit den Elementen Feuer und Wasser · Erfahrungen mit der eigenen Kraft und Geschicklichkeit	· Klettermöglichkeiten · Versteckmöglichkeiten · Feuerstelle · stehendes Gewässer · Werkmaterialien · Budenbau
Soziale Bedürfnisse	· Der Platz sollte so gegliedert sein, dass er Spiele unterschiedlicher Altersgruppen, Gruppenspiele und Alleinspiel zulässt.	· große Flächen für Mannschaftsspiele · Spielgeräte und Flächen zum Rollenspiel · Räume für Rückzugsmöglichkeiten · Kommunikationsecken

Der Bau- oder Abenteuerspielplatz kann durch seine offene Konzeption zu einem informellen Treffpunkt für Kinder aller Altersgruppen werden und dazu beitragen, soziale Kontakte und Freundschaften zu vermitteln und zu pflegen. Die Kinder sollen durch spielerisches Handeln Erfahrungen mit den Elementen (Erde, Wasser, Feuer, Luft), Pflanzen und Tieren machen, ihre Umwelt aktiv gestalten und verändern können sowie Spaß und Freude im gemeinsamen Tun erleben. Die meisten Bau- oder Abenteuerspielplätze verfügen über ein festes Spielhaus, in dem z. B. von den pädagogischen Mitarbeitern bei Bedarf vorbereitete Angebote im musischen oder hauswirtschaftlichen Bereich durchgeführt werden.

Die Fluktuation der Spielplatzbesucher, der große Altersunterschied, die erhöhte Konfliktbereitschaft unterschiedlicher Besucherstrukturen und die Abhängigkeit von Witterungsverhältnissen erfordern von den pädagogischen Mitarbeitern ein hohes Maß an Flexibilität und Improvisationsfähigkeit. Einerseits kann das Spielplatzgelände selbst durch seine vielfältigen Aktionsbereiche indirekt Spielangebot sein, zum anderen versuchen die Mitarbeiter aber auch, mit spielpädagogischen Methoden als Bezugspersonen direkt auf das Verhalten der Kinder einzuwirken. Die pädagogischen Mitarbeiter auf einem Bau- oder Abenteuerspielplatz sollten sich keinesfalls als Animateure mit einem festen Freizeitprogramm verstehen, sondern Kindern durch ganzheitliche Angebote für alle Entwicklungsbereiche Spiel- und Lebenshilfe vermitteln.

Vertiefungsaufgaben

1. **Betrachten Sie das Foto auf S. 255 und ermitteln Sie, warum Bauspielplätze eher den kindlichen Spielbedürfnissen entsprechen als vorgegebene Spielplätze.**
2. **Besuchen Sie einen Bau- oder Abenteuerspielplatz in Ihrer Nähe. Beobachten Sie die Spielaktivitäten an einem Nachmittag oder in den Schulferien. Berichten Sie über Ihre Spielbeobachtungen.**
3. **Nehmen Sie Stellung zu folgender Aussage:**

   „Im gleichen Maße, wie unsere Städte unpersönlich, die Menschen einsamer werden und ziellose Kinder in Hauseingängen herumlungern, wächst die Bedeutung von menschlicher Anteilnahme und Betreuung im Leben außerhalb des Hauses. Dies gilt besonders auch für Spielplätze" (vgl. S. 110 Spielraum ist Bewegungsraum und S. 138 Spielraum ist Lebensraum).

   Gestalten Sie in Teamarbeit mit bildnerischen Mitteln einen Bau- oder Abenteuerspielplatz. Berücksichtigen Sie dabei die o. g. Planungsbeispiele.
4. **Vergleichen Sie die Spielaktivitäten von Kindern im Grundschulalter auf einem herkömmlichen Spielplatz und einem Bau- oder Abenteuerspielplatz hinsichtlich folgender Aspekte:**
   - **Anzahl der Kinder**
   - **pädagogische Betreuer**
   - **aufgesuchte Spielorte, -geräte**
   - **beobachtete Sozialformen**
   - **Dauer der Spielabläufe**
   - **Erfahrungsmöglichkeiten**

Web

Spielaktivitäten der Kinder im Grundschulalter

5. Überlegen Sie zu den genannten Bedürfnissen von Grundschulkindern konkrete Spielvorschläge, die Sie auf einem Bau- oder Abenteuerspielplatz umsetzen könnten. Beziehen Sie dabei besonders Abenteuer- und Erlebnisspiele mit ein.

   Beschreiben Sie die dafür notwendigen Materialien und Spielregeln.
6. Beschreiben Sie mögliche Konfliktbereiche auf Bau- oder Abenteuerspielplätzen und erläutern Sie spielpädagogische Maßnahmen als Lösungsvorschläge.

4.2.16 Das Spielmobil

Lernsituation: Heute kommt der Spielebus

Fabian (7;2 J.) und seine Freundin Julia (7;9 J.) toben unruhig auf dem ehemaligen Parkplatz hin und her. Attila und Orkan (beide 9 J.) sitzen oben auf einer maroden Mauer und halten Ausschau nach dem Spielmobil. Von der nahen Kirchturmuhr hat es schon 15:00 Uhr geschlagen. Endlich biegt der Spielebus um die Ecke. Jürgen und Susanne (die beiden Fahrer) parken den Kleintransporter sicher auf dem Parkplatzgelände. Sie öffnen die hinteren Türen und packen diverse Spielgeräte aus. Fabian greift zu dem Pedalo, während Julia sich das Einrad nimmt und losstrampelt. Attila und Orkan schnappen sich die Stelzen. Nach einer kurzen Probierphase gelingt ihnen der Stelzenlauf schon ganz gut, und sie veranstalten ein kleines Rennen.

Jürgen und Susanne räumen in der Zwischenzeit weitere Spielgeräte aus dem Wagen. Nach und nach versammeln sich immer mehr Kinder am und um das Spielmobil. Manchmal steht der Spielnachmittag auch unter einem Motto. Aber heute ist freies Spielen angesagt. Einige nehmen die Straßenkreide und malen Hüpfkästen auf den Asphaltboden, manche probieren mit den Springseilen verschiedene Sprungtechniken und andere spielen mit Holzschlägern und einem Ball Straßentennis. Die Boccia-Kugeln sind heute ein beliebtes Spielzeug, dagegen werden die Geräte, mit denen man jonglieren kann, von den Kindern heute überhaupt nicht genutzt, obwohl Susanne einige Kunststücke vorführt. Schnell sind zwei Stunden herum und mithilfe einiger Kinder packen Jürgen und Susanne die Spielgeräte wieder in den Transporter. Sie verteilen an die Kinder noch Zettel, auf denen die Tage und Uhrzeiten für die Spielmobilnachmittage im nächsten Monat stehen.

Impulse zur Bearbeitung der Lernsituation:

- *Was erfahren Sie über die Ausstattung und Nutzung eines Spielmobils?*
- *Welche pädagogische Wirkung sehen Sie in dieser Art des betreuten Spielens?*
- *Welche Ideen fallen Ihnen zu einem Themennachmittag ein?*

Aufgrund von fehlenden Spielplätzen in dicht bebauten Wohngebieten wurden Anfang der 1970er-Jahre mobile Spielplatzbetreuungen eingerichtet. Auf diese Weise konnten mit geringem materiellem Aufwand ein- bis zweimal wöchentlich auf freien Plätzen wie z. B. Schulhöfen oder Marktplätzen Spielangebote für alle Altersgruppen gemacht werden.

In den folgenden Jahren wurde die Idee der mobilen Spielplatzbetreuung vielfach erweitert und unter dem Sammelnamen *Spielmobil* (benannt nach der damals bekannten Kindersendung *Das feuerrote Spielmobil*) populär.

Ziel der Spielmobile

Spielmobile sind mit Spielmaterialien ausgestattete Fahrzeuge, die zu bestimmten Zeiten Orte anfahren, um dort Spielangebote zu machen.

„Das zentrale Ziel der Spielmobile, ihr ideeller ‚Inhalt' (und darauf bezogen die materielle Ausstattung) sind das Spiel, das Spielen und die Spiele. Alle anderen auch legitimen Ziele und Inhalte sind diesbezüglich zunächst sekundärer Natur (von ‚Stadtgeschichte' über ‚Interkulturelles Miteinander' bis ‚Umweltlernen')."

(Zacharias, 1996, S. 45)

Spielmobile werden in der Regel von den Kommunen (durch das KJHG[1] gehört die Spielförderung zu den kommunalen Pflichtaufgaben) finanziert, organisiert und durchgeführt, was bedeutet, dass die Teilnahme bei Spielmobil-Programmen kostenlos ist.

[1] Kinder- und Jugendhilfegesetz NRW 1991, insbes. §§ 3, 8, 79, 80.

Konzepte der Spielmobile

Spielmobile weisen unterschiedliche Formen, Inhalte und Schwerpunkte auf, sind aber in ihrer Grundkonzeption durch folgende Merkmale gekennzeichnet:

- „Spielmobile beleben und aktivieren Orte zu Spielräumen mit situationsspezifischen thematischen Spielideen.
- Spielmobile schaffen einen aktuellen Lebensweltbezug, indem sie die konkrete Umgebung in die Spielaktionen miteinbeziehen.
- Spielanimation bezieht Fantasiewelten mit ein, indem sie ein breit gefächertes Material- und Rollenspiel ermöglicht. Dabei werden im Spiel Realität und Fiktion miteinander verwoben.
- Die Professionalität der Spielmobilbetreuer sichert die Gleichzeitigkeit unterschiedlicher, auch altersspezifischer Spielangebote ebenso wie die nötigen Sicherheitsstandards dieser Angebote.
- Spielmobilaktionen bieten im Stadtteil auch die Chance für Kinderöffentlichkeiten, d. h. zu Treffgelegenheiten für viele Kinder an einem Ort zu einer bestimmten Zeit mit der Chance des Kennenlernens und einem kinderspezifischen Gesamtmilieu.
- Das Spiel der Kinder unterliegt keiner Bewertung und keinem für alle gemeinsam verbindlichen Ziel: Spielen ist frei, Kinder spielen in eigener Regie."

(Zacharias, 1996 S. 41)[1]

Vertiefungsaufgaben

Web

Hospitation beim Spielmobileinsatz

1. **Stellen Sie fest, ob in Ihrer Stadt Spielmobile eingesetzt werden. Informieren Sie sich über den nächsten Einsatztermin und Einsatzort.**

   Nehmen Sie an einem Spielmobileinsatz teil. Protokollieren Sie Ihre Hospitation anhand folgender Aspekte:

   - **Einsatzdatum**
   - **Einsatzort**
   - **Zeitrhythmus/Zeitdauer**
   - **Anlass des Spielmobileinsatzes**
   - **Ausstattung**
   - **pädagogische Mitarbeiter**
   - **Teilnehmer (Anzahl/Alter)**
   - **Verlauf des Spielmobil-Programms**
   - **besondere Vorkommnisse**
   - **eigene Anmerkungen**
2. **Über welche Kompetenzen sollten Ihrer Meinung nach pädagogische Mitarbeiter in einem Spielmobil insbesondere verfügen?**

[1] Weitere Informationen: Bundesarbeitsgemeinschaft Spielmobile (www.spielmobile.de).

5 Gemeinsames Spielen mit Erziehungspartnern

Lernsituation: Ein Spielfest in der Grundschulbetreuung

Zum Abschluss des Schuljahres soll in der offenen Grundschulbetreuung ein Spielfest stattfinden. Wie jedes Jahr sollen sich die Kinder und die Betreuer Spiele überlegen, die draußen und drinnen durchgeführt werden könnten. Auch einige Eltern haben ihre Bereitschaft erklärt, sich aktiv am Spielfest zu beteiligen.

Die Kinder wollen ihre Eltern, Geschwister, Freunde und Verwandte dazu einladen. Für die Planung wird ein Festkomitee gewählt, das alle Ideen und Spielevorschläge sammelt, die Rahmenbedingungen festlegt und den genauen Ablauf des Festes vereinbart.

Impulse zur Bearbeitung der Lernsituation:

- *Welche Spiele für Grundschulkinder können drinnen und draußen gespielt werden?*
- *Welche Überlegungen sind für eine Spielfestplanung notwendig?*
- *Warum sollten die Kinder mit in die Planungsüberlegungen einbezogen werden?*
- *Auf welche Weise könnten Eltern beim Spielfest mitwirken?*

5.1 Methoden erziehungspartnerschaftlicher Zusammenarbeit

Eltern und Bezugspersonen als Erziehungs- und Bildungspartner

Die Familien spielen eine entscheidende Rolle für den Bildungserfolg und die zukünftigen Lebenschancen von Kindern. Um diese zu fördern, ist ein gelungenes Miteinander von Eltern und Bezugspersonen in Kindertageseinrichtungen, Schulen oder Freizeiteinrichtungen erforderlich. *Der Begriff* Erziehungspartnerschaft (in einigen Bundesländern auch *Bildungspartnerschaft*) bezeichnet ein Verhältnis zwischen Tagespflege, Kindertageseinrichtungen und Eltern, in dem beide Teile die Verantwortung für die Förderung des Kindes übernehmen. Inhalt, Umfang und Form der partnerschaftlichen Zusammenarbeit werden in der Kita-Konzeption festgelegt. Die Elternmitwirkung und ihre Ziele sind für Kindertageseinrichtungen in NRW im Kinderbildungsgesetz (KiBiz) im § 9 und § 10 aufgeführt.

Einerseits erhalten Eltern Einblicke und Informationen über die Einrichtungen sowie Unterstützung in Erziehungsfragen. Andererseits erhalten sozialpädagogische Fachkräfte durch einen vertrauensvollen Kontakt, Hintergrundinformationen über die aktuelle Lebenssituation, die Entwicklung sowie besondere Erlebnisse des Kindes innerhalb der Familie, was zum besseren Verständnis des Verhaltens beiträgt.

Das Miteinander von Eltern oder anderen Bezugspersonen und sozialpädagogischen Fachkräften, über Entwicklungsfragen der Kinder, bedarf eines ständigen vertrauensvollen dialogischen Austausches. Dabei können sich Eltern und sozialpädagogische Fachkräfte gegenseitig unterstützen um die notwendigen und richtigen Entscheidungen für ihre Kinder zu treffen.

Bedeutung der Erziehungspartnerschaft

Eine enge Zusammenarbeit zwischen Eltern und sozialpädagogischen Fachkräften ist eine der Voraussetzungen für die Förderung des Kindes, die auf dem aufbaut, was das Kind aus dem Elternhaus mitbringt. Kindertageseinrichtungen und Schulen sind meist die ersten pädagogischen Institutionen, in denen sich Familien aller sozialen Schichten, mit unterschiedlichen Erwartungen begegnen. Durch ein vielfältiges Angebot der Einrichtungen sollen alle Personen erreicht und einbezogen werden, und zwar in ihren individuellen Lebenssituationen. Kindertageseinrichtungen und Schulen können aber nur dann erfolgreich arbeiten, wenn sie die Lebensbedingungen der Familien kennen und in soweit analysieren, dass gegebenenfalls bestehende Gegensätze zwischen familiärer und institutioneller Erziehung, gemeinsam mit den Eltern, abzubauen versuchen.

Erziehungspartnerschaft muss als gemeinsamer pädagogischer Prozess verstanden werden:

- als Informationsaustausch
- als Hilfestellung der sozialpädagogischen Einrichtungen und Schulen für Eltern im Hinblick auf gegenwärtige und auch zukünftige Erziehungsaufgaben (z. B. Ver-

ständnis für das Kind, Wertschätzung, Konfliktlösungsverhalten, Spiel-/Freizeitgestaltung)
- als Hilfestellung für sozialpädagogische Fachkräfte, die sie durch die Erziehungspartner für die eigene Erziehungs- und Bildungsarbeit in den jeweiligen Einrichtungen erhalten

Was behindert bzw. was fördert eine Erziehungspartnerschaft?

Die pädagogische Arbeit in Kindertageseinrichtungen und Schulen kann nur dann optimal sein, wenn alle Beteiligten miteinander kooperieren. Viele Erzieher beklagen einen mangelnden Besuch von Elternveranstaltungen bzw. ein scheinbares Desinteresse. Sie verdeutlichen aber auch, dass es Eltern gibt, die interessiert und engagiert mitarbeiten. Voraussetzung für eine gute Zusammenarbeit kann nur eine gleichwertige Partnerschaft sein, in der die Erwartungen, die Bedürfnisse und Interessen aller Beteiligten geklärt werden. Störende Hindernisse, die eine wirksame Kooperation beeinträchtigen, sind z. B. mangelnde Akzeptanz/Wertschätzung, Ängste, unterschiedliche Erwartungen, Gleichgültigkeit, Routine sowie ein unterschiedliches Verständnis der Erziehungsziele, Methoden und Leistungen. Eine regelmäßige Präsentation macht die pädagogischen Arbeit in der Kita transparent und weckt Interesse und Anteilnahme bei den Eltern.

Erziehungspartnerschaft kann nur erfolgreich verlaufen, wenn sie kontinuierlich und auf Augenhöhe stattfindet, unter Beachtung gegenseitiger Wünsche und Bedürfnisse von Eltern und sozialpädagogischen Fachkräften. Regelmäßige Gespräche dienen dabei dem wechselseitigen Austausch von Informationen.

Formen und Möglichkeiten der Zusammenarbeit mit Erziehungspartnern

In der Kita sind vielfältige Formen der Zusammenarbeit anzutreffen. Sie sind einerseits gesetzlich vorgeschrieben, aber immer auch abhängig von der jeweiligen Situation, Bedürfnislage der Eltern und Kinder, Kompetenzen der pädagogischen Mitarbeiter sowie der gemeinsamen Zielsetzung. Nachfolgend werden beispielhafte Formen der Erziehungspartnerschaft konkretisiert.

5.1.1 Elternabende gestalten

Der Elternabend ist immer noch die populärste Form der partnerschaftlichen Zusammenarbeit. Zur erfolgreichen Durchführung eines Elternabends ist es wichtig, dass alle Mitarbeiter und Elternvertreter sich zunächst über die Zielsetzungen im Klaren sind, ihre Erwartungshaltung überprüfen, ihre Ansprüche abgleichen, um dann eine konzeptionelle Planung zu erstellen:

- *Mögliche Zielsetzungen* (können sein:)
  - Kontakt herstellen, miteinander ins Gespräch kommen
  - Informationsaustausch und Themenabsprache
  - Klärung oder Problematisierung aktueller Ereignisse
  - Themen wie: Computerspiele für die Kita? Wie spielen mit U3-Kindern? Neues Spielzeug für die Kita?
  - Kooperationsmöglichkeiten mit der GS
  - Projektplanungen wie: Das Spielzeug macht Urlaub (siehe Kap. 4.4.5, S. 216)
- *Einladung*
  - Wer wird eingeladen? (die gesamte Elternschaft oder die Eltern einer Gruppe)
  - Wann wird eingeladen? (Terminankündigung durch Aushang ca. vier bis fünf Wochen vorher, Wochenanfang besser als Wochenende, Berücksichtigung von Konkurrenzveranstaltungen, Beginn meist 20:00 Uhr, Ende max. 22:00 Uhr)

- Wie wird eingeladen? (schriftliche, attraktiv gestaltete Einladung, ca. eine Woche vorher, mit deutlicher Themenstellung, Kinder als Überbringer einsetzen, Eltern zusätzlich darauf hinweisen)
- *Organisation*
  - Sitzordnung und Raumgestaltung
  - Getränke und Knabbereien
  - Moderation und Protokollführung
  - Methodenwahl (abhängig von der Zielsetzung)
  - Zeitplanung
- *Verlauf*
  - Begrüßung/Empfang (persönliche Begrüßung = Wertschätzung), kurze offizielle Begrüßungsworte zur positiven Einstimmung/Hinweis auf Verlauf der Veranstaltung, nicht zu lang
  - Darstellung und Zielsetzung des angekündigten Themas
  - Erarbeitungsphase unter Einbeziehung verschiedener Methoden und Medien
  - Zusammenfassung der Ergebnisse
  - Schlussfolgerungen und Ausblick
  - Verabschiedung (positives Schlusswort; Hinweise zu weiteren Veranstaltungen oder Ereignissen in der Kita Eltern als Vermittler der Ergebnisse ansprechen, Wünsche für den Heimweg)
- *Auswertung im Mitarbeiter- oder Planungsteam*
  - Anfertigung eines Verlaufsprotokolls
  - Reflexion der Vorbereitung, Durchführung, Ziele, Methoden, Medien
  - Folgerungen, Konsequenzen
  - Darstellung nach außen, z. B. ggf. Pressebericht, Elternbrief, Aushang am „Schwarzen Brett“

Vertiefungsaufgabe

Planen Sie in Gruppenarbeit (fünf Teilnehmer) einen Elternabend zu einem spielpädagogischen Thema.

- **Verteilen Sie innerhalb Ihrer Gruppe die folgenden Rollen:**

Manager: muss die Gruppe motivieren, ihre Aufgabe zu erarbeiten um die gesetzten Ziele zu erreichen
Schreiber: dokumentiert die Überlegungen und Ergebnisse der Gruppe
Zeitnehmer: achtet auf die Einhaltung der abgesprochenen Zeitvorgabe
Materialbeschaffer: ist für das Material der Gruppenarbeit verantwortlich
Sprecher: stellt den anderen Gruppen die Arbeitsergebnisse vor

- **Wählen Sie gemeinsam das Thema aus.**
- **Lesen Sie die Hinweise zur Gestaltung eines Elternabends und benutzen Sie die „Planungshilfe" (siehe nebenstehenden Kasten).**
- **Präsentieren Sie ihre Ergebnisse in Form einer Ausstellung.**

Planungshilfe zur Gestaltung eines Elternabends

Thema: ______________________________

____

1. Welche Interessen und Voraussetzungen der Zielgruppe sind zu berücksichtigen?
2. Welche Ziele sollen erreicht werden?
3. Welche methodischen Überlegungen müssen getroffen werden, um die Ziele erreichen zu können?
4. Welche Medien sollten eingesetzt werden?
5. Welche Fachliteratur sollte benutzt werden, um für den Elternabend gut vorbereitet zu sein?
6. Welche Werbeaktivitäten (Einladungen usw.) müssen durchgeführt werden, um möglichst große Aufmerksamkeit zu erzielen?
7. Welche Absprachen bzw. Vorbereitungen müssen getroffen werden?
8. Wie sollte der Elternabend verlaufen?
   Begrüßungsphase
   Hauptphase (Verlauf)
   Schlussphase (Verabschiedung)

5.1.2 Feste mit Kindern und Eltern feiern

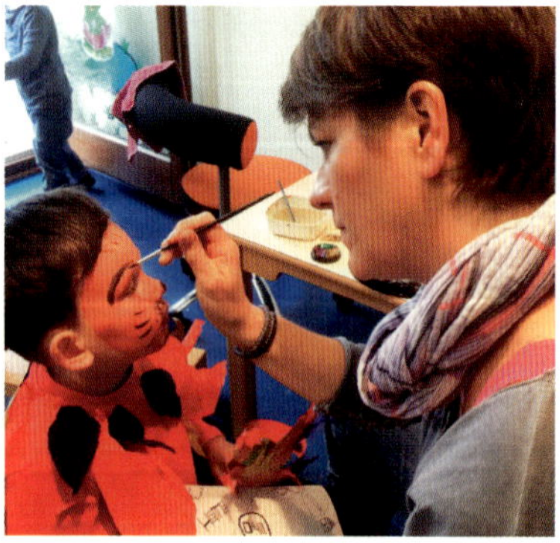

Feste und Feiern stellen im Alltag immer wieder einen Höhepunkt dar. Sie sind ein Gemeinschaftserlebnis, und der Wunsch nach traditionellen Festen ist in den Familien erkennbar vorhanden. Im Jahreskreislauf haben wiederkehrende religiöse als auch jahreszeitliche Anlässe ihren beständigen Platz. In Kindertageseinrichtungen und Schulen sind Feste und Feiern von großer Bedeutung. Gemeinschaftliche Spielerlebnisse verbinden und überwinden Grenzen. Neue Rituale schaffen die Voraussetzung für neue Traditionen, wenn z. B. nicht nur der „Muttertag“, sondern auch ein „Vatertag“ oder Familientag gefeiert wird, an denen die Eltern sich zwanglos kennenlernen können.

Ein gelungenes Fest, ob in einer Kindertageseinrichtung oder Schule, ist abhängig von der Festplanung und weiteren Elementen wie Speisen und Getränke, Spielen, Darbietungen und Musik. Außerdem entsteht eine Feieratmosphäre durch eine gelungene Raumgestaltung und passende Dekoration, beide sind abhängig vom Festanlass und den Örtlichkeiten. Vorteilhaft ist, wenn vorrangig die Kinder in die Vorbereitungen einbezogen werden und je nach Festanlass auch die Eltern. Alle Beteiligten sind dann gleichermaßen eingebunden und fühlen sich für die Organisation „ihres“ Festes verantwortlich.

Zu jedem Kinderfest gehören natürlich Spiele. Bei der Spieleauswahl werden die Kinder mitbeteiligt, gleichzeitig wird darauf geachtet, dass sie allen „nicht nur den Siegern“ Spaß bereiten sowie kreatives und kooperatives Handeln ermöglichen.

Viele altbekannte Spiele können auf das Festthema abgestimmt bzw. abgewandelt werden. Ebenso kann die Herstellung bzw. Gestaltung einfacher Spielmittel zum Aktivprogramm eines Kinderfestes gehören: So führen die Kinder z. B. mit selbst hergestellten Stabfiguren ein kleines Theaterstück auf, oder begleiten das Liedersingen mit den bunten „Regenmachern“ (mit kleinen Steinen gefüllte Pappröhren). Wenn jeder Festteilnehmer auch noch ein Souvenir mitnehmen kann, bleibt ein Fest in guter Erinnerung.

Kinder und auch die Eltern sind durch Feste leicht zu motivieren, ihrer Fantasie freien Lauf zu lassen und sich auszuleben. Dabei entstehen möglicherweise auch neue, dauerhafte Sozialkontakte und Freundschaften.

Planungshilfe für die Gestaltung eines Kinderfestes

1. **Thema oder Motto auswählen**
   (Wie lässt sich die Auswahl des Themas begründen?)
2. **Festteilnehmer**
   (Kinder, Eltern, Geschwister, Verwandte, Freunde)
3. **Festmitarbeiter**
   (Kinder, Eltern, Künstler, Experten)
4. **Erwartungen des Planungsteams**
5. **Zielsetzungen**
   (für die verschiedenen Festteilnehmer)

Feste feiern

Willst du wissen, wann
man Feste feiern kann?
Wenn der Schnupfen vorbei ist,
wenn es März oder Mai ist,
wenn das Wurstbrot gut schmeckt,
wenn man Käfer entdeckt,
wenn das Radio tobt,
wenn der Lehrer dich lobt,
wenn die Drachenschnur hält,
wenn die Schule entfällt,
auch am Geburtstag von Katze und Hund –
und aus jedem anderen Grund!

(Bydlinski, 1984, S. 93)

6. Vorbereitungen
   - Ort
   - Zeit
   - Dekorations- und andere Bastelmaterialien
   - Musik
   - Speisen und Getränke
   - Kostenplanung, Kostenübernahme
   - Absprachen
   - Maßnahmen zur Unfallverhütung
7. Geplanter Festablauf
   - Einstieg/Begrüßung
   - Festablauf als „Stationenspiel“
   - Abschluss/Verabschiedung
8. Reflexion
   - Wie viele Festteilnehmer gab es?
   - Wie verhielten sich die Festteilnehmer? Wie war die Stimmung?
   - Wurden die eigenen Erwartungen erfüllt oder nicht erfüllt?
   - Wurden die geplanten Ziele erreicht oder nicht erreicht?
   - Waren die Vorbereitungen ausreichend?
   - Wie war der Festverlauf? Gab es Abweichungen von der Planung? Traten Schwierigkeiten/Konflikte auf?
   - Was könnte beim nächsten Mal anders gemacht werden?

Spielanregung – Stationenspiel

An verschiedenen frei wählbaren Spielstationen können die Spieler in beliebiger Reihenfolge unterschiedliche Spielangebote durchführen, wobei die Angebote angeleitet werden oder frei spielbar sind. Das Stationenspiel eignet sich vorzugsweise für die unterschiedlichsten Spielfeste in sozialpädagogischen Einrichtungen, da auch die Eltern und das Wohnumfeld mit einbezogen werden können, z. B. zu einem „Marktfest in Klunkersdorf“.

Marktfest in Klunkersdorf

Mitspieler: ca. 60
Spielleiter: pro Spielstation/bzw. Stand ein bis zwei erwachsene Spielleiter
Alter: ab 6 Jahren
Ort: alle Räume der OGS und das Außengelände
Spielzeit: Samstag, 15:00–17:00 Uhr (ca. zwei Stunden, ohne Vor- und Nachbereitungszeit)
Spielverlauf: siehe nachfolgende Seiten

Spielstation/Stand	Material/Hinweise
Als Startgeld bekommt jeder Besucher in Klunkersdorf von jeder Spielstation einen Tonklunker (der wurde bereits vorher angefertigt) oder eine Perle (wurden vorher beschafft).	**Grundregeln: Wer ....** • selbst etwas tut, behält seinen Bestand an Klunkern. • nur konsumiert, bezahlt einen Klunker. • für andere etwas tut, verdient einen Klunker. • Klunker tauschen möchte, sucht sich Tauschpartner.
Willkommensspiel: *Und wer in .... (Land/Ort nennen) geboren ist, komm her, komm rein und mach mit. Wir freuen uns und rufen laut: „Guten Tag, guten Tag, guten Tag!“* (ggf. in anderen Sprachen wiederholen)	**Stehkreis:** Die Spielleiterin singt die erste Zeile vor, alle wiederholen die Zeile und singen gemeinsam weiter. Die Angesprochenen gehen in die Kreismitte und verbeugen sich nach allen Seiten. So lange wiederholen, bis alle begrüßt wurden.
Handpuppenspiel als spielerische Einführung über den Ablauf des Marktfestes und Infos zu den Stationen	Drei erwachsene Spielleiter erzählen eine Geschichte mithilfe der beiden Handspielpuppen *Fritz* und *Pommes*.
Stände des Klunkermarktes: Trinkbar	**Trinkbar:** Verschiedene Obstsäfte, Mineralwasser, Eiswürfel, Brausepulver, Trinkhalme, Trink- und Schüttelbecher sind auf einer Theke aufgebaut. Getränke/Mixgetränke können selbst eingeschenkt bzw. hergestellt (+1 Klunker) oder bestellt werden (–1 Klunker).
Feuerstelle	**Feuerstelle:** Am offenen Feuer im Freien oder im Herd in der Küche werden Folienkartoffeln gegart oder/und Fladenbrot gebacken. Dazu gibt es Kräuter-/Knoblauchquark. Beides kann selbst hergestellt (+1 Klunker) oder bestellt werden (–1 Klunker).
Musikpalast	**Musikpalast:** In einem Zelt oder unter einem Sonnendach ist eine Musikanlage mit Mikrofon installiert. Zu orientalischer Musik, Pop-Musik etc. können z. B. Discotanz, Bauchtanz, Karaoke vorgeführt oder Lieder vorgetragen werden (+2 Klunker). Wer auf bereitgestellten Sitzgelegenheiten Platz nimmt, darf zuschauen/zuhören (–1 Klunker).
Spielwiese	**Spielwiese:** Eine Auswahl an Bewegungs-, Darstellungs-, Kontakt-, Wahrnehmungsspielen für große und kleine Leute werden hier angeboten. Wer mitspielen möchte, ist eingeladen (+2 Klunker).

Spielstation/Stand	Material/Hinweise
Geschichtenwigwam	**Geschichtenwigwam:** In einem Zelt oder unter einem Sonnendach sind Deckenausgebreitet. Erwachsene/Kinder lesen oder erzählen sich hier Geschichten (+2 Klunker). Wer zuhören will, kann sich hier ausruhen und entspannen (–1 Klunker).
Perlenkettenwerkstatt	**Perlenkettenwerkstatt:** Aus Baumwoll- oder Lederbändern werden Kordeln gedreht oder geflochten und die erworbenen Klunker eingearbeitet. Die Tonklunker können zusätzlich mit Farbstiften verziert werden.
Abschluss: Um 17:00 Uhr treffen sich alle mit ihren Klunkerketten auf der Spielwiese. Die „schönste“ Kette wird prämiert.	
Abschlusslied: „Ich will dich wiedersehen“ (Rolf Krenzer/ Ludger Edelkötter)	Alle singen im Kreis und begleiten den Rhythmus durch Klatschen.

Vertiefungsaufgabe

Lernsituation: *In der letzten Teamsitzung Ihrer Praktikumskita wurde beschlossen, wie jedes Jahr vor den Sommerferien, ein Spielfest in der Kita mit allen Kindern, Geschwistern und Eltern zu feiern. In Ihrer Kita werden 80 Kinder von 14 sozialpädagogischen Fachkräften betreut. Bis zur nächsten Teamsitzung wollen sich alle Gedanken machen, wie das diesjährige Spielfest gestaltet werden könnte. Auch die Eltern sind durch einen Aushang dazu aufgefordert.*

Planen Sie ein Spielfest:

- **Bilden Sie dazu vier Gruppen. Jede Gruppe erhält spezielle Aufgaben, die in einem vorher gemeinsam verabredeten Zeitrahmen durchgeführt werden.**
- **In der folgenden simulierten Teamsitzung (Unterrichtseinheit) präsentieren alle Gruppen ihre Arbeitsergebnisse.**

Aufgaben der Gruppe 1:	Aufgaben der Gruppe 2:
(vier päd. Mitarbeiter aus einer Regelgruppe + Hauswirtschafterin) – Gemeinsam erstellen Sie die Rahmenbedingungen des Festes und verfassen einen groben Zeitplan. – Sie entwickeln Ideen, wie die Beköstigung der Festteilnehmer aussehen könnte. – Für die nächste Teamsitzung präsentieren Sie Ihre Ideen auf einer Wandzeitung.	(fünf päd. Mitarbeiter aus einer U3-Gruppe) – Sie entscheiden, ob das Fest unter einem Motto stehen soll und wenn ja, unter welchem. – Sie entwickeln passende Spielideen, insbesondere für Kinder unter drei Jahren. – Für die nächste Teamsitzung präsentieren Sie Ihre Ideen auf einem Plakat.

Aufgaben der Gruppe 3: (vier päd. Mitarbeiter aus einer Regelgruppe + Leiterin)	**Aufgaben der Gruppe 4:** (fünf Elternvertreter)
– Sie überlegen, welche Anforderungen ein Fest an Sie selbst und die Mitarbeiter stellt. – Sie erstellen eine Liste der notwendigen Kenntnisse, Fertigkeiten und Handlungsweisen, die Ihnen für das Gelingen der Feier wichtig sind. – Sie nehmen Kontakt mit dem Träger der Einrichtung auf, um die Finanzierung des Festes zu gewährleisten. – Bei der nächsten Teamsitzung stellt jedes Gruppenmitglied einen Teilaspekt der Arbeitsaufgaben vor.	– Sie diskutieren, welche Erwartungen die Eltern haben könnten. – Durch eine Umfrage bei den Eltern stellen Sie fest, welcher Zeitpunkt für das Fest sinnvoll ist. – Sie entwickeln Ideen, wie Sie andere Eltern zur Mitarbeit überzeugen könnten. – Sie nehmen Kontakt zu anderen Eltern und Personen auf, um Sie für eine finanzielle Unterstützung zu gewinnen. – Bei der nächsten Teamsitzung stellen Sie ihre gesammelten Ergebnisse durch einen Gruppensprecher vor.

- **Halten Sie die endgültige Festplanung auf einem Plakat fest und übertragen Sie diese in Ihre Spielkartei unter der Rubrik: „Kinderfeste“ oder in Ihr Portfolio.**
- **Stellen Sie die gemeinsam konzipierte Planung eines Sommerfestes Ihrer Praktikumseinrichtung vor, um sie auf eine realistische Durchführbarkeit zu überprüfen.**
- **Stellen Sie mögliche Änderungen und Kritikpunkte Ihrer Lerngruppe vor und verändern Sie ggf. einige Aspekte.**

5.1.3 Spielnachmittage mit Eltern und Kindern

Regelmäßiges Spielen in der Familie und sozialpädagogischen Kindertageseinrichtungen ist für Kinder wichtig. Im Spiel sammeln sie grundlegende Erfahrungen, die sie in ihrem Alltag nutzen können.

Besonders profitieren Kinder vom Spiel in der Gemeinschaft. Hier erfahren sie, was es heißt, voneinander abhängig zu sein und sich aufeinander verlassen zu können und auch gemeinsam Spaß zu haben. Das gilt genauso für Eltern und andere erwachsene Bezugspersonen, auch sie erleben im Spiel Spaß und Spannung hautnah und bauen Alltagsstress ab. Gemeinsame Spielen verbindet und kann zu einer festen Gewohnheit werden, wenn etwa ein regelmäßiger Spielnachmittag eingeplant wird. Alle anderen Ablenkungen sind dann tabu. Das Kind weiß, dass es in dieser Zeit mit Spielspaß und ungeteilter Aufmerksamkeit rechnen kann. Es erlebt, dass den Eltern gemeinsame Aktivitäten wichtig sind, und diese erleben das Kind intensiv.

Bei Eltern-Kind-Spielnachmittagen in Kindertageseinrichtungen können Eltern ihre Spielkenntnisse auffrischen und z. B. neue Spiele für den familiären Spieleabend kennenlernen. Zudem erleben sie das Verhalten der sozialpädagogischen Fachkräfte im Umgang mit Spielkonflikten, was ein Anstoß sein kann, das eigene Spielverhalten zu reflektieren.

Außerdem erhalten alle Eltern, praxisnahe Anregungen zur Sprachförderung ihrer Kinder. Durch gemeinsame Spielaktivitäten, z. B. Spiellieder, Nachspielen von Geschichten und Märchen, Fingerspiele, Geburtstagsspiele, u. a. erleben sie, wie Kinder spielerisch lernen und wie Spielsituationen gestaltet werden können. Über Beobachtung, Reflexion sowie selbst ausprobieren wird Erfahrungslernen erzielt. Gleichzeitig werden die Eltern ermutigt, eigene Ideen und Kompetenzen einzubringen. Eltern mit Migrationshintergrund könnten Kinderspiele oder typisches Spielzeug aus ihrem Herkunftsland mit den Kindern spielen oder vorstellen.

Methodische Hinweise zur Gestaltung eines Spielkreises für Eltern und Kinder

- Der Spielkreis sollte mit einer kurzen Gesprächsrunde beginnen oder mit einem Spiel, das die Aufmerksamkeit aller Kinder und Eltern auf sich zieht.
- Alle Spielkreisteilnehmer sitzen so, dass niemand verdeckt wird (Blickkontakt).
- Bewegungsreiche und ruhige Spiele sollten sich abwechseln.
- Einzelspiel, Partnerspiel und Gemeinschaftsspiel sollte in einem angemessenen Wechsel durchgeführt werden.
- Spielvorschläge der Kinder einplanen und aufgreifen.
- Bei neuen Spielen die Spielregeln möglichst durch spielerisches Vormachen erklären.
- Möglichst alle Kinder/Eltern während des Spielkreises einbeziehen oder einbeziehen lassen.
- Kinder und Eltern nicht zum Mitspielen zwingen. Der Kreis kann Eltern und Kinder auch verunsichern.
- Niemanden bloßstellen oder auslachen (lassen).
- Niemanden bevorzugen oder benachteiligen.
- Eltern und Kindern bei Unsicherheiten Hilfen geben, z. B. im Gespräch, bei der Spiel- und Partnerwahl, beim Spielerwechsel.
- Während des Spielkreises die Gruppenatmosphäre beachten bzw. beobachten, z. B. bei Unruhe die Spielform ändern oder den Spielkreis abbrechen.
- Die Dauer des Spielkreises sollte sich nach der Konzentrationsfähigkeit der Kinder richten (Richtwert: ca. 20 Minuten). Zeitliche Planung beachten.
- Spielende in der letzten Runde rechtzeitig ankündigen.

Gemeinsame Spieltreffen für Väter und Kinder finden traditionell in der Regel freitagnachmittags, samstagvormittags oder -nachmittags statt. Wenn zwei bis drei Stunden für das Spieltreffen angesetzt werden, ist z. B. folgendes Programm möglich:

- Die Kinder präsentieren die Kita (soweit sie den Vätern nicht bekannt ist),
- danach suchen die Kinder ihr Lieblingsspiel oder ihren bevorzugten Spielraum aus und spielen dort mit ihren Vätern, allein oder gemeinsam mit anderen.
- Im Anschluss daran könnte gemeinsames Werken angeboten werden, z. B. Bau eines Windvogels.
- Mit einem kleinen Imbiss, der gemeinsam vorbereitet wurde, endet das Treffen.

Wochenend-Spielzeiten mit Vater-Kind-Aktionen können aber auch im Wald oder auf Abenteuerspielplätzen stattfinden. Ferner können sie einen sportlichen Charakter haben: Beispielsweise können bei einem Fußballspiel die Kinder gegen die Väter antreten, wobei die Väter nur im Sitzen spielen dürfen oder je zwei Väter an den Beinen zusammengebunden werden. Dann haben auch die Kinder *echte* Gewinnchancen.

Ebenso können Spielnachmittage für Großeltern und Ihre Enkelkinder angeboten werden, beispielsweise unter dem Motto „Spielen früher und heute“. Die Großeltern erzählen ihren Enkeln z. B. von ihren Spielen, die meist draußen stattfanden mit selbst gebastelten oder ganz einfachen Hilfsmitteln und auch viel Spaß machten. Schwer vorstellbar ist für Kinder auch immer wieder der Hinweis der Großeltern, dass es fast kein Fernsehen oder andere technische Medien gab.

Darüber hinaus können Spielnachmittag für Eltern und Kinder auch an unterschiedlichen Orten und zu unterschiedlichen Themen angeboten werden, z. B. „Kindergeburtstag auf dem Bauernhof“, „Neue Brettspiele in der Bücherei kennenlernen“, „Spiele für unterwegs“, „Winterspiele auf dem Spielplatz“ u. a. m.

Vertiefungsaufgabe

Planen Sie in Partnerarbeit einen thematischen Spielnachmittag für Eltern und Kinder unter Berücksichtigung der methodischen Hinweise und des Planungsrasters.

Schriftliche Planung eines Spielnachmittags für Eltern und Kinder

- kurze Beschreibung der Organisation und Art des Spielnachmittags
- Angaben zur Gruppe (Anzahl, Alter, beobachtete Spielinteressen der Kinder)
- Zielsetzung des Spielnachmittags
- eigene Erwartungen der Spielleitung
- Vorbereitung: Beginn, Dauer, Ort, Raum, Material, Anschauung, Absprachen
- Geplanter Ablauf:
  - Beginn des Spielnachmittags:
    Wie/Wodurch werden die Teilnehmer begrüßt/motiviert?
    Mit welchem Spiel wird begonnen?
  - Hauptphase:
    Welche Spiele werden angeboten?
    Welche Reihenfolge der Spiele wird ausgewählt?
    Wie werden neue Spiele eingeführt?
    Werden Spielwünsche der Kinder bzw. der Eltern berücksichtigt? Wenn ja, wie?
    Welche spielpädagogischen Handlungsweisen werden angewandt?
  - Abschlussphase:
    Auf welche Weise wird der Spielnachmittag beendet?
- Reflexion
  - Stellungnahme zur Organisation des Spielnachmittags
    Wie war die Vorbereitung, der Verlauf, das methodische Vorgehen? Gab es Abweichungen von der Planung?
  - Stellungnahme zu den Zielen
    Welche Ziele wurden erreicht bzw. nicht erreicht? Wodurch?
  - Stellungnahme zum spielpädagogischen Verhalten
    Wie wird das eigene Verhalten gegenüber den Kindern und Eltern eingeschätzt?
  - Stellungnahme zum Verhalten der Kinder
    Wie wird das Verhalten der Kinder untereinander als auch gegenüber der Spielleitung eingeschätzt? Beispiel geben
  - Stellungnahme zum Verhalten der Eltern
    Wie wird das Verhalten der Eltern untereinander, gegenüber den eigenen Kindern, fremden Kindern und der Spielleitung eingeschätzt?
  - Welche Konsequenzen werden für die Leitung weiterer Spielnachmittage gezogen?

6 Im Team Öffentlichkeitsarbeit mitgestalten sowie in Netzwerken kooperieren

Lernsituation: Weltkindertag im Familienzentrum „Villa Kunterbunt"

Zum 10-jährigen Bestehen des Familienzentrums „Villa Kunterbunt" soll auf dem großräumigen Gelände der Weltkindertag gefeiert werden. In direkter Nähe befindet sich auch ein gut ausgestatteter öffentlicher Spielplatz. Zu dem Fest sind neben den Kitakindern und deren Geschwistern auch interessierte Familien mit Kindern aus der Nachbarschaft eingeladen. Die Eltern, andere Bezugspersonen und auch einige Nachbarn wollen sich als Helfer beteiligen. Der Trägerverein stellt dazu eine ausreichende Geldsumme zu Verfügung. Außerdem hat die Trommel-AG der benachbarten Grundschule ihr Kommen schon zugesagt und der türkisch-islamische Verein will sich mit einer Tanzdarbietung beteiligen.

Die älteren Kita-Kinder, das sozialpädagogische und das hauswirtschaftliche Fachpersonal werden sich Spielangebote, Aktionen und eine Verköstigung überlegen. Je nach Wetterlage findet das Fest draußen und/oder drinnen statt. Vertreter aller beteiligten Gruppen bilden das Organisations-Team. Es sammelt alle Aktionsvorschläge und übernimmt die genaue Festplanung.

Impulse zur Bearbeitung der Lernsituation

- *Was wissen Sie über den Weltkindertag?*
- *Welche Aktivitäten sind für diese spezielle Veranstaltung geeignet?*
- *Welche Werbemaßnahmen sind notwendig um Öffentlichkeit herzustellen?*
- *Schreiben Sie einen Werbetext.*
- *Welche amtlichen Vorschriften müssen berücksichtigt werden? (z. B. Ordnungsamt, Polizei, Feuerwehr)*
- *Welchen Festablauf können Sie sich vorstellen?*
- *Welche Partner könnten außerdem für den Weltkindertag gewonnen werden?*
- *Erstellen Sie eine To-do-Liste für das geplante Fest.*

6.1 Öffnung durch Feste und Spielaktivitäten

Gemeinsam F(f)este feiern

Fast endlos ist die Liste möglicher Festveranstaltungen. Es gibt z. B. Sommerfeste, Straßenfeste, Stadtteilfeste, Kulturfeste, Sportfeste, historische Feste, Kinderfeste und vieles mehr. Festformen sind Ausdruck unterschiedlicher gesellschaftlicher und sozialpolitischer Anliegen. Sie können die Öffentlichkeitsarbeit einer Kindertageseinrichtung sinnvoll unterstützen, nachbarschaftliche Gemeinschaft fördern und/oder künstlerische, sportliche und kulturelle Initiativen präsentieren. Festveranstaltungen dokumentieren: „Engagement macht Spaß!"

Zum festen Programm eines Kinderfestes gehören Aktionen und Spiele. Traditionelle Spiele wie Sackhüpfen, Dosenwerfen oder Nägelschlagen sind organisatorisch nicht aufwendig und nach wie vor beliebt. Allerdings sollte das Wettbewerbs- und Leistungsprinzip auf Kinderfesten nicht überzogen werden. Im Vordergrund steht nicht der Sieg, sondern die gemeinsame Spielfreude. Preise werden deshalb nicht allein an die Sieger vergeben, vielmehr erhalten alle teilnehmenden Kinder kleine Geschenke. Gemeinschaftsspiele, die nicht gegeneinander, sondern miteinander möglich sind, stehen im Vordergrund, z. B. Bilder und Plakate entwerfen, Pflaster- und Straßenbilder malen, Verkleidungsspiele, Spiele mit dem Schwungtuch, Schminkaktionen u. a.

Jedes Jahr fordert das „Bündnis Recht auf Spiel" (www.recht-auf-spiel.de) bundesweit dazu auf, öffentlich wirksame Aktionen zu organisieren, um auf das Recht auf Spiel für

Kinder aufmerksam zu machen. Bei einem Stadtteil- oder Straßenfest, das anlässlich des *Weltspieltags* (28. Mai) unter dem Motto „Spielen überwindet Grenzen" steht, ist eine gute Möglichkeit in einem sicheren Rahmen, mit Unbekanntem in Kontakt zu kommen. Spiele aus verschiedenen Kulturen, die von Menschen mit unterschiedlichem kulturellem Hintergrund gerne gespielt werden, über alle Ländergrenzen hinweg, bieten eine ideale Gelegenheit zur Entwicklung von Toleranz und dem Verständnis von eigenen und anderen Kulturen. Zusätzlich geben Essens-, Getränke-, Infostände und bspw. ein anregendes Bühnenprogramm aufschlussreiche Einblicke, den anderen mit seinen kulturellen Besonderheiten kennenzulernen. Wenn darüber hinaus die örtlichen Migrantenorganisationen in die Festplanung einbezogen werden, entsteht eine größere Verbindlichkeit und der Kontakt bzw. Austausch zwischen den Kulturen wird unterstützt.

Zentrale Aufgaben

Zu den zentralen Aufgaben der Spielpädagogen zählt die Planung und Durchführung von Spielangeboten. Spielkreise und Spielsituationen können zwar spontan aus der Lust an gemeinsamen Spielen entstehen, ihre Ergebnisse kommen dann aber zufällig zustande und bleiben meist ohne Zusammenhang mit anderen pädagogischen Ereignissen. Positive wie negative Eindrücke bleiben in diesen Fällen ohne Konsequenzen, wirken aber auf weitere Spielaktivitäten. Geplante Spielaktivitäten finden mit unterschiedlichsten Spielgruppen (Kleinkindern, Kindergartenkindern, Grundschulkindern etc.) in allen pädagogischen Institutionen statt und die initiierten Spiele können an vielen Orten und in verschiedenen Raumformen durchgeführt werden, wobei für spezielle Spielangebote die Raumausstattung oder Spielumgebung entscheidend sind.

„Planung verhilft [...] dazu, eine möglichst große Vielfalt von Spielen anbieten zu können, und schafft damit erst die Voraussetzung für Flexibilität in der konkreten Situation. Daneben entwickelt der Spielleiter auch ein Gespür dafür, was in den Spielen seines langsam wachsenden Repertoires steckt und wie diese Spiele in Beziehung stehen zu den Bedürfnissen und Interessen der Spieler. Damit schafft er sich Grundlagen für eine *flexible Planungskompetenz*."

(Fritz, 1991, S. 157)

Planungshilfen

„Ist angemessen geplant worden, werden die Spiele Spaß bringen. Die Spieler können das herauslassen, was in ihnen steckt und *Gestalt* annehmen möchte. [...] Gelungene Spielstunden können dazu beitragen, dass sich die Spieler in ihren Fähigkeiten weiterentwickeln. Sie bieten Ansatzpunkte, dass die Spieler ihre Lebenssituation mit erweiterten Bewusstseins- und Handlungsmöglichkeiten zu bewältigen lernen."

(Fritz, 1991, S. 141)

Die Gestaltung erfolgreicher Spielsituationen setzt also differenzierte Planung voraus, um eine Über- oder Unterforderung durch die Auswahl der Spiele oder den Umfang der Spielmittel sowie die Komplexität einer Spielgruppe zu vermeiden. Nachstehende didaktisch-methodische Planungshilfen geben einen organisierten Überblick:

Web

Planungsschritte für Spielaktivitäten

Planungsschritte	Planungsinhalte
1. Spielgruppe	Zusammensetzung; allgemeine Situation; aktueller Anlass; Information zum Erfahrungsstand, zur Spielmotivation und Stimmung u. a. m.
2. Zielsetzung	allgemeine wie pädagogische Spielintention, Förderung in den Lernbereichen, Situationsangemessenheit, eigene Interessen und Bedürfnisse, gemeinsame Zielabsprachen u. a. m.
3. Vorbereitungen	Gesamtspieldauer, Materialbeschaffung, Spielraumgestaltung, personelle Absprachen u. a. m.
4. Einstieg	Motivation und Aufmerksamkeitssteigerung durch eine auflockernde Einführung mit simultanen Kontakt- und Bewegungsspielen u. a. m.
5. Ablaufstruktur	flexible Reihenfolge der Spielinhalte, Spielformen und Spielarten; Art der Einführung, Spannungsaufbau durch angemessene Steigerung der Schwierigkeiten, Dynamik der einzelnen Spiele, Freiräume für Spielvorschläge aus der Gruppe, Auswahl der Akteure u. a. m.
6. Alternative	Reservespiele bei mangelnder Akzeptanz der Planung, möglichen Störfaktoren, Reaktionen bei auftretenden Schwierigkeiten u. a. m.
7. Abschluss	vorherrschende Atmosphäre; ausgleichendes, kooperatives Abschlussspiel; gemeinsame Reflexion, Schlussfolgerungen und Konsequenzen u. a. m.

Methodische Umsetzung

Insbesondere bei angeleiteten Rollenspielen und anderen Darstellungsspielen werden Auseinandersetzungen über geeignete methodische Umsetzungen geführt. Ebenfalls werden die Angebotssituationen geplant, bei denen Kinder erfolgreich Spielmaterial herstellen oder neue Spiele und Spielregeln entwickeln.

Für alle größeren Spielveranstaltungen und für themenbezogene Spielaktivitäten sind im Vorfeld grundsätzliche Überlegungen zu treffen, die in Form einer *Checkliste* (vgl. Baer, 1996, S. 149 ff.) von den Beteiligten (Spielleitung und Mitspieler) gemeinsam angelegt und überprüft werden können, wobei aber nicht immer alle Aspekte gleichwertig zutreffen.

Checkliste

Web

Checkliste

Ziele und Inhalt	Materielle Planung	Personelle Planung	Informationsplanung	Problem-Management	Nachbereitung
Intention, Thema, Zielgruppe, Erwartungen, Angebote, Programmteile, Ablaufstruktur, Zeitplan, Motivation	Räumlichkeiten, Geräte, Material, Kosten, Geldquellen, Rechtsangelegenheiten	Koordination, Mitarbeiterverantwortung, Gast-Mitarbeiter	Werbung, Einladung, Träger-Information, Teilnehmer-Information, Teilnehmer-Lenkung	Schwierigkeiten, Gegenmaßnahmen	Auswertung, Öffentlichkeitsarbeit, technische Nacharbeit, administrative Nacharbeit

Spielaktionen und Spielfeste

Spielaktionen und Spielfeste setzen Kenntnisse über die Spielauswahl und Verlaufsplanung voraus und eignen sich insbesondere für Kindergartenkinder, Grundschulkinder und Jugendliche, da sie ganzheitliche Spielerlebnisse vermitteln.

Spielaktionen und Spielfeste sind auf eine bestimmte Zielgruppe abgestimmt, beziehen sich auf pädagogische Themenstellungen oder Zielsetzungen und umfassen unterschiedliche Ablaufstrukturen wie Spielketten, Stationenspiele, Ringspiele, Rallyespiele. Spielaktionen und Spielfeste erfordern ein umfangreiches Spielrepertoire, einen erheblichen Materialaufwand, Spielraumänderungen, die Einbeziehung des Spielumfelds, einen erhöhten Bedarf an Spielleiterinnen und Spielhelfern, größeren Zeitaufwand und eine intensive Vorbereitung.

Spielkette	Die Spielkette ist eine Folge von mehreren aufeinander aufbauenden Spielen (Einstieg, Höhepunkt, Abschluss), die durch eine Rahmenhandlung/-geschichte miteinander verbunden sind, z. B. *Die Geschichte vom Gespenst im Schloss Kürbisstein* und vom *Drachen Feuerzacke*. Die Inhalte beziehen sich aufeinander, um ein (pädagogisches) Ziel gemeinsam anzusteuern. Alle Spiele werden (als Simultan-, Partner-, Kleingruppenspiel) nacheinander von allen Spielern (ca. 10–20) gleichzeitig durchgeführt. Zur Realisierung benötigen sie viel Zeit (45–60 Minuten), großen Spielraum, geringen Materialaufwand.
Stationenspiel	An verschiedenen frei wählbaren Spielstationen können die Spieler in beliebiger Reihenfolge unterschiedliche Spielangebote (ggf. mit einem Themenbezug, z. B. Marktfest in Klunkersdorf, siehe S. 268) durchführen, wobei die Angebote angeleitet werden oder frei spielbar sind. Das Stationenspiel eignet sich vorzugsweise für die unterschiedlichsten Spielfeste in Institutionen, da auch das Wohnumfeld einbezogen werden kann.
Ringspiel	Die Gesamtgruppe wird in gleichwertige Kleingruppen (ca. 5–8 Spieler) aufgeteilt und diese begeben sich gemeinsam (jeweils mit einem Spielhelfer) nach vorher vereinbarter Reihenfolge zu den Spielstationen. Alle Spiele an den Stationen dauern ähnlich lang, sodass kein Wartestau entstehen kann. Das Ringspiel eignet sich besonders für realistische Umweltthemen, z. B. Stadtteilforscher.
Rallyespiel	Ähnlich wie bei der Spielkette beginnt die Rallye, z. B. die Waldrallye, mit einem Einstiegsspiel und analog zum Ringspiel wird die Gesamtgruppe in gleichwertige Kleingruppen aufgeteilt. Diese begeben sich nacheinander mit zeitlichem Abstand (bei jüngeren Kindern jeweils mit einem Spielhelfer) zu den vorbereiteten Spielstationen (mit Kontrollaufgaben). Am Ende treffen sich alle Spielgruppen zum gemeinsamen Abschlussspiel.

Web
Spielkette

Web
Stationenspiel

Web
Ringspiel

Web
Rallyespiel

Trotz gründlicher Überlegungen und Berücksichtigung absehbarer Schwierigkeiten können alle Spielplanungen einen unvorhersehbaren Verlauf nehmen und nicht zu den beabsichtigten Zielen führen. Konflikte und Probleme, größere wie kleinere, treten bei allen Spielveranstaltungen auf und können sich bei der Durchführung durch alle Spielsituationen ziehen.

Spontanes Auswertungsgespräch
Nach abgeschlossenen Spieleinheiten, Spielaktionen oder Spielfesten finden gemeinsame Gespräche oder andere Formen der Rückmeldung statt (z. B. Bilder malen, Interview, Blitzlichtrunde). Es werden

- Eindrücke geschildert,
- Gefühle formuliert,
- Vorlieben/Abneigungen für bestimmte Spiele geäußert,
- Beobachtungen und Erfahrungen mitgeteilt,
- Spielleiter-/Gruppenverhalten ausgewertet.

Dabei erweitert die Spielleitung ihre Erfahrungsgrundlage und die Spieler übernehmen Selbstverantwortung. Es entstehen Perspektiven für weitere Spielaktivitäten. Grundsätzlich finden Auswertungsgespräche nicht zwangsläufig, sondern nur bei echtem Interesse der Beteiligten statt. Die Aussagen erfolgen in Ich-Form und werden eventuell erst später generalisiert.

Systematische Reflexion
Die systematische Reflexion, also das gründliche, kritische Nachdenken über die Begleiterscheinungen und den Verlauf der Spielprozesse im Anschluss an die Spielaktionen, ist ein unverzichtbarer Bestandteil der didaktischen Analyse. Dabei werden die Planung und das methodische Vorgehen ebenso gründlich geprüft und kritisch betrachtet wie die Spielauswahl, das Erreichen der Zielsetzung, die Art der Sozialbeziehungen in der Spielgruppe und das eigene Verhalten in Beziehung zur Spielgruppe und zu einzelnen Spielern. Je nach Intention und Entwicklungsstand werden alle Spieler, Helfer sowie die weiteren Spielleiter der Spielaktion in die Fragestellungen der Reflexion einbezogen. Daneben ist es eine große Hilfe für Spielleiter mit wenig Spielerfahrung, wenn sie Reflexionsergebnisse dokumentieren. Nur so können die richtigen Schlussfolgerungen für zukünftige Spielaktionen gezogen werden.

Web

Auswertung von Spielaktionen

Reflexion/Auswertung von Spielaktionen
- Reichten die Informationen über die Spielgruppe bezüglich Gruppenstruktur, Sozialgefüge, Spielerfahrungen, Wünschen, Interessen, Bedürfnissen, Defiziten, Stärken aus?
- Reichten die Kenntnisse über die einzelnen Spieler bezüglich individueller Wünsche, Interessen, Bedürfnisse, Defizite, Stärken aus?
- Stimmten Organisation und Rahmenbedingungen wie Materialvorbereitung, Zeitplanung, Raumgestaltung, Durchführung? Gab es Abweichungen? Ergeben sich Alternativen?
- Stimmten die Spielauswahl und Spielkenntnisse bezüglich der Spielregeln, Reihenfolge, Anordnung? Gab es Misserfolge/Erfolge? Welche Schlussfolgerungen werden abgeleitet?

- Wie wurden die Spielintention und das Thema erreicht, verstanden und umgesetzt? Gab es ein starres Festhalten oder situative Änderungen? Welche Konsequenzen ergeben sich?
- Wie ist die Spielgruppe mit ihren Spielern umgegangen? Wie haben sich einzelne Spieler und Spielpartner in die Spielprozesse eingebracht? Welche Spiele wurden positiv angenommen? Entstand Konkurrenzverhalten oder Kooperation? Gab es tief greifende Konflikte?
- Welches Verhalten zeigte die Spielleitung bezüglich der persönlichen Befindlichkeit, des Umgangsstils, der Motivation und Unterstützung, der Steuerung des Spielablaufs und der Angemessenheit in Konfliktsituationen? Welche Konsequenzen sind zu ziehen?

Vertiefungsaufgaben

1. **Was gehört für Sie zu einem gelungenen Fest? Erstellen Sie dazu ein Mindmap.**
2. **Planen Sie mit Ihrer Lerngruppe unter Einbeziehung der Checkliste ein Spielfest für Ihren Ausbildungsgang. Stellen Sie Öffentlichkeit her. Führen Sie das Fest durch und werten Sie es anschließend aus! Welche Konsequenzen ziehen Sie?**
3. **Übertragen Sie Ihre Erfahrungen, Einsichten und Kenntnisse auf die Planung eines Spielfestes mit einer Kindergruppe.**
4. **Planen Sie ein thematisches Fest mit Ihrer Praktikumsgruppe.**
5. **Nehmen Sie Kontakt zu örtlichen Trägervertretern von Kindertagesstätten auf. Welche Informationen erhalten Sie von der Fachberaterin/dem Fachberater bezüglich der Öffentlichkeitsarbeit?**

6.2 Im Team erfolgreich zusammenarbeiten

Zusammenarbeit im Team

Teamarbeit in sozialpädagogischen Einrichtungen bedeutet, nicht alleine zu arbeiten, sondern gemeinsam (kooperativ) mit den Fachkräften die Betreuung und ganzheitliche Förderung der Kinder zu lösen. Dabei bringen alle Beteiligten ihre unterschiedlichen individuellen Fähigkeiten und Stärken bestmöglich ein.

Die Kultur einer sozialpädagogischen Einrichtung hängt im Kern von der Kultur des interdisziplinären Teams ab.

Teamkolleginnen können gerade deshalb erfolgreich zusammenarbeiten, weil sie sich und das Arbeitsfeld gut kennen und ähnliche Probleme haben. Dabei sind *Anerkennung*, *Wertschätzung* und *Akzeptanz* jedes Einzelnen für ein funktionierendes Team ebenso wichtig, wie eine *klare Aufgaben- und Rollenverteilung*. Das heißt, die Gruppenleitung sieht und vertritt ihre Gruppe und die Leitung muss die gesamte Einrichtung, Kinder und Mitarbeiterinnen, im Blick haben.

Angemessenes *Selbstvertrauen* und *Selbstwertgefühl* ermöglichen dabei klare Abgrenzungen zwischen privaten und fachlichen Konflikten. Problemlösungen und Entscheidungen sollten nicht hierarchisch von oben oder durch eine Person herbeigeführt werden; ein gut funktionierendes Team sollte immer zu Lösungen kommen, die alle akzeptieren und vertreten können.

Kommunikationsfähigkeit, also sich verbal/nonverbal mitzuteilen und zuhören zu können, erleichtert es, Absprachen zu treffen und Informationen weiterzugeben. Alltägliche Kommunikationsprobleme sind häufig die Ursache für Machtkämpfe, Misstrauen, Unselbstständigkeit und Konkurrenzverhalten. Ein Zusammengehörigkeitsgefühl stärkt das Engagement für das gemeinsame Wohl, wenn es z. B. darum geht, die Arbeit gegenüber den Eltern, dem Träger oder der Öffentlichkeit darzulegen. *Kooperationsfähigkeit*, also die Bereitschaft, eigene Verhaltensweisen und Interessen der gemeinsamen Aufgabenlösung zu unterstellen, stärkt die Motivation des Einzelnen und macht ein Team stark gegen Kritik und Einflussnahmen von außen. Zeigt der Einzelne im Team darüber hinaus Mut zur Unabhängigkeit, Offenheit und Kritikfähigkeit, können Störungen und Konflikte im Team rechtzeitig erkannt und behoben bzw. gelöst werden.

Was bewirkt Teamarbeit?

Zusammenarbeit bewirkt die Weiterentwicklung einer gruppenübergreifenden, offenen Arbeit in sozialpädagogischen Berufsfeldern Durch Aufgabenteilung und eine gleichmäßige Verteilung der organisatorischen und pädagogischen Aufgaben kann die Einsatzbereitschaft gefördert und eine Leistungssteigerung bewirkt werden, ebenso wie Erleichterung und Entlastung für den Einzelnen. Indem alle die gesamte Arbeit kennen und nicht nur die eigene Gruppenarbeit, fühlen sich alle für die gesamte Einrichtung verantwortlich. Gemeinsame Entscheidungen können getroffen werden, die der Einzelne als Hilfestellung erfährt. Das so gestärkte Interesse an der beruflichen Tätigkeit gibt mehr Selbstbewusstsein, Kraft und Energie, um die alltäglichen Aufgaben zu bewältigen. Außerdem eröffnet Teamarbeit Möglichkeiten zur Veränderung der Arbeitsbedingungen und des Berufsbildes, z. B. gegenüber dem Träger, den Eltern und der Öffentlichkeit.

Wodurch wird erfolgreiche Teamarbeit verhindert?

Fachkräfte in sozialpädagogischen Einrichtungen verfügen über unterschiedliche individuelle Sozialisations-, Ausbildungs- und Berufserfahrungen. Und obwohl sie hinsichtlich ihrer beruflicher Zielsetzung durchaus übereinstimmen können, kommt es regelmäßig zu scheinbar unvermeidlichen Konflikten. Die Ursachen können u. a. in der Struktur der Institution und des Teams selbst liegen. Werden die bestimmte Sachzwänge, Rahmenbedingungen, Zuständigkeiten und Abhängigkeiten nicht erkannt, benannt und bearbeitet, so können sie zu Reibungen, Widerständen, Differenzen, Protest oder Abwehrhaltungen führen.

Eine ganze Reihe von Gründen kann ursächlich für gestörte Teamarbeit sein, wie z. B. eine unklare Rolle der Leitung, Vorhaltungen, private Probleme, versteckte Erwartungshaltungen, fehlende Motivation, Unsicherheit hinsichtlich der eigenen Qualifikation, Generationskonflikte, Missverständnisse, Vorurteile, Ängste, Konkurrenzverhalten, Missgunst.

Gründe für Störungen und Konflikte können sein z. B. diffuse Ziele, zu viele Ziele oder deren unterschiedliche Interpretationen, Zusätzlich hemmen einseitige Themen bei Mitarbeiterbesprechungen die Lebendigkeit des Teams, z. B. wenn ausschließlich organisatorische Fragen und Termine behandelt werden.

Spiele und Aktionen zur Förderung der Teamfähigkeit

Bierdeckelbilder legen

Material: fünf Bierdeckel pro Mitspieler
Spielverlauf: Es werden Kleingruppen von 3–5 Spielern gebildet. Jeder hat fünf Bierdeckel. Es gibt drei Spielrunden, die sich im Schwierigkeitsgrad unterscheiden:

1. Runde: Jede Gruppe bekommt einen einfachen Begriff genannt, den sie mit den Bierdeckeln legen soll, ohne miteinander zu sprechen, z. B. Haus, Baum, Hund, Blume. Die jeweils anderen Gruppen raten, welches Bild gelegt wurde.
2. Runde: Begriffe wie Tier, Möbelstück, Fahrzeug, Musikinstrument, Haushaltsgerät, Werkzeug müssen gelegt werden.
3. Runde: Begriffe wie Landschaft, Wetter, Himmelskörper werden gelegt.

Blind

Material: Augenbinden
Spielverlauf: Immer zwei Spieler bilden ein Team. Einem Spieler werden die Augen verbunden. Dieser wird zu einem bestimmten Baum geführt, darf diesen betasten und sich einprägen und wird anschließend wieder zurückgeführt. Die Augenbinde wird abgenommen. Nun muss der ehemals Blinde den Baum wiederfinden. Rollentausch.

Finde den geheimen Eingang

Spielverlauf: 1–2 Spieler werden vor die Tür geschickt. Die restliche Gruppe bildet einen Kreis und überlegt sich eine Berührung, die den Kreis öffnet. Anschließend wird der/werden die Spieler hereingerufen. Sie müssen nun die Berührung herausfinden, die den Kreis (= Burg) öffnet. Das kann eine Berührung hinter dem Ohr einer bestimmten Person oder das Streicheln eines rechten Knies sein.
Berührungsspiele sind wohlüberlegt einzusetzen. Sie eröffnen jedoch auch die Möglichkeit über Tabuzonen zu sprechen und sich über körperliche Empfindungen auszutauschen.

Gemeinschaftsbild

Material: Zeichenpapier DIN A3 oder A2, Buntstifte, Illustrierte, Schere, Klebstoff
Herstellung: In einem Team von 3–5 „Künstlern“ wird ein Gemeinschaftsbild erstellt. Eine Aufgabe könnte z. B. sein, gemeinsam einen Spielplatz zu malen. Jeder ergänzt dann ein Spielgerät. Eine andere Aufgabe könnte sein, eine Kita zu malen. Jeder darf dann einen Spielraum gestalten.
Variation: Eine Collage aus Illustrierten erstellen, z. B. ein Plakat für das nächste Spielfest.

Maschine bauen

Spielverlauf: Einer der Mitspieler wird zum Maschinenbauer ernannt. Er hat nun die Aufgabe, mit Hilfe der anderen Mitspieler, eine funktionierende Maschine zu bauen, in der z. B. einer der Motor ist, der nächste ein von ihm betriebener Hammer, wieder andere schaffen die fertigen Waren beiseite. So kommt nach und nach immer wieder ein neues Teil der Maschine hinzu. Nachdem sie einige Zeit gelaufen ist, wird auf einen vorher bestimmten Knopf gedrückt (z. B. die Nase eines Mitspielers) und die Maschine bleibt stehen.

Mutter, Mutter wir sind verknotet!

Spielverlauf: Alle Mitspieler stellen sich im Kreis auf und strecken die Hände in die Mitte. Dann schließen sie die Augen und gehen aufeinander zu. Jeder Spieler muss nun versuchen, zwei fremde Hände zu ergreifen. Hat jeder zwei Hände gefunden, werden die Augen wieder geöffnet und die Gruppe muss nun gemeinsam versuchen, den Knoten zu lösen.
Variation: Man kann auch vorher einen Mitspieler als „Mutter" bestimmen, der vor dem Verknoten den Raum verlässt. Hat sich die Gruppe verknotet, ruft sie: *„Mutter, Mutter wir sind verknotet!"* Die Mutter kommt wieder rein und versucht, den Knoten zu lösen.

Reise nach Stehrusalem

Material: pro Spieler ein Stuhl, Musik
Spielverlauf: Die Stühle werden wie bei der Reise nach Jerusalem aufgestellt, einer weniger als Mitspieler. Wenn die Musik aufhört, müssen sich alle auf die Stühle stellen. Bei jeder Runde wird ein Stuhl weggenommen, es scheidet jedoch kein Spieler aus.

Alle Spieler müssen auf so wenige Stühle wie möglich passen.

Vertiefungsaufgaben

1. *Kooperativer Turmbau* (Spiel zur Teamentwicklung)
   - **Ermitteln Sie per Losverfahren eine Arbeitsgruppe. Erstellen Sie mithilfe bestimmter Materialien und Arbeitsmittel, in einer bestimmten Zeit, einen möglichst hohen, stabilen und vom Design her gelungenen Turm.**

     Jeder Gruppe stehen zehn Blatt DIN-A4-Papier, eine Schere sowie Klebstoff zur Verfügung. Die Gruppenmitglieder dürfen miteinander sprechen und sich wechselseitig helfen. (Zeit: 20 Minuten)
   - **Zu jeder Gruppe gehört ein Beobachter, der einen Beobachterbogen mit Fragen erhält (siehe nebenstehenden Kasten).**
   - **Die Auswertung der Turmbauübung erfolgt so, dass sich zunächst jede Gruppe darüber austauscht, wie diese abgelaufen ist. Die**

Beobachterbogen

1. Welche Gefühle sind während der Übung dominant?
2. Wie klappt die Zusammenarbeit in dieser Zufallsgruppe?
3. Ist das Vorgehen sinnvoll und Erfolg versprechend?
4. Ist das Verhalten der Gruppenmitglieder in Ordnung?

Gesprächsführung übernimmt der Beobachter, der auch seine Wahrnehmung in die Diskussion einbringt.

- De wichtigsten Erfahrungen und Probleme werden im Plenum zusammengetragen und besprochen, mit Blick auf die zentrale Frage:

  „Was können wir aus diesem Teamentwicklungsspiel für zukünftige Gruppenarbeit lernen?“

2. Berichten Sie in der Lerngruppe über Beispiele aus der Praxis für gelungene/nicht gelungene Teamarbeit. Werten Sie Ihre Erkenntnisse aus. Überlegen und diskutieren Sie mögliche Ursachen.

3. Suchen Sie in einschlägiger Spielliteratur oder im Internet nach Spielen zur Förderung der Teamfähigkeit. Stellen Sie ein Spiel Ihrer Lerngruppe vor und übertragen Sie dieses in Ihre Spielkartei, in die Rubrik „Kooperative Spiele“.
4. Entwickeln Sie Spielideen zur neutralen Bildung von Mannschaften bzw. Spielteams.
5. In Ihrem künftigen Berufsfeld wird von dem Mitarbeiterteam ein Fest geplant. In welchem Team würden Sie am liebsten mitarbeiten? Wie sollte Ihr „Dream-Team“ aussehen?

   Tauschen Sie sich in der Lerngruppe über Ihre Vorstellungen aus.
6. Bilden Sie Teams (3–4 Personen). Wählen Sie einen/eines der folgenden Sprüche oder Zitate zur Teamarbeit aus und stellen Sie diesen in einer kurzen Szene dar. Welche Erfahrungen konnten Sie sammeln?

Ein Team ist mehr als die Summe seiner Mitglieder.

Wenn wir nicht zusammenarbeiten, werden wir für unsere Probleme keine Lösung finden. (Dalai Lama)

Erste Aufgabe von Führung ist es, Zusammenarbeit zu organisieren.

Wenn der Blinde den Lahmen trägt, kommen sie beide fort.

Wir waren ein Team. Wir arbeiteten zusammen und lösten Probleme gemeinsam und schließlich erreichten wir den Gipfel zusammen. (Edmund Hillary)

Einer für Alle, Alle für einen.

Teamarbeit ist, wenn wir heute für eine Arbeit bezahlt werden, die drei besser machen könnten, wenn sie nur zu zweit gewesen wären und einer davon krank zu Bett läge.

Menschen, die miteinander arbeiten, addieren ihre Potentiale. Menschen, die füreinander arbeiten, multiplizieren ihre Potentiale. (Steffen Kirchner)

Abschreiben ist keine Form von Teamarbeit.

6.3 „Über den Tellerrand schauen“

Lernsituation: Wie finde ich passende Spielangebote?

Süriye, Jonas und Anabell treffen sich in der Schule. Sie sind im 3. Ausbildungsjahr zum staatlich anerkannten Erzieher/zur staatlich anerkannten Erzieherin. Alle sind mit ihrer jetzigen Berufspraktikantenstelle ganz zufrieden: Jonas arbeitet in einer Freizeiteinrichtung, Süriye in einer U3-Gruppe einer Kindertagesstätte und Anabell in der Grundschulbetreuung. Nach dem allgemeinen, positiven Erfahrungsaustausch erzählt Anabell, dass sie manchmal nicht mehr weiß, was sie mit den älteren Grundschulkindern spielen soll. Sie habe oft schon keine Lust mehr mit der Gruppe zu spielen. Süriye und Jonas geben ihr ein paar Tipps. Aber schließlich stellen sie einstimmig fest, dass sie alle drei Anregungen für neue Spielangebote gut gebrauchen könnten.

Impulse zur Bearbeitung der Lernsituation:

- *Überlegen Sie, warum ausgebildete Erzieherinnen oder auch andere pädagogische Fachkräfte im Laufe ihrer Berufstätigkeit neue Spielanregungen brauchen.*
- *Wie kann dieser Zustand verhindert werden? Welche Tipps und Hinweise können Sie geben?*

Das Motto *„einmal Spielpädagogin – immer Spielpädagogin“* reicht heute als Grundverständnis nicht aus, so schnelllebig wie die heutige Zeit ist, so rasch verändert sich der Spielemarkt, entstehen neue Spielinteressen und so schnell bewegt sich auch das Arbeitsfeld der Spielpädagogin. Untersuchungen und Forschungen berichten in immer kürzeren Zeiträumen über den wechselnden Stellenwert der Spielbedürfnisse bei Kindern und Jugendlichen und das sich im Wandel befindliche Spielverhalten.

Wurden in der Vergangenheit bestimmte Spielzeuge aus pädagogischen Gründen abgelehnt, weil sie z. B. Rollenklischees verstärkten, fantasievolles Spiel verhinderten oder ökologische Bedenken hervorriefen, so gehören sie gegenwärtig im normalen Spielalltag des Kindes zur Standardausstattung (z. B. batteriebetriebene Puppen und Spielzeugautos oder Kunststoffspielzeug). Einzig das Kriegs- und Horrorspielzeug wird zu Recht weiter geächtet. Gleichzeitig – differenzierter als je zuvor – werden pädagogische Gegenstrategien in Weiterbildungsveranstaltungen wie Fachpublikationen diskutiert und in der sozialpädagogischen Praxis umgesetzt.

Wie schon an anderer Stelle erwähnt, gibt es zahlreiche öffentliche und regionale Träger und Institutionen, die Vorträge, Kurse, Veranstaltungsreihen oder Tagungen zu bestimmten spielpädagogischen Inhalten durchführen. Die vielfältigen Angebote umfassen dabei einführende und vertiefende Fragestellungen zu aktuellen und traditionellen Sichtweisen der Spielpädagogik. Die Auseinandersetzung findet jedoch nicht nur auf der theoretischen Ebene statt, denn aktualisierte praktische Spielerfahrungen begleiten die erlangten Erkenntnisse. An der „Akademie der Kulturellen Bildung“ (Adresse im Anhang) haben sozialpädagogische Fachkräfte viele Möglichkeiten, sich intensiver mit Spielpädagogik auseinanderzusetzen – z. B. auf dem jährlich stattfindenden Spielmarkt, in Werkstattkursen zu speziellen Themen wie „New Games“ oder „Digitale Helden und ihre Geschichten“, oder durch die Teilnahme an Qualifizierungskursen, um sich zum Spielpädagogen ausbilden zu lassen und damit in das Netzwerk der Spielpädagogen einzutreten.

Zu speziellen Themenbereichen werden immer wieder langfristige und berufsbegleitende Seminare und Fortbildungen angeboten, die grundlegende Einführungen in die Spiel- und Theaterpädagogik geben und meistens mit einem Qualifizierungszertifikat abgeschlossen werden. Zum Beispiel bietet das Amt für Jugendarbeit der Evangelischen Kirche von Westfalen (EKvW) in Kooperation mit dem Bundesverband Kulturarbeit in der evangelischen Jugend e. V. eine Ausbildung zum Spiel- und Theaterpädagogen oder Spiel- und Theatertrainer an (Internetadresse siehe Anhang). Mit der auf Modulen auf gebauten Ausbildung „Kulturelle Kompetenz und kreative Gestaltung“ ist es möglich, an zwölf Wochenenden nebenberuflich zum Spiel- und Theatertrainer ausgebildet zu werden. Weitere Aufbaumodule qualifizieren zum „Spiel- und Theaterpädagogen“. Die auf zwei Jahre angelegte Ausbildung vermittelt spiel- und theaterpädagogisches Handwerkszeug für unterschiedliche Einsatzfelder. Spielpädagogisch Interessierte sowie spielpädagogische Fachleute unterstützen folglich gleichermaßen eine positive Spielentwicklung des Kindes, wenn sie sich mit folgenden Aspekten beschäftigen:

- Spieltechniken und Spielmaterialien
- Spielinhalte und Spielthemen
- Spielinteressen und Spielbedürfnisse
- Spielverhaltensweisen
- spieltherapeutische Handlungsweisen
- Spielbeurteilungen

Angesichts der breiten Medienpräsenz ist einerseits die Beschaffung von Informationen nicht mehr sehr umständlich, sodass alle Interessierten sich jederzeit sachkundig machen können, andererseits wirken die Medien und der Umgang mit ihnen auch stark auf die Spielprozesse der Kinder. Diese Zweigleisigkeit müssen spielpädagogische Fachkräfte immer im Blick haben. Typische Informationsquellen der Spielpädagogik sind

- Theorie- und Praxispublikationen,
- Bücher und Karteien mit Spielesammlungen (Buchhandel und Bibliotheken),
- spielpädagogisch ausgerichtete Zeitschriften (Adressen im Anhang),
- Artikel in pädagogischen und allgemeinen Zeitschriften (Adressen im Anhang).

Eine der wichtigsten Informationsquellen ist der Zugang zum Internet, hier werden nach Eingabe von Suchbegriffen, z. B. *Spielpädagogik*, bestimmte Suchmaschinen aktiviert, die zu den gewünschten Auskünften führen und Vorschläge für weitere Fundorte geben.

Weitere populäre, meist regional ausgerichtete Möglichkeiten zur Informationsbildung bieten

- diverse Spielausstellungen (finden meist in Kunstmuseen statt),
- größere und kleinere Spielzeugmuseen (z. B. in Köln, München),
- Spielmärkte und Spielmessen (z. B. in Remscheid, Essen, Nürnberg),
- Spieliotheken (analog zu Bibliotheken), in denen Spiele ausprobiert und ausgeliehen werden,
- Arbeitsgemeinschaften, Jugendverbände, Beratungsstellen für Sport, Spiel und Freizeit.

Vertiefungsaufgaben

1. **Ermitteln Sie bei örtlichen Trägern der freien Kinder- und Jugendhilfe spielpädagogische Veranstaltungen. Erstellen Sie eine Übersicht.**
2. **Sichten Sie in der nächstgelegenen Bibliothek Fachbücher und Fachzeitschriften zur Spielpädagogik. Erstellen Sie eine Übersicht der Kategorien.**
3. **Wo findet in Ihrer Nähe eine Spielausstellung, Spielmesse oder ein Spielmarkt statt? Planen Sie mit Ihrer Lerngruppe einen Besuch.**
4. **Wo gibt es in Ihrer Nähe eine Spieliothek? Planen Sie mit Ihrer Lerngruppe einen Besuch und ermitteln Sie die Ausleihbedingungen und das Spieleangebot.**
5. **Planen und organisieren Sie mit Ihrer Lerngruppe für Ihren Ausbildungsgang eine spielpädagogische Fortbildung.**

Web

Planungsschritte für spielpädagogische Ausbildung

Spiele-Lexikon

Abenteuerspiele basieren auf der theoretischen Grundlage der Erlebnispädagogik des Reformpädagogen Kurt Hahn (1886–1974), wonach jeder Mensch das Bedürfnis nach Abenteuern und Erlebnissen hat. Abenteuerspiele sollen Sinneswahrnehmungen vermitteln, die dem Teilnehmer das Gefühl geben, etwas Besonderes erlebt zu haben. Sie sind bewegungsintensiv und spannend. Sie fordern körperliche und psychische Einsatzbereitschaft, stellen aber die Sicherheit, das Vertrauen und die Freiwilligkeit an erste Stelle. Abenteuerspiele sind › **Interaktionsspiele** mit einer hohen Erlebnisdichte, bei denen kommunikative wie auch aggressive Bedürfnisse ausgelebt werden können. Sie können in allen Altersstufen eingesetzt werden. Als besonders erfolgreich haben sich Abenteuerspiele bei sozial auffälligen Kindern gezeigt.

Actionspiele → Abenteuerspiele

Actionspielzeuge: Spielfiguren, die in ihrer äußeren Gestaltung eine Mischung aus Fantasy, Science-Fiction und Superheldencomics darstellen. Die Spielinhalte der Actionspielzeuge begründen sich auf der Polarisation zwischen Gut und Böse und der Lösung durch einen Helden. Als Konfliktlösungsmöglichkeit wird ausschließlich der Kampf angeboten.

Adventure-Games → Abenteuerspiele

Backgammon: traditionelles Brettspiel für zwei Personen. Ziel des Spieles ist es, alle 15 Steine ausgehend von der Grundstellung über das Spielbrett zu bewegen, in das sogenannte Home-Board zu ziehen und schließlich herauszuwürfeln (**Würfel**). *Backgammon* ist eines der ältesten Brettspiele der Welt (um 2600 v. Chr). In der heutigen Zeit werden in anderen Ländern Varianten des Spieles gespielt, wie das italienische *Tavola reale* oder das spanische *Tablas reales* (was beides „königliche Tische“ bedeutet). In Frankreich ist es unter dem Namen *Tric Trac* bekannt, bei den Griechen als *Tavli* und in der Türkei als *Tavla* wird im gesamten Mittleren Osten gespielt. Seit den 1960er-Jahren erfreut sich *Backgammon* auch in Deutschland wegen der Mischung aus Strategie und Glück wachsender Beliebtheit.

Ball: gehört zu den ältesten Spielzeugen der Menschheit. In Schottland hat man 5 000 Jahre alte Steinbälle mit Kerbverzierungen und einem Durchmesser von etwa sechs Zentimetern entdeckt. In Indien wurden Bälle aus Leder und aus geflochtenen Binsen ausgegraben. Auf einer ägyptischen Wandmalerei aus der Zeit der 12. Dynastie sind Mädchen abgebildet, die mit einem Ball aus Binsen oder Schilfrohr spielen. Im antiken Griechenland wurden Ballspielzeuge aus Tierblasen (etwa von Schweinen) hergestellt. Bis heute bietet der Ball für Kinder die vielseitigsten Spielmöglichkeiten.

Ballspiele: Sammelbegriff für alle Spiele, bei denen ein Ball oder eine Kugel im Mittelpunkt stehen. Viele Ballspiele haben ihren Ursprung in kulturellen Handlungen und sollen den Kampf zwischen Gut und Böse oder Sonne und Mond darstellen. Im 16. Jahrhundert wurden Ballspiele in Ballhäusern gespielt. Man schlug dabei den Ball mit der flachen Hand von Spieler zu Spieler. Im 19. Jahrhundert erhielten die Ballspiele mehr und mehr sportlichen Charakter. Inzwischen gibt es für die meisten Ballsportarten internationale Regeln, die von den jeweiligen Fachverbänden festgelegt werden. Man unterscheidet Mannschaftsspiele (z. B. Fußball, Handball und Volleyball) und

Einzelsportarten (z. B. Badminton, Golf und Tennis). Neben den weltweit bekannten Spielen wie Fußball gibt es zahlreiche Ballspiele, die für bestimmte Regionen typisch sind, wie z. B. *Boule* (Frankreich), *Pelota* (spanischsprachige Länder), *Kricket* (englischsprachige Länder). Man kann die Ballspiele in fünf Kategorien einteilen:

- Tor- und Korbspiele: z. B. American Football, Basketball, Eishockey, Fußball, Handball, Hockey, Wasserball
- Rückschlagspiele: z. B. Badminton, Indiaca, Pelota, Squash, Tennis, Tischtennis, Volleyball
- Schlagballspiele: z. B. Baseball, Kricket, Schlagball
- Kugel- und Vollballspiele: z. B. Billard, Boccia, Boule, Bowling, Golf, Kegeln, Krocket, Schleuderball
- Kleine Spiele: z. B. Brennball, Hase und Jäger, Völkerball

Barbie® Puppe: weltweit verbreitete Anziehpuppe, die von der Gründerin des US-amerikanischen Spielzeugkonzerns *Mattel*, Ruth Handler, entwickelt wurde. Die Puppe aus Kunststoff und mit beweglichen Gliedmaßen wurde 1959 erstmals in New York auf einer Spielwarenmesse vorgestellt. Sie war nach dem Vorbild der deutschen Anziehpuppe *Lilli* gestaltet, die seit 1952 auf dem Markt und von Ruth Handler in die USA exportiert worden war. Ausgehend von der Erfahrung, dass ihre eigene Tochter Barbara, nach der die Barbie® Puppe benannt wurde, beim Puppenspiel auch Erwachsenenrollen nachspielte, entwarf sie eine Puppe mit der Figur einer erwachsenen Frau, der entsprechend modische Kleidung und vielfältige Accessoires zur Verfügung standen.

Becherkaspar → **Tütenkaspar**

Bingo: weitverbreitetes, dem → **Lotto** ähnliches Glücksspiel, an dem beliebig viele Spieler teilnehmen können. Jeder Spieler erwirbt vor Beginn des Spiels eine oder mehrere quadratische Zahlentafeln, die je nach Variante 9, 16 oder 25 nummerierte Felder enthalten. Das Ziel des Spiels ist es, vor den anderen Spielern eine Zahlenreihe auf einer Tafel mit Spielmarken zu belegen.

Black-outs: gespielte Witze (engl.: plötzliches Abstellen der Bühnenbeleuchtung am Ende einer Theaterszene), die durch ihre *Pointen* (frz.: Spitze, Knalleffekt) komische Wirkungen erzielen. Je überraschender die Pointe, desto wirkungsvoller ist der Witz. Viele gespielte Witze machen sich über andere lustig. Darin liegt der Reiz und die befreiende Wirkung für Kinder im Grundschulalter. Sie bevorzugen witzige Szenen aus dem Familien- oder Schulalltag, die mitunter auch sehr anzüglich oder derb sein können. Diese kurzen gespielten *Black-outs* sind für Schulkinder wie ein Ventil, wo sie richtig Dampf ablassen können und wenigstens sprachlich über die Stränge schlagen dürfen, z. B. → **Klamaukspiele**.

Blindekuh oder *Blindspiel*: Ein Spieler, der die Augen verbunden hat, muss versuchen, die anderen Mitspieler abzuschlagen oder zu fangen. Es gibt viele Varianten, z. B. *Jakob, wo bist du?*, *Hänschen piep einmal* oder *Topfschlagen*, die alle zur Kategorie der **Sinnesspiele** gehören.

Brain-Gym: Gymnastik für das Gehirn, wurde von Dr. Paul Dennison in den 1970er-Jahren in Kalifornien entwickelt. Brain-Gym basiert auf der Tatsache, dass Lernen nur durch Bewegung möglich ist. Anders als beim *Gehirnjogging* geht es hierbei nicht um Denksportaufgaben, sondern um körperliche Bewegungsübungen oder Bewegungsspiele, die Lern-, Konzentrations- und Gehirnleistungen aktivieren und verbessern können.

Brettspiele: Unterhaltungsspiele, die auf einem Brett oder Spielplan gespielt werden.

Bei den reinen oder sogenannten klassischen Brettspielen besteht die Spielausrüstung nur aus dem Spielbrett und den Spielsteinen. Ihr Spielverlauf hängt lediglich vom taktischen Geschick der Spieler ab. Dabei werden die Spielsteine entweder nur auf dem Spielbrett gesetzt oder auf eine bestimmte Art gezogen, um eine gewünschte Stellung zu erreichen (z. B. → **Halma**) oder gegnerische Steine zu schlagen, d. h. aus dem Spiel zu entfernen (wie beispielsweise bei **Mühle** oder **Dame**). Bei den sogenannten Würfel-Brettspielen wie etwa dem *Mensch ärgere Dich nicht®* entscheidet zudem das Würfelglück über den Sieg. Brettspiele wurden bereits u. a. im alten Ägypten sowie in der europäischen Antike gespielt.

Dame → Brettspiele

Darstellungsspiele sind alle Spielformen, bei denen die Spieler sich mit ihrem Körper und/oder ihrer Sprache ausdrücken und Ereignisse, Gefühle oder symbolische Bedeutungen Zuschauern mitteilen. Darstellende Spiele werden von „außen" angeregt (Geschichte, Märchen, Film, Zeitungsmeldung, Erlebnis o. Ä.) und von einem Spielleiter begleitet. Die Spielhandlungen werden spontan-situativ oder geplant inszeniert, wobei je nach Situation und Spielsequenz Requisiten, Masken, Verkleidung oder Figuren nützlich sind.

Darts: ein Pfeilwurfspiel, bei dem die Spieler mit kleinen Pfeilen (*Darts*) auf eine an der Wand hängende runde Zielscheibe (*Board*) werfen. Die Darts sind etwa 15 Zentimeter lang, durch Gewichte beschwert und haben vorne eine lange Stahlspitze. Die Spieler wechseln sich beim Werfen ab, wobei jeweils drei Darts aus einer festgelegten Entfernung geworfen werden.

Im 16. Jahrhundert wurden die Darts ursprünglich in Form kurzer Wurfspeere als Waffen verwendet und bei Kämpfen in Irland eingesetzt. Die moderne Form des Spieles entstand 1896, als Brian Gamlin aus Bury (England) die jetzige Zählweise einführte. Seit den 1970er-Jahren hat sich das Dartspiel zu einem Volkssport in britischen Pubs und Clubs entwickelt, wo es inzwischen mehr als sechs Millionen Spieler gibt.

Diabolo: rollender Doppelkegel, der mithilfe einer Kordel an zwei Stäben in die Luft geworfen wird. Das *Diabolo* ist ein Requisit der chinesischen Gaukler. 1812 wurde es durch einen englischen Gesandten von China nach Europa gebracht, worauf ein französischer Ingenieur das *Diabolo* um 1900 verbesserte und Ihm diesen Namen gab.

Didaktische Spiele: Regelspiele mit lehrhaftem Charakter (→ **Lernspiele**). Didaktische Spiele können direkt bestimmte Kenntnisse, Fähigkeiten und Fertigkeiten vermitteln, z. B. Vokabeln, Zahlen oder Umweltkenntnisse, oder lassen gewisse Elemente von Wissen und Können indirekt in das Spiel einfließen, z. B. lautreines Sprechen, Auge-Hand-Koordination, sensitives Erleben etc. Der Spielspaß sollte bei allen Lernspielen im Vordergrund stehen. Die Motivierung der Kinder zum Spiel ist genauso wichtig wie der Lerninhalt.

Discospiele sind Bewegungs und Gruppenspiele, die vorwiegend durch die Musik und bestimmte Spielregeln strukturiert sind. Sie bieten Abwechslung und Qualität für die mitunter einförmig verlaufende Discoveranstaltung. Besonders unerfahrene, jüngere Discobesucher beteiligen sich gerne an Disco- und Tanzspielen, da traditionelle Gesellschaftstänze noch nicht beherrscht werden und Hemmungen bzw. Desinteresse die Kontaktaufnahme behindern. Der Spaß an der freien Bewegung nach Musik, schnelle Partnerwechsel und Freude am Spiel stehen bei jüngeren Discoteilnehmern im Vordergrund. Durch den Einsatz von Disco- und Tanzspielen ist die Discoveranstaltung nicht nur als Musik-Konsumangebot zu verstehen, sondern als kommunikatives Freizeitangebot, wobei die Teilnehmer mit ihren Ideen aktiv einbezogen werden.

Domino: Spiel für zwei oder mehr Spieler, wird mit 28 kleinen, flachen, rechteckigen Spielsteinen aus Elfenbein, Ebenholz, Knochen, Kunststoff oder Holz gespielt. Diese Steine werden Dominosteine genannt.
Das Spiel ist in China schon seit rund 1 000 Jahren bekannt, kam aber erst Mitte des 18. Jahrhunderts nach Europa. Jeder Dominostein wird durch eine Linie oder eine Einkerbung in zwei gleiche Hälften unterteilt, auf denen sich jeweils eine Anzahl von Augen zwischen null und sechs befindet.

Drachen schwebten schon vor Beginn der Geschichtsschreibung in den orientalischen Lüften. Durch ihre besondere Gestalt und Aufmachung erinnern Drachen an Legenden oder Fantasiegeschichten, die noch heute in vielen fernöstlichen Ländern Symbole für die Beeinflussbarkeit menschlichen Schicksals sind.
Bei uns ist das Drachensteigen in den letzten Jahren zu einer beliebten Freizeitbeschäftigung geworden, die Dank ausgefeilter Techniken und hochwertiger Materialien zu Kunstformen wie auch Höchstleistungen geführt hat (Lenkdrachen/Drachenfliegen).

Eisenbahn: Im späten 18. Jahrhundert begann die serienmäßige Produktion von mechanischem Spielzeug. Im 19. und 20. Jahrhundert entstanden ganze Serien von mechanischen Spielsachen, darunter Pferde und Handkarren, bemannte Ruderboote, Züge, Schiffe und Karussells. Heute sind sie begehrte Sammelobjekte.

Erzählspiele oder **Sprechspiele** sind Kommunikationsspiele und eine reizvolle Methode, um auf ungezwungene Art mit anderen in verbalen Kontakt zu treten. Kinder und Jugendliche erzählen gerne ihre erlebten sowie erfundenen Geschichten und dieses geschieht meistens sehr ausdrucksstark wie dynamisch-gestenreich, sodass die Zuhörerschaft gebannt ist, auch wenn Wahrheit und Fiktion durcheinandergeraten. Der Spaß am spielerischen, kreativen und fantasievollen Umgang mit der Sprache ist bei allen Beteiligten unverkennbar. Erzähl- und Sprechspiele umfassen abwechslungsreiche Formen wie Fantasiereise (Rätselgeschichte, Vorstellungsgeschichte), Fortsetzungsgeschichten erfinden, aus Begriffen eine Geschichte formen, Wortkombinationen weiterführen, Abzähl-/Schnellsprechverse, Rätsel, Reime sprechen und erfinden, Rückwärtslesen/-sprechen u. a. m.

Escape Rooms oder **Live Games** bezeichnen reale Gruppenspiele, bei denen eine kleine Personengruppe gemeinsam in einen Raum oder eine kleine Anzahl von Räumen eingesperrt wird. Mithilfe der darin versteckten Hinweise und Gegenstände muss die Gruppe innerhalb einer vorgegebenen Zeit (meist 60 Minuten) ihr Gefängnis wieder verlassen.
Es gibt auch Escape Rooms, bei denen die Gruppen nicht eingesperrt wird, sondern eine Hauptaufgabe mithilfe von vielen aufeinander aufbauenden Rätseln lösen muss. Dabei wird sie über Kameras von einer beaufsichtigenden Person beobachtet, die über Funkkontakt oder Monitor im Raum eingreift, wenn etwas Falsches gemacht wird oder die Gruppe nicht vorwärtskommt. Die Spieler können auch selbst aktiv werden und Hinweise beim Spielleiter anfordern. Die Räume werden als Unterhaltungsangebot oder Teambildungs-Veranstaltung meist für Erwachsene beworben.

Hin und wieder findet man auch Escape Rooms, die für Familien gestaltet sind. Escape Rooms, die explizit ab 16 oder 18 Jahren gekennzeichnet sind, sind nicht für Kinder geeignet.

Fadenspiele oder Schnurspiele sind bei Menschen aller Kulturkreise bekannt. Dabei wird eine Schnur zwischen den Händen so geflochten, dass Figuren oder Gebilde entstehen. Bis heute ist es rätselhaft, wie Menschen aus weit entfernten Regionen, z. B. Afrikaner und Inuit, nahezu identische Schnurfiguren kennen. Oft werden die Fadenspiele von Generation zu Generation weitergegeben und mit Reimen, Liedern oder Geschichten begleitet.

Faltspiele: aus Papier gefaltete Spielzeuge. Die Kunst des Papierfaltens (*Origami*) stammt aus Japan (ca. um 500 n. Chr.) und ist bis heute ein Bestandteil der japanischen Kultur. In Europa wurde Papierfalten lange Zeit als ein Kinderspiel angesehen. In den letzten Jahrzehnten hat sich *Origami* aber auch hier zu einem bei Erwachsenen verbreiteten Hobby entwickelt. *Origami* und einfache Faltspiele, wie z. B. Schiffchen, Windrad, Flieger oder Himmel und Hölle, werden inzwischen pädagogisch und therapeutisch eingesetzt, da von ihnen eine konzentrationsfördernde und entspannende Wirkung ausgeht.

Fangspiele: *Haschen, Kriegen, Barlaufen, Zeck* – zahllose regionale Bezeichnungen für das zeitlose, beliebte Bewegungsspiel, bei dem ein Fänger beliebig viele Personen verfolgt. Neben der schlichten Urform gibt es zahlreiche Abwandlungen für jede Altersgruppe mit unterschiedlichen Schwierigkeitsgraden (→ **Schulhofspiele**).

Fingerspiele sind sensomotorische Spiele, bei denen die Finger in Verbindung mit einem Vers oder Lied eine kleine Geschichte erzählen. Die Bewegungen der Hände unterstützen die rhythmisch gesprochenen Worte, unterstreichen den Klang der Reime und veranschaulichen mitunter auch fremde, dem Kind unbekannte Begriffe. Das Kind kann motorische Vorstellungsbilder entwickeln, da Sprache mit bestimmten Bewegungen in Zusammenhang gebracht wird und sich besser einprägt.

Frisbee: Handelsname für eine suppentellerähnliche Plastikscheibe, die aus dem Handgelenk heraus mit einer Schleuderbewegung zielgerichtet geworfen und gefangen wird. Die Ursprünge der fliegenden Scheibe liegen im antiken Griechenland. Bereits bei den Olympischen Spielen der Antike übten sich die Athleten im Werfen von Scheiben, dem Diskuswurf. Der Diskus aus Holz zeigt jedoch andere Flugeigenschaften als der *Frisbee*. Die Wurfscheibe aus Plastik wurde nach Ende des 2. Weltkriegs in den USA erfunden. Studenten der Yale University in New Haven (Connecticut) sollen Tortendeckel der in der Nähe der Universität gelegenen Bäckerei von *William Rusell Frisbie* als Wurfgerät benutzt haben. Die von dem Namen der Bäckerei abgeleitete Bezeichnung *Frisbee* ist seit 1959 eingetragener Handelsname. Ähnlich wie bei Ballspielen können bei Frisbeespielen Bewegungsbedürfnisse abreagiert werden und häufige Wiederholungen festigen die Spielerfolge, vermitteln Selbstvertrauen.

Geduldspiele oder *Einsiedlerspiele*: meist Solospiele, die ohne großen Aufwand den Zeitvertreib bezwecken und wenig Platz beanspruchen. Zu den klassischen Geduldspielen gehören das **Solitärspiel** und das **Fünfzehnerspiel**, das schon Ende 19./Anfang 20. Jahrhundert mit einer solchen Begeisterung in den Büros gespielt wurde, dass die Chefs Verbotsschilder anbringen ließen.

Geländespiele erhalten ihre Vielseitigkeit durch die Verschiedenartigkeit der naturnahen Umwelt. Sie sind fester Bestandteil vieler Ferien- und Freizeitprogramme. Geländespiele in einem abwechslungsreichen Waldgebiet mit Bachlauf, in einer Schlucht oder auf einer Industriebrache vermitteln den Teilnehmern besondere Spielerlebnisse, die durch Wetter, Tages- oder Nachtzeit und Jahreszeit zusätzliche Herausforderungen bzw. Spannungen erzeugen.

Geocaching auch GPS-Schnitzeljagd ist eine Art elektronischer Schatzsuche, bei der Verstecke anhand geografischer Koordinaten mithilfe eines GPS-Empfängers oder genauen Landkarten gesucht werden.

Gotchaspiele, auch *Paintball*: Hierbei werden die Spieler der gegnerischen Mannschaften mit Farbmarkierungswaffen beschossen. Getroffene Spieler müssen wie im Krieg als Verletzte oder Getötete ausscheiden. Öffentliche Veranstaltungen von *Gotcha*- oder Laserspielen erfüllen Tatbestände aus dem Ordnungswidrigkeiten- und Waffenrecht. Gotchaspiele sind Kriegsspiele, die gegen die Menschenrechte verstoßen, da die Tötung von Personen im Spiel simuliert wird. Sie sind daher für Kinder nicht geeignet.

Gummitwist: ein Bewegungsspiel mit einem langen Gummiband (z. B. einem Hosengummi aus dem Nähkasten), welches an beiden Enden zusammengeknotet wird. Am besten wird Gummitwist mit drei Mitspielern gespielt, man kann aber auch einen fehlenden Mitspieler durch einen Stuhl ersetzen. Feste Regeln gibt es beim Gummitwist eigentlich nicht. Grundsätzlich gilt: Es darf solange gesprungen werden, bis ein Fehler gemacht worden ist oder gegen eine Regel verstoßen wurde.

Hallenspielplatz (auch **Indoorspielplatz**): Kinderspielplatz innerhalb eines Gebäudes (einer Halle), der kommerziell betrieben wird. Neben professionellen Spielgeräten (Kletterlabyrinth, Hüpfburg, Rutschen etc.) verfügen Hallenspielplätze über eine eigene, einfache Gastronomie mit Sitzplätzen für Kinder und begleitende Erwachsene. Die Zielgruppe der Hallenspielplatzbetreiber sind überwiegend Familien mit Kindern, Schulklassen und Kindergärten. Oftmals werden auch Kindergeburtstage in Hallenspielplätzen gefeiert.

Halma: Der Name des bereits in der Antike bekannten Spiels leitet sich vom griechischen Wort für „Sprung" ab. Als Urform des *Halma* gilt der sogenannte *Karoplan*, ein schachbrettartiges Spielfeld mit 17 mal 17 Quadraten. In manchen Gegenden ist heute der *Sternplan* populärer als der *Karoplan*. Diese Variante für zwei oder drei Spieler mit einem sechszackigen Stern als Spielfeld ist auch als *Stern-Halma* oder *Chinese Checkers* bekannt.

Hampelfiguren, auch *Ziehfiguren,* wurden bereits im 15. Jahrhundert aus Holz hergestellt und mit Farbe bemalt. Im 18. Jahrhundert wurden Ziehfiguren in Frankreich als Ausschneidebögen aus Pappe hergestellt (*Pantins*), zunächst für Kinder, später aber auch als Karikaturen für Erwachsene.
Bis heute stellen Ziehfiguren für Kinder einen Reiz dar, anfänglich zur Förderung der visuellen Wahrnehmung, im Greifalter als ein sensomotorisches Spielzeug zur Augen-Hand-Koordination. In Verbindung mit einem gesprochenen Vers sind sie ein Spielmittel zur Kommunikation. Im Spiel mit dem Hampelmann stellt das Kind erste Zusammenhänge her: Durch das Ziehen an dem Faden führt es selbstständig eine Bewegungsveränderung herbei (Aktivierungszirkel), die lustvoll erlebt wird. Selbst initiierte erfolgreiche Spielwiederholungen motivieren zu neuen Spielhandlungen, vermitteln Spielfreude und Selbstvertrauen.

Hoppe-Reiter-Spiele → **Kniereiterspiele**

Hüpfspiele: mit einem auf den Boden gemalten oder geritzten Diagramm, auf dem nach bestimmten Spielregeln gehüpft oder gesprungen wird. Hüpfspiele sind auch unter den Bezeichnungen *Hopse, Hinkeln, Huppen* oder *hopscotch* (*scotch* – altenglisches Wort für *skizzieren*) bekannt und werden in fast gleicher Weise in vielen Ländern der Welt gespielt. Das bekannte *Himmel-und-Hölle*-Hüpfschema war bereits bei den Kindern im antiken Rom beliebt. Bei der Ausdehnung des römischen Reiches errichteten die Legionen gepflasterte Straßen, die von Europa bis Kleinasien führten. Diese Straßen eigneten sich ideal u. a. für das Himmel-und-Hölle-Spiel. Die Kinder in Frankreich, Deutschland und England lernten es von den Soldaten und spielen es bis heute in vielen Varianten (→ **Schulhofspiele**).

Hula-Hoop: Kunststoffreifen von ca. einem Meter Durchmesser, der durch kreisende Bewegungen in der Körpermitte in Schwung gehalten wird. 1958 durch den Amerikaner Arthur Melin erfunden, wenngleich Spielzeugreifen, allerdings nicht aus Plastik, schon im alten Ägypten, Griechenland und Rom existierten. Das Wort *Hula-Hoop* setzt sich zusammen aus dem Namen eines hawaiianischen Kulttanzes (*hula*) und der englischen Bezeichnung für „Reifen" (*hoop*). Bis heute ist der *Hula-Hoop-Reifen* in Amerika das beliebteste Spielzeug aller Zeiten.

Inlineskating: mit dem → **Rollschuhlaufen** und dem Eislaufen verwandter Freizeit- und Wettkampfsport, der mit sogenannten *Inlineskates* ausgeübt wird und sich seit Mitte der 1990er-Jahre weltweit großer Beliebtheit erfreut.
Das *Inlineskating* geht auf die Idee eines amerikanischen Eishockeyprofis zurück, der nach Trainingsmöglichkeiten im Sommer suchte: Er konstruierte 1979 eine besondere Form der Rollschuhe, bei der er die Räder hintereinander („in line") anordnete.

Interaktionsspiele → **Abenteuerspiele**

Jo-Jo: ein kleines Gerät an einer kurzen Schnur, das im alten China erfunden wurde. Es taucht auch auf antiken griechischen Vasen auf. Während der französischen Revolution erhielt es den Spottnamen *l'emigrette*, weil die flüchtenden Adligen ihre Elfenbein-Jo-Jos mit in die Emigration nahmen.
Das *Jo-Jo* gehört zu den Spielmitteln, die nach dem Konstanzprinzip gespielt werden, wobei der Spieler eine Bewegung auslöst, die fortwährend beibehalten wird. *Jo-Jos* sind weltweit in vielen verschiedenen Formen zu finden (z. B. als mexikanisches *Schlangen-Jo-Jo*).

Kaleidoskop: optisches Spielzeug (1816 erfunden). Eine mit bunten Glassplittern gefüllte und einem Spiegelsystem versehene Röhre mit Guckloch, das durch Drehen verschiedene symmetrische Muster bildet.

Kartenspiele lassen sich vereinfachend in sechs große Kategorien einteilen:

- Spiele, in denen nach der Anzahl der Stiche gewonnen wird. Meist werden bestimmte Karten oder eine ganze Farbe zu Trümpfen, ranghöchsten Karten, ernannt. Hierzu gehören z. B. die zahlreichen Varianten von *Bridge*.
- Spiele, in denen eine vorgegebene Punktzahl durch Sammeln oder Abwerfen von Karten erreicht wird. Hiervon werden die Romméspiele und die beliebte Variante *Canasta* am häufigsten gespielt.
- Spiele, bei denen die Spieler darum wetten, dass sie Karten oder Kartenkombinationen aufdecken können, die im Punktwert die des Gegners übertreffen. Das bekannteste Glücksspiel ist *Poker*.

- Spiele, bei denen Zahlenwerte addiert werden. Dazu gehören z. B. Wettspiele wie *Siebzehn-und-vier*, *Bakkarat* und *Cribbage*.
- Spiele, bei denen die Spieler mehr Punkte als der Gegner erzielen wollen. Hierzu zählen die in Deutschland sehr beliebten und von ihren Grundprinzipien her verwandten Spiele *Skat, Doppelkopf* und *Schafkopf*. *Doppelkopf* ist vor allem im norddeutschen Raum verbreitet, während *Schafkopf* sich im süddeutschen Raum (vor allem in Bayern) großer Beliebtheit erfreut.
- Spiele, bei denen die Spieler so schnell wie möglich Karten sammeln oder abwerfen müssen. Diese Spiele sind überwiegend für Kinder geeignet, z. B. *Mau-Mau, Elfer raus*, → **Schwarzer Peter** oder → **Quartettspiele**.

Kennenlernspiele → Kontaktspiele

Kim-Spiele: Wahrnehmungsspiele, bei denen die Sinne gezielt eingesetzt werden. Diese Bezeichnung stammt aus dem Roman *Kim* von Rudyard Kipling, der auch das *Dschungelbuch* geschrieben hat. In dem Roman soll die Hauptfigur Kim sich möglichst viele Edelsteine merken, die sich auf einem Tablett befinden. Kim spielt dieses Spiel mit dem Sohn eines indischen Händlers, der ihm auch dieses Tablett zeigt. Kim verliert das Spiel und beschließt, sein Gedächtnis zu schulen. Durch Sinnesspiele soll eine gezielte Wahrnehmung im auditiven, visuellen, taktilen, gustatorischen und olfaktorischen Bereich erzielt werden und Konzentrations-, Merk- und Denkfähigkeit gefördert werden → **Sinnesspiele**.

Klamaukspiele sind komische Szenen, die durch ihre überzogenen, pointierten Darstellungen bei den Mitspielern wie auch bei den Zuschauern Heiterkeit auslösen. Klamaukspiele haben ihren Ursprung in der italienischen Stegreifkomödie des 16. Jahrhunderts (*Commedia dell'Arte*), die mit typischen Masken vorgezeichnete Handlungsabläufe durch improvisierte Dialoge, Witze und pantomimische Scherze inszenierten (→ **Blackouts**, **Stegreifspiel**, **Sketch**).

Kniereiterspiele sind ritualisierte Kommunikationsspiele, bei denen die Bewegung im Vordergrund steht und der Reim die Spielregel vorgibt. Im Wechselspiel zwischen Spannung und Wagnis (*Aktivierungszirkel*) erzeugt der enge Körperkontakt zwischen Kind und Erwachsenem eine Atmosphäre der Geborgenheit und des Vertrauens. Kniereiterspiele werden im späteren Alter vom Kind mitgesprochen oder mitgesungen, sodass man von *Duetten* sprechen kann, wobei stets die Spieltätigkeit selbst der Gegenstand der Interaktion ist.

Kontaktspiele oder **Kennenlernspiele** sind soziale Wahrnehmungsspiele, die zu Beginn Gruppenprozesse in Gang setzen. Sie vereinfachen den Teilnehmern die Kontaktaufnahme und erleichtern die Orientierung in der Einstiegsphase. Lockerungsspiele sollen die Teilnehmer sozusagen „positiv aufwärmen" und zum Abbau von Hemmungen und Ängsten beitragen. Der erste Austausch privater Informationen und die Orientierung in der neuen Umgebung schaffen auf spielerische Weise gemeinsame Voraussetzungen für den eigentlichen Zweck des Zusammentreffens.

Kooperative Bewegungsspiele sind Geschicklichkeits- und Tobespiele, bei denen Kinder ihre elementaren Bewegungs- und Kontaktbedürfnisse ausleben, ohne dass Wettbewerb und Konkurrenz im Mittelpunkt stehen. Alle grobmotorischen Bewegungsformen (wie Laufen, Hüpfen, Krabbeln, Springen, Schleichen, Tanzen, Balancieren etc.) können als Gruppen- oder Partnerspiele draußen wie drinnen eingebunden werden. Nach gemeinsamen Absprachen und Festlegung der Spielregeln können verschiedene Formen kooperativer Bewegungsspiele gespielt werden, wie Kreisspiele, Fangspiele, Ballspiele, Gummitwist, Hüpfspiele, Discospiele, freie Bewegungsimprovisationen u. a. m.

Kreisel: ein uraltes und weitverbreitetes Kinderspielzeug. Die Entstehung von Tonkreiseln am Flussufer des Euphrat wurde auf 4000 v. Chr. datiert. Ebenso stieß man auf griechische und römische Beispiele. Der Kreisel mit Peitsche wurde in Japan oder China erfunden und kam von dort nach Europa. Seit dem 14. Jahrhundert war er in England ein beliebter Fastnachtsbrauch. Jedes Jahr wurden Kreisel-Rennen auf den Straßen abgehalten, wobei man Verse sang, die bis heute überlebten: *Kreisel rauf und runter, Kreisel durch die Stadt, dreh munter!* Hohle Kreisel, die brummen oder pfeifen, gehören bei uns immer noch zu den beliebten Babyspielzeugen.

Kreisspiele (→ **Reigenspiele**) sind Spiellieder und Reigentänze mit vorgegebenen Spielregeln, bei denen sich der Text in einen musikalischen Rhythmus verwandelt, von dem Bewegungs- und Tanzimpulse ausgehen. Schon 2- bis 3-jährige Kinder können bei Bewegungs- und Ausdrucksformen von Kreisspielen mitmachen, da sie durch die ausgehende *Chorwirkung* (J. Fritz) zum Imitationsspiel anregen. Im Kreisspiel kann das Kind einerseits eigene Bewegungsideen entwickeln und Spielrollen übernehmen, muss sich aber gleichzeitig in die Gemeinschaft einfügen und sich der Spielregel anpassen, die vom Simultanspiel über den abwechselnden Spielvollzug bis zur Spielaufgabenteilung reicht.

Kriegsspielzeug: Gegenstände, die Waffen, waffenähnliche oder militärische Ausrüstungen darstellen, Nachbildungen von Tötungsgeräten, elektronische Kriegs- oder Jagdspiele und Strategiespiele, die die Zerstörung oder Vernichtung des Gegners zum Ziel haben und die dazu geeignet sind, beim Kind oder Jugendlichen Fantasien über gewalttätige Auseinandersetzungen bzw. Kampfhandlungen auszulösen oder zum Nachspielen anzuregen.

LEGO® Steine: ein Spielsystem, das 1947 durch den Dänen Ole Kirk Christiansen entwickelt wurde und seit 1956 den deutschen Spielzeugmarkt eroberte. Im Mittelpunkt des Sortiments steht ein patentierter Kunststoff-„Backstein“, der durch eine Klemmverbindung mittels Noppen und Hohlröhren kinderleicht verbaut werden kann. Der Begriff *LEGO®* setzt sich aus den beiden Anfangsbuchstaben der dänischen Worte „Leg godt” („Spiel gut“) zusammen. *LEGO®* hat im Laufe der Jahre seine Produktpalette kontinuierlich erweitert und spricht damit gezielt spezielle Personengruppen an: *LEGO® DUPLO* (1969) für Kleinkinder, *Fabuland* zur Rollenspielstimulation von Kita-Kindern, die zusammensteckbare *LEGO® Eisenbahn* (1966), *LEGOLAND®* Modellbaukästen mit Szenarien wie Weltraum (1979), Piratenabenteuer (1989) bis zum programmierbaren, mikrochip-gesteuerten *LEGO Technic®* Bausteinen (1999) für ältere Schulkinder.

Lernspiele → **Didaktische Spiele**
Live-Games → **Escape Rooms**

Lottospiel: hat sich aus der italienischen Staatslotterie entwickelt, die seit 1530 fast ohne Unterbrechung jede Woche abgehalten wird. Die Spieler zahlen einen Einsatz und bekommen eine Karte. In der klassischen Version des Spiels ist die Karte in drei waagerechte und drei senkrechte Reihen geteilt. Fünf Zahlen zwischen 1 und 90 sind in jeder waagerechten Reihe, die anderen Felder sind leer. In der Zeit um 1900 nahmen Bilder und Buchstaben den Platz der Nummern ein.

Als Lernspiele im Elementar- und Grundschulbereich gibt es Lottospiele zu allen Bereichen.

Malefiz®: von Werner Schöpper entwickeltes Gesellschaftsspiel für zwei bis sechs Personen, das eine Abwandlung des → **Pachisi** darstellt. Jeder Mitspieler kann im Spielverlauf den Weg der gegnerischen Figuren mit Barrikaden absperren, um deren Ziellauf zu verhindern.

Malspiele → Schreibspiele

Masken haben zu allen Zeiten der Kulturgeschichte dem Menschen die Möglichkeit geboten, ein anderer zu sein und seine persönliche Identität zu verändern. Die Maske „beschwor" Götter und Dämonen und stellte „Kontakte" zwischen Lebenden und Toten her. Erst im antiken Griechenland verlor die Maske ihre dämonische Wirkung und gewann ihre Bedeutung im Theaterspiel, die sich viel später in der Renaissance fortsetzte. In der *Commedia dell'Arte* und in den Narrenspielen wurden außergewöhnlich burleske Maskentypen geschaffen, die den Spielern erlaubten, ihre wahren Gefühle und Wünsche zu äußern und zu zeigen. Im Brauchtum hat die Maske ihre Bedeutung bis heute nicht verloren.
In ihrer Spielfunktion gehört die Maske zum Bereich des Figurentheaters, da mit der Herstellung einer Maske eine *künstliche Figur* geschaffen wird. Die Maske verdeckt den Spieler, er kann nicht persönlich identifiziert werden. Er hat sozusagen sein *Gesicht verloren* und ist gezwungen, durch Körperbewegungen und Gestik der Gestalt Leben zu geben.
In der sozialpädagogischen Arbeit kann das Maskenspiel besonders spiel- und sprachgehemmten Kindern helfen, sich mit besonderen Rollen zu identifizieren und durch den Schutz der Maske die Anonymität und eigene Isolation zu durchbrechen. Während des Herstellungsprozesses können Ideen, Vorstellungen und Materialien kreativ eingesetzt werden. Selbst hergestellte Masken schaffen einen erhöhten Spielanreiz. Bei der Entwicklung von Spielszenen findet darüber hinaus ein sozialer Austausch statt.

memory® (engl.: Erinnerung): ein weitverbreitetes Gesellschaftsspiel für zwei oder mehr Personen, das in seiner heutigen Form von den Schweizern Heinrich und William Hurter 1959 entwickelt wurde. Vorformen des Spiels lassen sich in Japan, in den USA, in England und in der Schweiz nachweisen. memory® ist ein Kartenzuordnungsspiel und kann als Solo-, Partner- oder Gruppenspiel durchgeführt werden. Geduld, Konzentration und das Gedächtnis werden trainiert. Die Spielidee: Auf Pappquadrate sind Bildpaare gedruckt. Wer aus einer beliebigen Zahl von verdeckt liegenden Bildpaaren je zwei Karten umdreht und die meisten Paare findet, hat gewonnen. Jeder Mitspieler ist einmal am Zug, es sei denn, er stößt auf einen Bilderzwilling.

Mensch ärgere Dich nicht®: populäres Brettspiel für vier Personen, das 1910 erstmals in Deutschland auf den Markt kam und sich in den folgenden Jahrzehnten zum meistgespielten deutschen Laufspiel entwickelte. Seine Grundidee basiert auf dem alten indischen Spiel *Pachisi*, dem meistgespielten Laufspiel der Welt. *Mensch ärgere Dich nicht®* ist jedoch eine stark vereinfachte *Pachisi*-Version, es verzichtet auf fast alle strategischen Feinheiten des Originals.

Mikado ist in Japan die Bezeichnung für den Kaiser. Das *Mikado*-Spiel stammt jedoch aus China und wurde dort in unterschiedlichen Formen aus Elfenbein geschnitzt. Beim *Mikado* werden in der Regel 41 gleich lange unterschiedlich bemalte Holzstäbchen verwendet, die verschiedene Punktwerte besitzen. Das als *Mikado* gekennzeichnete Stäbchen erreicht die höchste Punktzahl (20), es folgen die jeweils als *Mandarine* (10 Punkte), *Bonzen* (5 Punkte), *Samurai* (3 Punkte) und *Kull*

(2 Punkte) markierten Stäbchen. Zu Spielbeginn nimmt ein Spieler die Stäbchen in beide Hände, bündelt sie gleichmäßig zwischen den Handflächen und lässt sie plötzlich los, sodass sie in zufälliger Schichtung auf eine feste Unterlage fallen. Das *Mikado*-Spiel verlangt Geduld und feinmotorisches Geschick, um die Teile aus dem willkürlich entstandenen Ganzen zu entfernen.
Spiele, bei denen einzelne Teile geschickt zu einem möglichst großen Ganzen zusammengefügt werden, sogenannte *Stapelspiele,* gehören ebenfalls zu der Kategorie der *Mikado*-Spiele.

Monopoly®: Brettspiel für zwei bis sechs Personen. Ziel des Spiels ist es, so viele Grundstücke, Häuser und Hotels zu kaufen und zu vermieten, dass man als reichster Spieler und Monopolist das Spiel beendet. Zur Spielausrüstung gehören das Spielbrett mit Feldern, die Straßen, Bahnhöfe, Besteuerungen und Gefängnis symbolisieren, außerdem Straßenkarten, Ereignis- und Gemeinschaftskarten, Modellhäuser und -hotels, Spielgeld, einen Spielstein für jeden Mitspieler und zwei Würfel.
Das Spiel wurde 1933 von dem US-Amerikaner Charles Darrow erfunden, der es sich patentieren ließ. Für das amerikanische Originalspiel verwendete er Straßennamen aus Atlantic City (New Jersey, USA), in der deutschen Ausgabe stammen die Straßennamen aus Berlin. Seit langer Zeit ist *Monopoly®* das beliebteste urheberrechtlich geschützte Brettspiel der Welt.

Mühle → Brettspiele

Murmelspiel: Geschicklichkeitsspiel, das Ausdauer, Feinmotorik, Konzentration fördert, Neugierde weckt und Spannung erzeugt. Als Solo-, Partner- oder Gruppenspiel werden der Spielablauf sowie die Spielregel von den Mitspielern gemeinsam festgelegt. Häufige Wiederholungen erhöhen die Spielspannung, führen zum sicheren Spielerfolg und gleichen Enttäuschungen aus. Die Murmelbahn bezieht ihren Spielreiz aus dem Prinzip der schiefen Ebene, auf der die Murmel immer herabrollt und den Spieler veranlasst, den Spielvorgang immer wieder in Gang zu setzen.

New Games: 1973 von den US-Amerikanern Stewart Brand und George Leonard, Pazifisten und Kriegsgegner, entwickelte Spiele mit dem Ziel, die Menschen wieder in Harmonie mit ihrer Umwelt zu bringen. *New Games* stellen Alternativen zu traditionellen Sport- und Wettkampfspielen dar und sollen vorrangig die Freude am Spiel vermitteln.

Orakelspiele: Orakel (lateinisch *oraculum*, von *orare* = beten), in der antiken Welt und in vielen anderen Kulturen religiöse Stätten oder Heiligtümer, an die man sich mit Fragen an eine Gottheit wenden konnte, aber auch der dort erteilte Götterspruch selbst. Die Antworten auf die Fragen gaben die Götter durch Medien, die meist in Trance versetzt waren. Bis heute vermischen sich in den Orakelspielen uralte Weisheiten und Aberglaube, die jedoch nicht allzu ernst genommen werden dürfen. Wie z. B. das *Margeriten-Orakel*, wobei die Blätter der Blüte reihum mit folgendem Orakelspruch abgezupft werden: *Er liebt mich – von Herzen – mit Schmerzen – über alle Maßen – kann's gar nicht fassen – insgeheime – nur zum Scheine – auf ewig – klein wenig – oder gar nicht.*

Pachisi: ein aus Indien stammendes Laufspiel für zwei Personen oder zwei Parteien mit jeweils zwei Personen, das in äußerst vereinfachter Form als Vorbild für viele bekannte Laufspiele diente, so etwa auch für *Mensch ärgere Dich nicht®* (siehe S. 204).

Paintball → Gotchaspiele

Pantomimische Ratespiele sind darstellende Rollenspiele ohne Worte. Für Kinder bietet die Pantomime vielfältige Gestaltungsmöglichkeiten, die der kindlichen Fantasie keine Grenzen setzen. Pantomimische Spiele sind für Kinder ein guter Einstieg in die Theaterarbeit, da das Pantomimenspiel sowohl als Rollenspiel zur eigenen Spielfreude als auch als Ratespiel vor Zuschauern gespielt werden kann. Bei den pantomimischen Ratespielen kommt es darauf an, charakteristische Körperhaltungen, Gestik und Mimik ausdrucksstark, oft überzeichnet, darzustellen, um den Zuschauern das Raten zu erleichtern. Pantomimische Ratespiele sollen nicht zur künstlerischen Perfektion führen, sondern die differenzierte Beobachtung fördern und körperliche Ausdrucksformen bewusst machen (→ **Scharade**).

Pfänderspiele standen in den 1950er-Jahren vor allen anderen Gesellschaftsspielen an erster Stelle. Ziel der Pfänderspiele ist, bei Misslingen einer Spielanforderung ein Pfand, z. B. einen Fingerring, von sich abzugeben und nach Beendigung des Spiels durch eine besondere Spielaufgabe wieder einzulösen, z. B. ein Lied vorzusingen, zehn Kniebeugen zu machen o. Ä.

Planspiele wurden hauptsächlich für die militärische Ausbildung benutzt. Bei Planspielen spielen mehrere Spielparteien gegen- oder miteinander, können aber nur über die Spielleitung Kontakt miteinander aufnehmen. Alle Spielzüge werden schriftlich fixiert, von der Spielleitung ausgewertet, weitergeleitet und dokumentiert. Seit den 1970er-Jahren werden Planspiele verstärkt in der Bildungsarbeit eingesetzt, um soziale Verhaltensweisen zu erproben. Planspiele sind eng verknüpft mit → **Simulationsspielen**, wobei bei Planspielen der zu bearbeitende Konflikt und die beteiligten Personen (Rollen) stärker im Vordergrund stehen.

PLAYMOBIL®: ein Spielsystem, das Anfang der 1970er-Jahre von Hans Beck entwickelt wurde. Im Mittelpunkt stand eine neutrale, bewegliche menschliche Figur von 7,5 cm Höhe, die sich der Kinderhand anpasste und mit ihrer „Umwelt" in jedem Kinderzimmer Platz fand. Im Laufe der Zeit hat sich die Produktpalette stark verändert. Figuren und Zubehör werden zu thematischen Szenarien zusammengefasst und als Komplettsets angeboten. Durch die kompatible Erweiterung der Produktpalette werden weitere Wünsche bei den Kindern geweckt. Die Spielarrangements stimulieren Kinder zu fantasievollen Rollenspielen.

Plumpsack: ein großes Taschentuch oder Kopftuch mit einem kräftigen, möglichst doppelten Knoten, das schon im frühen Mittelalter als beliebtes Zubehör für das gleichnamige Kreisspiel verwendet wurde.

Puppe: Aus dem antiken Rom, Griechenland und Ägypten ist die Existenz von Gliederpuppen aus Gips, Holz und Knochen, sogar ganzer Puppengarnituren, belegt. Diese dienten vermutlich nicht nur kultischen Zwecken.
In Europa wurden 1909 erste Puppen mit biegbaren Beinen entwickelt. Auch entstanden Künstler- und Charakterpuppen, darunter die von Käthe Kruse und Sascha Morgenthaler. Der 1. Weltkrieg brachte die Puppenproduktion in Europa zum Erliegen. Zu den wichtigsten Neuerungen zwischen 1925 und 1939 gehörten schließbare Augen mit Wimpern, offene Münder sowie Latexpuppen, die Wasser trinken und ins Bett machen können. Nach dem 2. Weltkrieg bot die Erfindung von Vinylkunststoffen der Puppenindustrie die Möglichkeit, ihre Produkte besonders lebensecht erscheinen zu lassen. Nachdem ein in Deutschland erfundenes Vorlagemodell nur wenig Erfolg hatte, avancierte die → **Barbie® Puppe** in den USA (und später in Europa) zum Kassenschlager.

Puppenspiel: stammt aus Indien, wo Priester den Gläubigen Gottesmärchen vorführten.

Im Tross römischer Legionen brachten vermutlich Gaukler das Puppenspiel nach Europa, insbesondere nach Deutschland. Leitfigur jedes Puppenspiels war dabei immer ein Spaßmacher, dessen Name von der Lieblingsspeise der Nation abgeleitet wurde, z. B. *Jack Pudding* (England), *Signor Makkaroni* (Italien), *Pekelhaaring* (Holland), *Hanswurst* (Deutschland). Der Name *Kaspar* war im Mittelalter noch nicht bekannt.
Die italienische Komödie des 16. Jahrhunderts (*Commedia dell'Arte*) beeinflusste das mittel- und westeuropäische Puppenspiel sehr stark. Diese Spiele waren als derbe Volksbelustigung mit grobem, unflätigem Humor zu sehen, die für Kinder vollkommen ungeeignet waren und letztlich zum Spielverbot führten. Erst die Jahrhundertwende (vom 18. zum 19.) brachte in Deutschland unter dem Einfluss von Schauspielern, Lehrern und Künstlern eine grundlegende Erneuerung des Puppenspiels: Die Figur des *Kaspars* wurde zum Verfechter des Guten, der Hilfsbereitschaft und der sozialen Gerechtigkeit.
Für das Kind im Kindergarten- und Schulalter ist das Puppenspiel eine vielseitige Rollenspielform, in der es Gefühle, Wünsche, Fantasien erleben, aber auch selbst zum Ausdruck bringen kann. Durch die eigene Gestaltung einer Puppe findet gleichzeitig ein Identifikationsprozess statt, der die Spielfreude erhöht.

Puzzle (engl. *puzzle*: Rätsel, kniffliges Problem): Legespiel, bei dem ein in der Regel auf Karton aufgezogenes, in kleine Einzelteile zerschnittenes Bildmotiv wieder zusammengesetzt werden muss. Die Idee stammt möglicherweise aus England, wo Mitte des 18. Jahrhunderts in London zersägte und wieder zusammensetzbare Landkarten als Lehrmittel für den Erdkundeunterricht angeboten wurden. Puzzles, die in England bald zu beliebten Legespielen avancierten, wurden in Deutschland seit Ende des 19. Jahrhunderts bekannt und produziert. Die anfangs sehr teuren Spiele, die aus Holzplatten gefertigt und mit der Hand zersägt wurden, konnten ab Anfang des 20. Jahrhunderts aus Karton hergestellt und maschinell gestanzt werden. Durch diese Möglichkeit zur Massenproduktion wurden sie erheblich billiger. Heute finden sich Puzzles in verschiedensten Ausführungen (auch in 3 D Form) mit bisweilen mehreren Tausend Einzelteilen.

Quartettspiel: Kartenspiel, das aus zehn bis fünfzehn Sätzen zu je vier Karten besteht. Jede Vierergruppe steht unter einem bestimmten Thema, wobei der gesamte Kartensatz ein Oberthema hat, z. B. für Kinder Tier-, Blumen-, Gemüse-, Berufsquartette u. a. m. Durch Abfragen oder Ziehen werden reihum die gewunschten Quartette erzielt und abgelegt.

Quizspiele → **Rätselspiele**

Rätselspiele: Denkspiele mit Unterhaltungscharakter, bei denen es darum geht, einen bildhaft beschriebenen Gegenstand, eine Person oder einen Vorgang o. Ä. zu erraten. Rätselspiele gibt es in verschiedenen Formen. Sie können z. B. in einfachen Fragen, in Gedichten oder sogar in Märchen enthalten sein. Man kennt beispielsweise Buchstaben- (*Logogriph*), Zahlen- (*Arithmogriph*), Silben- → **Scharade** und Bilderrätsel sowie *Palindrom* (z. B. Reliefpfeiler rückwärts gelesen: Reliefpfeiler), *Homonym* → **Teekessel** und das *Anagramm* (Buchstabenumstellung eines Wortes zu einem neuen Wort, z. B. lieb – Beil).
Etwa zu Beginn des Mittelalters begann mit den Versen und Liedern der Spruchdichter und Meistersänger die Tradition der Rätselspiele in deutscher Sprache. Heutzutage findet man Rätsel u. a. in Kinder- und Unterhaltungsmedien, wie beispielsweise in Zeitschriften (Kreuzworträtsel), Rundfunk- oder Fernsehsendungen, Gesellschaftsspielen.

Rätselspiele für den Computer gibt es seit Mitte der 1970er-Jahre in Form der Adventurespiele, einer interaktiven Reihe von Rätseln, die von Willie Crowther und Don Woods entwickelt wurde.

Rallye ist eine thematische Spielaktion, die aus mehreren Spielaufgaben besteht und sich unmittelbar mit der Lebensumwelt von Kindern auseinandersetzt. In Kleingruppen muss der Weg erkundet werden, um in einem bestimmten Zeitrahmen unterschiedliche Fragestellungen, Schwierigkeiten oder Rätsel zu lösen. Eine Rallye sollte mindestens aus zehn Spielaufgaben bestehen, die vielfältige Methoden beinhalten und im Schwierigkeitsgrad das Alter und den Entwicklungsstand der Rallyeteilnehmer berücksichtigen. Bei einer Rallye geht es nicht um Schnelligkeit, sondern um die zum Teil kreative Bearbeitung der Spielaufgabe in einem Team.

Rassel: Erste Rasseln bestanden aus getrockneten Kürbissen und großen Samenschoten. In manchen Kulturen hatte die Rassel die Funktion, böse Geister abzuhalten. Im Industal wurden Rasseln gefunden, die 4 000 bis 5 000 Jahre alt sind. Weitere Rasseln aus Ton, Buchsbaum, Bronze oder Silber und dekorierte Beißringe wurden in Griechenland, Rom und Ägypten entdeckt. Häufig hatten sie die Form von Tieren und wurden *Crempulum* (Lärmmacher) genannt. Ebenfalls sind Rasselfunde aus Nord- und Südamerika belegt.

Reigenspiele/Ringelreihe → Kreisspiele

Rollschuhlaufen: Freizeitbeschäftigung und Wettkampfsport (z. B. Rollkunstlauf, Rollhockey), bei der sich der Läufer auf Rollschuhen fortbewegt. Rollschuhe sind spezielle Stiefel, an deren Sohle vier Räder befestigt sind. Beim Rollschuhlaufen als Freizeitbeschäftigung, vor allem bei Kindern, wird ein Metallrahmen mit Rädern an den normalen Schuhen festgeschnallt.
Der Rollschuh wurde vermutlich 1760 von dem Belgier Joseph Merlin erfunden. Merlin hatte die Idee, das Schlittschuhlaufen vom Eis auf den normalen Boden zu übertragen, indem er hölzerne Rollen an einer Platte befestigte. Die ersten Rollschuhe mit Metallrädern wurden 1763 angefertigt, Rollschuhe mit Rädern auf Kugellagern entstanden erst im späten 19. Jahrhundert. Ab Mitte der 1990er-Jahre erlebte das sogenannte → **Inlineskating** weltweit einen großen Boom und verdrängte das traditionelle Rollschuhlaufen als Freizeitvergnügen. Eine besondere Abwandlung des Rollschuhes ist das *Skateboard*. Die ersten → **Skateboards** wurden angeblich aus Brettern gemacht, an deren unterer Seite auseinandergebaute Rollschuhe befestigt wurden.

Schach: eines der am weitesten verbreiteten und bekanntesten → **Brettspiele**, entstand vermutlich im 6. Jahrhundert v. Chr. in Indien und ist seit dem Mittelalter in Europa bekannt.

Scharaden als pantomimische Ratespiele für Kinder im Schulalter. Bei der *Scharade* (frz.: *charade* = Silbenrätsel, Worträtsel) werden Worte oder Sätze in kleine Bestandteile zerlegt und den übrigen Mitspielern oder einem Publikum pantomimisch vorgespielt, die dann den Gesamtbegriff erraten müssen. → **Rätselspiel**

Schnurspiele → Fadenspiele

Schreibspiele und **Malspiele** sind eine unkomplizierte Methode, um auf spannende und oft witzige Weise in Kontakt zu treten und zur Interaktion beizutragen. Sie unterstützen es, Kindern/Jugendlichen den Spaß am kreativen und fantasievollen Umgang mit der Sprache zu bewahren. Sie können zu fast jeder Gelegenheit als Solo-, Partner-

oder Gruppenspiel durchgeführt werden. Verschiedene Spielarten sind möglich, wie z. B. Rätselfragen, Silben-, Kreuzworträtsel, einfache Wortketten schreiben, Wortkombinationen oder Begriffe malen, Mitteilungen vervollständigen, Satz-/Wortaussagen verdrehen, Werbesprüche erfinden u. a. m.

Schulhofspiele benennen auf den Spielort und finden in der unterrichtsfreien Zeit statt. → **Hüpfspiele**, **Gummitwist**, **Fangspiele**, **Seilspringen**

Schwarzer Peter: Kinderkartenspiel mit mindestens 25 Karten, wobei jeweils zwei Karten ein Pärchen bilden und eine Einzelkarte der *Schwarze Peter* ist. Durch Ziehen bei dem linken Nebenmann werden die Pärchen komplettiert und abgelegt. Wer zuletzt den *Schwarzen Peter* hat, bekommt die Nase schwarz gemalt.

Scrabble®: ein Buchstaben- und Wörterspiel, bei dem Punkte gesammelt werden, indem man auf einem Spielbrett im Stil eines Kreuzworträtsels aus Buchstabensteinen Wörter bildet.
Erfinder des Spiels war Alfred Butts im Jahre 1931. Danach wurde es weiterentwickelt, verbessert und schließlich von James Brunot 1948 auf den Markt gebracht. *Scrabble®* wurde zu einem der beliebtesten → **Brettspiele** der Welt.

Seilspringen wurde im 19. Jahrhundert besonders in den Städten populär, da dafür nur wenig Platz erforderlich war. Seilspringen kann von einem oder mehreren Kindern gespielt werden. Allein wird in jeder Hand das Ende eines Seils gehalten, das bis zu den Fußknöcheln hinabhängt. Dann wird es von hinten über den Kopf in einem Bogen nach vorn geschwungen und auf einem oder zwei Beinen übersprungen. Diese Bewegung wiederholt sich. Springen mehrere, schwingen zwei das Seil, wobei die Hüpfer, ohne den Rhythmus zu stören, aus der Reihe heraus- und wieder hineinlaufen können. Häufig wird beim Seilspringen gezählt, werden Verse gesprochen oder wird gesungen.

Simulationsspiele versuchen einen Teilbereich der Realität so genau wie möglich nachzubilden und können daher überaus komplex sein. Simulationsspiele werden bevorzugt in der Managerausbildung eingesetzt, z. B. um die Leitung einer Firma zu simulieren. Viele Simulationsspiele sind als → **Planspiele** aufgebaut, allerdings steht bei Simulationsspielen die Nachgestaltung der Realität im Vordergrund und nicht die Konflikte der Spielparteien.

Sinnesspiele oder Wahrnehmungsspiele → **Kim-Spiele**

Skateboard fahren: Sport und Freizeitbeschäftigung, bei der man sich auf einem kleinen Brett mit Rollen fortbewegt. Der Skateboardfahrer steht seitlich zur Fahrtrichtung auf dem Board und steuert es durch Gewichtsverlagerung. Ein Skateboard besteht aus einem Brett, auf dessen Unterseite zwei Achsen mit jeweils zwei Rädern montiert sind. Der Sport entstand um 1960 in Kalifornien, als Surfer, die keine geeigneten Voraussetzungen zum Wellenreiten vorfanden, die Idee hatten, ein kurzes Surfbrett auf → **Rollschuhe** zu montieren.

Sketche sind kurze, witzige, turbulente Theaterszenen, die zum Lachen, aber auch zum Nachdenken bringen sollen. Die Theaterausstattung ist sparsam und einfach. Nur wenige Requisiten, z. B. Tisch, Stuhl, Telefon, sind nötig. Dagegen unterstreichen einige charakteristische Kleidungsstücke wie z. B. Hut, Brille, Schal die Personentypen. Sketche müssen mit den Spielern gut vorbereitet werden, da eine gemeinsame sprachliche Verständigung, treffende Formulierungen und charakteristische Darstellungsweisen von bestimmten Typen Voraussetzungen dafür sind, das Verständnis der Zuschauer zu erleichtern. Für Kinder im Grundschulalter sind Sketche mit Sprachwitz, wie z. B. absichtliches Missverstehen oder Lügengeschichten, besonders unterhaltend. Schulkinder sind bereits in der Lage, Doppeldeutigkeiten zu erkennen und Pointen oder Sprachverwirrungen zu durchschauen. → **Black-outs, Klamaukspiele, Stegreifspiele**

Spielkarten und → **Kartenspiele** finden im 13. Jahrhundert, vermutlich durch die Kreuzritter, in Europa Verbreitung, wo sie das → **Würfelspiel** als beliebtestes Spiel ablösen. Die Kosten für einen Satz Karten waren damals sehr hoch, sodass das Spielen zunächst dem Adel vorbehalten blieb. Im 15. Jahrhundert wurden durch Holzschnitt hergestellte Karten vor allem in Deutschland entworfen und in großer Zahl exportiert. Durch die Verbesserung von Druckverfahren nahmen die Verbreitung und die Beliebtheit von Kartenspielen zu.
Spielkarten sind in Europa im Allgemeinen rechteckig. Auf der Vorderseite tragen sie Symbole, Figuren und Zahlen. Die heute am häufigsten verwendeten Symbole kommen aus Frankreich und werden mit Kreuz, Pik, Herz und Karo bezeichnet. Die Rückseiten der Karten eines Spieles müssen identisch sein, damit die Spielpartner nicht erkennen, wer welche Karten in der Hand hält. In einem Standard-Kartensatz besteht jede der vier Farben aus 13 Karten. Man unterscheidet die Bildkarten (König, Dame und Bube) und die Zählkarten (von As bis Zehn). Zusätzlich gibt es seit dem 19. Jahrhundert sogenannte Joker. Karten werden für Geschicklichkeits-, Lern-, Glücksspiele oder zum Wahrsagen (Kartenlegen, z. B. Tarotkarten) verwendet. Spielkarten sind die weltweit am weitesten verbreiteten Unterhaltungsobjekte. Mehr als drei Viertel aller Menschen beherrschen ein oder mehrere Kartenspiele. Alte und ungewöhnliche Spielkarten haben sich zu wertvollen Sammelobjekten entwickelt, die in vielen Museen der Welt ausgestellt werden.

Spielfeste sind besondere Spielaktivitäten, die ohne äußere Veranlassung oder zu bestimmten Anlässen stattfinden können. Spielfeste besitzen einen hohen Unterhaltungswert, bereiten Vergnügen, wenn sie dem Mitspielerkreis sowie der Raumsituation angepasst sind. Die einzelnen Spiele verfügen über einen Spaßfaktor, besitzen einen hohen Aufforderungscharakter und können durch ein bestimmtes Thema miteinander verbunden sein. Spielfeste erfordern mehrere Spielleiter und Spielhelfer mit hoher Flexibilität, erhebliche Vorbereitungen, einen großen Spielraum und einen ausreichenden Zeitrahmen.

Spielketten sind eine zielgerichtete Aufeinanderfolge verschiedener angeleiteter Spielformen, die durch ein bestimmtes Leitmotiv (Geschichte/Erzählung) miteinander verbunden sind. Spielketten sind dem Alter und der Gruppenstruktur angepasst, haben einen hohen Aufforderungscharakter und lassen den Teilnehmern ausreichenden Freiraum für Fantasie, Eigeninitiative und kooperative Weiterentwicklung. Sie erfordern einen großen Spielraum und Zeitrahmen, geringe Materialvorbereitung sowie eine hohe Flexibilität der Spieler und Spielleiter.

Sprechspiele → Erzählspiele

Staffelspiel: Wettkampfspiel aus der Leichtathletik, bei der mehrere (meistens vier) Läufer einer Mannschaft nacheinander einen Abschnitt der Strecke, meist mit Hindernissen, zurücklegen. Dabei wird der Staffelstab oder ein anderer Gegenstand vom Start- zum Schlussläufer weitergereicht.

Stapelspiele → Mikado

Stegreifspiel: eine auf Improvisation beruhende Form des Theater- oder Szenenspiels, bei der nur das Thema oder der

Handlungsverlauf vorgegeben ist. Das Wort *Stegreif* war ursprünglich gleichbedeutend mit Steigbügel: Der Redewendung *aus dem Stegreif* liegt die Vorstellung eines Reiters zugrunde, der eine (unvorbereitete) Handlung ausführt, ohne vom Pferd zu steigen. Das *Stegreifspiel* beruht auf volkstümlichen Traditionen, mit oft typisierten komischen Figuren, wie z. B. *Harlekin* und *Hanswurst*. Das *Stegreifspiel* ist nicht an festgelegte Texte gebunden, vielmehr bietet es den Schauspielern große Freiheiten in der Gestaltung der Dialoge, der Mimik und Gestik (→ **Black-outs, Klamaukspiele, Sketche**).

Tanzspiele → Discospiele

Teddybär: Als Maskottchen des amerikanischen Präsidenten Theodore (*Teddy*) Roosevelt gelangte der Teddybär, dessen Ursprünge bei der Firma Steiff in Deutschland liegen, zu weltweiter Popularität.

Teekessel: → Rätselspiel, ein Homonym (Begriff mit zweierlei Bedeutungen, z. B. *Birne*: Frucht – Leuchtmittel) muss durch Fragen erraten werden.

UNO®: beliebtes Kartenspiel aus den USA, das aus 108 farbigen Symbolkarten besteht und schon von jüngeren Kindern nach einfachen Regeln gespielt wird.

Versteckspiele, in manchen Gegenden auch *Verstecken, Suchespiel, Anschlagen* oder *Finkenstein* genannt, verlangen einen verkehrsarmen oder -beruhigten Spielort mit möglichst vielen Versteckmöglichkeiten. Beim klassischen Versteckspiel wird ein Mitspieler als Sucher ausgelost, der in einer vorher festgelegten Zeit seine Augen vor einer Wand oder einem Mal schließt, während sich die übrigen Mitspieler verstecken. Nun beginnt die Suche. Bevor die Spieler entdeckt werden, versuchen sie an der freien Wand oder dem Mal anzuschlagen. Der letzte Spieler im Versteck ist der neue Sucher.

Wahrnehmungsspiele/Sinnesspiele → Kim-Spiele

Würfel: kleine Kuben aus Elfenbein, Knochen, Holz etc., die für Glücksspiele benutzt werden. Die häufigste Markierungsform der Würfel ist die Nummerierung der sechs Seiten mit Punkten. Die Würfel werden aus der Hand geworfen oder man benutzt einen Würfel- oder Knobelbecher.
Der berühmte Ausspruch von Cäsar *Alea iactaest!* (*Der Würfel ist gefallen bzw. geworfen worden!*) lässt darauf schließen, dass das Würfelspiel schon in der Antike bekannt war und das Mogeln beim Würfeln mindestens genauso alt wie das Würfeln selber ist. Es gibt zahlreiche Spiele, bei denen Würfel benutzt werden, wie z. B. → **Backgammon** und → **Mensch ärgere Dich nicht®**, die Gewinner und Verlierer ermitteln. Für den Elementarbereich gibt es jedoch auch Würfelspiele, die nur in Kooperation, ohne Konkurrenz, zum Ziel führen, z. B. Masken würfeln.

Zaubern: nach heutigem Verständnis trickreiche Handlungen zur Unterhaltung, die Menschen in ihren Bann ziehen. Der Zauberer als Unterhaltungskünstler hat eine lange Tradition auf Jahrmärkten, in Varietés, bei Zirkusveranstaltungen und Ähnlichem. Die Schnelligkeit und Ausstrahlung des Zauberers bringt die Zuschauer zum Staunen. Dabei bestehen die meisten Zauberkunststücke aus bestimmten Handlungen, die nicht wahrgenommen werden, weil sie verborgen geschehen, oder die falsch gedeutet werden, weil sie eine harmlose, natürliche Bewegung vortäuschen. Einfache Zaubertricks können bereits jüngere Kinder erlernen. Zauberkästen, die im Spielhandel käuflich zu erwerben sind, bieten dazu Gelegenheit, aber auch selbst herzustellende Spielmittel.

Internetadressen

Achtes Buch Sozialgesetzbuch: Kinder- und Jugendhilfe (BMFSFJ) – https://www.bmfsfj.de/blob/94106/40b8c4734ba05dad4639ca34908ca367/kinder--und-jugendhilfegesetz---sgb-viii-data.pdf

Akademie der Kulturellen Bildung – https://kulturellebildung.de/

Bundesministerium für Familie, Senioren, Frauen und Jugend (BMFSFJ) – https://www.bmfsfj.de/

Bündnis Recht auf Spiel (Deutsches Kinderhilfswerk e. V.) – https://www.recht-auf-spiel.de/

Deutsche Snoezelen Stiftung – http://www.snoezelen-stiftung.de/

Spiel des Jahres – https://www.spiel-des-jahres.de/

Deutsches Spielearchiv – http://museen.nuernberg.de/spielearchiv/

Dialog Reggio (Vereinigung zur Förderung der Reggio-Pädagogik in Deutschland e. V.) – https://reggio-deutschland.de/

Fachverband für handlungsorientierte Pädagogik – http://www.aba-fachverband.org/

FLIMMO (Programmberatung für Eltern e. V.) – http://www.flimmo.de/

Freiwillige Selbstkontrolle Unterhaltungssoftware – https://usk.de/

Friedrich Fröbel – https://www.friedrich-froebel-online.de/

Gewalt Akademie Villigst – https://www.gewaltakademie.de/aktuell/

Handbuch Kindertagespflege (BMFSFJ) – http://www.handbuch-kindertagespflege.de/

Initiative „klicksafe“ – https://www.klicksafe.de/

Initiative „SCHAU HIN! Was Dein Kind mit Medien macht.“ – https://www.schau-hin.info/

Internet-ABC für Eltern (Internet-ABC e. V.) – https://www.internet-abc.de/eltern/internet-abc-fuer-eltern/

Kindertagesbetreuung (MKFFI) – https://www.kita.nrw.de/

Landesverband der Wald- und Naturkindergärten NRW e. V. – https://www.waldkindergaerten-nrw.de/

LEGO® Shop – https://www.lego.com/de-de

Maria Montessori (IFAP – Institut für angewandte Pädagogik e. V.) – http://www.montessori.de/

Ministerium für Kinder, Familie, Flüchtlinge und Integration des Landes Nordrhein-Westfalen: https://www.mkffi.nrw/kinderbildungsgesetz vom 01.08.2020

Praxis-Jugendarbeit – https://www.praxis-jugendarbeit.de/

Rahmenvereinbarungen zum Ganztag des Landes NRW – https://www.schulministerium.nrw.de/themen/schulsystem/ganztag/rahmenvereinbarungen

Sabine Wiediger – http://www.jesus-fuer-minis.de/

Sicherheit auf Kinderspielplätzen – https://usb-net.de/wp-content/uploads/2017/04/Sozial-SicherheitAufKinderspielplaetzen.pdf

SIN (Studio im Netz) – https://www.studioimnetz.de/

spielbar.de (Bundeszentrale für politische Bildung) – https://www.spielbar.de/

spielbox (Das Magazin zum Spielen) – http://www.spielbox.de/

Spieleratgeber NRW (Fachstelle für Jugendmedienkultur NRW) – https://www.spieleratgeber-nrw.de/

spiel gut Arbeitsausschuß Kinderspiel + Spielzeug e. V. – https://www.spielgut.de/

Spielmobile e. V. (Bundesarbeitsgemeinschaft mobiler Spielkultureller Projekte) – https://spielmobile.de/de/

Spiel- und Lernsoftware pädagogisch beurteilt (BMFSFJ) – https://www.bmfsfj.de/bmfsfj/service/publikationen/spiel--und-lernsoftware-paedagogisch-beurteilt/96098?view=DEFAULT

Spielzeugfreier Kindergarten (Aktion Jugendschutz, Landesarbeitsstelle Bayern e. V.) – http://www.spielzeugfreierkindergarten.de/

Thomas Feibel – http://www.feibel.de/

TOMMI Kindersoftwarepreis – https://www.kindersoftwarepreis.de/

Verbraucherzentrale NRW – https://www.verbraucherzentrale.nrw/

Vereinigung der Waldorfkindergärten e. V. – https://www.waldorfkindergarten.de/startseite/

Waldkindergarten Flensburg e. V. – https://www.waldkindergarten.de/

Spieledatenbanken

Spielotti – mit zahlreichen Gruppenspielen (interaktive, kommunikative, kreative Spiele etc.), mathematischen Brettspielen zum Ausdrucken, Anmalen und Spielen sowie Labyrinthen mit Lösungswegen, verfügbar unter www.labbe.de/spielotti

Spieledatenbank für Gruppenspiele – Spielesammlung mit Spielen für jede Gelegenheit – für Kinder, Jugendliche und Erwachsene, verfügbar unter www.spielefuervlele.de

Spiel@Zukunft – monatlich aktualisiertes Online-Portal für Eltern zu Fragen rund um das Thema Spielen. In kleinen Beschreibungen werden zahlreiche Spielideen vorgestellt. Nach Alter geordnete Listen zum Thema Spielzeug. Beiträge zum Thema „Warum spielen für Kinder wichtig ist". Weitere Spezialthemen u. a. „Wie Kinder lernen" und „Kinder und Medien". Verfügbar unter www.spielundzukunft.de

Literaturverzeichnis

afp: Kunden sollen auch auf eigene Faust testen. In: Iserlohner Kreisanzeiger v. 06.12.2010.

Anan, Kobna/Amonde, Omari: Das Lied der bunten Vögel. 6. Auflage. Münsingen-Bern: Fischer 2001.

Baer, Ulrich: Wörterbuch der Spielpädagogik. Basel: Lenos-Verlag 1981.

Baer, Ulrich: Spielpraxis. Eine Einführung in die Spielpädagogik. 2. Auflage. Seelze: Kallmeyer 1996.

Benjamin, Walter: Über Kinder, Jugend und Erziehung. Frankfurt am Main: Suhrkamp 1969.

Bettelheim, Bruno: Ein Leben für Kinder. Erziehung in unserer Zeit. Übersetzt von Liselotte Mickel. Weinheim (u. a.): Beltz 2003.

Betteray, Christiane van: Schlaraffenland. Freiburg im Breisgau: Christophorus Verlag 1999.

Boal, Augusto: Theater der Unterdrückten. Übersetzt von Marina Spinu und Henry Thorau. Frankfurt am Main: Suhrkamp 1989.

Broich, Josef: Rollenspiele-Praxis. Köln: Maternus 1999.

Büchsenschütz, Joachim/Regel, Gerhard: Mut machen zur gemeinsamen Erziehung. Zeitgemäße Pädagogik im offenen Kindergarten: Darstellungen aus dem Erprobungsprojekt Cuxhaven. Hamburg: EB-Verlag Rissen 1991.

Bühler, Charlotte: Psychologie im Leben unserer Zeit. München: Droemer Knaur 1988.

Bundesministerium für Familie, Senioren, Frauen und Jugend (Hrsg.): Kurzprofil: Das zeichnet die Kindertagespflege aus. In: www.handbuch-kindertagespflege.de. Online verfügbar unter https://www.handbuch-kindertagespflege.de/1-wegweiser/11-was-leistet-kindertagespflege/kurzprofil-das-zeichnet-die-kindertagespflege-aus/ [31.08.2020].

Bundesministerium für Familie, Senioren, Frauen und Jugend (Hrsg.): Kurzprofil: Das zeichnet die Kindertagespflege aus. In: www.bmfsfj.de. Online verfügbar unter https://www.bmfsfj.de/bmfsfj/themen/familie/kinderbetreuung [31.08.2020].

Bundesministerium für Familie, Senioren, Frauen und Jugend: Gute Kinderbetreuung, unter www.bmfsfj.de/BMFSFJ/Kinder-und-Jugend/kinderbetreuung.html, vom 02.09.2015.

Bydlinski, Georg: Feste feiern. In: Bartos-Höppner, Barbara (Hrsg.): Kindergedichte unserer Zeit, Würzburg: Arena Verlag Georg Popp, 1984

Degenhardt, Franz Josef: Kommt an den Tisch unter Pflaumenbäumen: Sämtliche Lieder mit Noten. München: DTV 1981.

Deinet, Ulrich: Im Schatten der Älteren. Offene Arbeit mit Kindern und jüngeren Jugendlichen. Weinheim: Juventa 1987.

Deutsches Jugendinstitut (Hrsg.): Ein Kindergarten für behinderte und nicht behinderte Kinder. München 1984.

Deutsche Snoezelen Stiftung: Eine Einführung in das Konzept. In: www.snoezelen-stiftung.de. Online verfügbar unter: http://www.snoezelen-stiftung.de/index.html [26.08.2020].

dpa: Keine «Reise nach Jerusalem» mehr in britischen Kindergärten, © dpa Deutsche Presse-Agentur GmbH , 23.05.2000.

dpa: Viel Bildschirmzeit beeinträchtigt Hirnentwicklung von Kindern. © dpa Deutsche Presse-Agentur GmbH, 10.11.2019.

Ebert, Andreas: Unser Kinderliederbuch. 5. Auflage. Wuppertal: Oncken 1992.

Erhardt, Volker: Kinderspiel. In: Gedichte für Anfänger. Herausgegeben von Joachim Fuhrmann. Reinbek: Rowohlt 1980.

Freudenreich, Dorothea/Gräßer, Herbert/Köberling, Johannes: Rollenspiele. Hannover: Schroedel 1981.

Fritz, Jürgen: Spielzeugwelten. Eine Einführung in die Pädagogik der Spielmittel. Weinheim: Juventa 1989.

Fritz, Jürgen: Theorie und Pädagogik des Spiels. Eine praxisorientierte Einführung. Weinheim: Juventa 1991.

Fröbel, Friedrich: Kommt, lasst uns unsern Kindern leben! Friedrich Fröbels Mutter- und Koselieder. Herausgegeben von Hermann Fröbel. Bad Neustadt an der Saale: Mitteldeutsche Verlagsgesellschaft 1982.

Fröbel, Friedrich: Mutter- und Koselieder, Briston (Thoemmes) bzw. Taipei/Taiwan (Unifacmanu), 1994 (Reprint von: Anst. zur Pflege des Beschäftigungstriebes der Kindheit und Jugend, Blankenburg bei Rudolstadt, 1844).

Gauly, Burkhard: Lasst die Kinder entscheiden. In: Kindergarten heute, Heft 1, 2000.

Gerhard: Der offene Kindergarten. Eine Weiterentwicklung, die überzeugt. In: Kindergarten heute, Heft 9, 1997.

Gerhard, Saskia/Höfflin, Peter: Interview „Spielplätze sind unattraktiv“. In: DIE ZEIT, Nr. 34, vom 20.08.2015, S. 30.

Guggenmos, Josef: Oh, Verzeihung, sagte die Ameise: Weinheim/Basel: Beltz & Gelberg 1990.

Heimlich, Ulrich: Einführung in die Spielpädagogik. Eine Orientierungshilfe für sozial-, schul- und behindertenpädagogische Handlungsfelder. Bad Heilbrunn: Klinkhardt 1993.

Helmers, Birgit: Kinder, die nicht spielen können. In: www.wp.de. Veröffentlicht am 06.04.2011 unter: https://www.wp.de/wp-info/kinder-die-nicht-spielen-koennen-id4508325.html [28.08.2020].

Helmig, Helene: Montessori-Pädagogik. 9. Auflage. Freiburg im Breisgau: Herder 1977.

Hentschel, Silvia/Ebert, Sigrid: Mit allen Sinnen lernen. In: Kinderzeit, Heft 4, 1994, S. 38 ff.

Huck-Schade, Johanna: Die Kinderspiele von Pieter Bruegel d. Ä. In: Gruppe und Spiel, Heft 3, 1998, S. 19 ff.

Hugger, Kai-Uwe/Tillmann, Angela/Bader, Julia/Cwielong, Ilona/Kratzer, Verena: Kids Mobile Gaming: Mobiles Spielen bei Kindern im Alter von 6 bis 13 Jahren. In: Diskurs Kindheits- und Jugendforschung Heft 2-2013, S. 205–222.

Huizinga, Johan: Homo Ludens. Vom Ursprung der Kultur im Spiel, Reinbek, Rowohlt, 1965.

Institut für angewandte Pädagogik e. V. (IFAP): Die Montessori-Erzieher. In: www.montessori.de. Online verfügbar unter: http://www.montessori.de/montpaed.php [31.08.2020].

IVW (Internationale Vereinigung der Waldorfkindergärten) (Hrsg.): Der Waldorfkindergarten – komm mit. Stuttgart: Verlag Freies Geistesleben 1999.

Jaffke, Freya: Spielen und arbeiten im Waldorfkindergarten. Stuttgart: Verlag Freies Geistesleben 1991.

Jaffke, Freya: Waldorf-Pädagogik. In: Kindergarten heute Spezial 1996.

Jandl, Ernst: Gesammelte Werke. Erster Band. Gedichte 1. Darmstadt und Neuwied: Luchterhand 1985.

Janosch: Zapp. In: Gelberg,Hans Joachim (Hrsg.): Geh und spiel mit dem Riesen. Weinheim: Beltz 1971 S. 101.

Kazemi-Veisari, Erika: Reggio Pädagogik. Pädagogische Handlungskonzepte. In: Kindergarten heute Heft 3/96.

Kersten, Ralph: Schwarzes Theater. Frankfurt am Main: Puppen & Masken Verlag 1990.

Kiersch, Johannes: Die Waldorfpädagogik. Eine Einführung in die Pädagogik Rudolf Steiners. 2. Auflage. Stuttgart: Verlag Freies Geistesleben 1997.

Klawe, Willy: Arbeit mit Jugendlichen. Einführung in Bedingungen, Ziele, Methoden und Sozialformen der Jugendarbeit. Weinheim: Juventa 1986.

Knecht, Gerhard: Spielaktionen auf dem Schulhof. In: Gruppe und Spiel, Sonderheft: Spiele im öffentlichen Raum, Kallmeyer, 1998.

Krenz, Armin (Hrsg.): Kindorientierte Elementarpädagogik. Göttingen: Vandenhoeck & Ruprecht 2010.

Krieg, Elisbeth (Hrsg.): Hundert Welten entdecken. Die Pädagogik der Kindertagesstätten in Reggio Emilia. Essen: Neue Deutsche Schule 1993.

Kükelhaus, Hugo/zur Lippe, Rudolf: Entfaltung der Sinne. Ein Erfahrungsfeld zur Bewegung und Besinnung. Frankfurt am Main: Fischer 1990.

Landschaftsverband Westfalen-Lippe (Hrsg.): Arbeitshilfe gemeinsame Erziehung behinderter und nicht behinderter Kinder in Tageseinrichtungen, 5. Auflage, Münster 2006.

Lenzen, Hans Georg: Anna versteckt sich. In: Gelberg,Hans Joachim (Hrsg). Geh und spiel mit dem Riesen, Weinheim: Beltz Verlag 1971.

Lenzen, Heinrich (Hrsg.): Mediales Spiel in der Schule. Neuwied: Luchterhand 1974

Malaguzzi, Loris: Hundert Sprachen hat das Kind. Das Mögliche erzählen; Kinderprojekte der städtischen Krippen und Kindergärten von Reggio Emilia. Herausgegeben von Tiziana Filippini. Neuwied: Luchterhand 2002.

Malaguzzi, Loris/Gina, Ferri: Ein Ausflug in die Rechte von Kindern aus der Sicht der Kinder. Übersetzt von Harald Otto Schmid. Neuwied: Luchterhand 1995.

Manz, Hans: Worte kann man drehen. Sprach-Buch für Kinder. Weinheim/Basel: Beltz & Gelberg 1974.

Ministerium für Familie, Kinder, Jugend, Kultur und Sport des Landes Nordrhein-Westfalen (MFKJKS): Bildungsgrundsätze für Kinder von 0 bis 10 Jahren in Kindertagesbetreuung und Schulen im Primarbereich in Nordrhein-Westfalen. Freiburg im Breisgau: Herder Verlag 2016.

Ministerium für Kinder, Familie, Flüchtlinge und Integration des Landes Nordrhein-Westfalen (MKFFI): Kinderbildungsgesetz vom 01.08.2020, Düsseldorf

Montessori, Maria: Das kreative Kind. Der absorbierende Geist, 10. Auflage. Übersetzt von Christine Callori di Vignale. Freiburg im Breisgau: Herder 1994.

Montessori, Maria: Die Entdeckung des Kindes. Übersetzt von Edith Seidel. Freiburg im Breisgau: Herder 1969.

Montessori, Maria: Grundlagen meiner Pädagogik. 5. Auflage. Herausgegeben von Theodor Ballauf. Heidelberg: Quelle & Meyer 1968.

Montessori, Maria: Kinder sind anders. Bearbeitet von Helene Helming. Übersetzt von Percy Eckstein und Ulrich Weber. Frankfurt am Main: Klett-Cotta 1981.

Neill, Alexander Sutherland: Theorie und Praxis der antiautoritären Erziehung. Übersetzt von Hermann Schroeder und Paul Horstrup. Reinbek: Rowohlt 1969.

Neumeister, Bernd: Viel Platz für eine ganzheitliche Entwicklung. Kizz Elternmagazin & Kinderbücher, 13.05.2014, © Verlag Herder, Freiburg, https://www.herder.de/kizz/kinderbetreuung/der-bewegungskindergarten-viel-platz-fuer-eine-ganzheitliche-entwicklung/ [31.08.2020].

Oerter, Rolf: Psychologie des Spiels. Ein handlungstheoretischer Ansatz. 2. Auflage. Weinheim: Beltz 2011.

Papousek, H. & Papousek ,M. (1987). Intuitive parenting: A dialectic counterpart to the infant's integrative competence. In J.D. Osofsky (Ed.), Handbook of infant development (2nd Edition, S. 669 - 720). New York.

Perras, Barbara: Vom Bewegungskindergarten in einen traditionellen Kindergarten. Der bewusste Weg zurück. In: www.kindergartenpädagogik.de. Online verfügbar unter: https://kindergartenpaedagogik.de/fachartikel/raumgestaltung/innenraeume/943 [31.08.2020].

Petermann, Franz/Petermann, Ulrike: Training mit aggressiven Kindern. 13. Auflage. Weinheim: Beltz 2012.

Piaget, Jean: Nachahmung, Spiel und Traum. Die Entwicklung der Symbolfunktion beim Kinde. Übersetzt von Hans Aebli. 6. Auflage. Stuttgart: Klett 2009.

Polinski, Liesel: Spiel und Bewegung mit Babys. Das Prager-Eltern-Kind-Programm. Reinbek: Rowohlt 2001.

Prokop, Edeltraud: Was ist eigentlich Freilandpädagogik? In: Kindergarten heute, Heft 5, 1999.

Regel, Gerhard: Zusammenwirkende Strukturelemente offener Kindergartenarbeit. In: Kindergarten heute, Heft 1, 1992.

Retter, Hein: Spielzeug. Handbuch zur Geschichte und Pädagogik der Spielmittel. Weinheim/Basel: Beltz 1979.

Schäfer, Gerd: Bildung beginnt mit der Geburt. Weinheim: Beltz 2003.

Schenk-Danzinger, Lotte/Rieder, Karl: Entwicklungspsychologie. 2. Auflage, Nachdruck. Wien: G & G Verlagsgesellschaft 2013.

Scheuerl, Hans: Das Spiel. Untersuchungen über sein Wesen, seine pädagogischen Möglichkeiten und Grenzen. Weinheim: Beltz 1954.

Schlamp, Reiner: Rot und blau ist dem Kasperl sei Frau. Figurentheater in Schule und Freizeit. München: Don Bosco 1981.

Schriever, Erich: Kulturarbeit heißt selbermachen. 4. Auflage. Schwerte: Amt für Jugendarbeit des EkvW Schwerte 1989.

Seitz, Rudolf (Hrsg.): Masken. Bau und Spiel. 4. Auflage. München: Don Bosco 1991.

Senatsverwaltung für Jugend und Familie (Hrsg.): Hundert Sprachen hat das Kind. Berlin: FIPP-Verlag 1992.

Steiner, Rudolf: Die Erziehung des Kindes vom Gesichtspunkte der Geisteswissenschaft. Dornach: Rudolf-Steiner-Verlag 1992.

Stern, Heft 31/2015, S. 41.

Strick, Rainer: Spielzeugfreier Kindergarten. In: Ohne Spielzeug. Herausgegeben von Ingeborg Becker-Textor. Freiburg im Breisgau: Herder 1998.

Ulich, Michaela/Oberhuemer, Pamela/Reidelhuber, Almut (Hrsg.): Der Fuchs geht um ... auch anderswo. Ein multikulturelles Spiel- und Arbeitsbuch. 6. Auflage. Weinheim: Beltz 2004.

vom Wege, Brigitte/Wessel, Mechthild: Das Kindergartenmärchenbuch: Freiburg im Breisgau: Herder 2011.

vom Wege, Brigitte/Wessel, Mechthild: 333 Jahreszeitenspielideen. Freiburg im Breisgau: Herder 2014.

vom Wege, Brigitte/Wessel, Mechthild: 333 Spielspaßideen. Freiburg im Breisgau: Herder 2014.

Wehle, Gudrun/Wehle, Hans-Felix: Schattenspiel. Ein Spaß für groß und klein. Neuwied: Luchterhand 1991.

Weitz, Regina: Für Mädchen und Jungen zum Selbermachen. In: Fuhrmann, Joachim (Hrsg.): Gedichte für Anfänger,. Reinbek: Rowohlt 1980.

Winner, Anna: Der „spielzeugfreie Kindergarten“. Ein Projekt zur Förderung von Lebenskompetenz bei Kindern? München: Aktion Jugendschutz 1996.

Wißmann-Hardt, Marita: Waldkindergärten. Chancen für die Jugendberatung. In: Waldkindergärten in Nordrhein-Westfalen. Herausgegeben von der Arbeitsgemeinschaft Natur- und Umweltbildung e. V. u. a., Dokumentation der Fachtagung in Bergisch Gladbach, 1997.

Zacharias, Wolfgang: Das Spielmobil In: Handbuch Spielraum: alles über „Spiel im öffentlichen Raum“; Fachartikel, Grundlagen, Kurzbeiträge, wichtige Adressen. Herausgegeben von Rolf von der Horst. Winsen: Spielraum-Fachinformation 1996.

Zimmer, Renate: Handbuch der Bewegungserziehung. Didaktisch-methodische Grundlagen und Ideen für die Praxis. Freiburg im Breisgau: Herder 1999.

Fachzeitschriften/Periodika

Flimmo – kostenlose Broschüre für Eltern zum aktuellen Fernsehprogramm und zur Fernseherziehung für 3- bis 13-Jährige, siehe auch www.flimmo.de

Zeitschrift **Gruppe & Spiel**, Kallmeyersche Verlagsbuchhandlung, Seelze-Velber, siehe auch https://www.friedrich-verlag.de/
Die Zeitschrift bietet Spiele, Ideen und Konzepte für die pädagogische Arbeit. Sie erscheint viermal im Jahr.

Zeitschrift **klein & groß**, Oldenbourg Schulbuchverlag, Deisenhofen, siehe auch https://www.oldenbourg-klick.de/zeitschriften/kleingross
Die Zeitschrift für Frühpädagogik erscheint zehnmal im Jahr.

Zeitschrift **Kindergarten heute**, Herder Verlag, Freiburg, siehe auch https://www.herder.de/kiga-heute/
Die Zeitschrift für Erzieherinnen in Kindertageseinrichtungen erscheint zehnmal im Jahr.

Zeitschrift **Kleinstkinder in Kita und Tagespflege**, Herder Verlag, Freiburg, siehe auch https://www.herder.de/kk/
Die Zeitschrift für die Arbeit mit Kindern unter drei Jahren erscheint sechsmal im Jahr mit zwei Sonderheften.

Bildquellenverzeichnis

akg-images GmbH, Berlin: 14.1; Bildarchiv Pisarek 140.1.

Alamy Stock Photo, Abingdon/Oxfordshire: Joern Sackermann 255.1.

fotolia.com, New York: akiebler 129.1; Angela Rohde 143.1; Anja Roesnick 22.3; Christian Schwie 127.1; Christian Schwier 60.1; ClickPop 118.1; contrastwerkstatt 24.3; Fotofreundin 103.1; grafikplusfoto 44.5; Grafvision 242.1; Heiko Löffler 133.1; highwaystarz 9.1; iceteastock 22.2; Irina Schmidt 130.1; Jason Walsh 42.1; jerome berquez 56.1; Kaesler Media 102.1; Kai Koehler 86.1; Karin Schnirch 119.1; Kzenon 117.1; Laurentiu Iordache 97.1; Lev Dolgatsjov 44.2; MAK 207.1; Martina Withöft 225.1; Mat Hayward 98.1; Monkey Business 228.1; Myst 90.1; oliver DELAYE 131.1; Otmar Smi 253.1; Pavel Losevsky 21.1; st-fotograf 141.1; Stefan Gräf 88.3; Stefano Neri 88.2; Yvonne Bogdansk 88.1.

iStockphoto.com, Calgary: FatCamera 75.1; gpointstudio 281.1; kali9 165.1; kiankhoon 169.1; Loretta Hostettler 115.1; lostinbids 44.1; monkeybusinessimages 275.1; SerrNovik 20.1; skynesher 148.1; Studio-Annika 180.1; Thomas Barwick 68.1. |Jouve Germany GmbH & Co. KG, München: 185.1, 202.1, 203.1.

mauritius images GmbH, Mittenwald: Glasshouse/Trevor Dixon 37.1; Spirit 217.1.

Nadine Dilly Photography, Oberhausen: Nadine Dilly 22.1, 48.1, 49.1, 105.1, 286.1.

Nienhuis Montessori International B.V., BL Zelhem: 230.1, 230.2, 231.1, 231.2, 231.3, 231.4, 231.5. PEKiP e.V. , Wuppertal: 207.2.

Picture-Alliance GmbH, Frankfurt/M.: dpa 79.1; dpa/Matheisl 94.1; dpa/Perrey, Ulrich 219.1; dpa/Schutt, Martin 106.1; Sueddeutsche Zeitung Photo/Hess, Catherina 252.1; Tschauner, Franz-Peter 121.1; ZB/Bonß, Ronald 142.1; ZB/Grubitzsch, Waltraud 210.1; ZB/Kasper, Jan-Peter 233.1; ZB/Pleul, Patrick 110.1; ZB/Thieme, Wolfgang 141.2.

Projekt Photos GmbH & Co. KG - Digital Bildarchiv, Walchensee: Reinhard Eisele 17.1, 44.3, 54.1. Schlüter-Fotografie, Essen: 216.1; Christian Schlüter 24.1, 24.2, 80.1, 99.1, 104.1, 113.1, 114.1, 115.2, 115.3, 235.1, 238.1, 240.1, 243.1, 261.1.

Schwietring, Adja: 64.1.

Shutterstock.com, New York: 2xSamara.com 30.1; CroMary 246.1; fizkes 46.1; Gladskikh Tatiana 20.2; Milosz_G 52.1; Olena Teslya 40.1; spass 44.4.

spiel gut - Arbeitsausschuß Kinderspielzeug+Spielzeug e.V., Ulm: 89.1.

Stadt Iserlohn: Ressort Generationen und Soziales - Kinder-und Jugendbüro, Iserlohn: 259.1. stock.adobe.com, Dublin: goodluz 122.1; micromonkey Titel; Monkey Business 226.1; New Africa 222.1; Odua Images 23.1; Oskar Calero 173.1; Sandy1983 119.2; Schwier, Christian 24.4; Serban, George 35.1.

ullstein bild, Berlin: 10.1, 13.1; INTRO/Aussenhofer, David 141.3; JOKER/Löffke, Jörg 84.1; JOKER/Lohmeyer, Hartwig 76.1; Scheffbuch/CARO 85.1.

Vom Wege, Brigitte, Iserlohn: 33.1, 70.1, 72.1, 74.1, 74.2, 107.1, 108.1, 109.1, 144.1, 151.1, 154.1, 156.1, 161.1, 172.1, 173.2, 186.1, 190.1, 194.1, 201.1, 212.1, 266.1, 271.1, 273.1, 276.1, 279.1, 285.1. Wetterauer, Oliver, Stuttgart: 150.1, 162.1, 203.2.

Wir arbeiten sehr sorgfältig daran, für alle verwendeten Abbildungen die Rechteinhaberinnen und Rechteinhaber zu ermitteln. Sollte uns dies im Einzelfall nicht vollständig gelungen sein, werden berechtigte Ansprüche selbstverständlich im Rahmen der üblichen Vereinbarungen abgegolten.

Stichwortverzeichnis

A

B

C

D

E

F

G

H

I

J

K

L

M

N

O

P

Q

R

S

T

U

V

W

Z